外国家庭法及妇女理论研究中心项目
家事法研究学术文库

中国民法典编纂视野下家事审判改革暨家事法修改研究

陈　苇　王中伟　主　编
曹贤余　田晓梅　副主编

中国人民公安大学出版社
2019 · 北京

《家事法研究学术文库》顾问

（以姓氏笔画为序）

目　录

第一部分　中国家事审判改革研究

第二部分　中国民法典婚姻家庭编立法研究

第三部分　中国民法典继承编立法研究

附　　录

Contents

Part Two　Research on the Legislation of Marriage and Family Part in Chinese Civil Code

Part Three Research on the Legislation of the Succession Part in Chinese Civil Code

Appendix

前　言

自1978年西南政法学院复办以来，我国著名的婚姻法专家、中国法学会婚姻法学研究会副总干事杨怀英教授担任我校婚姻法研究方向的学科带头人。1985年3月至7月，我校承担了司法部委托的全国法律专业婚姻法师资进修班的教学任务。当时全国著名的婚姻法专家巫昌祯、杨大文、王德意、李忠芳、任国钧等教授应邀前来我校，与我校杨怀英教授及胡平等教师共同为来自全国的婚姻法师资进修班学员上课，传授婚姻法学的理论知识和教学经验。如今，该婚姻法师资进修班学员大部分都成为了各高校婚姻法领域的知名专家学者和骨干教师，他们为国家培养了大批优秀的人才。因此，可以说，我校是我国婚姻法学人才培养的摇篮。在科研方面，杨怀英教授先后主编出版：《滇西南边疆少数民族婚姻家庭与法的研究》（法律出版社1988年出版）、《中国婚姻法论》（重庆出版社1989年出版，1991年荣获重庆市社科优秀科研成果三等奖）、《凉山彝族奴隶社会法律制度研究》（四川民族出版社1994年出版，1996年荣获四川省社科优秀科研成果二等奖）等专著和教材。1995年杨怀英教授去世后，由中国法学会婚姻法学研究会常务理事邓宏碧教授担任我校婚姻法研究方向的学科带头人。邓宏碧教授、胡平副教授等老教师带领讲授婚姻法课程的教师，继续努力进行教学和科研工作。尤其值得指出的是，邓宏碧教授主编的《中国少数民族人口政策研究》（国家社会科学“八五”规划重点科研项目，重庆出版社1998年出版），2001年荣获重庆市社会科学优秀科研成果一等奖。

薪火相传。本人于1979年9月考入西南政法学院法律系本科学习，1983年6月毕业任教一年后，于1984年9月考入西南政法学院攻读民法专业硕士研究生，师从杨怀英教授，主要研究方向为婚姻家庭继承法。1987年7月本人硕士研究生毕业后留校任教至今。我自1979年9月在母校学习法律知识、毕业后主要从事婚姻家庭继承法及妇女儿童老年人权益保护的教学和科研工作，至今已近40年了。这近40年里，在母校各级领导和老师们的辛勤培养下，在本人的勤奋工作和刻苦钻研下，我由一名学生逐步成长为助教、讲师、副教授、教授、博士生导师、博士后合作导师；于1996年5月起担任民法教研室副主任，于1999年5月起担任民法教研室主任，于2003年5月起至今担任婚姻家庭继承法教研室主任。在婚姻法学界老一辈专家的辛勤培养下，本人于1996年7月起担任中国法学会婚姻法学研究会理事；于1999年7月起担任中国法学会婚姻法学研究会常务理事；于2004年7月起至今，担任中国法学会婚姻家庭法学研究会副会长；于2011年11月起担任家庭法国际学会执行委员会委员；于2014年8月起至2017年6月，担任家庭法国际学会执行委员会委员兼学术委员会委员；于2017年7月至今，担任家庭法国际学会副主席兼学术委员会委员。必须说明，自2011年11月我由第十四届家庭法国际学会主席、澳大利亚悉尼大学法学院Patrick Parkinson教授①提名，经家庭法国际学会执行委员会研究同意后受聘担任家庭法国际学会执行委员会委员以来，我每年积极撰写论文，“以文参会”，先后到意大利、韩国、法国、英国、巴西、荷兰等国出席家庭法国际学会召开的执委会、地区性会议和世界大会，在会上积极发言，发出中国声音、阐述中国见解，增进了其他国家学者对中国婚姻家庭领域的新问题和最新修改立法的了解，扩大了中国婚姻家庭法学者在家庭法学术研究领域的国际影响力。2014年8月，家庭法国际学会在巴西召开“第十五届家庭法世界大会”，会上我当选为家庭法国际学会执行委员会委员兼学术委员会委员。2017年7月，家庭法国际学会在荷兰召开“第十六届家庭法世界大会”，会上我当选为家庭法国际学会副主席并继续兼任学术委员会委员。作为中国婚姻家庭法专家，在家庭法国际学会中我是第一位来自中国的副主席，为祖国争了光。从此，我在家庭法国际学会领导层这一最高平台上，可以发出中国声音、提供中国方案、贡献中国智慧，这有利于进一步促进中外婚姻家庭继承法研究领域的国际学术交流，为各国婚姻家庭继承法律制度的改革提供参考，以造福于全人类的婚姻家庭。

在校内学术研究和人才培养平台方面。2003年12月至2004年12月，本人受国家留学基金资助由教育部公派出国留学，作为访问学者到澳大利亚悉尼大学法学院进修外国家庭法一年。我留学回国后，于2005年1月向学校提出建立“西南政法大学外国家庭法及妇女理论研究中心”的书面申请。2005年4月1日，西南政法大学校长办公会议批准同意该研究中心成立，任命我担任主任。自2005年4月该研究中心成立以来，本人夙夜忧虑，恐负厚望，带领研究中心的教师和研究生组成科研创新团队，勤奋科研，不敢懈怠。近年来，我担任项目负责人主持、带领团队成员师生共同完成并公开出版的中文著作和译著有10余部，主要有：《外国婚姻家庭法比较研究》（重庆市哲学社会科学“十五”规划项目，2006年1月出版）、《加拿大家庭法汇编》（2006年1月出版）、《中国大陆与港、澳、台继承法比较研究》（重庆市教委人文社科项目，2007年1月出版）、《当代中国民众继承习惯调查实证研究》（国家社科基金项目子课题，2008年1月出版）、《澳大利亚家庭法（2008年修正）》（重庆市教委人文社科重点项目，2009年1月出版）、《美国家庭法精要（第五版）》（2010年3月出版）、《改革开放三十年（1978~2008）中国婚姻家庭继承法研究之回顾与展望》（西南政法大学重点项目，2010年1月出版）、《中国婚姻家庭法立法研究》（第二版，2010年1月出版）、《外国继承法比较与中国民法典继承编制定研究》（国家社科基金项目结项成果著作，经专家匿名评审后被鉴定为“优秀”等级，入选2010年度《国家哲学社会科学成果文库》，全国哲学社会科学办公室在“出版说明”中指出：入选成果代表当前相关领域学术研究的前沿水平，体现我国哲学社会科学界的学术创造力，按照“统一标识、统一封面、统一版式、统一标准”的总体要求组织出版。该著作于2011年3月出版）、《澳大利亚法律的传统与发展（第三版）》（2011年5月出版）、《当代中国内地与港、澳、台婚姻家庭法比较研究》（中国司法部“法治建设与法学理论研究”课题成果著作，2012年5月出版）、《中国继承法修改热点难点问题

① Patrick Parkinson教授是我受中国国家留学基金资助以访问学者身份于2003年12月~2004年12月在澳大利亚悉尼大学法学院进修外国家庭法的导师。

研究》(2013 年 10 月出版)、《我国防治家庭暴力情况实证调查研究——以我国六省市被抽样调查地区防治家庭暴力情况为对象》(中国法学会部级法学研究课题，2014 年 5 月出版)、《21 世纪家庭法与家事司法：实践与变革》(2016 年 10 月出版)、《中国妇女儿童权益法律保障情况实证调查研究——以中国五省市被抽样调查地区妇女儿童权益法律保障情况为对象》(中国法学会部级法学研究课题，2017 年 3 月出版)、《中国家事审判改革暨家事法修改理论与实务研究》(2018 年 4 月出版) 等。此外，本人应邀与美国、意大利学者合作撰写美国法学院比较家庭法英文教材 1 部：*Practical Global Family Law——United States*，*China and Italy* (2009 年 4 月在美国出版)。

在国内学术研究和人才培养平台方面。为促进婚姻家庭继承法领域的学术研究和学术交流，本人于 2005 年起创办《家事法研究》学术论文集刊。自《家事法研究》2006 年首卷面世以来，至 2011 年的六年间，先后出版了 2005 年卷至 2010 年卷共计六卷，推出了一批具有前沿性的学术论文，培养了一批学术新人，受到国内学术界同仁和实务界人士的肯定和好评，产生了良好的社会影响。为进一步扩大《家事法研究》的学术影响，经本人提出申请，中国法学会婚姻家庭法学研究会常务理事会研究同意，《家事法研究》从 2011 年卷起转为“中国法学会婚姻家庭法学研究会”的会刊。可以相信，在该研究会的精心主办下，《家事法研究》将在法学理论研究与司法实务探索相结合的沃土中更加茁壮成长，枝繁叶茂！

长江后浪推前浪。为推出婚姻家庭继承法学研究领域具有前沿性、创新性的学术著作，培养更多的学术新人，自 2012 年起本人主编出版《家事法研究学术文库》丛书。此文库丛书作为学术研究和学术交流的平台，遴选出版婚姻家庭继承法研究领域具有前沿水平的博士学位论文和学术著作，每年拟出版 2~3 本。本文库丛书的出版目的，旨在通过婚姻家庭继承法学研究领域最新学术著作的出版，推出一批前沿理论和实务问题研究的新作，促进我国婚姻家庭继承法学研究朝着更深、更广的方向发展，以更多的优秀研究成果为我国民众处理婚姻家庭继承问题提供参考，为国家完善立法、改进司法服务。至 2018 年年底，本文库已出版著作 19 部，在 2019 年拟将出版《中国民法典编纂视野下家事审判改革暨家事法修改研究》、《中国遗产处理制度系统化构建研究》、《当代中国民众财产继承观念与遗产处理习惯实证调查研究》(上、下卷)、《中国婚姻家庭法理论与实践研究》、《中国继承法理论与实践研究》、《我国成年人监护制度立法完善研究》、《未成年人监护制度研究》，以飨读者。

最后，我对群众出版社和中国人民公安大学出版社的编辑老师们对本文库丛书的出版所付出的辛勤劳动，表示衷心的感谢！

《家事法研究学术文库》主编：陈苇

2019 年 1 月 28 日

卷 首 语

“家和万事兴”。习近平总书记在2016年12月12日会见第一届全国文明家庭代表时的讲话中提出：“家庭是社会的细胞。家庭和睦则社会安定，家庭幸福则社会祥和，家庭文明则社会文明。”之后在中国共产党第十九次全国代表大会上的报告中指出，全面依法治国是中国特色社会主义的本质要求和重要保障。要努力让人民群众在每一个司法案件中感受到公平正义。

家事案件的妥善处理不仅关乎个人及家庭的幸福，同时也影响着社会的和谐与稳定。为培育和践行社会主义核心价值观，倡导文明、进步的婚姻家庭伦理道德观念，维护健康向上的婚姻家庭关系，必须进行家事审判改革，以积极化解婚姻家庭矛盾，挽救危机婚姻，促进我国和谐家庭与和谐社会的构建。为指导开展家事审判工作改革试点工作，2016年5月11日，最高人民法院召开“全国部分法院家事审判方式和工作机制改革试点工作视频会议”。此后，在重庆市高级人民法院的指导下，重庆市各试点法院积极开展家事审判改革试点工作。一年后，为总结开展家事审判工作改革试点工作的经验，2017年5月25日至26日，西南政法大学与中国法学会婚姻法学研究会、重庆市高级人民法院共同主办的首届“婚姻家庭法修改暨家事审判改革研讨会”在西南政法大学渝北校区召开。本次会议由西南政法大学民商法学院和外国家庭法及妇女理论研究中心联合承办。为交流会议研讨成果，我们遴选会议论文于2018年4月出版《中国家事审判改革暨家事法修改理论与实务研究》一书。2018年5月25日，西南政法大学与中国法学会婚姻法学研究会、重庆市高级人民法院共同主办的第二届“家事审判改革暨家事法修改研讨会”在西南政法大学渝北校区召开。本次会议由西南政法大学民商法学院、外国家庭法及妇女理论研究中心和重庆市陈苇劳模创新示范工作室联合承办。为交流会议的研讨成果，我们遴选会议论文结集出版本书。本书的内容包括三个专题“中国家事审判改革研究”和“中国民法典婚姻家庭编立法研究”和“中国民法典继承编立法研究”。

第一专题“中国家事审判改革研究”共收录二十篇文章，分别为重庆市第五中级人民法院课题组的《我国家事审判改革实践经验及难点研究》，重庆市第二中级人民法院胡显春的《家事审判改革探析——以重庆市第二中级人民法院及其辖区试点法院为对象》，重庆市万州区人民法院郭亚飞的《家事审判中多元化纠纷解决机制的构建——从重庆市万州区人民法院改革探索出发》，重庆市九龙坡区人民法院黄俊的《反思与探索：家事审判改革的路径调适》，重庆市彭水苗族土家族自治县人民法院张静等的《家事审判改革的完善路径探析》，西南政法大学杜江涌等的《论我国家事调查官制度的构建》，四川省广安市广安区人民法院陈莹莹等的《论家事调解员的选任与工作方法——基于四川省广安市广安区人民法院家事审判改革经验》，重庆市潼南区人民法院龙伟等的《论我国人身安全保护令制度的施行及立法完善——以重庆市潼南区人民法院家事审判改革实践为背景》，重庆市彭水县人民法院石朝晶等的《“城镇化”背景下农村地区家事案件审理的特点、难点及改革路径——基于渝东南地区婚姻案件审判实践的调研报告》，重庆市九龙坡区人民法院舒建国的《家事审判的困境与出路——以家事审判改革为视角》，重庆市开州区人民法院李剑河等的《积极强化心理干预　切实化解家事纠纷——重庆市开州区人民法院关于在家事审判中试行心理干预制度情况的调研报告》，四川省成都市律政公证处李勇的《家事审判改革中的公证调解价值分析》，重庆市江北区公证处蒋丹的《浅析公证参与多元化纠纷解决机制的优势及路径》，重庆市巴南区人民法院吴继超的《重庆市巴南区人民法院家事审判社会观护制度探索》，重庆市铜梁区人民法院谢黎的《家事调解制度研究——以重庆市铜梁区人民法院为例》，北京天驰君泰律师事务所杨晓林等的《家事审判改革背景下中国家事律师的使命与责任——基于“需求—供给”关系的反思》，重庆市铜梁区人民法院银菠等的《家事案件调解问题之完善初探》，重庆市巴南区人民法院余彬的《浅议家事纠纷案件涉家庭暴力的认定标准和要素——暨人身安全保护裁定的实质审查要素》，重庆市大足区人民法院赵鑫的《家事审判中弱势群体权益保障——以构建家事审判特殊制度为契机》，重庆市璧山区人民法院周敏的《家事审判中未成年人权利保护研究》。各位作者分别从各自的视角出发，或深入研究家事审判改革的理论和原理，或总结分析我国家事审判改革试点工作的经验与问题，或针对我国家事审判改革与公证、律师等的相关工作，对我国家事审判改革工作的理论与实务进行深入探讨，提出自己的对策和建议。

第二专题“中国民法典婚姻家庭编立法研究”共收录十篇文章，分别为重庆市江北区人民法院饶毅的《夫妻共同债务实务中的认定》，重庆市璧山区人民法院吴经纬的《家事审判中夫妻共同债务清偿理论与举证责任辨析——兼议〈关于审理涉及夫妻债务纠纷案件适用法律有关问题的解释〉》，重庆市第四中级人民法院王勐视的《家事案件中房屋共有权人的司法认定》，重庆市第二中级人民法院林晶晶的《彩礼返还纠纷中过错原则的适用——兼论〈婚姻法司法解释（二）〉第10条》，重庆市彭水县人民法院张宁的《彩礼法律性质及返还规则的认定与完善》，重庆市江北区人民法院周元恺的《有扶养关系的继父母子女构成要件分析》，西南政法大学石雷等的《法国成年人意定监护制度研究及其启示——兼论〈民法典·婚姻家庭法编〉成年人意定监护制度的制定》，重庆市石柱土家族自治县人民法院邬砚的《对离婚冷静期的反思与重新定位》，重庆市万州区人民法院李富文的《离婚时“6个月感情冷静期”的思考》，重庆市渝中区人民法院艾志花的《代孕有限开放和合法性证成及相关各方的法律关系探讨》。这十篇文章分别对我国“民法典婚姻家庭编”的相关具体制度的立法问题进行研讨，涵盖了夫妻共同债务、夫妻共有财产关系、彩礼返还、继父母子女关系、监护、离婚冷静期以及代孕等热点问题，分析我国婚姻家庭法之不足，提出修改完善立法的建议。

第三专题“中国民法典继承编立法研究”共收录五篇文章，分别为西南政法大学陈苇等的《当代中国民营企业主的法定继承观念与遗产处理习惯实证调查及其立法启示》，吉林大学李洪祥的《吉林省民众遗嘱继承习惯调查及其对“民法典继承编”的立法启示》，海南大学胡明玉等的《海南省民众继承习惯调查之遗产债务清偿习惯及启示》，中南财经政法大学孟令志等的《湖北省民众的遗产分割观念与处理习惯调查及其立法启示》，重庆市渝中区人民法院曾亚妮的《价值判断与立法选择：遗嘱继承法定规则的反思与完善》。前四篇文章分别对我国法定继承、遗嘱继承、遗产债务清偿、遗产分割的被调查民众的认识观念和处理习惯的实证调查统计数据进行分析并对其立法启示进行研讨，最后一篇文章针对遗嘱继承的规则进行理论探讨，这五篇文章各自从不同角度对我国继承法的修改完善提出了对策建议。

我们希望本书中我国司法实务界和理论界人士共同研讨、思想碰撞所产生的智慧火花、对策建议，能够对继续推进我国家事审判改革及家事法的修改完善有所裨益，能够对我国民法典之婚姻家庭编和继承编的编纂提供有益的参考。

本书由西南政法大学民商法学院博士生导师陈苇教授、重庆市高级人民法院王中伟副院长担任主编，由西南政法大学民商法学院硕士生导师曹贤余讲师，重庆市高级人民法院民一庭田晓梅副庭长担任副主编，两位副主编对入选论文进行了初步遴选、初审及统一格式的初步修改工作，两位主编对初审后的论文进行了审阅和统一修改、补充后完成定稿。

最后，我代表全体作者，对中国人民公安大学出版社的编辑同志们对本书出版所做出的辛勤工作表示衷心的感谢！

陈 苇

2019 年 1 月 18 日

第一部分
中国家事审判改革研究

我国家事审判改革实践经验及难点研究

重庆市第五中级人民法院课题组*

目　次

我国是有着传统家国情怀的国家，家庭和睦、夫妻恩爱是传统文化的重要追求，“鸾凤和鸣”“相敬如宾”“举案齐眉”“家和万事兴”等一系列古老而又现代的语词无不表达着人们对美好家庭生活及夫妻感情的向往和艳羡。习近平总书记高度重视家庭、家教、家风建设。他指出，无论时代如何变化，无论经济社会如何发展，对一个社会来说，家庭的生活依托都不可替代，家庭的社会功能都不可替代，家庭的文明作用都不可替代。他强调，家庭是社会的细胞，家庭和睦则社会安定，家庭幸福则社会祥和，家庭文明则社会文明，家庭的前途命运与国家和民族的前途命运紧密相连。他强调，国家富强，民族复兴，人民幸福，不是抽象的，最终要体现在千千万万个家庭都幸福上，我们要重视家庭文明建设，努力使千千万万个家庭成为国家发展、民族进步、社会和谐的重要基点，成为人们梦想起航的地方。① 随着时代的发展和时代观念的进步，我国家事审判纠纷日益增多并趋于多元复杂，人民法院也一直探索着适合我国家事纠纷审理的科学路径。2016 年 5 月，最高人民法院统一部署，在 118 个中基层法院开展家事审判方式和工作机制改革试点，但在此之前，法院的改革创新工作也未曾停歇。

---

* 本文为 2017 年重庆市高级人民法院重点课题《家事审判机制研究》（cqfykt201707）的中期成果之一。课题主持人为重庆市第五中级人民法院党组书记、院长戴军，课题组成员为曹天明、陈洪、吴比、张娇东、陈璐、徐良。本文执笔人为张娇东。

① 杜万华：《大力推进家事审判方式和工作机制改革试点》，载《人民法院报》2017 年 5 月 3 日。

一、家事审判方式改革的实践动因

（一）案件不断增多且趋于复杂的审判现实

改革开放以来，我国经济和社会发展取得长久持续进步，成为发展常态。社会文化也日益兼容并包，时代观念不断更新进步，婚姻家庭、继承等法律纠纷日益增多，法律关系越发复杂，法院审理难度不断加大，促进法院改革家事审判方式的现实动因不断加强。

1. 案件数量不断增多。近年来，法院每年审结的婚姻家庭一审案件超过 150 万件，且逐年不断增长。2015 年一审家事纠纷案件高达 173 万件，占全国法院所受理的民事纠纷案件的近三分之一。① 从各地方公布的统计数据及网络报道来看，各个地方的实际情况也是如此。② 这给法院的审判执行工作带来了重大压力，随着立案登记制、法官员额制、司法责任制等司法改革的纵深推进，会在一定时期内加剧这种矛盾，如何有效化解家事案件不断增加的审判压力，妥善处理各种类型的家事纠纷，已经成为法院急需解决的现实问题。③

2. 法律关系越发复杂。家事案件的法律关系并非单一的财产纠纷或者人身权利纠纷，往往同时涉及社会、家庭、婚姻、财产、子女甚至其他亲属等多种情况和维度，纷繁复杂。在夫妻感情是否确已破裂等问题上，当事人举证难，法官认定也难。随着社会时代的发展，房产、股票、基金等购买及权属情况复杂多变，涉及多重法律关系的现象日益增多；在探望权、监护权等权利行使上，所面临的情况也越来越复杂，这些都给司法审判带来重大挑战。

3. 审判执行难度日益增大。伴随社会经济发展和交通、通讯等现代科技工具的进步，人口流动非常频繁，不再局限于传统时代的定居模式，给司法信息化等带来重要机遇的同时，也面临着新的司法难题。被告到庭率低等情况成为重要的审判难题，导致法官在婚姻关系的处理上无法当面听取被告的真实意见、了解其内心真实想法，在财产分配上难以查清共有财产的范围及债权债务情况，直接影响了案件办理效果，后续矛盾存在隐患。司法实践中，“接脚夫”案件、“外嫁女”案件等争议案件层出不穷，引起广泛舆情关注，法院要在社会效果和法律效果中不断寻求最佳平衡。

（二）家事纠纷的特殊性日益显现

近年来，我国学界及实务界逐渐重视社会变迁所带来的家庭问题及其衍生的社会问题。④ 家事纠纷的特殊性随着社会的发展进步日益显现，一方面，家事纠纷兼具极强的人身属性，涉及婚姻身份关系、子女抚养、财产分配等，且双方往往都带有明显的主观情绪，如处理不当，极有可能引发自杀、双方家庭矛盾等事件，引发社会舆论浪潮。⑤ 另一方面，家事纠纷具有较强的社会属性和公益特性，伴有道德评价、社会导向等重要作用，

---

① 王亚明：《家事纠纷应诉前分流》，载《人民法院报》2016 年 10 月 18 日。

② 参见：青岛婚姻家事案不断增长，http：//www. sohu. com/a/62297116_ 115512，最后访问日期 2018 年 4 月 25 日。

③ 参见 http：//rmfyb. chinacourt. org/paper/html/2015-11/27/content_ 105221. htm？ div=-1，最后访问日期 2018 年 4 月 25 日。

④ 厦门大学课题组：《福建法院创建“家事法庭”的探索与实践》，载《东南法学评论》2016 年卷。

⑤ 参见：丈夫 8 年 9 次起诉离婚，妻子不同意曾 3 次自杀，

不仅关乎当事人之间的纠纷裁决，还涉及其他家庭成员之间的利益和道德角逐。案件裁判的作出并非等于案件纠纷的解决甚至两者相去甚远，裁判作出之后的双方关系处理及子女、亲情关系的发展等都是后续有待继续解决的问题，需要在法与社会视角下长期考量。所以，婚姻法及其司法解释等法律规定确定的规则虽然能够为纠纷的法律终止提供依据，但是却并不一定能够实现纠纷本身的了结，家事纠纷的最终解决并非普遍的、抽象的正义实现，而是具体的个案考量，这需要法官以更加严谨的态度、更加细致的观察、更加耐心的倾听、更长时间的劝导等方能实现。总体说来，家事纠纷与其他民事纠纷的需求并不相同，需要佐以心理辅导、家事调解等传统司法裁判手段之外的服务才能促成当事人之间恢复感情、消除对立、实现和解、弥合家庭伤口，其最终解决需要的是法官以及各方当事人的“慢”和“静”，需要相较其他纠纷更具偏向性的司法关怀和额外的司法程序和成本付出，治疗性的多元化处理方式更能契合家事案件的各方需求和法官的方向引导。

（三）传统民事诉讼模式难以适应家事审判的实践发展

大陆法系和英美法系各国民事诉讼都一度采用当事人主导型的诉讼模式，呈现“对抗与判定”的基本结构。[①] 我国现行民事诉讼法也基本确立了“谁主张，谁举证”的当事人主义诉讼模式，注重法官中立，以优势证据规则为手段，通过当事人的举证质证，以陈述和证据对抗的形式发现和查明案件事实，除非依当事人申请并经审查符合民事诉讼法及司法解释关于申请人民法院调取证据的规定，一般不主动调取相关证据材料。这种法官中立审判的诉讼模式，在普通民事案件中保证了法院和法官的公正，也有利于社会总体公平，但是在家事审判中的不足逐渐显现。第一，家事纠纷的出庭当事人往往带有情绪偏向，都认为自己占有道德优势，是感情的受害者，在庭审中容易陷入情绪激动的质问之中，使法官难以通过双方非法律层面的对抗质问来查明相关法律事实。何况对于许多隐私事项，当事人如实陈述的动力也尚显不足。第二，基于婚姻法相关条款的原则性，许多当事人陷入举证不能的尴尬境地，如“夫妻感情确已破裂”这一基本的离婚裁判标准，对于当事人而言却难以把握，就算是“因感情不和分居满两年”等看似具体的规定，也因难以举证而无法证明。第三，在许多离婚案件中，夫妻双方实质上地位并不平等，如果法院以形式上的平等来对待实质上并不平等的双方，可能就会造成结果的不平等，进而造成司法裁判法律效果与社会效果的冲突。第四，离婚纠纷中情况多变，许多当事人法律水平不高，举证质证能力不强，传统法庭调查——法庭辩论——最后陈述的法庭审理模式不仅无助于查明事实解决纠纷，甚至可能引发当事人之间更加激烈的冲突矛盾。“刚性”的对抗式诉讼如不加区分地统一适用反而会适得其反，许多原本严格奉行处分权主义的各国诉讼法对于家事案件都采取了区别于普通民事案件的规则，并进行了特别立法。[②]

二、家事审判改革的实践沿革

2016 年 4 月 23 日，最高人民法院发布《关于开展家事审判方式和工作机制改革试点工作的意见》，家事审判改革正式在全国范围内展开试点。但这并非我国家事审判改革的

① 王亚新著：《对抗与判定——日本民事诉讼的基本结构》，清华大学出版社 2004 年版。

② 陈爱武：《论家事审判机构之专门化——以家事法院（庭）为中心的比较分析》，载《法律科学》2012 年第 1 期。

最先起点，早在此之前，我国各个地方各级法院都自发地开展了家事审判改革试点，我国的家事审判方式及机制改革是明显的“地方先行”模式。[①]

（一）地方探索期

在最高人民法院统一进行家事审判改革试点之前，各地许多不同层级法院均已经开展了改革试点。据不完全统计分析，早在1997年5月，湖北襄樊中院就成立了婚姻家庭合议庭，专司婚姻家庭案件。2010年3月，东莞第二法院开始进行家事审判合议庭改革，配备家事审判专门审理团队。2013年，福建福鼎法院将少年审判庭、婚姻家庭审判庭合并为家事审判庭，专门审理离婚、抚养费等婚姻家庭类民事案件和涉少刑事案件。2016年2月，温州中院与温州妇联联合发布《关于做好家事审判工作的通知》，并于3月成立家事审判合议庭。地方的先行探索例证不胜枚举。

在省级层面上，统一的改革试点和推进也在各地展开。广东高院于2010年在全省法院范围内启动了家事审判改革，并为改革划分了发展阶段：第一阶段是家事审判合议庭试点以及推广时期，历时5年（2010~2014），在7个法院进行试点，主要立足于打造队伍、探索机制和建立诉讼规则，为后续改革奠基；第二个阶段是家事审判程序改革时期，耗时两年（2015~2016），立足于建立家事审判特别程序，探索家事审判特殊程序的制度涉及和规则建构，满足家事案件的情感及身份纠纷的司法需求，发展合适的裁判路径，推动制定家事诉讼程序法。[②] 还制定了《家事审判合议庭操作指引》，对家事审判改革进行系统指导。福建法院自2013年以来也在积极协调，顺应“大家审”和“大少审”理念，尝试将少审与家事审判融合，统一推进家事法庭试点，创新审判方式和工作机制，形成了具有福建省特色的家事司法发展模式。截至2016年1月，福建省已有15家法院设立了独立建制的家事法庭。[③]

地方的试点不仅有力促成了全国范围的统一试点工作的启动，也为全国范围内的统一试点以及后续的制度建构及发展提供了重要的经验积累和智力支持。在地方探索时期，既有区县等基层法院的积极探索，也有地市法院的制度试水，更有省级范围内的统筹协调推进，取得了重大的制度成效和经验。

（二）统一试点期

2016年1月23日，全国高级法院院长会议提出：最高法院将积极开展家事审判改革试点工作，探索创新家事审判理念、体制、机制，充分发挥家事审判的职能作用，促进家庭和睦与社会和谐。这次司法改革深入推进背景下的重要会议关于家事审判改革的重要部署，成为我国在全国范围内统一推进家事审判改革的重要步伐。4月21日，最高法院正式印发《关于开展家事审判方式和工作机制改革试点工作的意见》，并随即确定了118个中基层法院先行先试，力求通过两年的试点工作，探索转变家事审判理念，推进工作机制创新，实现家事审判的专业化发展，为维护和谐、稳定的社会主义家庭关系，构建中国特色的妇女、老人及未成年人权益保护机制提供经验支持。目前，最高人民法院确定的两年

---

① 本部分的家事审判改革的发展时期划分是基于对文献资料的不完全统计整理分析，且各个时期之间并非严格意义上的先后关系，第二个时期和第三个时期的时间上略有交集，目前第二个时期也尚未结束，仍在进行。

② 崔拓寰：《广东法院家事审判制度改革的实证分析》，载《东南司法评论》2016年卷。

③ 陈爱武：《论家事审判机构之专门化——以家事法院（庭）为中心的比较分析》，载《法律科学》2012年第1期。

时间尚未结束，试点法院最终的经验总结尚未完全成型，但效果已经初步显现。至2017年5月，仅一年时间，将近90%的法院就成立了专门家事审判机构，其中独立建制的家事审判庭和少年家事庭占70%；78.4%的法院与相关部门建立了联席会议机制或者达成了合作事项；79.2%的法院改善了硬件设施，66.4%的试点法院出台了规范性文件；55.2%的试点法院成立了家事调解委员会；22%的家事案件开展了诉前调解工作。[①]

（三）地方同步深入推进期

自最高法院发布试点意见并确立百家法院开始试点工作后，虽然试点尚未完成，但是为各个地方的试点工作提供了政策导向依据和提前准备的政策激励支持。试点法院不断推进改革措施、完善工作机制。在省级层面上，许多地方在最高法院试点法院的范围内扩大试点法院范围，更加全面、深入地探索改革措施。例如，安徽高院于2016年6月出台《家事审判方式和工作机制改革试点实施方案》，将试点法院增至15家；2017年4月，山西高院决定在最高法院确定的4家全国试点法院的基础上，将第二批省级试点法院的范围扩展为46家；陕西高院召开全省试点法院家事审判方式和工作机制改革推进会，增设23家省级试点法院。重庆市也在最高法院确定的试点法院的基础上扩大试点范围，增加了11家法院作为试点法院。总之，在最高法院的政策保障和引导之下，各地方法院家事审判改革的动力和依据大增，都在同步深入推进。目前，最高法院主导的全国范围试点和地方主导的深化试点都在不断进行中。

三、家事审判改革的模式

（一）专门家事审判庭模式

家事法庭模式，是法院争取专门的政策支持，建立专门处理家事案件的独立性、综合性的审判机构模式。这一模式主要具有以下特征：一是设立独立的专门审判机构，与民事审判部门和行政审判部门等传统业务部门并立，突出了家事审判的特殊性和专业性。二是集中审理。规定案件受理范围，将婚姻家庭、继承、监护权等案件统一归口至家事审判庭进行审理，各法院根据自身的审判工作实际在受案范围上不尽相同。例如，东莞第二法院就是采取此种模式，2016年1月，该院对原有的在民一庭和法庭设立家事合议庭的改革措施进行优化升级，设立了专门的家事审判庭，集中审理家事案件，其案件范围包括离婚纠纷，基于身份关系而产生的家庭纠纷，抚养、扶养及赡养纠纷，亲子关系、收养关系纠纷，同居关系纠纷，继承纠纷等。

这一模式最大的特点在于直面家事案件的特殊性，进行家事审判部门和队伍的专业化打造，实行平台归口，建立专门的审判机构统一审理，既能保障裁判统一，也能充分发挥专业优势，在改革实践中需要法院申请人大等其他机关的支持，虽然改革成本相对较高，但是当下家事审判改革的重要方向之一。

（二）少审与家事审判合一模式

“大少审”理念在近年来逐渐兴起并形成影响，部分地区开始尝试将少年审判与家事审判融合，形成了少审与家事审判合一模式。此种模式与专门家事审判庭模式相近，都是建立专门审判机构负责相关案件的审理。区别在于案件范围的扩大，不仅包含传统的离婚

① 杜万华：《大力推进家事审判方式和工作机制改革试点》，载《人民法院报》2017年5月3日。

纠纷、抚养纠纷、继承纠纷等家事审判庭的案件范围，还将涉未成年人的案件纳入集中统一审理，在具体的案件范围上各地仍有所差异。

名称并非区分模式的唯一标准，有的地方法院专门审判机构名为家事审判法庭，但也受理部分涉未成年人案件，实质上也属于合一模式，如厦门海沧区法院于 2014 年 3 月正式成立综合性家事法庭，审理包括婚姻家庭、继承、未成年人监护权等在内的家事纠纷以及未成年人犯罪案件，但将未成年人行政案件、减刑案件、假释案件等排除在外。地方实践层面，2013 年，徐州两级法院将原来的“少年庭”更名为“少年家事庭”，实现了少年家事审判一体两翼的整体布局。2015 年，三明两级法院组建少年与家事审判庭，审理未成年人刑事、民事、行政、减刑、假释案件及其他婚姻家庭、继承纠纷案件，案件审理范围基本涵盖了全部的家事案件和涉未成年人案件范围。①

这一模式的最大特点在于受案范围广，既能照顾家事审判的特殊性，实现家事审判的专业化发展，又能将少年审判与家事审判深度融合，为少年审判提供全面深入的案件背景，更加有助于全方位地保护未成年人的利益。

（三）专业合议庭模式

家事合议庭模式是在现有的机构组织框架之内，在传统的审判业务部门内，由熟悉婚姻家庭案件审判的法官组成专门的合议庭，负责集中审理家事案件。地方实践上，早在 1997 年 5 月，湖北襄樊中院就成立了婚姻家庭合议庭，专门负责婚姻家庭案件的审理。近年来的实践更是遍地开花，难以尽数列举。广东高院还发布了专门的《家事审判合议庭操作指引》，对全省家事审判合议庭的审判理念、组成人员、受案范围、证据规则、庭审操作等事项进行了专门的规定和指引。

合议庭模式的最大特点在于灵活机动，无须人大等其他机关特别支持，只需法院在自身的办案团队建设层面即可实现，具有“船小好掉头”的优势，改革成本极低，具有极强的适应性，可以在全国绝大多数法院比较轻松地实现。当然其劣势也较为明显，未能成为专司类案审判的一级审判机构，对家事审判的特殊性重视不足，对家事审判专业化的助力不够。实践中许多法院在家事合议庭的基础上不断创新融合，成立了其他许多专门合议庭。例如，福州中院在民一庭设置“维护妇女儿童合法权益合议庭”“老年人维权案件合议庭”等。②

四、我国家事审判改革地方实践的主要经验做法

在各地实践中，最主要的经验做法无疑是建立家事审判的专门机构或组织，这部分内容已经在改革的沿革和改革模式中予以了专门介绍，此部分不再涉及。

（一）构建专门的家事审判程序

鉴于家事审判的特殊性，在不同程度上创新家事审判程序成为地方实践的重要方面。主要做法就是在家事审判中，并不完全坚守传统民事诉讼的当事人主义，根据个案情况进行充分衡量，尝试在当事人对抗主义和法官依职权调查之间进行适当平衡，以发挥法院和

① 实践中有专门的未成年人综合审判模式，如上海长宁法院、重庆五中法院设立的未成年人案件综合审判庭等，此种模式立足于未成年人案件的特殊性，倾向于对未成年人的教育感化及权利保护，与家事审判有小部分重合，但并非针对家事审判的专门改革措施，故未予以专门介绍。

② 福州市中级人民法院：《福州两级法院少年及家事审判情况简介》，载《司法改革评论》第二十一辑。

法官公权力的主动作用。2016 年 1 月，东莞二院审判委员会讨论通过了《家事案件审理流程（试行）》，根据其审判工作实际，从总则、立案、诉前调解、开庭审理、案后跟踪回访及帮扶等各个方面对家事审判流程进行了指引和细化。[①] 其中在构建专门的家事审判程序方面比较具有代表性的做法有：（1）准强制性的诉前调解。原则上在正式立案前对所有的家事案件都应当进行诉前调解，可以由本院工作人员完成，也可以委托相应的组织进行。（2）庭前财产申报制度。要求离婚纠纷中的男女双方如实填写自己的经济状况并在举证期限届满前填写《家事案件当事人财产申报表》，并规定了不按时申报以及不真实申报的法律后果以及在案件中可能承担的相应法律责任，促进诚信诉讼。（3）引入亲子关系报告制度，委托相关人员对未成年子女与其父母的生活状况和状态进行调查，对未成年人本身进行科学心理测验，为法官对子女抚养权的归属判断提供重要参考。当然，专门的家事审判程序中证据规则的改进完善、法庭审理程序的弱化等也是重要的方面，会在后面专门论述。

（二）加强家事审判队伍建设

家事审判的特殊性决定了从事家事审判工作的法官及辅助人员除了具备审判案件所需的专业法律知识以外，还应当具备其他相应的经验和能力。一是应当具有相应的社会阅历。家事纠纷情况复杂，往往涉及情感、人性、道德、亲情等多重评价，较深的社会阅历对于问题的分析解决更加有利，也更容易让当事人信服。例如，东莞第二法院在家事审判法官的遴选上，就要求其具有一定社会阅历、社会心理学知识，对任职不满两年以及未婚法官原则上不予考虑。二是细致耐心的品格和顺畅的交流技巧。家事纠纷产生的根源复杂，需要层层抽丝剥茧才能找到症结所在，对审判者和调解人员的语言技巧、耐心程度等都是较大的挑战，许多法院也正是基于这种考量，原则上以温柔善解人意的女法官作为家事审判机构或组织的主要成员。例如，福建永春法院于 2015 年 4 月 29 日成立“家事审判庭”，其 9 名法官具有相应的心理学知识与沟通技巧，在以法育人、以理服人、以情动人的工作方面具有较高的经验。

（三）扩展家事审判的社会服务功能

家事审判具有明显的个案性，也具有较强的社会性，案件审判程序的终结只是案件纠纷的一种方式甚至只是一个过程，“案结”与“事了”之间可能还存在较大的距离。所以对案件裁判后的跟踪处理是保障家事纠纷圆满解决的重要手段。厦门海沧区法院坚持家事案件判后的社会性服务：一是回访服务。对判决不准离婚的，委托婚姻专家指导当事人修复家庭关系；对涉及离婚后子女抚养的，建立判后探视抚养档案，主动调查与回访，防止发生新的问题，以达到疏解讼源、稳定家庭之目的。二是社会服务。以家事审判为手段不断延伸司法服务，对家事案件产生的根源进行综合分析，探索家事纠纷防控机制，通过司法建议、法律咨询等方式充分发挥司法审判助力社会治理的功能作用。广东韶关市始兴县法院建立登记离婚协议司法确认机制，当事人到民政部门协议离婚的，引导其到法院就《离婚协议》进行司法确认，不涉及财产调查的法院原则上 3 日内给予确认，为当事人解

① 徐珍、黄琪：《东莞第二法院家事审判的实践与创新》，载《东南司法评论》2016 年卷。

决后顾之忧，双赢模式效果明显。[①]

（四）实行人性化的家事审判方式

家事案件区别于其他案件的特性在办理过程中表现为对“慢”“听”“劝”的高标准和高要求，所以应当在以柔为主的理念指引下，将法律的“刚性”与法官的“柔性”相结合，以“人本关怀”来消弭当事人之间的隔阂，不断延伸司法服务。[②] 例如，广东中山两级法院试行家事案件不公开审理制度，以不公开审理家事案件为原则，非经当事人申请不公开开庭审理，充分保护当事人的隐私，消除“家丑不外扬”的道德障碍。地方实践体现在办案的各个环节和过程中，法庭审理层面，一方面突破在肃穆的法庭开庭的地点限制，实行圆桌办案，让当事人有轻松平缓的心态，弱化男女双方的对抗地位以及法官裁判的心理压力，营造家庭交谈的良好氛围。另一方面，法官不再仅仅定位为居中裁判，也在不断聆听、劝导，消除双方不应有的分歧和误会，并在法律规定的框架内给出合理的意见建议。案件裁判层面，采用各种人性化的举措保护当事人权益和隐私，温州中院推行离婚证明书制度，让诉讼离婚的当事人不再拿着满载事实的判决书证明婚姻状况，充分保障了当事人隐私。

（五）建立符合家事审判特性的证据规则及调取证据联动机制

随着社会时代的发展进步，传统的民事诉讼模式难以适应家事审判的实践需求，证据规则和法院调取证据就是最明显的表现。一方面，当事人举证能力较差，对许多问题实质上无法进行调查举证。另一方面，法院也难以通过当事人之对抗发现案件审理所需事实，但囿于法律规定的限制、法官中立裁判的定位以及实际取证的困难，法官也难以在实质上进行调查取证以实现个案正义。

传统“谁主张，谁举证”在家事审判中的不合理在改革中得到了广泛的关注，许多法院对此进行了专门的探索和实践创新。福建永春法院在家事审判中根据个案情况合理分配举证责任，并加强诉讼引导和释明。在不违背法律原则的前提下，对诉讼能力较差的当事人以主动的引导和释明，提升当事人的诉讼能力，并对举证责任进行合理划分，如在涉家暴案件中，由法官根据个案平衡，合理分配举证责任。原则上受害方仅需要合法合理地举证证明其受侵害的事实，对方作为与原告共同生活的亲密伴侣，需要对伤情作出合理解释，否则可以推定其为行为人。

当事人甚至法官对家事案件的调查取证是另一个难题。东莞第二法院建立联动机制，借助在辖区各镇乡中全面铺开的社区法律助理的力量，发挥其深入基层、接近群众的重要优势，让其在家事审判中担任社区调查员的角色。根据案件人性化处理的需要，可以由法院出具协助调查函给双方代理人，就夫妻感情、财产情况，子女生活状况等开展社区调查。加强与公安、司法行政机关的协调配合，与民政、妇联等部门签订合作备忘录，建立日常化的联动机制和稳定的沟通平台，进一步拓宽家事审判工作的深度和广度。

（六）探索家事案件远程调解和审判

家事审判本人出庭率较低是不争的事实。一方面，现代社会的人口流动和出行更加方

---

① 参见：离婚协议司法确认让当事人不再“伤不起”，http：//china. findlaw. cn/info/hy/lihun/susong/lihunxieyi/1067484. html，最后访问日期 2018 年 4 月 27 日。

② 邹郁卓：《我国家事纠纷解决机制研究——以闽赣两地基层法院为样本》，厦门大学 2014 年博士学位论文。

便，工作、旅行、办事等原因都客观存在。另一方面，对簿公堂的双方可能累积的矛盾较重，见面之后可能情绪更加激动，反而不利于纠纷的解决，遂本人出庭意愿不强。但是，不管当事人之间原因为何，对于法官来说，如果当事人不能亲自表明自己的态度并接受法官的询问劝导，无疑难以查明相关案件事实，给案件裁判带来诸多不便甚至后续隐患。许多法院也在探索解决之道，如海南文昌法院试行当事人亲自到庭制度，坚持传唤当事人双方必须到场，把握最真实的案件情况，保障司法公允。① 温州法院则是采取另外的思路，借助司法信息化建设的东风，作出司法便民的大文章，将信息化建设与家事审判方式的现代化有机融合，以现代化的方式灵活执行法律规定。按照家事案件当事人亲自到庭的原则规定，温州法院为身处境外的当事人提供诉讼便利，可以在温州法院设立在海外的调解员联络点，通过远程视频系统，就近参与案件调解和参加庭审活动。重庆綦江区法院充分利用 QQ 视频等通信工具进行远程庭审，以方便当事人诉讼，提高司法效率。②

五、我国家事审判改革存在的困难和原因

我国家事审判机制的改革自以广东高院为试点在全省范围内启动以来，已经走过了七八年的时间，自最高人民法院在全国范围内开展试点也将近两年时间，现两年的试点期即将结束，我们通过调研分析重庆地区的改革试点情况以及全国其他地区的改革试点情况，可以发现，家事审判改革虽然取得一定的效果，积累了一定的经验，但依然面临诸多深层次的障碍和困难，认清这些障碍和困难，有针对性地作出调整创新和应对，对我国家事审判机制改革最终取得良好成效至关重要。

（一）传统民事审判理念尚未完全转变

虽然家事案件中的法律关系基本为私法关系，但却是私法中公益属性较强的部分，对缓和社会矛盾、维护社会稳定有着重要作用。普通民事纠纷当事人之间注重合法明理，重视规则，而家事纠纷的核心是亲属之间的情感纠葛，很难简单地作出是非分明的判断，需要情绪疏导、消除对立和恢复情感。③

现阶段还有部分法院及法官没有转变家事审理审判理念，机械地适用一般民事类案件的审理程序。比如，在审理婚姻家庭纠纷中，接收案件后，如对方同意离婚，则立即进入财产分割的阶段，没有去甄别其是属于婚姻危机还是死亡婚姻，对婚姻是否死亡、夫妻感情能否修复以及未成年子女利益等问题审查较少，导致婚姻出现危机不能得到及时救治，当事人之间的矛盾未能得到妥善化解。部分法官在审理家事案件中依然适用一般民事案件的举证责任分配规则，没有考虑到案件中弱势一方举证困难的情况，不主动依职权去探知，致使案件事实无法得到查明。

（二）传统考核方式难以适应家事审判需求

家事案件具有矛盾相当尖锐、案件审理难以调和等特点，有别于其他民事案件。因此家事审判改革要求法官注重职权调查、进行心理疏导、判后回访等工作。并且在当前构建多元化纠纷化解机制的基础上，还要邀请村、社、街道、妇联等基层组织和部门的调解员

---

① 余芳：《家事纠纷多元化解决机制调查研究——以文昌市人民法院为例》，海南大学 2017 年硕士学位论文。

② 参见 http：//finance. sina. com. cn/sf/news/2016-03-04/103722722. html，最后访问日期 2018 年 4 月 28 日。

③ 李徐州、王道强：《家事审判的司法理念与运行原则》，载《人民司法》2016 年第 34 期。

参与案件调解。

要实现上述目标，家事法官需要花费更多的时间，因此需要审限予以支持，但目前的考核体系中，对案件持续时间以及审理期限的要求，与家事案件中的离婚冷静期、家事调解、家事调查、心理疏导需要的时间不匹配。家事法官在矛盾化解与质效考核的夹缝中难以两全其美。

（三）家事审判物质保障不足

因为家事案件所具有的独特性，最高法院在改革意见中要求，家事审判庭需提高硬件设施的配置标准，要有专门的家事审判庭、调解室、儿童看护室、心理咨询室等设施，建立上述硬件设施需要大量资金支持。但因现正进行司法责任制改革，全市法院的人、财、物由市高级人民法院统一管理，某个法院单独申请增设机构，较为困难。目前除了开州区法院、梁平区法院、黔江区法院、石柱县法院争取到区县政府支持，有专项财政拨款以外，其余试点法院并无资金支持，只能依靠法院自行筹集，多数法院硬件设施欠缺。

以彭水法院为例，是将家事审判团队设置在民事审判一庭，团队民警在承办家事案件的同时，还需承担庭内的其他非家事的非审判业务相关工作，从而占据部分时间，不利于家事审判团队的专门化建设。同时根据家事改革的要求，需聘请家事调查员、家事调解员、心理疏导员协助办案，现在法院面临着无专项资金为“三员”协助法院办案提供资金保障的困难。

（四）协调联动机制运行不畅

一是在多元化纠纷解决机制方面，基层民政、公安、妇联及其他组织对家事领域多元化纠纷解决机制的职责划分不明，相关部门没有建立相应的考评机制，法院也没有相应的激励经费，一些相关部门在参与家事审判改革试点方面，重视程度不够，参与热度不高，相关人员认为是在帮法院做事，存在一头热一头冷现象，难以形成期待的合力。比如，各地家事审判方式改革推行的离婚证明书，有些民政部门不予认可，仍要求当事人必须提供判决书。

二是与基层组织的协调机制方面。直辖市中级法院并没有对应机构，只能利用上下级法院建立的多元化纠纷解决机制与相关部门进行协调，基层法院与相关部门建立的家事纠纷多元化解决机制，实践中存在沟通协作不畅的现象。

（五）案件调查取证难度极大

家事审判方式改革要求法官在审理离婚案件时要仔细甄别其是属于婚姻危机还是死亡婚姻，查明夫妻感情是否确已破裂，若仅依靠当事人举证将难以实现。这就需要法官深入当时所在社区和单位进行调查，工作量巨大，取证难度极大。

对于涉及夫妻共同财产分割和继承财产分配，家事审判方式改革要求拓展人民法院职权调查范围，但是对于银行存款的查询存在机制障碍。根据《最高人民法院〈关于网络查询、冻结被执行人存款的规定〉》，只有执行案件和执行保全案件的被执行人的银行存款才能通过网络查控系统进行查询。实践中一方当事人往往不知道对方的具体存款银行及账户，要求人民法院就各大银行逐一进行查询，导致效率十分低下。

（六）法律框架对实践创新的制约

根据最高人民法院的改革试点要求，试点法院在改革试点过程中要注重对家事诉讼特别程序的探索与实践，建立符合家事案件特点的诉讼特别程序。试点法院根据各自实际探索出了离婚财产申报、冷静期、法官职权干预、不公开审理等家事诉讼特别程序并出台了相应的规范性文件。但由于现阶段还没有专门的法律司法解释，将家事审判的程序予以明确规定，关于家事审判的程序性事项散见于民事诉讼法的一些条文及部分司法解释，在现行法律规定的框架下进行家事诉讼特别程序的创新仍然存在诸多法律上的障碍。例如，离婚案件不如实申报财产是否构成妨碍民事诉讼的法定事由；设置情感冷静期是否违反法定审限；法官职权干预是否与现行证据规则之间存在冲突；不公开审理原则是否与民诉法规定的公开审理原则相冲突等。

以设置婚姻冷静期的措施为例。在离婚诉讼案件中，针对夫妻间感情尚未破裂的危机婚姻，法院可以为当事人双方设置婚姻冷静期，时间一般为 3～6 个月，在婚姻冷静期内暂不要求离婚，然后通过对当事双方情感的治疗、修复，从而达到挽救危机婚姻的目的。但根据《中华人民共和国民事诉讼法》第 149 条的规定："人民法院适用普通程序审理的案件，应当在立案之日起六个月内审结。有特殊情况需要延长的，由本院院长批准，可以延长六个月；还需要延长的，报请上级人民法院批准。"实施此项措施会产生与法定案件审理期限相冲突的问题。

同时，婚姻冷静期的设置实际上产生了诉讼中止的效果，但民事诉讼法中关于诉讼中止的事由只规定了以下几项："（一）一方当事人死亡，需要等待继承人表明是否参加诉讼的；（二）一方当事人丧失诉讼行为能力，尚未确定法定代理人的；（三）作为一方当事人的法人或者其他组织终止，尚未确定权利义务承受人的；（四）一方当事人因不可抗拒的事由，不能参加诉讼的；（五）本案必须以另一案的审理结果为依据，而另一案尚未审结的；（六）其他应当中止诉讼的情形。"故而，设置婚姻冷静期，缺乏法律上的支持，面对当事人的质疑，法官往往难以解释说服。

（七）家事审判人员的心理状况没有得到应有重视

家事纠纷的审理需要法官比别的案件更要多一份耐心、多一份责任，法官要进行心理疏导、注重职权调查、积极促进调解、判后回访等工作，大大增加了法官的工作量，面对繁重的工作压力，法官时常处在如箭在弦的张力状态。

而且家事纠纷不同于其他民事纠纷，它涉及特殊的身份关系，涉及当事人家庭生活的细枝末节，家长里短。案件的当事人情绪都极为激动，时常有自杀、互殴、自残、威胁法官、滞留法院以及缠访等过激言行。长期接触如此多的负能量难免会对法官的心理健康造成巨大危害。

所以，在注重对当事人进行心理疏导的同时也要对家事法官的心理问题多加关注。如何释放家事法官及法官助理、书记员长期堆积的工作压力，保持家事审判工作人员良好的心理健康，亟须予以重视，加强保障。

（八）案多人少的现实与改革工作增量的需求之间矛盾加剧

由于经济的快速发展和社会转型时期矛盾的多元化，法院的案件数量逐年大幅度上升，案多人少的矛盾逐年凸显。司法责任制改革后，员额法官人均办案数增加，每个法官都肩负着繁重的结案压力，人案矛盾更加突出。2017 年，重庆全市法院受理各类案件 819265 件，审执结 748570 件，员额法官人均结案 317 件，在全国法院中排名第三。

目前，法院对于法官的绩效考核机制以案件结案率和结案时间为标准。但家事案件的审理需要法官加强职权去调查证据，对当事人进行心理疏导促进双方调解。同时对于夫妻间感情尚未破裂的危机婚姻，还要对当事人双方设置婚姻冷静期，用以治疗、修复双方情感。相比其他民事案件，家事案件的审理需要花费更多的时间。而且家事案件的数量也很巨大，改革试点以来，梁平区法院共受理家事案件4352件，江北法院受理1639件，彭水法院2273件，开州法院3488件，万州法院3275件。案件数量多，审理周期长，使得法官工作考评机制与家事审判改革新增工作量间存在一定冲突，未能体现家事审判特点。

因此，一些法官为能完成院内绩效考核，仍然会以结案为目标，而不愿意花更多时间和精力按照家事审判改革的理念和方向开展改革试点工作，使得案件矛盾未能得到妥善解决，做到案结事了。

六、我国家事审判改革机制建议

家事审判的人身属性、社会属性、公益属性与其他民商事审判的诸多不同，具有修复治疗家庭关系、保护未成年人利益、维护社会和谐稳定多重社会功能。课题组提出建议如下：

（一）家事审判与少年审判融合

在家事审判和少年审判关系的处理上，最高人民法院确定了分头试点和合并试点两种方式，并明确了家事案件的主要类型。鉴于少年审判与家事审判在案由、审理原则和工作机制的紧密型和共通性，且这两类案件的审判具有共同的价值和功能追求，充分整合少年审判和家事审判的司法资源，将少年审判与家事审判相融合，实现二者相互促进，相互借鉴，共同发展，或许是一条更经济合理，且符合全面解决主义的路径选择。不仅可以消除两者受案范围的混乱，而且基于司法理念上的契合性，能最大限度避免司法资源的浪费和重置，促成少年家事审判的专业化。

（二）完善专门机构设置

综观世界各国，家事审判的专门化已然是大势所趋，多数国家在立法上对专门的机构、专业的人员以及专门的诉讼程序作了明确规定，这体现了司法专业化分工的国际发展趋势。我国现阶段推行的司法改革，其中一项重要的目标就是提高法律职业群体的专业性，因此，对家事案件进行专门化审理切合司法改革的价值追求，符合国家司法改革专业化发展的要旨。鉴于少年审判和家事审判趋同的司法理念，结合我国少年审判三十多年改革历程积累的丰富理论成果与实践经验，在我国各级法院建立少年家事审判庭乃可行性之选择。为进一步深化专业化，在少年家事审判庭内可以设置不同的合议庭，各合议庭专门审理少年案件或者家事案件的某一类型案件，此种模式既能最大限度地实现专业化，又能体现包容性，最大可能地实现纠纷处理的彻底性，也可促进以未成年人最佳利益为导向的全面解决主义的落实执行。

（三）设立家事案件审判辅助官

现阶段，各试点地区都基本选任、配备专职家事法官专门审理家事案件，取得了一定的效果。在选任家事法官时，可借鉴东莞第二法院的经验，选择具有一定社会阅历、心理学知识、细致耐心品格、顺畅交流技巧的法官来担任。但鉴于我国现阶段司法改革背景下，员额法官案件数量多、压力大，而家事案件又需要以柔性和缓的裁判方式促成当事人恢复感情、消除对立、实现和解，需要相较其他纠纷更具偏向性的司法关怀和额外的成本付出，借鉴美国纽约州家事审判辅助裁判官制度，探索由法官助理尤其是未入额法官转任的法官助理，办理不涉及婚姻关系解除的简单家事案件是可行和必要的。司法改革背景下，诸多未入额法官转任的法官助理具有多年审判经验，拥有一定的社会阅历，由他们辅助专业家事法官办理部分简单家事案件可以收到良好效果。

（四）设置家事案件考核体系

家事审判以诊断、修复、治疗家庭关系，促进家庭和睦稳定为基本目标，需要法官运用更为温柔理性的职权探知和证据调查等裁判方式去实现个案的实质正义，维护各方当事人的合法权益。其与其他民商事案件追求经济和效率的特征具有极大的差异，这种特殊性决定了一般的案件绩效考核体系无法适应家事案件的考核。设置科学独立的家事案件考核体系可以促进家事审判司法理念的转变，引导法官运用温暖关怀的司法之手去抚平当事人的情感创伤，激励法官注重案件回访和社会效果，从而实现家事审判修复家庭关系，维护社会和谐稳定的功能。在设置考核体系时应注重法官证据调查、调解沟通、回访、心理疏导等相关工作的指标安排，给予充分科学的肯定和引导。

（五）构建科学的诉讼程序

家事案件不同于其他民商事案件，简单的利益分配对家事审判的社会功能的发挥极其不利，对家事案件当事人会造成情感伤害，将给社会和谐稳定埋下潜在的危险。

一是借鉴德国在 2009 年之前的立法模式，在我国《民事诉讼法》中专设家事诉讼程序编，使其统筹家事诉讼程序各项规定，并与其他普通民事诉讼协调牵连，做到体例上的互相补充和协助适用。此种立法模式可以避免立法体系的较大波动，在司法适用中也可循序渐进地调解各种冲突矛盾，为合适时机下是否制定独立的家事诉讼程序法提供实践依据。

二是因家事纠纷强烈的人身属性、社会属性和公益属性，决定了其对辩论主义、处分主义的限制适用。与此同时，更多地需要遵循职权主义、不公开审理等原则。家事诉讼程序是兼具诉讼性与非讼性的诉讼程序，家事审判所处理的事件应包括家事非讼事件，如宣告失踪、宣告死亡、确定监护人事件等。借鉴我国台湾地区“家事事件法”立法模式，将家事类型化，分别规定诉讼程序和非讼程序，同时采纳“程序法理交错运用”观点，对家事案件采用统和处理。交叉运用诉讼法理和非讼法理，妥适、迅速、统合处理家事事件，维护人格尊严，保障性别地位平等，谋求未成年子女最佳利益，并健全社会共同生活。①

---

① 蒋月等：《台湾家事审判制度的改革及其启示》，载《厦门大学学报（哲学社会科学版）》2014 年第 5 期。

家事审判改革探析
——以重庆市第二中级人民法院及其辖区试点法院为对象

胡显春*

目　　次

一、家事审判改革概述

（一）家事审判制度的概念

家事审判制度，是指由国家设立专门司法机关，依照家庭关系的特别要求，采取非对抗性、职权主义，不公开审理与个案灵活的方式，调处夫妻、子女及其他家庭成员之间纠纷的制度。①

（二）家事案件的特征

婚姻家庭关系涉及伦理，因而婚姻家庭法律关系是一种主体具有单一性和身份性，人身关系具有主导性、伦理性，权利义务具有相对性和可转换性；客体具有特定性等特征的特殊民事法律关系。家事案件具有如下特征：

1. 亲缘性。家事案件的当事人之间通常存在血缘上或者法律上的亲缘关系，由于亲缘性这一因素的介入，家事案件的解决结果就不容易被预测，一方面看似矛盾被激化了，但最后可能大事化小、小事化了；另一方面看似简单的纠纷反而转瞬越演越烈、矛盾升级，最终无法调和。

2. 伦理性。婚姻家庭是一种以两性关系和血缘关系为基础而形成的社会关系，带有显著的伦理性和分享利他性。

3. 隐私性。家事案件中当事人之间身份关系特定，又往往处于共同生活的环境中，

---

* 作者简介：胡显春，重庆市第二中级人民法院民一庭法官助理。

① 张晓茹：《家事裁判制度研究》，中国法制出版社 2011 年版，第 14 页。

不可避免地涉及生活中、感情上的隐私，一旦双方诉至法院、对簿公堂，一种情形是当事人出于隐私保护，在陈述纠纷的过程时可能会对纠纷事实进行隐瞒，无疑将加大法院查清案件事实以及作出裁判处理的难度，另一方面又可能存在不当泄露个人隐私的风险，对当事人造成二次伤害。

4. 情感纠葛性。家事纠纷的产生一般是多个矛盾、多次冲突积而未解的结果，背后多为夫妻间、亲属间情感心理上的纠葛。情感纠葛性，要求法官在家事纠纷处理过程中应把消除对立、恢复感情、实现和解作为纠纷解决的目的和价值取向。

5. 社会性。家庭是社会的细胞，是构成社会的基本单位，稳固的家庭关系是社会和谐的基石，它属于社会体制中的社会利益。家事纠纷往往还涉及未成年人、老年人和妇女等特殊群体的利益，属于社会利益保护的范畴。①

（三）家事审判改革的背景分析

家庭是社会的基本细胞，婚姻家庭关系的和谐稳固是国家发展、民族进步、社会和谐的重要基石。依法妥善审理婚姻家庭、继承纠纷等家事案件，对于维护家庭和谐，保障未成年人、妇女和老年人合法权益具有重要意义。旧的家事审判模式已日益显现出化解纠纷不彻底、保护权益不周全、弥合关系不到位的弊端，为适应家事案件的特殊性要求，改进和完善家事审判方式和工作机制，更好地为发挥家事审判重要职能作用，家事审判改革应运而生。具体而言，主要有以下几个方面的原因：

1. 维护稳定的题中之义。习近平总书记在 2016 年 12 月 12 日会见第一届全国文明家庭代表时指出，“家庭是社会的细胞，家庭和睦则社会安定，家庭幸福则社会祥和，家庭文明则社会文明，家庭的前途命运与国家和民族的前途命运紧密相连。”家庭作为个人生活的依归与社会秩序的稳定因素，基于家庭而形成的社会关系关乎着社会稳定。但近年来，我国家庭关系伴随着经济社会的快速发展发生了巨大变化，尤其是婚姻关系越来越多地具有契约性，为了追求所谓的平等与自由，不乏有人滥用法律所赋予的自由，家庭的稳固性受到了前所未有的挑战。根据民政部统计数据显示，离婚率自 2003 年以来连续 14 年递增，2014 年、2015 年、2016 年分别有 363.7 万对、384.1 万对、415.8 万对夫妻办理离婚手续。② 具体到重庆渝东北片区，重庆市第二中级人民法院辖区法院 2014 年新收家事案件 14795 件，占民事案件总数的 40.86%；2015 年新收家事案件 14960 件，占民事案件总数的 33.39%。2016 年 1 月 1 日至 2017 年 4 月 30 日，家事案件结案数为 20571 件，占民事案件结案总数 70438 件的 29.20%。其中，开州区、梁平区、忠县、万州区四家试点法院家事案件占到了民事案件的三分之一以上，梁平区法院更是达到 43.60%，将近一半。由此可见，家事案件在整个民事类案件中所占比例之重。伴随着离婚纠纷数量的不断增长，家庭关系的断裂导致的妇女权益维护、未成年人的教育与抚养、老年人赡养等社会问题频发，如果家事案件处理不当，甚至可能引发极端刑事案件，给社会的经济、政治、文化、社会管理等方面带来不良影响，不利于社会的和谐稳定与发展。因此，有效维持、恢复、重建家庭关系，促进家庭成员之间和睦相处，保护各方当事人的合法权益，维护社

① 蒋月：《家事审判制：家事诉讼程序与家事法庭》，载《甘肃政法学院学报》2008 年第 96 期。

② 离婚率是指离婚的次数与总人口的比率，参见《民政部关于印发〈离婚率计算方法研讨结果的报告〉的函》。离婚率具体数据参见历年《社会服务发展统计公报》，来源“中华人民共和国民政部”，访问地址：http://www.mca.gov.cn/article/sj/tjgb/。

会的和谐稳定，是当前我国家事审判改革的主要目标。[①]

2. 司法为民的现实需要。家事案件涉及人与人之间的情感纠葛，具有高度情感色彩和人伦特点。长期以来，我国家事案件的审判方式及工作机制与普通民事纠纷并无明显差别。然而，近年来，法院受理婚姻家庭、抚养继承纠纷等家事案件数量持续上升，其中离婚案件占比尤高。家事案件中双方争议的重点也显现出从以身份关系为主到以财产关系和子女抚养为主的转变趋势。面对这一现状，一味沿用传统的审理普通民事案件的理念与方式来审理家事案件，不利于维护婚姻家庭稳定，也不能满足保护公民人身和财产权益及我国社会全面发展的需要。最高人民法院文件指出，应树立家庭本位的裁判理念，发挥家事审判的诊断、修复、治疗作用；适应家事案件特点，全面保护当事人的身份利益、财产利益、人格利益、安全利益和情感利益。[②] 因此，在家事案件的审判中，法官们需要解决的不仅是案件中的具体性问题，还包括法律要件如何确定、证据如何审查、事实能否认定、法律如何理解与适用等问题，更多地应该关注如何在裁判中体现伦理性等抽象性问题，应该能动司法，积极探索中华传统家庭美德和现代人伦观念的结合，合理地介入当事人关系中，对当事人引发纠纷的行为、情绪进行疏导和指引，着力解决因道德滑坡、行为失范等导致的家庭纠纷频发问题，并通过家事审判宣德扬善、淳风化俗。此时，司法的作用不仅是定纷止争，更重要的是发挥社会道德价值对行为的指引功能，以此实现裁判法律效果与社会效果的统一。

二、重庆市第二中级人民法院及其辖区试点法院家事审判改革的成果

（一）审判理念得到了转变

婚姻家庭的伦理性、身份关系的本源性、争议标的的公益性、情感纠葛的根源性、表现形式的私密性和处理结果的面向未来性等特质，决定了家事案件有别于普通案件纠纷。[③] 试点法院在改革开展以来，根据家事案件的特殊性，审判理念发生了积极的变化。首先，强化了法官职权主义的理念。转变机械遵循辩论主义和处分原则的财产纠纷审判思路，根据家事诉讼对法官职权干预的特殊需要，强化了法官的职权探知、自由裁量和对当事人处分权的适当干预。在庭审方式上适当弱化“当事人主义”，强化“法庭职权主义”。其次，树立了以人为本的理念。坚持以人为本理念，发挥家事审判的诊断、修复、治疗作用，实现家事审判司法功能与社会功能的有机结合。坚持未成年人利益最大化原则，对涉及未成年子女抚养的离婚案件，开展全面的情况调查，必要时引入心理疏导和测评机制，对抚养权归属问题综合作出合理的裁判。注意区分婚姻危机和婚姻死亡，灵活运用心理疏导、调解等方式积极化解婚姻危机，设置情感修复期来挽救婚姻危机，避免判决不离婚的简单化操作模式，正确处理保护婚姻自由与维护家庭稳定的关系。最后，树立了一揽子解决家事纠纷的理念。针对部分家事案件因同一事由衍生出多起纠纷、多起诉讼等情况，避免“头痛医头，脚痛医脚”，尽可能一次性解决当事人的家事纠纷，这样既可统一裁判尺度，又能减少当事人的诉累。

---

① 叶向阳、陈逸群：《中国家事审判改革探析》，载《中国应用法学》2017 年第 5 期。

② 《最高人民法院关于开展家事审判方式和工作机制改革试点工作的意见》（法〔2006〕128 号文）。

③ 王道强：《家事纠纷区别于普通民事纠纷之特质分析》，载《人民法院报》2016 年 1 月 27 日，第 7 版。

（二）机构和队伍专业化建设进展迅速

“法官如何运用法律调和当事人之间的情感关系，是一门十分深奥的学问。”① 推进家事审判方式和工作机制改革，必须与司法人员分类管理和法院内设机构改革相适应，努力建设符合家事审判特点的审判机构和队伍。家事审判的特殊性、家事审判队伍的专业性以及家事案件数量的居高不下，都决定了成立家事审判庭很有必要。重庆市第二中级人民法院也成立了专门的家事案件审判合议庭，忠县法院第四法庭也确定了专人审理家事案件法庭，开州区、梁平区法院争取到了专门的机构编制，成立了专门的家事审判庭，并配备了较为专业的家事审判法官和司法辅助人员。开州区法院初步形成了“1核+8点+N站”的家事审判格局，“1核”即家事审判改革试点领导小组，“8点”即在院机关设立专门的家事审判庭和未成年人案件综合审判庭，在7个人民法庭设立婚姻家庭纠纷合议庭，“N站”即利用便民诉讼网络设立家事调解站点（巡回审判点）。梁平区法院着力推行“1+4”（1名审判员+4名人民陪审员）的大合议庭模式审理矛盾尖锐、复杂疑难的家事案件，同时，梁平区法院在审判场所建设上，突出“家”的温馨和感化作用，将弘扬家庭美德的传统文化元素融入其中，如家事审判专用法庭设置以“忠、孝、仁、悌”为主题的可更换式灯箱，既美观大方，又弘扬健康向上的家庭观念；在审判场所布置上，创新使用六角形审判台，将当事人亲属关系标注在原、被告坐牌之上，并根据案件类型在座牌下方设置不同的温情提示语，如离婚纠纷则标注“世界再大、也要回家”等，从细节上打动人心。还设立了未成年人看护室、休息室，其他试点法院也对家事审判场所进行了适当改造，这些场所均凸显了家庭责任、亲情维系、宽容理解等文化氛围，通过给当事人营造一个和睦、温馨、缓和的环境，促使当事人放松心情、缓解争执，进一步促进家庭矛盾的化解和家事案件的和谐处理。

（三）积极能动创新家事审判工作机制

1. 建立家事纠纷多元化解决机制。家事纠纷多元化解决需要与当地民政、公安、妇联、乡镇、街道办事处、村委会、居委会等相关部门及基层组织建立联动机制。各个试点法院结合自身实际创建了形式多样的合作方式。2017年2月14日，重庆市与重庆市妇联和试点法院、法庭及所在地妇联、乡镇、街道办事处、村委会、居委会召开了联席会议，就家事纠纷矛盾化解达成了共识。梁平区法院争取到梁平区区委的支持，转发《家事审判改革试点的实施方案》，成立了由梁平区政法委书记担任组长的家事审判改革领导小组，并在家事审判法庭的改造、家事审判辅助人员工作报酬上给予专项经费保障，这在全国试点法院中是不多见的。

2. 试行财产申报制度。财产申报制度即是为有效打击故意隐匿、转移家庭共同财产等违法行为，在所有涉及财产分割的婚姻家庭案件中，在立案和送达传票环节向当事人送达《家事案件财产申报表》，要求当事人如实填写财产状况，固定争议财产范围，明确告知不实申报财产的诉讼风险，并依法对财产申报不实、故意隐匿财产的当事人分别予以少分或不分财产、罚款、拘留等惩处措施，促进诚信诉讼和夫妻共同财产的公平分割。该项制度的实行，尤其在防止当事人故意隐匿、转移财产方面起到了积极的作用。其中，梁平区法院明确规定涉及分割夫妻共同财产、子女抚养案件的当事人，应当在举证期限届满前

---

① 席锋宇：《婚姻案件审判需配备专业法官》，载《法制日报》2012年8月24日，第3版。

填写《家事案件当事人申报一本通》，内容包括查清夫妻关系存续期间的共同财产、债权债务、子女抚养等情况，未全面准确如实申报的，酌情少分财产、多担债务。该制度自试行以来，重庆市第二中级人民法院辖区基层法院共填报家庭财产申报表1437份，因不实申报适用少分或者不分财产6件。二中院试点以来共发放财产申报表23份，迄今没有申报不实的情况发生，取得了很好的法律效果。

3. 建立人身安全保护令制度。人身安全保护令制度的建立是为有效预防和制止家庭暴力，保护家庭成员的合法权益，维护平等、和睦、文明的家庭关系。推行改革以来，开州法院已经制定了《人身安全保护裁定实施细则》，并有裁定书、申请书模式。结合《反家庭暴力法》的相关规定，与公安、妇联、民政、基层组织等机关和组织建立常态化的部门协作机制，力争实现民事诉讼强制措施与治安管理处罚措施的无障碍衔接，切实保护妇女儿童的合法权益。自试点以来，重庆市第二中级人民法院辖区基层法院共受理人身安全保护案25件，裁定人身保护令19份，1件采取措施。人身安全保护令起到了很好的震慑效果，许多长期遭受家庭暴力的受害人的人身权益得到了有效保护。

4. 建立心理疏导制度。家事案件的审理涉及心理、社会学等多方面专业知识，根据家事案件审判人性化的要求，试点法院探索建立心理干预制度。重庆市第二中级人民法院制定了《家事案件心理疏导工作指引》，指引家事审判法官对情绪过激的当事人给予心理疏导。目前，重庆市第二中级人民法院以及万州区法院都选聘了心理疏导员，重庆市第二中级人民法院聘请的四名家事案件心理疏导员系二级心理咨询师，并建立心理咨询师名册。针对情绪激动、遭受家庭暴力等需要心理疏导的当事人，由当事人申请或法院决定在征得当事人同意的情况下，对当事人进行心理疏导。通过心理疏导员对离婚案件双方当事人进行情感修复，对未成年子女由谁抚养更为有利进行评估，对赡养、抚养、扶养纠纷等案件中情绪波动较大或有反常行为的当事人及相关人员进行心理疏导、干预，对遭受家庭暴力的受害人进行心理疏导，缓解了心理疏导对象的情绪，自试点以来，重庆市第二中级人民法院及辖区试点法院共有38件案件进行了心理疏导，有5件聘请了心理咨询师进行咨询。其中有一件系夫妻双方争夺子女抚养权，在经双方同意后对哪方抚养子女更为有利性进行了评估，依据评估意见作出的判决达到了息诉服判的良好效果，其他4件中有3件也实现了调解结案。自试点以来万州区法院家事案件审理过程中的暴力、自杀、自残等恶性事件无一发生。

5. 推出情感修复期制度。针对“草率离婚”“冲动离婚”现象较为普遍的问题，试点法院通过在离婚案件审理过程中设置情感修复期，即婚姻冷静期间，对冲动型离婚“踩刹车”。对于离婚案件可以根据具体情况，依据当事人的申请或依职权给离婚双方设置十天到六个月的婚姻冷静期间。自改革试点以来，重庆市第二中级人民法院有15件家事案件设置了冷静期间。通过该项制度，使“草率离婚”“冲动离婚”得到有效的遏制。

6. 建立家事案件回访帮扶制度。家事案件回访帮扶制度主要是针对双方矛盾较大的家事案件，在案件宣判后将判决结果反馈到当事人或利害关系人所在的村、居委会；对涉及未成年人、妇女、老年人身心健康的案件，提请基层组织给予关注，并注重进行案后回访。充分保护未成年人、妇女、老年人的利益，防范暴力、自杀、自残等恶性事件的发生。2017年重庆市第二中级人民法院共回访帮扶14件家事案件，取得了良好的社会效果。

7. 推出了解除婚姻关系证明书制度。“判决书+生效证明”的传统做法在实践中常常显得冰冷、呆板，且不利于对当事人隐私的保护。例如，当事人办理购房、贷款等手续需要证明离婚状况时，需要出示离婚判决书或者调解书。而离婚判决书上往往涉及当事人的隐私，当事人日后办理再婚、出国签证、房屋过户等事务时，这些个人隐私的暴露无疑会带来尴尬。在这次改革中，推出了“解除婚姻关系证明书”制度，对判决离婚的双方当事人发放设计美观、大方的“解除婚姻关系证明书”。离婚证明书一是证明法院离婚的判决或调解书已经生效，当事人间的婚姻关系已经于判决书、调解书生效时解除。二是方便当事人保管和使用，且不会泄露当事人隐私。梁平区法院已经发出了156份“解除婚姻关系证明书”，社会反映良好。

8. 搭建平台，抓好诉非衔接。万州区法院针对家事案件，建立诉前调解工作机制，抓好登记后立案前的诉非衔接，力争对案件做好分流、化解、缓冲。返聘具有丰富审判经验的退休法官作为家事调解员，对符合立案条件的家事案件，由立案庭在办理立案登记手续后，告知当事人应当先行选择诉前调解方式解决家事纠纷，由立案庭引导其到家事调解组织进行调解，对在一定期限内未成功调解的案件再移送审判部门进行审理。同时在调解案件中推行“无争议事实记载”制度，对当事人虽未达成协议，但双方认可的事实予以记载，在后续诉讼中不再重新举证。

（四）及时制定家事审判工作规则

在最高人民法院下发的6项规定基础上，二中院组织试点法院到广东等地考察学习，结合实际制定了系列规范性文件，为改革试点工作提供依据，也为下一步推广、复制家事审判改革经验，制定统一的家事审判规则奠定基础。我院先后出台了《家事案件审判规程（试行）》《家事案件心理疏导暂行办法》，统筹基层试点法院、试点法庭制定了《家事审判辅助人员管理考核办法（试行）》《办理家事案件指导规则（试行）》《人身安全保护裁定实施细则》《家事案件财产申报实施细则》《家事案件诉讼指引》《人民法庭家事案件审判工作规则（试行）》。根据相关法律和司法解释，制定了“人身安全保护令申请书”“人身安全保护令裁定”“财产申报告知书”“律师调查令”“心理疏导委托书”“调查委托书”“回访帮教委托书”等模板。

三、当前家事审判面临的困境与问题

（一）理念亟待转变

目前，各个试点法院在家事案件审理过程中，比较注重情理法的结合、法律效果与社会效果的高度统一。但是，还有部分法官没有及时转变审判理念：没有考虑家事案件的私密性特点，以不公开审理为原则，公开审理为例外；在财产分割问题上，机械地适用一般民事类案件的举证责任分配，不依职权去探知；审理婚姻家庭纠纷，往往适用财产类案件的审判模式，在接收案件后，如对方同意离婚，审判方向即转变为财产分割，对婚姻是否死亡、夫妻之间感情能否修复以及未成年子女利益等问题审查较少，导致婚姻出现危机不能得到及时救治，未成年人成长环境恶化等问题；对待离婚问题，不去甄别是危机婚姻还是死亡婚姻，一判了事。

（二）案件办理难度大，人案矛盾突出

在价值多元、利益格局多变、权利意识增强的驱动下，家事纠纷案件数量逐渐增加，案多人少的矛盾日益突出，且案情日益复杂、化解难度加大，以前的家事案件主要是离婚、抚养、赡养、扶养、收养、继承纠纷等。随着社会经济的发展，现在的家事案件还涉及了婚姻无效、婚姻撤销、婚生否认、同居关系析产和子女抚养、探视权、涉外婚姻和收养关系等，家事案件类型更加多样。家事纠纷中，存在查清案件事实难度大的问题。法院在审理家事纠纷案件过程中，很难还原案件客观真实，适用举证责任规则的空间小，法院不宜直接将举证责任直接分配给某一方当事人，在一定程度上影响了案件事实的查清和案件审理进度。实现案结事了难度大。家事纠纷往往具有人身和财产的双重属性，纠纷中往往掺杂家庭琐事，人们普遍有家丑不外扬的思想，家事纠纷案件普遍都是在积蓄了较多的家庭琐事后才爆发出来，诉讼到法院时，当事人之间亲情关系已经淡化，矛盾已经很深，甚至出现仇视，案件调解难度大，难以实现案结事了，容易出现非理性上诉、上访的情况。

（三）存在人力、物力及经费等困难

要认真细致地化解好婚姻家庭矛盾，让更多家事纠纷当事人享受到审判改革带来的好处，离不开相应的人力、物力与经费支持。专业化的审判工作要求配备相应数量的专业法官和司法辅助人员，家事纠纷矛盾隐蔽性特征也要求设立家事调查官来深入村镇社区开展调查。此外，家事审判心理干预的必要性决定了社会第三方专业人才的引入。重庆市第二中级人民法院与社会机构合作，引入心理咨询师开展家事案件的评估与干预机制，但该项工作并非无偿的，专业人才自身的价值要求必须按照市场经济规律支付相应的报酬，因该项经费目前尚未纳入经费预算，导致此项工作运行活力及实践效果不佳，相关部门、相关人员在参与家事审判时热度不高，难以形成期待的合力，同时民众对非诉解纷方式不够了解、不够信任，过度依赖法院的解纷功能，而相对弱化了其他社会解纷渠道，致使大量解纷机制出现虚置或失灵现象。

（四）创新与现行法律规定相冲突

根据最高法院的改革试点要求，试点法院在改革试点过程中注重对家事诉讼特别程序的探索与实践，以期为将来家事诉讼特别程序立法提供实践经验。试点法院根据各自工作实际对于离婚财产申报、冷静期、法官职权干预、不公开审理原则等家事诉讼特别程序出台了相应的规范性文件。经过近一年的实践探索，我们发现在遵循现行法律规定的框架下进行家事诉讼特别程序的创新仍存在诸多法律上的障碍，如离婚案件不如实申报财产是否构成妨碍民事诉讼的法定事由；设置情感冷静期是否违反法定审限；法官职权干预是否与现行证据规则之间存在冲突；不公开审理原则是否与民诉法规定的公开审理原则相冲突等。

四、进一步深化家事审判改革的措施

（一）加快家事审判专业化和硬件设施建设

首先，法院要结合自身的案件结构、人员结构等情况，把办案团队配置、法官助理和书记员职责厘定，组建审判团队。其次，在法官任用问题上，应当优先选任对家庭生活有较为丰富的生活经验，掌握相应社会心理学知识，热爱家事审判工作的法官担任家事法官，注重培育法官的化解和引导能力，提升每一位法官的司法水平，使每一个案件得到公正高效的审理，使每一位当事人得到更有效的服务。再次，要高度重视相关工作人员业务能力的提高，尤其是在案件不断增加的背景下，不能只“砍柴”，不“磨刀”，要加强对婚姻家庭法学及相关法律的专业知识学习，积极筹办审判业务培训，对审判实践中遇到的典型性、类型化的法律适用问题予以培训解答，进一步提高家事案件审判的业务水平。最后，家事审判改革，需要强有力的物质装备保障。要加快建设家事审判庭、家事调解室、心理咨询室、单面镜观察室、儿童游乐室等各种必要物质装备和场地，建立更为温馨、亲和、人性化的家事案件审判环境。

（二）深入推进家事审判机制创新

1. 强化家事案件中法官职权干预。在审理家事案件中，除适用“谁主张，谁举证”一般举证责任分配原则外，需特别注重根据具体案情合理分配举证责任。各试点法院在试点工作中要加大法官依职权调查取证力度，尤其是对于一方当事人转移、变卖、隐匿财产或者与他人同居、重婚等重要案件事实，当事人难以举证又影响案件审理结果的，根据当事人的申请及提供的线索，可以向律师颁发调查令或者依职权调查取证，查明案件事实。同时，加强对家事案件的立案审查，防止虚假诉讼的发生。

2. 推行当事人亲自到庭制度。身份关系具有不可替代性，当事人本人亲自到庭，有利于法院查清事实，准确裁决，也有助于当事人消除误会、恢复情感，促成当事人和解、调解及纠纷的顺利解决。要求各试点法院在涉及身份关系案件中，除本人不能表达意思以及因特殊情况无法出庭向法院提交书面意见获得准许的情形外，当事人及法定代理人应当亲自到庭参加诉讼。

3. 探索灵活方便的审限管理模式。根据家事案件的自身特点，试点法院应当建立有别于一般民事案件的审限管理方式。对涉及家庭暴力等受害人身处困境亟须解决的案件，应当优先审结，实现当事人利益的最大保护。对争议财产较多，矛盾较大、当事人情绪激烈的家事案件，采取适当放宽审限的限制。比如，在审理离婚案件中试行冷静期制度，经当事人同意可以设置三个月的冷静期。根据案件需要，冷静期可以适当延长，但最长不超过六个月，冷静期可以不计入审限。

4. 用好情感修复期制度。家事审判以消除对立、实现家庭和睦为导向，关注当事人的情感需求，构建柔性诉讼环境，将审理重点放在夫妻之间感情修复问题上，案件审理中区分死亡婚姻和危机婚姻后，对死亡婚姻且不能和平分手的及时判决离婚，对危机婚姻在尊重夫妻双方离婚自由的基础上，进行积极的引导和适当的心理干预，努力促成夫妻双方的感情修复。

（三）积极推动多元化纠纷解决机制改革

一方面要争取党委的领导和社会各界支持。做好家事审判改革，党委的领导和支持至关重要。比如，家事审判庭的机构编制问题、经费问题等，都需要党委的支持。根据最高法院专委杜万华在2017年2月的泉州讲话，目前还有一些试点法院没有成立独立的家事审判庭，要抓紧研究加强家事审判机构建设。今后最高人民法院有可能要启动对试点法院的工作检查，对于不符合改革试点要求的法院，将不再作为试点法院并在全国通报。还有离婚证明书，需要民政、房管等部门的认可。这些问题都需要加强与相关部门的沟通联系。家庭是社会的细胞，我们要动员全社会的力量，共同参与到家事纠纷化解中。另一方面还要探索构建多部门参与的纠纷化解体系，在家事审判中需要搭建跨专业的化解网络，有效整合法院、公安、妇联、司法、民政等机构的力量，建立多部门联席会议制度，发挥各自优势，形成家事纠纷的社会管理新格局。由政法委牵头建立以家事法庭为核心、协力机构积极参与的一体化矫治机制，打破以往法院与单一主体单向合作的简单模式。例如，受害人向人民法院申请人身保护时，可集合公安、妇联、民政等对受害人提供有效保护，使家暴问题得到有效的控制和解决。同时，还应当积极引入第三方协助家事案件审理。通过引入社工、社会团体工作人员和向社会购买服务等方式，配备充实家事调查员、家事调解员、儿童心理专家、心理疏导员等审判辅助工作人员，更好地发挥家事审判工作缓和对立情绪、修复亲情关系、抚平心理创伤等功能作用。非试点法院要利用好已有的多元化纠纷解决机制，注重加强与公安、检察、教育、民政、司法行政、妇联、共青团等部门和社区（村）居委会的联系沟通，形成有效社会合力，及时、妥善地化解家事纠纷。

大力推进家事审判改革，是司法为民的重要举措，能够实现家事审判司法功能与社会功能的有机结合，有效维护婚姻家庭关系的和谐稳定，为构建社会主义和谐社会发挥司法推动作用，促进社会健康和谐有序发展。

家事审判中多元化纠纷解决机制的构建
——从重庆市万州区人民法院改革探索出发

郭亚飞*

目　　次

2016年4月21日，最高人民法院出台了《关于开展家事审判方式和工作机制改革试点工作的意见》（法〔2016〕128号）以及《在部分法院开展家事审判方式和工作机制改革试点工作的通知》（法〔2016〕129号），决定自2016年6月1日起，在全国范围内选择100家左右基层人民法院和中级人民法院，开展为期两年的家事审判方式和工作机制改革试点工作。[①] 重庆市万州区人民法院（以下简称万州区法院）有幸成为试点法院之一，自试点以来已有一年多的时间，在试点过程中取得了一些成就，也暴露了一些问题，本文拟结合该院在家事审判方式改革中的试点情况，来研究探索家事审判中多元化纠纷解决机制的运用，以期为家事审判改革提供有益的司法建议。

一、当前家事审判的困境

近几年，随着我国经济的快速发展，在价值多元、利益格局多变、权利意识增强的当今社会，家事纠纷案件数量逐渐增加，案多人少的矛盾日益突出，新型案件层出不穷，矛盾日益复杂、化解难度不断加大，传统的民事审判模式已不能完全适应妥善解决家事纠纷的现实需求和形式要求。

（一）人案矛盾突出导致法官无充足时间进行调解

虽然《最高人民法院关于适用简易程序审理民事案件的若干规定》中第14条针对婚姻家庭纠纷和继承纠纷要求在开庭审理时先行调解，但在司法责任制改革后，员额法官人均办案数增加，以万州区人民法院为例，2017年全年新收各类家事纠纷案件2695件，全

* 作者简介：郭亚飞，重庆市万州区人民法院法官。

① 改革目标：通过家事审判方式和工作机制改革试点，转变家事审判理念，推进家事审判方式和工作机制创新，加强家事审判队伍及硬件设施建设，探索家事诉讼程序制度，开展和推动国内外法院之间家事审判经验交流和合作，探索家事审判专业化发展，维护婚姻家庭关系稳定，依法保护未成年人、妇女和老年人合法权益，弘扬社会主义核心价值观，促进社会建设健康和谐发展。

院员额法官人均结案292件，人案矛盾更加突出，导致审判人员没有更多时间和精力对家事案件进行调解。

（二）社会联动形成合力仍存在差距

2017年7月20日，最高人民法院等15个部门和单位联合印发《关于建立家事审判方式和工作机制改革联席会议制度的意见》确定了家事审判改革联席会议制度，但实际运行中地方联席会议制度大多停留在文件层面和探索阶段，运行活力及实践效果不佳，地方相关部门在参与家事审判时重视程度不够，参与热度不高，难以形成期待的合力，同时民众对非诉解纷方式不够了解、不够信任，过度依赖法院的解纷功能，而相对弱化了其他社会解纷渠道，致使大量解纷机制出现虚置或失灵现象。

二、万州区法院家事纠纷解决的探索

（一）搭建平台，抓好诉非衔接

万州区法院利用被最高人民法院确定为“多元化纠纷解决机制改革示范法院”[①] 的优势，针对家事案件，建立诉前调解工作机制，抓好登记后立案前的诉非衔接，力争对案件做好分流、化解、缓冲。返聘具有丰富审判经验的退休法官作为家事调解员，对符合立案条件的家事案件，由立案庭在办理立案登记手续后，告知当事人应当先行选择诉前调解方式解决家事纠纷，由立案庭引导其到家事调解组织进行调解，对在一定期限内未成功调解的案件再移送审判部门进行审理。同时在调解案件中推行“无争议事实记载”制度，对当事人虽未达成协议，但双方认可的事实予以记载，在后续诉讼中不再重新举证，2017年利用诉前调解程序快捷办结841件家事案件，极大地减轻了法官的办案压力。

（二）合理配置，打造专业家事审判团队

万州区法院根据家事审判改革的需要，构建了专门的家事审判团队，团队由包括分管副院长在内的6名员额法官、3名法官助理、6名书记员组成，其中员额法官中女性3名、法官助理中女性2名、书记员中女性6名。6名员额法官均为三四十多岁，由具有熟悉婚姻家庭业务、人生阅历和调解经验较为丰富、掌握相应社会心理学知识的审判员组成。

（三）引入心理疏导机制，协助家事案件的审理

家事案件的审理涉及心理、社会学等多方面专业知识，需要相关专业领域人员的配合与协助。万州区法院在审理家事案件中，引入心理疏导机制。通过心理疏导员对离婚案件双方当事人进行情感修复，对未成年子女由谁抚养更为有利进行评估，对赡养、抚养、扶养纠纷等案件中情绪波动较大或有反常行为的当事人及相关人员进行心理疏导、干预，对遭受家庭暴力的受害人进行心理疏导，缓解了心理疏导对象的情绪，自试点以来，万州区法院家事案件审理过程中的暴力、自杀、自残等恶性事件无一发生。

（四）温馨布置，设置人性化审判设施

弱化原、被告的对抗，用心打造人性化审判设施，专门建设家事审判庭、家事调解室、未成年人审判庭、儿童看护室、心理咨询室和家事文化长廊。探索启用圆桌审判方式审理家事纠纷案件，围绕当事人的分歧进行耐心引导。万州区法院家事文化长廊以“家庭”和“夫妻”为主题，选取贴切的古今典故阐述孝、善、恩、亲、和、乐以及缘、信、

---

① 《最高人民法院关于确定多元化纠纷解决机制改革示范法院的决定》，法〔2014〕358号。

忠、责、让、爱十二个字的内涵，使当事人在家事文化长廊中感受传统文化的同时缓解剑拔弩张的气氛，进而打开心扉，化解矛盾。

（五）健全体系，重构格局

依据最高人民法院等15部门《关于建立家事审判方式和工作机制改革联席会议制度的意见》，结合万州区实际，在万州区委政法委的领导下，建立由区综治办统筹，区法院牵头，区检察院等15部门参加的区家事审判方式和工作机制改革联席会议。从而推动部门沟通与协作，由矛盾仅靠法院“单打独斗”转变为全社会参与调解体系。例如，本院受理的原告靳某诉被告徐某等五子女赡养纠纷一案中，原告靳某年岁已高，身患重病，急需有人照顾，而靳某的五子女因矛盾均相互指责对方，推诿赡养义务，审理过程中法官在充分了解案件经过后，认为虽本案事实争议、法律关系并不复杂，判决难度不大，但判决后本就薄弱的亲情关系恐怕更难维系，故邀请了地方综治办、妇联、司法所等多部门参与调解，最终使原、被告握手言和，亲情关系得以修复。

三、家事审判中多元化纠纷解决机制的构建

（一）构建多部门参与的纠纷化解体系

在家事审判中需要搭建跨专业的化解网络，有效整合法院、公安、妇联、司法、民政等机构的力量，建立多部门联席会议制度，发挥各自优势，形成家事纠纷的社会管理新格局。但目前基层司法实践中尚缺乏统一的操作规范。联合发文、制订实施意见仅是权宜之计，无法真正建立统一、高效的社会化解网络。民间组织亦存在因身份障碍不能全面参与纠纷解决、人员能力良莠不齐无法保证化解效果的弊病。因此，应由政法委牵头建立以家事法庭为核心、协力机构积极参与的一体化矫治机制，打破以往法院与单一主体单向合作的简单模式。例如，受害人向人民法院申请人身保护时，法院可集合公安、妇联、民政等部门对受害人提供有效保护，使家暴问题得到有效的控制和解决。

（二）抓好诉非衔接与诉调对接

法院要充分发挥司法审判的规范、引领和监督作用，健全完善家事案件非诉纠纷解决方式的司法确认制度，通过务实管用的诉非对接机制，确保经各级行政机关、人民调解组织、行业调解组织或者其他具有调解职能的组织达成的调解协议，可以方便快捷地向人民法院申请效力确认，切实维护多元解纷主体开展调解工作的严肃性与权威性。

（三）确立调解前置的法律地位

根据万州区法院家事审判改革的经验发现，通过科学规范受案范围、完善家事证据规则、创新家事调解方法、制定《家事案件诉前调解工作规则》《人身安全保护裁定实施细则》等规范性文件，对指引和规范家事审判工作起到了积极的作用。故建议待条件成熟时，有关部门向全国人大常委会提出修改《民事诉讼法》的建议，在我国《民事诉讼法》中增加婚姻家庭纠纷诉讼的特别程序规定，规定家事纠纷案件的调解前置程序，把诉讼前置调解程序确立为家事纠纷诉讼的必经程序，家事纠纷当事人在纠纷发生后需经过有关调解组织调解，发现调解无效或不适合调解的，由有关调解组织出具证明后再行通过诉讼解决。

（四）建立专业的家事法官团队

首先，建立严格的家事法官准入机制。家事案件的法官们不但要具有婚姻家庭法学的

专业知识，而且自身要拥有优秀的人格、崇高的道德品质和坚定的司法信仰，家事案件的法官应当用崇高的道德人格树立法律权威，用刚直不阿的个人品格维护法律尊严，让法官廉洁公正的司法形象成为公平正义的鲜活标志，让法官寓情于理的司法理念为当事人所信服。其次，为保障家事审判中处理家事案件的专业性和高效性，在今后的家事辅助人员设置上，应配备一定的心理学家、社会工作人员等专业人员，包括家事调查员、家事调解员、心理疏导员等。

综上所述，笔者认为，家事审判多元化解决纠纷机制的构建，能够实现家事审判司法功能与社会功能的有机结合，有效促进婚姻家庭关系和谐稳定，为构建社会主义和谐社会发挥司法推动作用，促进社会建设健康和谐发展。

反思与探索：家事审判改革的路径调适

黄 俊*

目 次

一、家事审判改革的需求：问题的提出

家事案件是指确定身份关系的案件及基于身份关系而产生的家庭纠纷。近年来，我国家事案件（我国司法统计中一般称为婚姻家庭案件）急剧增长，全国各级法院审结家事案件已突破 150 万件，其中 2013~2016 年分别为 161.2 万件、161.9 万件、173.3 万件、175.2 万件，《2018 年最高人民法院工作报告》中指出，各级法院审结家事案件 854.6 万件。经验表明，无论是在计划经济还是在市场经济环境下，家事案件的基数都比较大，属于法院审判工作的“刚需”。① 伴随着社会经济的发展和家庭结构的变迁，婚姻家庭观念发生重大变化，离婚率持续攀升、家事案件类型多元新颖、法律适用难度增大、纠纷解决日益复杂等问题对各级法院审理家事案件均构成巨大的挑战。传统民事审判模式在解决家事纠纷中的短板和不适应性日渐暴露：第一，家事审判专业化程度低，难以满足家事审判工作需要。我国在民商事审判方式推进和变革中，不断地根据现实需求增设专项的知识产权审判庭、环境资源审判庭等专门审判机构，还针对性地设置或改进审判程序，以满足不同类型案件特殊化的需要。但对于家事案件，仍处于后知后觉的境地，缺乏专门的审判机构和组织人员，也没有设置针对性的审判程序，导致家事案件审理与传统民商事审判在审判机构、人员配置和审理程序上出现高度混同，依附于传统的民事审判程序，倾向于按照财产关系诉讼的裁判规则审理家事案件，难以有效解决家事纠纷。第二，家事审判职能未能适时调适，司法功能难以发挥。传统的审判方式在本质上是社会控制机制，其最重要的职能是在双方当事人不能自行解决争议时，通过现实的强制性活动控制双方的激烈争端，以单纯裁判的方式终结争议。而家事案件不仅涉及法律上的权利义务关系，还关系到家庭

* 作者简介：黄俊，重庆市九龙坡区人民法院民一庭法官助理。

① 王德新：《家事审判改革的理念革新与路径调适》，载《当代法学》2018 年第 1 期。

成员的情感及伦理纠葛。[①] 因此，家事审判不仅局限于法院承担社会控制职能，更重要的是婚姻家庭关系的救治，运用恢复性司法理念，与家庭成员共同努力，缓和当事人之间的激烈争端，搭建好沟通与交流的平台，修复家庭成员的情感，治愈当事人之间濒临破裂的婚姻家庭关系，维护好婚姻家庭的和谐稳定，为妥善处理家事案件提供积极有效的范本，这是传统审判方式难以实现的。第三，家事审判的自身特点与复杂性，决定着一般审判规则和模式难以适应。法院现行一般的诉讼原则和模式是以辩论原则、处分原则为指导，强化当事人主义，通过严格的对抗制来查清案件事实，法官只是作为中立的裁判者，组织当事人进行质证与辩论，尊重当事人的处分选择，一般不主动探知案件事实与调查证据。而家事案件类型复杂多样，如亲子关系案件、确认与解除收养关系案件等家事非讼案件与同居关系纠纷案件和抚养、扶养、赡养纠纷案件等家事争讼案件适用的诉讼原则有天壤之别，简单适用辩论原则、处分原则难以查清案件事实，家庭成员之间的血缘、姻缘纽带关系反而会因激烈的对抗式诉讼而不自觉地陷入情绪激动的攻防和诘问之中濒临破裂，使得各方都成为家事纠纷的受害者。家事纠纷涉及当事人的个人生活和隐私，具有很强的人身性和私密性，同时关涉社会公益，其判决结果不仅关乎当事人，还涉及其他家庭成员和未成年子女安置问题。因此，家事纠纷的妥善解决要求限制当事人处分权，赋予法官自由裁量权，适用职权探知原则，这些家事审判的自身特点和规律与法院现行审判规则和模式大相径庭。家事审判的特殊性与复杂性要求法院突破既有审判体制的局限性，转变家事审判理念，适应家事案件特点，尝试制定更加灵活、细腻、统一的家事诉讼程序制度，实现家事审判专业化。家事审判改革呼之欲出。

虽然在我国的立法和司法实践中，对家事审判已有一些专门性的规定。我国《婚姻法》《收养法》《民事诉讼法》以及相关的司法解释都规定了诸多涉及家事案件的审理程序，包括：对提起婚姻无效和婚姻撤销案件的申请人或原告的资格，婚姻无效案件的程序，对男方离婚诉权的限制，对离婚等身份关系案件规定必须进行调解的程序要求等。[②] 但现行的家事审判法律规范零散杂乱、不系统，专门的家事审判程序规范付之阙如。最高人民法院自 2016 年 5 月起部署在全国范围内确定 118 个中级和基层人民法院开展为期两年的家事审判方式和工作机制改革试点工作，期望未来改变家事审判理念和审理模式、加强对人格利益、安全利益和情感利益的保护以及建立家事审判多元化纠纷解决机制。[③]

二、家事审判改革的域外经验与中国实践

（一）域外家事审判改革的发展与经验启示

综观当今域外各国或地区的司法实践，大多都对家事案件设置了针对性的司法政策，在家事审判机构、家事审判理念和家事审判程序规则等方面都作了区别于解决财产关系案件的特别规定，值得我们学习与借鉴。

一是多数国家和地区逐步成立以家事法院、家事法庭为主要形式的专业化审判机构，

---

① 宋耀红：《从司法实践角度谈我国家事审判立法的完善》，载《人民法院报》2016 年 6 月 9 日。

② 齐玎：《论家事审判体制的专业化及其改革路径——以美国纽约州家事法院为参照》，载《河南财经政法大学学报》2016 年第 4 期。

③ 杜万华：《大力推进家事审判方式和工作机制改革试点》，载《人民法院报》2017 年 5 月 3 日。

对家事审判人员组成作出特殊任职资格限制。美国是世界上最早成立实质意义上的家事法院的国家，1914年俄亥俄州设立专门处理家庭纠纷的家庭关系法庭，其后被其他州所效仿，或设立独立的家庭法院，或设立隶属于普通法院系统的家事法庭。[①] 美国纽约州《家事法院法》还明确规定法官的任职资格，家事法院的法官必须掌握处理家事纠纷所需要的法律知识，还要接受包括未成人需要、离婚对未成年人子女影响、家庭暴力和保护未成年人等内容的专项培训，保证法官在裁判复杂的家事纠纷时能够充分考量未成年人的利益以及对未成年人的影响。[②] 日本则是家事法院系统最为发达的国家，根据地方法院设置家事法院，只要有法院的地方就有家事法院。家事法院的法官不但是优秀的司法官，而且应具有能洞察关系人行动的能力，又就心理学、社会学、教育学、精神病学等有关人的关系的科学有某种程度的认识始可。[③] 我国台湾地区在2006年设立专门的家事法庭，并对家事审判员任职资格作出限制，"（家事法庭的）庭长或人员，应遴选对家事案件具有研究并资深者充任之，候补人员及未曾结婚之人员，原则上不得承办"。[④] 设置专门化审判机构并配备特殊要求的审判人员，已经成为多数国家和地区开展家事审判工作的共通性举措。

二是通过专门立法统合推进家事审判改革，类型化解决家事案件。制定专门的家事诉讼法是当前家事审判改革的国际趋势。在此基础上，尝试对家事案件进行类型化区分，解决家事案件对应的程序法理。德国《家事事件与非讼事件程序法》对家事事件实行全面非讼化审理，同时对家事案件进行分门别类，区分一般性家事案件（非讼性事件或者非讼化事件）和准用民事诉讼程序的讼争事件，对于婚姻案件和家事争讼案件仍适用《民事诉讼法》的一般规定。日本对于家事案件区分人事诉讼案件和家事审判案件，并分别制定《人事诉讼法》和《家事事件程序法》，分别规定各类事件的处理程序，有助于法官根据家事案件类型，准确适用法律，更好地运用程序法理。我国台湾地区"家事事件法"根据家事案件类型讼争性强弱、当事人处分权限宽窄及法院依职权裁量程序大小，将性质相类似的案件归为5类，分别适用家事诉讼程序和家事非讼程序，旨在通过细分类型，实现快速、统合处理家事案件。[⑤]

三是为迎合家事案件特色与规律，创造性设立与财产案件审理差异化的程序理念和特色制度。家事案件类型复杂，身份关系与财产关系叠加，诉讼法理与非讼法理交错适用，传统的以辩论原则、处分原则为指导，强化当事人主义，通过严格的对抗制来查清案件事实，法官只是作为中立的裁判者的诉讼模式在审理家事案件中产生不适应性，也成为各国家事审判改革中的重点问题。[⑥] 在家事审判中，应针对不同类型的家事案件，酌采有限的职权进行主义和职权探知原则，对当事人的处分权进行限制，采取有限的随时提交主义，

---

① 陈爱武：《论家事审判机构之专门化——以家事法院（庭）为中心的比较分析》，载《法律科学》2012年第1期。

② 齐玎：《论家事审判体制的专业化及其改革路径——以美国纽约州家事法院为参照》，载《河南财经政法大学学报》2016年第4期。

③ 赵蕾：《家事审判中的特殊规则——以家事审判方式改革为背景的分析》，载《河南财经政法大学学报》2016年第4期。

④ 宋耀红：《从司法实践角度谈我国家事审判立法的完善》，载《人民法院报》2016年6月9日。

⑤ 陈爱武：《论家事案件的类型化及其程序法理》，载《法律适用》2017年第19期。

⑥ 王德新：《家事审判改革的理念革新与路径调适》，载《当代法学》2018年第1期。

以适应家事案件审理的需要。

四是维护家庭弱势群体利益，协调社会公益与私权之冲突。家庭成员因血缘、姻亲、情感等因素，身份关系交织叠加，家事纠纷不是简单只涉及原、被告之间私权利的处分，更需要对与原、被告之间有纽带关系的以未成年人为代表的弱势群体利益进行保护，以维护社会公益。英国在审理家事案件中注重保护未成年人的利益，当事人对未成年子女的生活是否作出妥善的安排，是法院判决离婚或作出分居指令的前提基础；在上诉期间，如停止执行一审法院的指令会伤害到子女的利益，在情况紧急时，法院有权要求继续执行一审法院作出的指令。①德国建立子女利益保护人制度，尽可能迅速选任适当的程序辅佐人，以保证与子女的沟通交流，探听子女的内心真实意思，协助法院对其进行学习生活状况调查，以有利于子女利益最大化和保障身心健康的方式处理家事纠纷。我国台湾地区“家事事件法”创设社工人员陪同制度，由社工陪护未成年人及受监护或辅助宣告之人参与庭审活动、作证及陈情意见，以适当的措施保障他们的合法权益；在亲子关系中，限制接受医学检验制，充分保护未成年子女的身心健康及合法权益。②

（二）我国家事审判的现状和试点动态

我国家事审判改革肇始于地方法院的自发摸索。广东法院是我国家事审判改革的先行者，于2010年便开始家事审判试点工作，探索出符合家事审判特点的新模式和新做法，引起最高人民法院的重视。③ 2016年，最高人民法院在全国范围内开展为期两年的家事审判改革试点工作，各地试点法院结合自身特点和工作需要逐渐摸索并形成具有特色的家事审判方案和做法。

第一，在家事审判机构专门化和审判队伍专业化方面，大部分试点法院都成立专门的家事审判庭或合议庭，设置家事审判功能区，完善符合家事审判特点的硬件设施，遴选较为专业的家事法官和司法辅助人员，加强对家事审判队伍的培训，提升家事法官的审判能力和业务水平。采取独立建制的家事审判机构占据70%。天津市蓟门区人民法院实行家事审判庭与人民法庭共同审理家事案件的模式，在派出法庭设立家事审判合议庭或者指定家事法官专门审理家事案件。82%的试点法院布置符合家事审判特点的配套设施，配备体现人文关怀的单面镜观察室、心理辅导室、未成年人心理工作室、家事调解室等硬件设施。沈阳市沈北新区人民法院在家事审判庭设置儿童观察中心和探视中心；安徽省马鞍山市雨山区人民法院以“家宁国安”为主题，打造百米家风家训文化长廊；遴选富有亲和力、业务能力强的法官和司法辅助人员从事家事审判工作。新乡市中级人民法院从已婚女性、审判能力、业务水平、社会阅历等角度入手遴选优秀的家事法官，组织开展专项培训，进一步提升家事法官的业务素养。④

第二，吸引专业力量和各方资源，合作参与解决家事纠纷，建立多元化纠纷解决机制。各地试点法院不仅与民政部门、妇联、社区服务中心等政府部门建立合作关系，还积

① 陈莉、向前：《英国家事审判制度及其启示》，载《法律适用》2016年第11期。

② 蒋月、冯源：《台湾家事审判制度的改革及其启示》，载《厦门大学学报（哲学社会科学版）》2014年第5期。

③ 珠海市香洲区人民法院探索出一套“香洲家事审判模式”：设立家事案件立案的绿色专窗通道、未成年人心理工作室、儿童托管暨观察室以及圆桌式审判庭等创新举措，在家事案件审理中强调人文关怀、温馨和谐。

④ 张西：《家事审判机制改革的“新乡样板”》，载《河南日报》2016年1月18日。

极引入社会专业力量，与高校专业人士、社区志愿者等合力解决家事纠纷，积极探索建立家事案件纠纷多元化解决机制。江西省南丰县人民法院争取到县委政法委的支持，将相关部门配合家事审判工作列入综合考核范围，对不予配合的部门采取一票否决；山东省武城县人民法院推动成立县委副书记为组长的家事审判改革领导小组，依托党委的支持，合力推进家事审判改革工作，成效突出。秦皇岛市中级人民法院与燕山大学签订家事审判项目战略合作协议；北京房山区人民法院与区妇联合作聘请25名乡镇妇联主席担任特邀调解员。

第三，家事审判方式不断创新，形成具有特色的家事审判规则和制度。各地试点法院开拓创新，创造性地推出开展婚姻状况评估、设置离婚冷静期、案后跟踪回访、推行家庭财产申报、引入心理矫正、试行家事案件不公开审理和当事人亲自到庭制度等一系列新举措。广西宁明法院在受理家事案件时，给当事人发放《情感调查表》和《情感修复建议书》，评估婚姻状况，针对性设立时间不等的婚姻冷静期，同时家事法官和心理疏导员适当介入，缓和矛盾，修复情感，促使当事人之间感情回温。[①] 东莞第二法院根据当地经济繁荣衍生出的离婚案件牵涉财产数额大、种类多的情况，向香港家事法庭的典型举措取经，创设离婚案件财产申报制度，帮助法官厘清夫妻财产线索以更好、更快地处理离婚案件。[②] 广东中山市中级、基层法院试行家事案件不公开审理，除非当事人申请公开，同时将当事人亲自到庭要求扩大至包括离婚案件在内的多数家事案件，实践证明调解率颇高，更有利于解决案件纠纷。[③]

全国各地试点法院在家事审判实践中逐渐形成具有特色的审判制度和规则模式，符合家事审判的规律，为家事审判改革的深入推进积累丰富的经验和繁多的样本模型。但是，我们也必须清楚地认识到，我国家事审判改革仍是碎片式、浅层性的，缺乏整体性的规划和统一部署，各地试点法院也只是从实用主义出发，简单地创新措施个性化解决问题，很少是从严肃诉讼法理和程序的角度进行深层次的、结构性的改革，对家事诉讼程序改革缺乏足够的重视，难以充分发挥家事审判诉讼程序自身功能，仍处于一种“头疼医头、脚疼医脚”的碎片化状态。家事审判改革的道路依旧漫长。

三、关于完善我国家事审判改革路径的设想

家和万事兴。婚姻家庭关系的稳定直接关系到社会和谐和国家安定，如何更好地审理家事案件，化解家事纠纷，推进家事审判体制改革，成为司法体制改革的重要环节。目前，家事审判改革试点工作正在如火如荼地进行，各地试点法院不断贡献智慧，推陈出新，探索并形成具有特色的家事审判模式和样本，为家事审判改革积累了宝贵的经验，值得在今后的家事审判工作中借鉴和推广，同时也暴露出不少深层次的问题。对此，我们需要对症下药，深化家事审判体制改革，以更好适应家事审判实践的需要。

（一）制定独立的家事诉讼程序法，类型化解决家事纠纷

检视我国关于家事案件的法律规定，尚未对家事诉讼程序进行专门规定。在司法实践

---

① 陆寿青、韦兰序：《家事改革的“南疆样本”》，载《广西法治日报》2017年8月24日。

② 徐珍、黄琪：《东莞第二法院家事审判的实践与创新》，载《东南司法评论》2016年卷。

③ 崔拓寰：《广东法院家事审判制度改革的实证分析》，载《东南司法评论》2016年卷。

中，家事案件情形复杂、类型众多，简单地套用现行的民事诉讼程序难以有效地解决家事纠纷。不以程序分立为前提的家事审判改革，审判机构仍沿用现有的民事诉讼程序，所谓的改革最终也只是进行法院工作人员分流的一种途径而已。为适应家事审判的需要，制定独立的家事诉讼程序法势在必行。家事纠纷可能涉及争讼程序，也可能属于非讼事务，其审理模式和诉讼原则各有侧重。[①] 从比较法上看，其他国家和地区都对家事案件的类型进行了区分，针对性适用不同程序之法理。对于财产争议、离婚争议等家事案件中的讼争性大的案件，法院原则上应当采取诉讼法理，适用处分原则、辩论主义、言词证据、直接审理主义、职权进行主义、严格证明、自由心证、集中审理及适时提出主义等法理，[②] 通过充分举证、充分争辩，使得判决结果更接近公正；对于无讼争或者讼争小，具有非讼性质的家事案件，原则上采取非讼法理，适用职权探知主义、不以公开审理为原则、不以言辞审理主义为原则，对于职权程序事件乃不采处分权主义，申请事件则采部分处分权主义，对于自由证明之容许度较高，适时提出主义之实用性亦被限缩。[③] 根据家事案件不同的类型，针对性采取审理模式，充分提高司法审判效果和效率。

（二）设置专门的家事审判庭，培养家事法官和辅助人员

家事审判专业化是各地试点法院家事审判改革的重点举措。似乎只要设立家事审判庭、选任专业法官就能解决家事审判难题。这是错误的想法，家事审判应兼具专业化与社会化。一方面，设置专门的家事法庭、选任专业的家事法官当然必不可少，但家事案件的复杂性和类型众多决定着家事法官不仅需要具备专业的法律知识，还应储备丰富的家庭生活经验和人生阅历，掌握社会学、心理学等多领域的知识。很明显，过于强调家事法官在法律知识之外的心理学、社会学等多领域广泛涉猎，甚至不切实际地要求家事法官获得此项专业资质认证，这远远超出法官的正确定位。因此，家事法官仍然定位于法律业务专家，其他方面的知识需求则借助社会组织或行业专家等辅助人员来弥补，多方资源合力共同处理家事纠纷。另一方面，即使是家事审判辅助人员，也要具备专业性，以专业的知识协助家事法官处理家事案件。国外实行多年的运用心理学、医学、社会学知识辅助解决家事纠纷的家事调查官制度在我国还没有引起足够重视，为保证家事法官的专业水平及必要的中立地位，有必要培养这方面专业辅助人员，设置专门的家事调查官。作为特别辅助机构，其主要功能是担负起家事案件中涉案家庭成员的性格、经历生活状况、财产状况以及家庭环境调查，灵活运用心理学、社会学等专业知识进行综合分析评估，形成调查报告供家事法官斟酌和参考，帮助家事法官作出妥当的裁判。家事调查官的产生从心理学、社会学、医学等相关科学中挑选人才，由法院以购买服务的方式进行委托，也可以合理利用法院内部的人力资源，对未取得审判员资格，且工作经验丰富，有社会学、心理学等知识专长或资格认证的工作者、法官助理可竞聘担任家事调查官职位，为法院工作人员分流开辟重要渠道。[④]

（三）以未成年人利益最大化原则指导家事审判

在域外的家事审判实践中，充分考虑到未成年人的利益也是国际普遍做法。未成年人

---

① 赵秀举：《家事审判方式改革的方向与路径》，载《当代法学》2017 年第 4 期。

② 姜世明：《家事事件法论》，元照出版公司 2016 年版，第 174 页。

③ 姜世明：《家事事件法论》，元照出版公司 2016 年版，第 174 页。

④ 张晓茹：《家事裁判制度研究》，中国政法大学博士学位论文 2004 年，第 58~59 页。

在家事纠纷特别是离婚案件中受到的潜在伤害深，心理情绪波动大，处于弱者的地位，因此从未成年人保护特殊需要出发，家事审判不仅在实体裁判上遵循未成年人最大利益原则，还要在程序上确立未成年人利益最大化原则，并将其作为家事审判的首要原则。各地试点法院也注重对未成年人情绪的安抚，为使家事纠纷减少对未成年人产生心灵创伤和心理阴影，不在肃穆庄严的法庭上询问孩子的本人意见，而是专门设立观察室，布置温馨舒适的场景，营造温暖和谐的氛围让孩子减少戒备之心，能够在放松的状态下与法官进行充分的沟通交流，表达他们内心的意思和情感。同时引入心理矫正机制，组织专业的心理辅导师、社会工作者为离婚案件当事人和未成年子女进行心理疏导和测评，还应当定期走访未成年人所在的学校、社区等生活学习场所，了解他们的生活状况和学习动态，法院根据走访的调查结果和心理评估报告综合多种因素对子女的抚养问题作出裁判，这些有益的经验值得我们推广和学习，在家事诉讼程序中予以固定。针对我国家事诉讼中未成年子女利益容易受到父母的侵害，未成年子女利益缺乏代表的情况，可以借鉴国外的经验，在家事诉讼立法中增设代表未成年子女利益的“诉讼代表人”制度。当法院认为父母双方并非其未成年子女最大利益的保护者时，法院可主动或经有关未成年人权益维护组织、社会维权人士的申请，为该未成年人设立诉讼代表人，全面介入诉讼案件，调查收集有力证据，向法官提出有利于保护未成年人最大利益的建议，法官对于该建议应予以充分考虑。① 同时考虑到实践中离婚案件当事人往往是冲动离婚，不会对子女抚养问题进行妥善处理，甚至不会提及子女抚养问题的现实情况，可以适度弱化法官消极裁判的角色，借鉴英国家事法院的做法，对除非离婚案件已就子女生活进行妥善安排，否则法院不会做出绝对离婚判决。② 将对未成年人利益的保护交给熟悉且亲近的当事人，而不是交给法院依职权以冰冷的形式进行裁判，反而更容易让当事人进行冷静成熟的思考，更能对未成年人的利益作出妥善安排。

（四）适当放宽审限，减少家事审判的束缚

基于审判质效管理而对法官提出审限内结案的要求催生出“快审快结”的家事审判模式，严重制约家事审判发挥应有的职能。③ 在司法实践中，往往对家事案件采用短期化、简洁式处理的裁判模式，如对于未出现符合法定离婚情形的初次离婚案件一般不准许离婚，缺乏对夫妻感情或者家庭成员亲情的评估考量和有效调解。试点法院虽然创造性推出设立离婚冷静期、引入心理矫正机制等举措尽力修复当事人的情感，但在严格的审限时效要求下，能否真正不折不扣地实行下去是个问题，而且即使不计入审限，会不会因过于放宽期限而衍生为长期未结案，也是摆在家事审判面前的重要考验。因此，家事审判需要及时转变审判理念，由纯粹强调审限内结案转变为适当放宽家事案件的审限限制，为彻底化解家事纠纷和修复家庭成员情感创造条件。对于涉及家庭暴力等严重伤害到受害人，急需要快速审理的案件要优先审理，快审快结，对于初次离婚的、涉及未成年子女或者其他家庭成员利益等家事案件，应适当地放宽审限，给法官预留足够的时间去了解当事人的心理状况，考量和评估家庭生活状况，为消弭家庭矛盾、修复家庭成员情感创造有利条件，

---

① 张旭东：《民事诉讼程序类型化研究》，厦门大学出版社 2012 年版，第 183 页。

② 蒋月：《家事审判：家事诉讼程序与家事法庭》，载《甘肃政法学院学报》2008 年第 1 期。

③ 程新文、张颖新、沈丹丹：《改革我国家事诉讼程序的思考》，载《中国青年社会科学》2016 年第 5 期。

争取作出符合实际情况、保障当事人利益最大化的裁判。同时也要给法官戴好“紧箍咒”，不能过度放宽审限导致久拖不决，衍生长期未结案。对于婚姻家庭关系尚未完全死亡的，设置合理的冷静期，注重沟通和调解，多措并举消除当事人的隔阂，尽力挽救婚姻家庭关系，不轻易地以简单裁判的形式案结事了。对于可以宣告死亡的婚姻家庭关系，也要及时进行裁判，不能无限期地设置冷静期，久拖不决。

（五）尝试引入强制律师制度

实现家事审判专业化的又一重要方向是强化律师的作用。德国在婚姻案件和家事争讼案件、抚养案件中均引入强制律师制，以弥补当事人通常没有能力发现、总结并陈述重要的涉案信息的缺陷，充分保护当事人的合法权益。但在增加诉讼成本等方面也遭到不少质疑。① 尽管在我国家事案件中一律强制律师参与跟实际情况不符，但在我国家事案件审判司法实践中，涉及财产的离婚、继承等案件，尤其是未设立遗嘱的继承案件一般涉及人数多，财产信息少，寻找财产信息和关系人线索需要律师的专业能力并持律师调查令去搜集证据和线索，当事人很难能够独立完成，聘请律师并不少见，因此，在涉及财产的离婚、继承等家事案件中引入强制律师制有生存的空间和现实需要。同时，涉及未成年子女利益最大化的家事案件应当尝试引入强制律师制，尤其是为未成年子女设立诉讼代表人制度的家事案件中，法律应要求诉讼代表人强制委托律师，法律援助机构也应当提供便利条件，积极为诉讼代表人推荐公益律师介入家事诉讼，为未成年子女利益最大化创造有利条件。

结　语

家事审判能否真正实现化解矛盾与弥合感情相统一，取决于我国家事审判改革工作的详尽程度。在充分吸收家事审判改革试点中积累的宝贵经验和创新性做法的基础上，未来的改革应对家事诉讼程序分立给予足够的重视，根据家事案件类型适用不同的审理模式和诉讼原则，同时辅之以其他制度作支撑，一定能够探索出一条符合中国实际需要的家事审判改革路径。

---

① 赵秀举：《家事审判方式改革的方向与路径》，载《当代法学》2017 年第 4 期。

家事审判改革的完善路径探析

张　静　蔡梦莹*

目　次

在我们传统的家庭中贯穿一个生活理念——家和万事兴。这是千真万确的真理，和睦是家庭生活的基石，是每个家庭成员要遵守的生活规则。没有和睦团结的家庭，家庭事业是无法正常发展下去的。家庭生活是每个人必须要面对的现实，而且是人生的重要组成部分。

家庭是社会的分子，也是社会的最基础的实体之一。我们生活在现实社会中，每天孜孜不倦地追求着人生的理想之梦，把人生寄托在社会上，寄托在家庭上，这是事实，毋庸置疑。为了实现人生的梦想，人们必须有一个理想的平台，在这个舞台上施展自己的人生才华，为社会做贡献，为建设美满的家庭而奔波。和谐的社会环境、和睦的家庭关系有利于自己的人生梦想早日实现。在某种角度上讲，家庭是我们一生中接触最多、生活时间最长的地方，从这个摇篮中走向社会，走向理想。人们经常这样比喻说，家庭是安全的避风港，是心灵的家园。这话说得非常有道理，说出了和谐生活的环境条件对人生的重要影响程度，没有和谐和睦的家庭，人生可谓是不幸的，也是有缺陷的。可以直言不讳地说，所有成功人士的背后都有一个和睦幸福的家庭支持着。这充分证实了和睦家庭对人生的重要作用。

不论做什么事情，我们都寄托着期望，把理想付诸现实。每个人的奋斗目标都是一样的，只要行动就要追求效果，期盼早日达到行动的目的。在这个基础上，我们祈求有一个和谐的社会环境，有一个和睦幸福的家庭做支柱，在优越的环境中一展身手，大干一场，让理想变成硕果，这是人们共同追求的效果。但是，没有和睦的家庭，没有人支持是无法实现的，即使是实现了，也要付出数倍的代价，甚至超乎常规范畴的。大家小家一样的道理，一个国家要繁荣富强、发展壮大，必须建设和谐的社会环境，经过全民共同努力，期

* 作者简介：张静，重庆市彭水苗族土家族自治县人民法院研究室主任；蔡梦莹，重庆大学法学院硕士研究生。

望的目标才能早日实现。

2016年，最高院发起家事审判改革，在全国范围内选定了118家中基层法院开展试点工作。各地法院积极响应，在非讼化、人性化、专业化、联动化等方面积极探索、改革创新，尝试对冷静期、离婚财产申报、家事调查、心理咨询等家事诉讼特别程序出台了相应规定，虽然取得了一定的良好成效，但同时也揭露出我国家事审判领域的局限性。目前，学界对我国家事纠纷的特性存在多种说法，缺乏系统的诉讼机理，诉讼与调解的衔接不明确。域外的成功经验为我国家事审判改革提供了参考意见，但是不能照本宣科，应当结合我国国情与司法现状，走出一条符合中国特色社会主义法治观念的改革之路。

一、家事纠纷的特殊性

家事纠纷的审理蕴含着一个民族的文化习俗、一方水土的风土人情、一个国家的历史传统和一个时代的社会风气，因此家事纠纷不同于一般的民事纠纷案件，其具有鲜明的特点，应当被特殊对待。在做学术研究之初，如果没有认识到问题、抓不住问题的特质，研究出来的解决方案将失去意义。在家事审判改革之路上，只有弄清楚家事纠纷的基本特征，才能开展相关的制度构建和程序设计，如果背其道而行，所谓的路径、进路、对策都将成为无源之水、无本之木，终将丧失法学研究的意义。随着我国学者对家事审判改革的深入研究，家事纠纷的特质呈现出五花八门的态势，让人眼花缭乱。笔者参考学界多方观点，赞同如下几个说法：

第一，家事纠纷具有浓厚的伦理性和情感色彩。我国的家事纠纷当事人基于身份上的血缘或者亲情关系存在，被赋予了相应的权利与义务，才导致相关的请求离婚、探视权争议，给付抚养费、赡养费等婚姻家庭案件。由于家事纠纷当事人之间具有包含着情感伦理、道德教化的关系，它就不能等同于一般民事纠纷。一般民事纠纷多发生于陌生人之间，不存在身份上的牵扯，往往可以通过公正的审判得出最能体现公平价值的判决。另外，一般民事权利义务具有一致性，有权利必有义务，两者相互对应。但是家事法律关系中的权利义务并不当然地同时存在，且生活中夫妻之间、家庭成员之间的权利行使和义务履行并非具有平等性，其中有的义务上升为法律义务，如抚养教育子女、赡养父母；有的义务仍处于情感、道德约束的范畴，如接孩子、做饭、打扫卫生等与生活息息相关的事情，这些义务的履行靠的是当事人的自觉与道德、对亲人的感情甚至对生活的妥协。在家事审判中往往也忽视了为照顾家庭多付出劳动的一方的价值。

第二，家事纠纷法律关系的客体具有复杂性。俗话说“家家有本难念的经”“公说公有理，婆说婆有理”，说的也就是这个理。家庭成员之间的争议随着社会经济的飞速发展产生了巨大变化，亦不能仅仅局限于财产之争。更何况财产除了有型的动产、不动产之外，更是衍生出了有价证券、虚拟货币等无形财产。如何分割各种新形势下的五花八门的家庭资产成为一大难题。另外家事纠纷的客体不光是物态的资产，还包括行为、人身利益等。就行为方面而言，家庭成员之间各式各样的行为能够引起家事法律关系的变化，大到出轨、虐待，小到拌嘴、争吵都将成为诱因行为。至于结果行为也不再单是赔礼道歉、赔偿损失、恢复原状等，家事当事人更是为了追求精神上的慰藉，达到家和万事兴的终极要义。在人身利益方面，特别是离婚纠纷中，未成年人、老年人的人身利益保护始终是社会关注的一大焦点，法官处理此类案件不能只是解决夫妻的矛盾，还应将未成年人与老年人的利益纳入考量，这也是家事改革中的一大难题。再者，家事纠纷中双方当事人各执一词，将长期积累的不满、怨恨都诉诸法官，但缺乏举证能力或者难以为主张的事实作证以及反驳对方。综上所述，家事争议的解决兼具判定事实和情感调和，使得相较一般民事纠纷更加复杂。

第三，家事纠纷具有私密性。婚姻家庭纠纷比一般的民事纠纷更多地涉及当事人不愿意向外人透露的人生际遇和生活状况。例如，确认亲子关系纠纷中，当事人的血缘鉴定、家庭成分关乎其隐私；离婚纠纷案件将向众人暴露当事人之间的情感生活，或许会对其以后的生活造成不良影响；收养纠纷案件将直接洞悉当事人之间的人身关系；继承纠纷案件也会揭露私有财产状况；我国虽然对于同性婚姻、代孕亲子关系未作规定，但可以看出诸如此类的家事纠纷都容易造成对当事人隐私权的侵犯。家庭作为一个最基本的社会生活单位，承载着每个家庭成员的隐秘私事，在处理家事纠纷时，不宜公之于众，目前我国的法律仅对离婚案件做出了可以申请不公开审理的权利，但是家事纠纷不限于离婚案件，还包括民事案由规定10~24的所有项目，未来的家事法律也应当把关注点放在此处。

二、家事审判的现状分析

（一）缺乏系统的专门立法

我国关于家事审判与调解的规定分散于《婚姻法》《继承法》《收养法》《民事诉讼法》以及若干司法解释中。不利于法官适用法律，随着五花八门的家事纠纷频繁涌入法庭，为了满足实践需要，应制定《家事诉讼法》作为《民事诉讼法》的特别法。

（二）审判程序的局限性

我国家事纠纷的审理适用一般民事诉讼程序（包括简易程序），传统的民商事审判程序大多针对陌生人之间的财产、契约利益冲突，不像家事纠纷一般存在过多的情感纠葛或者身份关联。而且审理期限短，在员额制改革带来的“法官少，案件积压”的影响下，法官力求在最短的时间内结案，完成审理案件的指标，最终导致在进行家事审判时，法官不能根据家事纠纷的特殊性充分调查案情，以致无法真正解决“家事纠纷”，其判决结果或许会引发难以预测的悲剧。可见，一般民事诉讼程序在家事纠纷审理中日益凸显出局限性。

（三）调解效果不理想

我国目前对于调解的态度是以自愿为原则，唯有规定诉讼离婚的应当先行调解；适用简易程序审理的婚姻家庭纠纷和继承纠纷应当先行调解。虽然也有法律规定调解原则贯穿于家事案件审判的全过程，但在司法实践中落实的效果并不尽如人意。

三、域外经验

不同国家和地区有关家事诉讼立法的模式是不一样的，有的制定统一的家事诉讼法，有的将家事诉讼立法内容放在民事诉讼法中予以特别规定，有的将家事案件中的身份型诉讼程序与家事非讼程序分别制定法律。不同国家和地区家事诉讼立法的内容也不完全一样。

（一）德国

德国将家事案件归入家事审判庭专门审理，运用《德国家事事件及非讼程序法》调整，不再由民事诉讼法调整。之后引入强制审前调解机制，由不同的法官分担裁判及和解之责。

（二）日本

日本通过《人事诉讼程序法》《家事审判法》《人事诉讼法》分别规定身份型诉讼程序、家事非讼事件程序和强制诉前调停机制。

诉讼的特点：家事诉讼中法官可以依职权调查取证、认定当事人未主张的事实，当事人的自认和辩论受到限制。同时，检察官对于收养案件、亲子案件和婚姻案件可以行使单独提起诉讼、列席审判，参加家事诉讼，发表辩论意见，提起上诉等职权。可见，日本审理家事案件时，遵循职权探知主义，法官和检察官在诉讼中具有很大的调查权、决定权、处分权和监督权。

调停机制的特点在于：家事诉讼纠纷起诉法院前，必须先接受“家事裁判所”的调停。家事调停由调停委员会主持，调停委员会由1名家事法官和2名以上的家事调停委员组成。调停委员会有权调查纠纷所涉及的各项问题，并采取一定的措施避免纠纷恶化，且调停协议具有终局效力。这种家事法院“一元化”解决的模式与澳大利亚和美国的家事纠纷解决机制有很大的区别。

（三）我国台湾地区

2012年，我国台湾地区颁布了“家事事件法”，该法自2012年6月1日起实施。该法包括总则、调解程序、家事诉讼法程序、家事非讼程序、履行之确保与执行、附则六编内容。该法的立法特色在于：其一，在一部法律中统合诉讼事件与非讼事件的程序规定。其二，将家事事件明文区分为五种类型，甲、乙、丙类家事诉讼事件，当事人争论之事项均属过去发生过的。可能是过去的事实是否存在、发生，也可能是事实所产之法律效果如何。例如是否有殴打配偶的事实、长期分居两地是否构成离婚事由。而丁、戊类之家事非讼事件，则是针对当事人未来生活的安排所应作出之决定。例如，未成年子女于父母离婚后，应由何人照顾。夫妻两人未来应共同居住在何处等。其三，依事件类型适用不同程序法理，并有程序转换机制。其四，程序统合机制的强化。其五，非讼法理扩大适用。其六，家事调查官及程序监理人制度的建立，家事调查官的作用是协助法官充分了解家庭冲突的真正原因，借此促使家庭成员自觉地解决家庭冲突。程序监理人帮助无程序能力的法定代理人、利害关系人代为行使职权或争取利益。[①] 我国台湾地区“家事事件法”采取调解前置，几乎大部分家事事件必须先经过调解程序，在专业调解委员会协助下，由当事人自主处理家庭冲突。

四、制度完善之构想

（一）家事案件类型化，建立专门化的家事审判庭

德国、日本、我国台湾地区均对家事案件类型做出了分类，即家事诉讼案件和家事非讼案件，尽管立法模式不同、每个类别下的类目不同，但是逻辑规则是相似的。德国将家事案件分为三类：婚姻案件、家事争讼案件和家事非讼案件；日本分为人事诉讼案件（即家事身份关系诉讼案件）和家事审判案件（家事非讼案件或非讼化案件）；我国台湾

① 姜世明：《家事事件法论》，元照出版公司2013年版，第6页。

地区根据家事案件的相似性把案件分为甲、乙、丙、丁、戊这五类。前三类具有争讼性，因而适用家事诉讼程序；后两类向来适用非讼程序。域外的做法为我国进行家事案件类型化审理提供了成熟经验。然而，我国最高人民法院在《民事案件案由规定》第10~29项中列举了婚姻纠纷、家庭纠纷和继承纠纷，却并未依据审判类型的不同而分类，家事案件则是一律涌向法院民事审判庭，适用民事诉讼法的规定。家事案件的复杂性日益凸显，不再单是财产纠纷或者单是情感纠纷，而是情感、财产、其他利益的综合体。兹以为，将家事纠纷的案件单独提出来，统合处理，作为专门的一类案件，根据其特质适用专门的家事审判方式，实乃新形势下家事审判改革的一大突破口。有学者参考域外的家事法院模式，主张我国也应赶上潮流直接建立家事法院，以求达到最佳效果。但是，其忽略了我国的国情以及司法现状，在员额制下主导的法院系统如果投入过多的人力、物力、财力在家事法院的构建上，或许将导致司法系统的紊乱。笔者认为，不必急于求成，可将家事案件分类家事争讼案件、非讼案件和其他案件，建立起家事审判庭，围绕家事案件进行专项审理，适用于家事特别程序审理，总结出办案经验，以缓和愈益增加的家事案件带给法院乃至社会的无形压力。

（二）完善家事立法，确立家事诉讼特别规则

目前的家事改革是在最高人民法院的带动下进行的试点改革，从根本上讲，并未得到法律上的支撑，也无立法机关的授权，一切都还只是尝试。在法治国家建设的新时代，一切变革都需要合法依据，所以对于家事特别立法的完善，是题中应有之义。在家事审判中，家事实体法和程序法如“车之两轮、鸟之两翼”，二者“虽旨趣相异，但彼此牵连，相互触动”。[①] 我国主要通过《婚姻法》《继承法》《民事诉讼法》等来审理家事纠纷，但是随着社会的飞速发展，新形势下的新案件类型、新要求等层出不穷；当事人对法院的依赖性也日趋增长，这都为法官审理家事案件带来了新挑战。因此，在建立《家事诉讼特别法》时，可参照《民事诉讼法》《海事诉讼特别法》，做出符合家事纠纷解决的重大革新，此乃家事审判改革的必然之举。笔者认为可从明确家事诉讼范围、延长审理期限、法院依职权调取证据、不公开审理等方面入手。

第一，明确家事诉讼范围。本文第四部分第一点就厘清了对家事纠纷进行专门化分类对构建家事诉讼特别程序的重要性。家事案件本质上属于民事案件，但是由于其独特的性质，不得不将其分离出来进行单独的审理，笔者认为参考《民事案件案由规定》，婚姻案件、同居关系案件、亲子案件（扶养、抚养案件）、继承案件、家庭成员侵权案件等都应纳入家事诉讼特别程序的审理范畴。

第二，延长审理期限。目前家事案件采用一审普通程序的期限为6个月，适用简易程序的审限为3个月。二审判决的审限为3个月，判决的裁定是30日。家事纠纷往往比较复杂，需要法官体察夫妻之间的情与理，作出合情合理的判决，以体现家事审判的目标与价值，所以延长一审的审理期限符合家事案件的审判理念。

第三，不公开审理。家事案件不经过公开开庭，有助于保护当事人的人格权、隐私权。因为家长里短的事情是当事人之间私生活、情感纠葛的体现或者涉及未成年人的利益，外传于众或许会危害家庭和谐。以不公开审理为原则，公开审理为例外符合法的价值

---

① 王德新：《民法典与民事诉讼法的协同构建》，载《河南社会科学》2016年第1期，第57页。

追求。

第四，法官依职权取证。随着家事案件类型日益丰富和新颖，当事人在举证上的难度日趋增大，如家庭暴力、婚外情等证据，普通当事人一般难以获取。导致家事庭审现场变成唇枪舌剑的争吵现场，并不利于解决争端。所以笔者认为可以在一定程度上扩大法院依职权调取证据的范围，明确法官调查取证的义务，如此有助于发现事情的真相，提高案件的公正性。

（三）完善家事调解机制，强调诉调结合

诉讼和调解都是解决纠纷的重要途径，在以审判为中心的诉讼理念下，发展调解制度能够起到弥补诉讼缺憾的作用，同时诉讼与调解的有机结合是至关重要的一个议题。司法有两只手，一只是诉讼，另一只是调解，两者在实践中相辅相成，能够为司法改革增添一份助力。

在家事领域，调解有助于修复情感、消减当事人双方的敌对性。美国的 ADR 机制、澳大利亚的 FDR 机制都在家事领域成效显著，因此，不少学者也建议我国应大力发展家事领域中的调解机制。但是，我们不能一味地提倡重调解、轻审判的路子，把调解放在超越诉讼的地位，这明显是违背司法本质的。调解可以成为法院解决纠纷的助理，而不是直接替换掉审判。所以笔者并不赞同普及社会调解的做法，即由普通民众、社会组织作为调解人员大行调解之职，且不论其是否具备调解能力，在保护隐私的范畴上就体现了弊端。

（四）完善家事人民陪审员制度

诉调结合的重要衔接点也是人民陪审员。我国的人民陪审员制度长期以来，一直处于“只陪不审”的进退两难之境，在家事改革方面，仍然可以做出文章。家事纠纷的特性决定了家事审理的特殊性，所以在家事审判或者调解合议庭的组成上，除了要求法官具备高超的家事纠纷处理能力，还需要人民陪审员能够发挥应有的作用，可见人民陪审员的作用尤其重要。构建起家事人民陪审员专用储备库，吸收具有心理学、社会学、医学知识的专业人员以及专门从事社区服务的人员，然后可以参考仲裁可以选择仲裁员的制度，在家事纠纷解决的特别程序中，试图采取由当事人选择 1~2 个陪审员的创新方式，消减双方当事人的敌对性，以更平和的态度解决家事纠纷。同时，在“互联网+”“大数据”的时代，法院也应当积极创新运用大数据。笔者认为应建立起家事人民陪审员数据库，将符合条件的家事陪审员信息纳入数据库，以方便家事当事人进行筛选。

最后，家事纠纷的解决需要家事法官、陪审员运用精深的法律知识、生活经验、交流技术等专门技巧进行“专案专审”。在员额制的大环境下甄选具备家事审判经验的法官，配备足额的法官助理，纳入家事审判员，专门处理家事案件。另外对家事法官、法官助理、陪审员的业务培训亟待纳入行程，使其获得更加扎实和系统的专业能力。

结　语

原来情、理、法这三个中国文字都是同一个意思，可现今的人无知，把它们都给硬划分开来，说成三个不同的意思。其实三个文字都是同义词，只是因为它们在中国文字的自然天地义理中的位置不同，因而才被分别用三种不同的记号或符号表示出来。情者，事物的状态、情况是也。理者，事物的道理、合宜是也。法者，事物的规则、逻辑是也。三者只是事物的不同表现形态。而事物者，即自然天地的义理所构成的一种格式，或者所形成的一种容器而已。在中国古代，把成形、成器，即把在几种线条或几种界限的划分之间所组成的一种空间，谓之事物。这样一来，所谓的事物即不是孤立存在的东西，而是相互联系、相互影响和相互作用的东西。这种事物的状态，即构成一种形势。这种形势当然是处在彼此间一种暂时的平衡和合宜状态里，因而才成形、成器。只要他方或这方有所改变，所构成的线条或界限的位置就会跟着变化，接着影响相互之间原来暂时有的那种稳定，那么原来的形态也就不见了。就是因为这样，在学术上，事物也被称之为事件。是之，衡量事物，就要考量它们可能会产生的作用和影响。法律上考量任何事物，当然也就是考量任何事件。而考量任何事件，说到底，即为考量情、理、法，这些情、理、法，回复到原有的自然天地义理来说，实际上也就是这些事件的平衡和合宜状态。

论我国家事调查官制度的构建

杜江涌　丁婧雅*

目　次

一、问题之提出

据不完全统计，近十年来，我国法院受理的婚姻家庭案件每年都以百分之五到百分之十的比例递增①，2016年，最高人民法院审判委员会专职委员杜万华，在接受法制日报专访时表示："在近三年来，全国法院每年审结的一审婚姻家庭继承纠纷案件均在150万件以上，且呈逐年增长的趋势，去年已超过170多万件，约占全国民事案件的三分之一左右。"② 而依据2017年1月至10月我国最高人民法院统计的司法大数据，单就离婚纠纷一项就已占到我国2017年全年受理的民事案件总量中的第二位③。相较于家事案件的增长，婚姻家事纠纷的审判却出现了严重的不适应，这是因为法院在审理家事纠纷中，往往用财产类民事案件审判模式审理家事案件④，而忽略了家事纠纷中重要的人身性和情感性问题。

家事纠纷较之于其他民事纠纷具有一定的特殊性，在不断探索的过程中，司法机构开始逐渐重视家事纠纷中高度的人身性、私密性和伦理性，并且意识到了家事纠纷的妥善解决不仅关乎纠纷个人和纠纷家庭幸福，也关系到社会的和谐和稳定。基于此，我国有近100家的基层人民法院和中级人民法院自2016年6月1日起，组织实施为期两年的家事审判方式和工作机制改革试点工作，积极尝试和探索在现有的立法框架下各种能够促进家事

---

* 作者简介：杜江涌，法学博士后，西南政法大学副教授；丁婧雅，西南政法大学2015级研究生。

① 陆小璇：《浅议家事审判改革背景下家事调查官制度的引入——以南宁江南区法院和宁波市海曙区法院的实践为例》，载《法制与社会》2016年第26期，第42页。

② 杨冬莹：《浅谈现代婚姻立法中的纲常残影》，载《经济研究导刊》2014年第23期，第315页。

③ 中国司法大数据服务网（http：//data. court. gov. cn/pages/index. html）：《司法大数据专题报告民商事案件相关情况》，最后访问日期2018年1月23日。

④ 李代江：《完善我国离婚诉讼调解制度的措施探讨》，载《科教导刊—电子版（上旬）》2016年第9期，第2页。

审判改革圆满完成的方式方法[①]。2017年7月19日，最高人民法院、最高人民检察院、公安部等15个行政和司法单位共同出台了《关于建立家事审判方式和工作机制改革联席会议制度的意见》，此联席会议的主要职能在于“统筹协调推进家事审判方式和工作机制改革工作。研究制定家事案件纠纷化解政策措施和年度工作计划，探索家事审判程序改革，向全国人大提出家事特别程序立法建议”。[②] 以此为契机，引入家事调查官制度无疑会让法官对单个家事纠纷真实案情的全貌有更加直观和全面的了解，从而更有效地化解矛盾，提高法院办案率和结案率。

在近年来我国司法实践中，已有将家事调查官作为一项全新的制度应用于家事纠纷案件中的实例，并且取得了一定的成效，如宁波海曙区人民法院。但实践先行于制度的操作模式也暴露出了许多的问题和不足，对于家事调查官的法律地位、选任条件，家事调查官制度的运行程序、权力限制，纠纷当事人的权利保障甚至是财政支出等问题都是值得我们探讨的。

二、家事调查官制度的意义

家事案件中，为查明案件事实，依据法官职权或当事人申请，对家事纠纷中特定事项进行事实调查的专业人员，我们称之为家事调查官。与之相适应，“为解决家事纠纷，还原案件事实，由法院委托或由当事人申请的具有专业知识的调查人员，通过对当事人生活、工作、学习环境进行实地走访调查的方式，了解各当事人精神、经济状态，发掘纠纷的成因，以报告的形式对调查的事实进行总结，以帮助各方厘清案件真相的一种制度”，我们称之为家事调查官制度。在特定时代，创设一种新的法律制度是因该制度对特定时代的特定社会有着积极和促进的意义，家事调查官制度亦是如此。

（一）体现以人为本的司法观

家事调查官制度在家事司法实践中能更好地契合“以人为本”的司法观。首先，家事调查官实施调查权的目的就在于查明案件中特定事情的真相，让法官在审判家事纠纷时能真正做到以事实为基础，做出令纠纷各方信服的裁判。其次，家事调查官在走访和了解纠纷事实的同时，可与当事人进行正面接触，通过与当事人的交谈，了解当事人的心理活动和精神状态，并可及时运用心理学上的知识，对有心理障碍的当事人以语言上的安抚和鼓励，体现对当事人的深切关怀和照顾。再次，家事纠纷的进行乃至终止并不意味着纠纷各方之间因血缘因素产生的亲属关系的终止。例如，离婚案件中，婚姻关系的解除并不会影响父母子女间的关系。家事调查官在调查事实的同时可对当事人或利害关系人的情感障碍提供必要的建议。最后，在涉及未成年人利益和老年人利益等纠纷案件中，为达到儿童利益最大化以及保护弱者的以人为本的司法观。家事调查官必要时可向法庭申请，引入社会福利机构，给予未成年人及纠纷中弱势方的帮扶，如在韩国，家事立法还赋予了家事调查官特殊的职责，即在夫妻离婚案件中还承担着教育离婚父母的职责，其目的在于通过对父母的教育尽量降低对未成年子女的影响。

---

① 赵蕾：《家事审判中的特殊规则——以家事审判方式改革为背景的分析》，载《河南财经政法大学学报》2016年第4期，第7页。

② 《关于建立家事审判方式和工作机制改革联席会议制度的意见》（法〔2017〕18号）第1条。

（二）体现司法能动性

首先，司法能动主义要求司法机关在审理家事纠纷时不能“无所作为”，囿于法官的中立性及近年来法官激增的工作量，家事调查官制度体现了司法机关纠纷解决机制的多元化，亦在很大程度上减轻了法官的工作量和工作压力，能更好地树立司法的权威，实现个案的公正，体现法律的价值。

其次，能动司法主义亦要求法院做出的裁判文书契合社会公众的一致观念，让社会对裁判文书有更高的可接受性。家事调查官制度通过对个案背后事实的调查，使得案件得到最大化的事实还原，让法官在做出最终裁判时有确定的事实依据，以做出让社会接受的裁判结果。

最后，司法能动性亦要求司法机关提高司法效率，在我国家事纠纷案件的审理中实行调解先行的方式。依据2003年12月1日实施的《最高人民法院关于适用简易程序审理民事案件的若干规定》第14条第1款的规定，在审理婚姻家庭纠纷和继承纠纷案件时，人民法院应当先行调解。这一规定的出台正好契合了司法能动主义的要求。但是近年来，调解结案的家事案件在家事案件的总量中占比较少，使得我国提倡的家事纠纷调解机制有流于形式之嫌。分析产生这一现象最主要的原因在于，调解阶段，司法机关对案件事实掌握量十分有限。纠纷各方各执一词，为自身利益隐瞒甚至虚构事实。使得法官不能做出准确的判断，进而无法给出公正并让双方都信服的调解方案。引入家事调查官制度，有助于法官在有限的时间内充分了解纠纷各方的真实情况以及纠纷背后的事实原因，必要时，让家事调查官参与到庭前调解中，对所做的调查及结论进行释明，进而提高调解结案的成功率。

（三）契合法的伦理价值

当今社会，由于市场经济的快速发展，“自我中心主义”的经济观念开始向家庭渗透，冲击着原本以关爱、义务、责任为中心的家庭伦理观。家庭矛盾逐渐增多，由此产生了诸多的家事纠纷和社会问题，严重影响家庭和社会的和谐，因此司法机关尤其是法院在处理家事案件时，应当让家庭回归其本质。

为实现家事纠纷解决机制的伦理价值，在家事纠纷的案件中，考虑到家事纠纷均因身份或血缘关系产生，为维护婚姻家庭背后的伦理价值，在坚持婚姻家庭和谐稳定的前提下，应当加大公权力在纠纷中的介入力度，要求法官不能囿于机械、滞后的成文法条款之中，应当灵活运用法律价值判断和道德判断，形成对家事纠纷独特的评价和判断体系，有效且高效地解决家事案件。首先，此时引入家事调查官制度能使法官了解案件事实，将正确的法律条文运用到个案中，做出稳定家庭关系、维护社会公益及获得社会公众接受的裁判，而不是在似是而非的状态下机械地运用法律条文。其次，家事调查官制度能很好契合个案实质公正的理念，独立的调查权是司法机关对个案严肃性和重视性的体现，通过调查官的人文关怀，缓解案件当事人之间的矛盾，并且通过与案件当事人的有效沟通，平衡和协调案件争议，从社会公共利益及公序良俗出发，让当事人意识到纠纷中自己的不足之处。最后，家事调查官制度能提高司法公信力，是实现司法公正的伦理保障。

三、我国家事调查官制度的构建

家事立法不同于普通的民事立法，应将伦理道德作为考虑的重要因素，在情理与法理的交织中，构建我国家事调查官制度时，应将以人为本、男女平等、保护弱者、儿童利益最大化等基础原则体现在此制度的各个环节。

（一）我国家事调查官之能力要求和司法地位的构建

1. 我国家事调查官司法定位。任何制度的创立，都应当有一个清晰的定位，正如前文所说，对于家事调查官的定位，当今学界存在争议。其中，是否应当将家事调查官纳入法院系统中单独成立家事调查官部门，是最具争论性的问题。在日本和我国台湾地区的法院，便专门设立了家事调查官，行使家事调查的职责。但是依据我国国情及已有的司法实践，笔者认为，我国的家事调查官制度的建立不应当改变我国法院的现有体制，即不应当将其并入法院系统内部。首先，从宏观角度出发，将家事调查官独立于法院系统之外，作为法院主动调查案件事实的一种衍生制度，是家事诉讼程序中寻求司法机关在职权探知主义和辩论主义间的平衡之所在，能让法院作为司法裁判机关，在掌握事实的前提下作出公正裁判。其次，就个案而言，其案件争点和事实具有独特性，不同的家事纠纷需要调查的事实各不相同，因此对调查官的专业要求也不尽相同，若将家事调查官作为专门的部门设立在法院系统内，是变相地加大了对调查官的专业要求，使得法院对调查官的培养成本超出负荷范围，不利于降低司法成本。在这一情况下，完全可以利用社会资源，针对不同的案件，委托掌握某些特定领域专业知识的人士，对特定的案件事实进行走访调查，减轻法院负担，减少司法成本。

2. 我国家事调查官任职资格。不可否认，将家事调查官制度独立于法院系统之外可能会出现人员选任、职责履行的不确定和随意性等问题，不利于维护司法的权威。因此，应当严格规定家事调查官的任职资格，缓解上述不确定性和随意性给家事纠纷的审判带来的负面影响。

在我国司法实践中，对家事调查官任职资格或人员选任有探索和积累出一定成果，例如宁波海曙区法院的实践，是从高等学府法学院学生和社区、社会团体工作人员、行政机构人员以及公检法中退休的老同志中选取家事调查官人员；成都市武侯区法院则是采取返聘法院退休职工的形式。另外，虽然我国家事调查官制度和台湾地区不同，家事调查官设立为法院系统之内，但我国台湾地区家事调查官人选的选任条件也可成为我国大陆制定相关制度时的参考：（1）经过公务员高等考试或通过专门的家事调查官考试的人员；（2）具有法官或检察官资格的人员；（3）经考核合格的、曾经处理过家事纠纷的退休法官、律师、社区工作人员、妇联工作人员等；（4）公立大学或者是经过合格备案的私立大学与家事调查业务相关，比如具有心理、教育、法律等相关学科背景的大学生或研究生毕业人员可经推荐成为家事调查官。

综上，笔者认为，家事案件在法律关系纠纷中掺杂了大量的情感纠纷，作为家事调查官人选，首先需要具备良好的品行、高度的责任心以及一定的生活阅历。其次从社会学、心理学、教育学、医学等各行业中选取专业人士或具有相关专业背景的在校学生，有利从各个层面了解纠纷全貌。

家事调查官是整合社会资源推进司法进程、缓解司法压力的一种制度，对于成为家事调查官的人员，法院应当与之签订合作协议，确定职权及责任，并依据调查案件的数量及难易程度给予家事调查官适当报酬。

家事调查员的业务水平以及提交调查报告的专业程度对案件的进程及法官的审判有重

大的影响。但囿于“术业有专攻”，法院应当就法律知识、司法理念、司法正当程序等内容对选出的家事调查官进行定期培训讲座，确保及时传达随社会发展而改变的法治理念和法律制度，建立专业化、规范化的家事调查官团队。

3. 我国家事调查官制度的适用范围。任何制度的建立都应当厘清该制度的适用范围，我国的家事案件并没有类型化区分，依据我国现行的各类与家事相关的法律法规，可以将我国家事案件看作以下几类：离婚案件及其附带的人身、财产纠纷，收养关系案件，继承关系案件，亲子关系案件，同居关系案件。依据我国家事案件类型以及我国司法实践经验，可将家事调查官调查范围概括为以下几类：

（1）因夫妻离婚纠纷涉及的子女抚养、财产分配、债务纠纷等附带纠纷。

（2）遗嘱继承案件及法定继承中的继承权纠纷；

（3）人身保护令案件；

（4）涉及未成年人监护人指定等案件；

（5）法官认为有必要调查的其他婚姻家庭案件。

对于离婚案件中离婚原因是否是家事调查官调查事项的问题，笔者认为，应当效仿我国台湾地区有关规定，将离婚原因作为家事调查官禁止调查的事项加以规定。这一考虑是家事调查官制度对我国婚姻法中离婚自由原则以及宪法等相关法律中尊重公民隐私原则的具体体现。

对于家事调查官是否能应用于未成年人犯罪案件或未成年人保护案件中，笔者认为答案是肯定的，具体原因将在下文中具体陈述。

（二）我国家事调查官制度之基本程序的构建

我国家事调查官制度程序的启动可分为法院委托和当事人申请两种形式，程序的启动期间大致可规定为，从当事人起诉后至强制执行完成以前。正如上文所介绍，家事纠纷案件不同于一般民事纠纷案件，它要求法官运用职权探知主义，对纠纷争点事实进行调查。因此，对于家事调查官制度的启动时间应当灵活处理。

首先，依据启动该制度的目的，若法官在初步审查卷宗后对案件争点事实存在疑问，为加大调解结案的可能性，启动的时间点可以在庭前调解前。家事调查官在调查活动后，向主审人员汇报出具书面调查报告，并可一同参与纠纷当事人的庭前调解，基于调查的事实结论提出可供参考的调解意见。其次，启动时间点亦可以在审判阶段，案件庭审时，若各方当事人对提交的证据不能完全呈现出争点事实的全貌，可由法官指令或当事人申请，由家事调查官对该事实进行调查并出具调查报告。最后，启动的时间点也可以在执行阶段，若被执行人拒绝履行法院判决时，可由家事调查官进行履行劝告，增加被执行人自觉履行的可能性。

法院在委托家事调查官调查事项时，调查官的人数以 2~3 人为佳，依据案情的复杂程度也可相应地增加调查官的人数，这样的设置首先是为了避免调查官人数的单一造成的主观臆断或其他不公正的情况，对特殊事项的调查，调查官之间可以相互监督和督促，保证调查程序的公正，促进调查程序的积极开展。另外，应从不同的专业或生活领域选择同一事项的家事调查官，保证调查能多角度、多维度地进行，从而得到更加全面的调查报告和调查意见。

掌握客观事实的家事调查官首先可在庭前调解程序中，作为调解人员的辅佐人员，在调解过程中对纠纷当事人就案件事实进行规劝，并参与制订调解方案，以平息家事纠纷。其次，在案件庭审阶段向法庭提交调查报告，出庭接受各方质证，并向法官提出意见和建议。最后，在案件的执行阶段，效仿我国台湾地区，承担履行劝告的职责，以事实和法理规劝负有履行义务的一方积极履行判决中确定的给付义务。

值得注意的是，并不是说让法官或家事调查官的调查权完全取代当事人的举证权。运用职权探知主义审理家事纠纷案件的条件应当是：主审法官在当事人提供的证据和事实无法还原案件事实真相，无法获得裁判心证时。因此，虽然家事调查官启动的时间不应规定得过于机械，但也应有一定的限制。若是当事人申请启动家事调查官程序，当事人应当像法院说明自身无法提供证据证明案件事实的原因以及该案件事实对案件审判的重要性；若是法院依职权主动启动家事调查官程序，应当向纠纷当事人释明原因，当事人若有正当理由，可拒绝程序的启动，这样的规定能有效地防止公权力的滥用，在职权探知主义和辩论主义中找到平衡。

（三）我国家事调查官制度之特殊规则的构建

1. 未成年人犯罪中家事调查官特殊制度的运用。未成年人是一个国家、一个民族的未来。在“儿童利益最大化原则”的指引下，各国对未成年人的保护都落在法条上。我国对未成年人犯罪并没有专门的审前调查程序，但是审前调查的影子却散见在规范性文件中，例如《中华人民共和国未成年人保护法》第55条规定：“公安机关、人民检察院、人民法院办理未成年人犯罪案件和涉及未成年人权益保护案件，应当考虑未成年人的身心发展特点……并根据需要设立专门机构或指定专人办理。”类似的规定在我国《预防未成年人犯罪法》《公安机关办理未成年人违法犯罪案件的规定》《人民检察院办理未成年人刑事案件的规定》等规范性文件中均能找到。但是真正具有实践可操作性的规定只有最高人民法院、最高人民检察院、公安部、司法部联合出台的《关于在全国实行社区矫正工作的意见》，此意见中的社区矫正是指与监禁矫正相对的行刑方式，[①] 将符合社区矫正条件的犯罪对象，由法院委托的司法行政机关在检察机关的监督以及公安部门的协助下，对依法可能判处三年以下有期徒刑及更轻刑罚的刑事案件涉案未成年被告人实施审前调查。但在我国的司法实践中，法条规定的全面审前调查程序真正开始于审判阶段，在侦查和审查起诉阶段的调查事项一般仅为未成年嫌疑人的教育情况，且调查人员一般由司法行政机关工作人员担任，因缺乏相关心理学、教育学等调查所需的专业知识，使得调查结果模棱两可，无法给出专业性和说服性较强的调查意见，无法真正起到保护未成年人利益的效果。考虑到未成年人刑事案件中涉案主体、案件内容、审理方式及处理尺度的特殊性，我国司法实务界应当更加注重未成年人犯罪案件审前调查程序的重要性。

保护主义理念体现在家事调查官制度的各个环节中，而这一理念的存在，使得在我国构建的家事调查官制度，可运用于未成年人犯罪的案件中，完善我国现有的未成年人犯罪的审前调查程序，对审前社会调查和社区矫正程序进行补充和完善。并且，将家事调查官制度运用到未成年人刑事案件中有利于未成年人司法的专业化进程，提高对未成年人保护的司法水平，在司法审判中全方位体现对“儿童利益最大化原则”的贯彻，使得规范性文件中对未成年人犯罪的审前调查不会成为纸上谈兵。

---

① 朱能立：《论社区矫正的目的》，复旦大学2012年硕士学位论文。

2. 家事调查报告的法律属性和法律形式。在建立家事调查官制度时，应当要求家事调查官就调查的事项出具详尽的调查报告，该报告是法官裁判的重要依据之一，也是家事调查官履行调查权的文书凭证。笔者认为调查报告的性质应属于证据材料范畴。

诉讼中的证据是指能够显示纠纷案件真实情况的一切事实①。它是纠纷当事人论证主张和诉求的重要论据，是认定案件真相的客观依据，亦是法院对案件纠纷做出正确裁判的重要依据。证据是客观真实存在且具体的事实，是与案件相关联的事实，其表现和取得途径必须是合法的。在我国，证据的法定形式有以下几种：书证、物证、证人证言、视听资料、当事人陈述、鉴定结论和勘验笔录。但随着社会和科技发展，若只有具备了法条规定的表现形式才有可能被采纳，这无异于削足适履，因此我国司法界在实践中也不拘泥于传统的证据形式。

从家事调查官的调查程序来看，其出具的书面报告是兼具书证、证人证言、鉴定结果为一体的符合证据。报告在不涉及隐私、商业秘密、国家秘密等情况下，应当在法庭上公示，由纠纷案件的各方当事人及利害关系人对调查报告的关联性、真实性、合法性进行质证。经过质证后的调查报告才能成为法官形成心证、做出公正裁判的依据。

对于调查报告的法律形式，可以参考我国台湾地区的相关规定，规定调查报告中应当记载以下事项：（1）调查人身份信息和联系方式；（2）被调查人及关系人身份信息和联系方式；（3）调查事项简述；（4）调查方式；（5）经调查获得的相关当事人或利害关系人的身心状况、家庭关系、生活状况、经济状况、经历等事项；（6）调查后对事项的评估、建议或其他与调查事项有关的必要说明；（7）调查人对调查报告真实性的保证；（8）调查事项涉密的，调查人应作保密承诺；（9）调查人署名以及报告出具日期。

3. 家事调查官的保密义务。为保护个人尊严与自由，我国法律明确规定公民享有隐私权，涉及家事纠纷的案件通常都具有极强的私密性，不仅调查的事项会涉及纠纷各方的隐私，甚至会涉及商业秘密、国家秘密等公共利益。此时，为保障公民个人或家庭的隐私不被他人窥探，家事调查官在履行调查权时应当负有对他人隐私保密的责任。这一义务不仅存在于调查事实真相的过程或庭审阶段，还应当延续至审判之后。并且，家事调查官出具的报告中涉及他人隐私的，应当在报告中予以注明，建议法庭不向无关人士公开调查报告的内容。

4. 对相关人员妨碍家事调查官调查的处理。近年来，阻碍和妨害司法工作人员依法履职的事件和案件屡见不鲜，尤其是在法院审理案件时，少数人员因不服从法官判决，甚至出现伤害审判人员的过激举动。为保障司法机关的正常工作以及司法人员的人身安全，2014 年 10 月，在北京召开的十八届四中全会通过了《中共中央关于全面推进依法治国若干重大问题的决定》，该决定中明确提出，我国应当建立健全司法人员履行法定职责时的保护机制。为贯彻十八届四中全会精神，我国先后出台了《保护司法人员依法行法定职责》和《人民法院落实〈保护司法人员依法履行法定职责规定〉的实施办法》。

如上所述，我国在建立家事调查官制度时，为稳定司法队伍的稳定，不应当将调查人员纳入司法系统中作为一个单独的法院部门。但家事调查官的调查权是在职权探知主义下，法院调查权的衍生，可以说调查官的调查活动亦司法活动的组成部分，因此，在进行

---

① 李莉：《民事诉讼中证据的审查判断研究》，河北大学 2017 年硕士学位论文。

事实调查活动时，家事调查官行使的调查权应当视为司法机关的履职活动，应当有相应的保护机制。

因此，家事调查官在进行调查活动时，法院应当为其配备具有录音或录像功能的记录设备，一方面可掌控家事调查官在调查时的履职情况，另一方面若出现暴力阻挠调查的情形，可成为追究相关人员责任的证据材料。对于阻挠和妨碍调查活动的相关人员，亦可参照上述规定，依据情节轻重，处以相应的行政处罚或承担刑事责任。

5. 家事调查官失职的处理。有权力就应当有制约，家事调查官受法官委托行使家事调查权时应当具有责任感和使命感，以查清纠纷事实、维护社会和谐为目标，采用妥当的方式进行事实调查，并在规定期间内出具负责的书面报告，保证调查报告的真实性和客观性。为达到前述目的，使家事调查官制度真正有效地建立和实施，在制定家事调查官制度时应当明确家事调查官因主观原因而导致的失职情况。例如，不得以调查结果为要挟向当事人索取财物，不得接受当事人的贿赂，不得在调查期间侵害当事人的正当权利以及违反保密义务等。并且应当明确若违反规定的后果，包括民事责任中的赔礼道歉、恢复原状、赔偿损失等，若失职造成了严重的后果，触犯了我国刑法的相关规定，还应当追究家事调查官的刑事责任。

6. 财政支出。家事调查官制度并非公益性制度，因此家事调查官在案件事实调查时势必会产生必要的费用支出，而对于家事调查官的工作亦应当给予相应的报酬。但家事调查官制度的引入目的之一是提高司法效率、降低司法成本，对于费用的报销及调查官报酬的支出亦应当不与引入初衷相违背。

通过笔者对相关法院工作人员的访问得知，在四川省成都市武侯区人民法院等基层法院，家事调查官成员的任用大多数采用聘用制，为保证调查官人员数量的相对稳定，将已退休的前任法院工作人员返聘回法院，并与法院签订劳务合同，按月发放工资，在不扩大法院系统编制的前提下践行家事调查官制度，多元化地解决家事案件。但是，这一做法却并不能有效地节约司法系统的财政支出。

并不是所有的家事纠纷案件均需要运用家事调查官制度，一般而言，当纠纷案件事实不明，且该事实对案件审判有至关重要的作用，或者涉及未成年人权益等案件时，法院才会启动家事调查官制度。因此，上述基层法院都不同程度地存在家事调查官当月并未进行案件事实调查依然领取月薪的情况。为节约财政支出，建议法院采用兼职模式，与调查官签订兼职合同，按调查案件的数量领取相应的津贴补助，具体津贴补助的金额应按照各地区财政水平而定，从而有效地降低司法财政成本。

论家事调解员的选任与工作方法[①]

——基于四川省广安市广安区人民法院家事审判改革经验

陈莹莹　涂继铭*

目　　次

四川省广安市广安区人民法院（以下简称广安区法院）自被最高人民法院确定为家事审判方式和工作机制改革试点法院以来，积极探索“家事调解”“家事调查”和“心理疏导及跟踪回访帮扶”等制度。就家事调解制度而言，广安区法院综合考虑调解主体的年龄、婚姻状况和生活阅历等因素，结合本地具体情况选取有工作时间、能力和意愿的人员担任家事调解员；以男女调解员联手调解为特色，综合运用多种调解方法开展家事调解工作，目前已取得良好成绩。本文基于广安区法院家事审判改革经验，总结探讨家事调解员的选任和工作方法，以期为此次家事审判改革试点工作提供一个可以参考的地方样本。

一、家事调解与家事调解员

（一）家事调解的功能

1. 缓和双方矛盾，修复家庭成员间的感情。与其他民事纠纷相比，家事纠纷具有浓厚的身份属性，其不仅是双方当事人之间的利益冲突，还夹杂着复杂的感情因素。例如，离婚纠纷，首先很多时候源于男女双方的感情纠葛，其次表现为二者“将感情失利的不快转移到对共同财产的锱铢必较”[②] 上。传统的诉讼纠纷解决机制具有鲜明的对抗性，这往往会加大当事人之间的矛盾冲突，不利于纠纷的解决。与诉讼相比，家事调解呈现出非

① 本文节选部分内容载于《人民法院报》2018 年 8 月 29 日理论周刊第 8 版。

* 作者简介：陈莹莹，四川省广安市广安区人民法院协兴人民法庭庭长；涂继铭，西南政法大学民商法学院硕士研究生。

② 最高人民法院：《“最高人民法院 12 月 4 日公布婚姻家庭纠纷典型案例”之七——“李某诉孙某离婚后财产纠纷案”》，载 http://www.court.gov.cn/zixun-xiangqing-16211.html，最后访问日期 2018 年 3 月 25 日。

对抗性特征，可以让当事人平等地协商对话，缓和双方敌对情绪，达到调整修复家庭成员间人际关系的效果。

2. 保障未成年子女的利益。“英国有学者认为，孩子的痛苦并非在父母关系破裂之时达到顶峰而后慢慢减少。正相反，离婚所造成的伤害对孩子而言是一个积累的过程，在孩子成长的各个阶段，这种影响都以不同的方式存在。”① 防止因离婚对未成年人所造成的伤害影响扩大，是离婚中父母的责任。但在离婚诉讼中，法院更多地考虑父母双方的权利义务而非子女的实际需要，做出的判决往往不能使未成年子女的利益最大化。家事调解采取职权主义，在做出诸如监护、探望等涉及子女利益的重大决策前，让子女参与到调解中，听取子女意见，这样有利于未成年子女理解和接受与之相关的安排。

3. 提高当事人的自动履行率。例如，抚养费、赡养费的支付和探望权的行使，家事案件义务的履行具有长期性；义务人是否积极地履行义务，直接关系到家事案件中弱势群体的生存利益和精神需求。作为自己利益最佳判断者的双方当事人通过调解达成纠纷解决的合意，“与法官依赖证据判断事实不同，当事人对纠纷的实质和自己的需求是具有完全充分认识的”，所以，“对于自律达成的调解协议，当事人主动履行的意愿显然要强于他律性的诉讼判决”②。当事人更愿意履行通过调解自愿达成的协议，而不是法律施加的强制性判决，说到底这也是“案结事了人和”的题中应有之义，在家事案件中显得尤为重要。

（二）家事调解员的工作任务

家事调解员的主要任务是以尽可能以中立③的身份帮助双方当事人就纠纷事宜自主达成调解协议，具体体现在三方面：1. 接受委托调解：（1）诉前委托调解，即人民法院在立案前，经双方当事人同意，将案件委托给家事调解员调解；（2）诉中委托调解，即人民法院在审理案件过程中，发现双方当事人有和好可能，或经法院审理后，当事人之间争议焦点明确，有调解意愿或确有调解可能，基于当事人申请或法院依职权将案件委托给家事调解员调解（但当事人明确反对的除外）。2. 协助调解：人民法院在审理案件过程中，发现当事人有诸如情绪不稳定等④情形时，指定家事调解员到庭协助法官调解。3. 报告特定事项：家事调解员在调解过程中，发现有疑似家庭暴力或危害未成年人合法权益的情形，需立即报告人民法院。

---

① ［英］安东尼·W. 丹尼斯、［英］罗伯特·罗森主编：《结婚与离婚的法经济学分析》，王世贤译，法律出版社 2005 年版，第 118 页。

② 汤鸣：《比较与借鉴：家事纠纷法院调解机制研究》，法律出版社 2016 年版，第 22 页。

③ 东方传统的家事调解具有“教化”和“判断”等特点，为了化解纠纷，家事调解员须积极地管理和指导调解过程，所以在很多人看来，家事调解员完全保持客观中立的地位不太可能。

④ 《广安市广安区人民法院家事调解员工作规程》第 11 条规定：“人民法院在审理案件过程中，发现有下列情形之一的，可以指定家事调解员到庭协助调解：（一）妇女、老人、儿童的合法权益可能受到严重侵害的；（二）涉案标的较大，或案情较为复杂，当事人未委托律师参与诉讼的；（三）当事人情绪不稳定，可能出现不理智行为的；（四）协助调解有利于促成纠纷解决的其他情形。”

（三）广安区法院家事调解工作改革

广安区法院自被确定为家事审判改革试点法院起，依托多元化纠纷解决机制创新专项工作[①]，在调解方面进行了如下改革：1. 将协兴人民法庭调整为专门审理家事案件的“纯家事审判法庭”，调解的案件类型主要包括“婚姻案件及其附带纠纷，抚养、扶养及赡养纠纷，亲子关系纠纷，收养关系纠纷，同居关系纠纷，继承和分家析产纠纷”六大类。2. 建章立制：广安区法院制定了《家事案件审理规程》《家事调解员工作规程》和《家事案件调解工作规则》等一系列规章制度。3. 选任家事调解员专门从事调解工作。

二、家事调解员的选任

（一）试点法院家事调解员选任方法列举

各试点法院家事调解员的选任途径不尽一致，如江苏省徐州市贾汪区人民法院，该院与公安、妇联、民政等单位成立家事调解委员会，领导管理家事调解员、家事调查员和心理疏导员，家事调解员则通过成员单位推荐和向社会公开招聘的形式予以选任。[②] 广东省深圳市宝安区人民法院，该院家事调解员经各街道司法所推荐，法院从机关干部、社区挂点律师、人民调解员中选任。[③] 浙江省温州市中级人民法院，该院聘任代表委员、妇联干部、律师、心理咨询师、基层街道专职调解员组成了特邀家事调解团队。[④] 在选任要求上，贾汪区法院提出家事调解员应符合“年满35周岁、已婚、本地人、品行良好”等条件；[⑤] 宝安区法院家事调解员主要由婚姻家庭、心理学、妇女儿童权益保护方面的专家及在基层社区具有较高威望的人员担任，充分利用其在情感处置、社会阅历和人性观察方面的专业优势；[⑥] 温州中院筛选出一批调解能力强、了解当地风俗习惯、有群众威望的调解人员专门负责家事纠纷的调解。[⑦]

（二）广安区法院家事调解员的选任

1. 选任途径和要求。广安区法院与广安区民政局、区司法局、区公安局、区妇联和团区委共同搭建了沟通联络平台，依靠社会多方力量维护家庭稳定，保护妇女、儿童和老人的合法权益。家事调解员则由区司法局、团区委等这些联动单位及社区、街道推荐，广安区法院选任。[⑧] 广安区法院在选任家事调解员时，首先考虑候选人品行是否端正，是否

---

① 2016年5月，广安区法院被四川省政法委确定为婚姻家庭纠纷多元化解机制创新项目实施单位，创新工作于2017年12月完成；因工作时间和内容的重合，广安区法院通过实施该创新项目，开展家事审判方式和工作机制的改革试点工作；2017年7月，全国范围的家事审判方式和工作机制改革联席会议制度正式建立，广安区法院随之与民政、妇联、社区服务等部门创建了形式多样的合作方式，进一步完善家事调解工作。

② 王道强：《家事调解委员会的性质和功能初探》，载《人民法院报》2016年12月28日。

③ 池泽梅：《深圳宝安法院家事审判改革彰显人性关怀》，载《民主与法制时报》2017年11月25日。

④ 傅潇潇、夏孟宣：《家事审判改革的“温州经验”，妙在何处?》，载《民主与法制》2018年第6期。

⑤ 徐州市贾汪区人民法院：《徐州市贾汪区人民法院关于选聘家事调查员、家事调解员和心理疏导员的公告》，载 http：//xzjwfy. chinacourt. org/article/detail/2016/08/id/2055339. shtml，最后访问日期2018年3月25日。

⑥ 深圳市宝安区人民法院：《宝安法院率先推行家事调解员、调查员制度协助化解家事案件》，载 http：//www. bafy. gov. cn/NewsInfo. aspx? infoId=20372&p1=2&p2=29，最后访问日期2018年3月25日。

⑦ 杜万华：《弘扬核心价值观，促进家风家庭建设》，载《西南政法大学学报》2018年第1期。

⑧ 广安区与五个联动单位共同制定了《广安区“婚姻家庭纠纷多元化解机制”各成员单位联动工作内容》，明确广安区司法局、团区委等联动单位向广安区法院推荐家事调解员的任务，在司法局、团区委等联动单位分别制定的《关于建立婚姻家庭纠纷多元化解机制的合作备忘录》中也明确了各自的推荐职责。

具有丰富的社会知识、经验和高度的责任意识。在满足前述三个条件的基础上，符合下列四种情形之一的优先录用：（1）具有教育学背景；（2）具有心理学背景；（3）具有调解、和解技能培训背景；（4）其他具有适宜家事纠纷处理的专业背景。“其他专业背景”包括法学背景，因为家事调解员如能掌握一些国家政策、法律法规，在调解工作必要的时候引用简单的法律法规进行“说理”，则会“使纠纷解决结果更合乎‘法’的意蕴和精神”①。

2. 家事调解员基本情况介绍。王姓调解员（男）和郑姓调解员（女）在广安区法院调解员队伍中富有代表性。两人有以下共同点：（1）皆为广安区本地人，王姓调解员为某村党支部书记，从事农村基层工作17年，熟悉农村政策，郑姓调解员以前从事个体餐饮业，现为广场舞教练，任该地老年人体育协会副会长，群众基础较好；（2）年龄都是50岁左右，已婚，家庭和睦，拥有充足的工作精力和丰富的家庭生活经验；（3）皆有责任心、公益心和从事家事调解的热情，且每个工作日能保证至少半天时间来法院开展调解工作。

3. 家事调解员的工作安排和调解实效。以王姓调解员和郑姓调解员为例，若接受法院的委托调解，平均每个工作日调解1~2个案件，每个案件花费2~3个小时，在少数情况下（如属于冲动型离婚）调解1个小时即可成功，最多不能超过法院依据案情具体指定的委托调解期限。两位调解员了解案情后共同调解，若不能调解和好（属于“危机婚姻”而不是“死亡婚姻”的情形），就利用“背靠背”调解法寻找案件的突破口，而后共同致力解决调解中的重难点问题。若仍不能调解成功，则根据调解记录及时地向家事法官说明情况，让法官主持调解。

自2016年6月正式开展家事审判改革工作起，截至2017年12月，广安区法院协兴人民法庭共受理家事案件825件，结案783件，结案率94.9%；其中调解结案472件，撤诉91件，调撤率71.9%；没有上访缠诉案件发生。

三、家事调解员的工作方法

（一）常用的家事调解方法

学者孟德花根据家事案件类型的不同，将婚姻家庭纠纷调解方法分门别类，总结出15种家事调解方法。其中常用的离婚纠纷调解方法②包括：1. 缓和矛盾法，即认识到家事纠纷是由琐事积累而起，想要短时间内彻底解决矛盾绝非易事，所以首先应保证双方矛盾不进一步恶化。2. 抓主要矛盾法，即在双方众多的争执点中找出一至两个关键性问题，消除双方最大的对立面。3. 调解语言的运用，即在调解中尽量使用亲和的语言，避免使用威严的口气与当事人沟通。除此之外，还有“疏导情绪法”“借助外力法”和“唤起亲情法”。

（二）广安区法院家事调解员的工作方法

广安区法院经过近十年的摸索，总结出符合自身特点的家事纠纷“六大调解方法”：1. 背靠背法，即为避免双方发生正面冲突，在调解时分头引导教育，认准沟通点，促使

---

① 陈爱武：《情理与互让：家事调解的技术构造解读》，载《社会科学辑刊》2013年第2期。

② 孟德花：《法律视角下的婚姻家庭纠纷调解技巧探究》，中国社会科学出版社2017年版，第67~68页。

双方心态缓和。2. 换位法，即在调解时引导双方站在对方的立场上换位思考，平衡双方利益分配，找准切入点，促使双方相互理解。3. 讲理法，即在追索抚养、赡养费案件中，既要向当事人阐明法律规定，也要强调基本的伦理道德，对准感化点，促成原告方谅解。4. 举例法，即以相同类型案件的生效判决和典型案例进行举例说明，通过对比加以必要的说服劝导，看准对比点，促成双方当事人自愿达成调解协议。5. 劝导法，即抓住"亲情""家庭"等具有凝聚力的因素，找准共同点，用"情"感化当事人。6. 借力法，即利用当事人对自己的委托代理人、亲属和同事比较信任的特点，在调解中充分借助这些人的力量，找准着力点，使矛盾迎刃而解。

需要予以说明的是，上述六种调解方法并不是被各自运用在不同的案件类型中，相反，每一个家事案件的成功调解离不开多种调解方法的综合运用。此外，广安区法院针对实务中频发的"被告方不愿意来法庭调解"和"女方因男方恶习较多诉请离婚"两种情形分别采取了以下两种行之有效的调解方法：1. 若被告方不愿意来法庭调解，则利用被告来法庭领取起诉状的时间点安排原、被告调解；法庭的庄重客观上会给被告一种心理压力，从而打压其嚣张气焰，提高调解的成功率。2. 若遇男方恶习较多，女方诉请离婚情况，此时调解工作的重心在女方一边，在劝说女方同时让男方书写积极改正的承诺书，后归于法院卷宗；实际中男方对于自己做出的承诺或多或少会采取相应的行动，即便屡教不改，法院依据女方的二次起诉和承诺书的履行情况，在后续的调解或判决中也能够做到事半功倍。

四、广安区法院家事调解员选任和工作方法经验总结

（一）选任方法经验总结

1. 结合本地具体情况选任。四川省广安市广安区现有总人口 90 余万人，农业人口近 65 万人，占据总人口的 72.2%。① 随着人们生活水平的提高，以离婚纠纷为主的家庭纠纷也日益增多，一方面，广安区法院面对的当事人大多数仍是基层农民，所以选任家事调解员时会考察其是否拥有良好的群众基础，这是顺利开展调解工作的必要保证；另一方面，职业化的家事调解员②缺失是家事调解专业化道路上尚待解决的一个问题，在此之前需利用当地有效的调解员资源化解矛盾纠纷。

2. 注重考虑人员的年龄、婚姻状况、生活阅历及工作时间、能力和意愿。家事调解员的个人因素也会对调解工作产生影响，主要表现为：

（1）已婚、生活阅历丰富。首先，家事调解员要想很好地调解一桩离婚案件，必须自己对婚姻的本质有着较为深刻的理解，才能够设身处地地为男女双方及其子女利益着想；其次，丰富的家庭生活经历，既是家事调解员与离婚当事人沟通的基础，也是处理其他家庭纠纷的前提；最后，家事调解员的年龄应以中年为主是生活阅历丰富的当然之义，无须多言。

（2）有工作时间、能力和意愿。实务中家事调解员接受法院委托调解时，算上调解

---

① 广安市人民政府：《人口状况》，载 http://www.guang-an.gov.cn/gasrmzfw/rkmz/2017-05/02/content_94e429cbdf7e43529c80d7304e5ef46a.shtml，最后访问日期 2018 年 3 月 25 日。

② 来文彬：《家事调解制度研究》，群众出版社 2014 年版，第 226~230 页。

前的准备和调解后的回访工作，平均一个案件至少会花费调解员半天时间，所以一名合格的家事调解员不仅需要基本的调解能力，还必须保证有充足的工作时间。至于工作意愿，家事调解员的回答虽因人而异[①]，但只要其真心地愿意从事调解工作并为之而努力，事实上也已成为广安区法院家事调解工作持续起效的一个重要原因。

（二）工作方法经验总结

1. 不同性别的调解员联手调解。这与家事纠纷的特性紧密相关，如在离婚纠纷中，一男一女联手调解“可以为离婚夫妇提供一个相似角色及性别构成的参考对象”[②]，从而有利于加强双方当事人之间的沟通，破解调解过程中出现的僵局，提高调解效率。当然这并不意味着男调解员只负责规劝男方，女调解员只负责规劝女方，否则在某些情况下还会怂恿双方当事人，不利于纠纷的调处。在调解员性别平衡的基础上，若一名调解员具有法律背景，另一名调解员具有社会工作或心理学背景，调解效果则会更为理想。[③]

2. 重视调解过程中的倾听。相较于诉讼，用调解方式解决家事纠纷耗时较长，当事人在纠纷解决过程中的参与度也就更高。双方当事人有更多时间和机会向调解员倾诉心中的积怨，而他们倾诉的内容就包含各自的诉求。反之，对家事调解员而言，调解过程中的倾听有助于平复当事人的不满情绪，获得当事人的信任，明晰案件的争议焦点。倾听的种种好处同时佐证了一个事实：当事人一般不会反对法院调解结案，因为实践中很少有人会拒绝一种既能帮助自己真正化解矛盾、又能抚慰自己内心伤痛的纠纷解决方式。

3. 调解员调解不成时法官及时介入。改革中的法院调解一律配备具有家事审判经验的法官担任家事调解人员，[④] 这在很大程度上弥补了家事调解员法律专业知识不足的罅漏。家事法官介入案件后并不是直接开庭判决，同样先用“当事人都听得懂的语言”继续调解；调解无果，再开庭审理案件。而无论是调解还是判决，因为建立在家事调解员先前调解的基础上，此时法官的工作也就变得更为得心应手。

结　语

完善家事案件调解程序是家事司法的未来走向。[⑤] 广安区法院家事调解工作有以下三个方面需要改进：1. 扩大家事调解员的选任范围，吸收当地律师和法律工作者担任调解主体，充分发挥二者在预防和化解纠纷中的专业优势。2. 定期组织家事调解员参加集体培训和经验交流，培训内容包括职业道德、法律、心理学和调解技能等方面。3. 提高家事调解员的工作报酬，奖励表彰调解成绩优秀的人员，落实家事调解工作保障机制。

---

① 广安区法院王姓调解员接受访问时回答说“自己是一名为人民服务的党员，只要身处调解员岗位就要尽力把事情做好”；郑姓调解员回答说“自己不愿意看见家庭破裂，不在乎工资多与少，很享受调解和好的成就感”。

② ［美］Lela P. Love、［美］Joseph B. Stulberg：《联合调解实务指南：两人智慧胜一人》，方健译，载《北京仲裁》2010 年第 2 期。

③ 胡晓雨、师晓丹：《共同调解在西方的发展情况及其对中国实践的启示》，载《北京仲裁》2015 年第 4 期。

④ 来文彬著：《家事调解：理论与实务》，群众出版社、中国人民公安大学出版社 2017 年版，第 113 页。

⑤ 王琦：《聚焦我国家事审判改革的几个面向》，载《政法论丛》2018 年第 1 期。

论我国人身安全保护令制度的施行及立法完善

——以重庆市潼南区人民法院家事审判改革实践为背景[①]

龙 伟 陈 法*

目 次

于2016年3月开始施行的《反家庭暴力法》是我国第一部专门针对家庭暴力问题的立法，它在预防和制约家庭暴力问题等方面作出明确规定，是我国推进保护妇女儿童权益立法进程的重要标志。其中人身安全保护令制度是《反家庭暴力法》中的一大亮点，它以民事强制措施的形式首次规定了人民法院可以依申请对家庭暴力的施暴人实施人身限制，强制其不得接近被害人，申请形式灵活，管辖就近便利，在一定程度上保护了家庭暴力受害者的人身权益。然而，当前我国人身安全保护令制度在司法实践中尚未达到理想的效果，其中人身安全保护令的种类、执行主体、监督方式等规定还不够合理、不够细化、不够全面。以下，笔者拟以重庆市潼南区人民法院（以下简称潼南法院）家事审判司法实践为背景，就人身安全保护令制度的施行及立法完善进行研讨，期望能够抛砖引玉。

一、管窥：重庆市潼南区人民法院人身安全保护令制度施行现状

在家事审判改革背景下，笔者对潼南法院家事审判司法实践进行调研，该院虽不在家事审判改革试点法院之列，但其在2016年3月至2017年间共计新收婚姻家庭纠纷案件1577件，其中存在有家庭暴力情况的案件超过三成，作出人身安全保护令的有7件。此外，该院依照重庆市高级人民法院出台的《关于涉家庭暴力婚姻案件人身安全保护裁定的程序规定（试行）》，对人身安全保护令的制作与发出进行了详尽的规定。该院通过对

① 本文载于《重庆审判》2018年第3期（总第71期）。

* 作者简介：龙伟，重庆市潼南区人民法院党组成员、副院长；陈法，重庆市潼南区人民法院法官助理。

人身安全保护令的申请人进行回访，除有1名申请人表示人身安全保护令发出后被申请人仍存在骚扰申请人及其朋友外，其余申请人均表示不再遭受家庭暴力或者面临家庭暴力的现实危险。

由以上调研情况可见，自重庆法院系统开展家事审判改革试点工作以来，潼南法院转变司法观念，坚持以人为本，逐渐将案件审判由侧重财产权益保护转变为全面关注当事人身份利益、人格利益、情感利益和财产权益。该院通过规范制作发出人身安全保护令的各项流程，引入相关调解、仲裁等机构落实多元化纠纷解决机制等工作方法，使家事审判的司法功能与社会功能有机结合，实现对尚未破裂的婚姻和问题家庭的救治，较为充分发挥了家事审判的诊断、修复和治疗作用。

二、剖析：人身安全保护令制度施行中存在的问题

家庭是社会的细胞，社会的健康有序发展离不开家庭和睦，而家庭暴力是最不利于社会稳定的因素。最高人民法院于2008年编写了《涉及家庭暴力婚姻案件审理指南》，其中第26~32条创设了人身安全保护裁定制度，其目的是维护案件诉讼的正常运行以及受害人及其近亲属的人身安全。2016年施行的我国《反家庭暴力法》第23~32条以单独一章的篇幅专门对人身安全保护令申请的前提、主体、条件、方式，以及管辖、作出裁定的时限等作出了明确的规定，标志着我国防治家庭暴力领域法制体系的健全，体现出国家公权力打击家庭暴力的决心，能更加有力地使受害人免于受到家暴的侵害。同时，正如学者所说，由于“在法律上确立了‘人身安全保护令’制度，受害者就可以主动向法院申请这一独立的保护机制，而不再依附于离婚诉讼”①，这有利于避免因家庭暴力升级而导致的家庭悲剧发生。的确，人身安全保护令制度的立法创新意义乃至重要的实践意义都是有目共睹的，但其在实际施行中也存在一些问题。

一是申请人身安全保护令的“举证难”问题。《反家庭暴力法》第20条规定：“人民法院审理涉及家庭暴力的案件，可以根据公安机关出警记录、告诫书、伤情鉴定意见等证据，认定家庭暴力事实。”就受害人而言，其现实情况是，家庭暴力基本都发生在家庭内部，具有高隐蔽性、目击证人少的特点；而许多受害人由于知识水平不高、法律意识不足，尚不知道可以利用人身安全保护令进行维权；且还有部分受害人主观上受“家丑不可外扬”等传统思想的影响，最终也未能向法院提出申请；此外，在客观上，很多受害人在遭受家庭暴力后会因为种种原因而错过报案、就医诊断和做司法鉴定的最佳时间。正是受制于以上因素，难以形成较为完整的证据链条，如果加害人出于趋利避害之心理而否认自己有施暴行为，那么法院也就难以立案，进而使得受害人成功申请人身安全保护令的数量总体较少。就法院而言，如果当事人向法院起诉时没有提交相应证据，人民法院如何认定？是法院依职权主动收集证据，还是“谁主张，谁举证”？法院主动收集证据，有悖审判中立之立场，而且因司法资源有限而难以施行，比如法院对于精神与言语方面等需要专业技术判定的家庭暴力，因一般审判人员不具备相关的知识与资质而显得有心无力。

二是人身安全保护令裁量的空间过大、送达成本较高导致有浪费司法资源之可能。就人身安全保护令的作出而言，《反家庭暴力法》第27条明确规定了人身保护令的条件，

① 沈彬：《不应忽视“反家暴法”的立法创新意义》，载《东方早报》（上海）2015年12月31日，第A4版。

即有明确的被申请人、有具体的请求、有遭受家庭暴力或者面临家庭暴力现实危险的情形。但在司法实践中，“发与不发”往往困扰着签发人身安全保护令的法官们。如果法官审查过于严苛，驳回申请，一旦发生了意外的后果，法官可能牵连担责。而如果弱化审查与评估，尤其是将夫妻间并不少见的口角与肢体冲突纳入人身安全保护令的规制，势必造成司法资源的极大浪费，且由于签发保护令的门槛降低，加之执行不力，将大大削弱该制度的功用与威信。而且，人身安全保护令毕竟是通过司法程序作出，无论最终结果如何，终将对整个家庭关系产生较大影响，甚至在家庭成员之间形成一条难以愈合的伤痕，而这并非人身安全保护令制度的设置初衷。其实，无论法官的审查严苛或宽松，均潜藏着司法资源被浪费与消耗的尴尬处境。因为，据《反家庭暴力法》第28条规定，人民法院要在受理申请后的72小时内（情况紧急的在24小时内）发出人身安全保护令或者驳回申请。这要求法官需在较短的时间内查明申请人是否符合人身安全保护条件，特别是对“有遭受家庭暴力或者面临家庭暴力现实危险的情形”作出评判。这不仅要求法官掌握学理上的判断标准，同时要做大量求证工作，需结合经验进行权衡与认定。此外，就人身安全保护令的送达而言，因主要采取直接送达必须确保受送达人在场，考虑到施暴方的暴力倾向，人身安全保护令的送达往往需要3名以上法院民警实施（一人宣读保护令、一人负责执法记录仪摄像、一人观察受送达人的言行以备不测），所以在一定程度上，司法资源的耗费是难以避免的。

三是颁发人身安全保护令对某些当事人缺乏威慑力。目前，有部分被申请人以不同形式挑战司法权威，有的送达时当场表示不遵从，有的送达时当场以自杀相威胁，有的违反保护令、拒交罚款，有的干脆拒绝领取人身安全保护令。此外，个别警察接到家庭暴力受害人的报案出警，到现场知道受害人已经有了人身安全保护令后，存在不积极履行伤情鉴定等其他积极保护受害人的措施，其理由是既然受害人已经有法院进行保护了，就不需要他们插手了。而较之法院，公安机关对家庭暴力受害人保护的及时性和对施暴人的威慑力显然更胜一筹。

四是人身安全保护令的实施缺乏监督执行机制。当前，人民法院并无执行涉及人身权利类民事裁定的职能，也没有可用于监督被申请人的机制，实在很难全天24小时监督被申请人是否履行人身安全保护令。但根据现行《反家庭暴力法》的规定，“人身安全保护令由人民法院执行，公安机关以及居民委员会、村民委员会等应当协助执行”，但其具体的协助职责却语焉不详。随着实践中一些问题的出现，一些呼吁由公安机关执行人身安全保护令的呼声再次兴起，因为“公安机关承担执行保护令义务，既有法律依据，又有成熟的配套机制，还符合域外通行做法，通过立法修改确立公安机关执行人身安全保护令的‘刚性职责’”。① 尽管“在许多实务界人士看来，警方执行人身保护令的优势是法院无法比拟”的，但一方面警力资源毕竟有限；另一方面，公安机关的“刚性职责”也蕴含着激化家庭内部矛盾的潜在风险。②

三、镜鉴：域外人身安全保护令制度的立法与实施

“家庭暴力”问题作为全球性问题，一直难以得到根治，故全球众多国家（地区）都

---

① 陈霄：《喜忧参半的人身安全保护令》，载《法治周末》2016年7月20日，“头条”版。

② 楚仑：《人身安全保护令要慎用严发》，载《人民法院报》2016年8月4日，第2版。

有专门的立法来应对家庭暴力问题，人身安全保护令制度就是其中的一个重要而有效的措施。人身安全保护令制度并非我国立法之首创，而是“舶来品”制度。许多英美国家关于家庭暴力的法律或实施条例中都设立了该制度，我国台湾地区也有相关规定。

人身安全保护令制度最早在英国和美国都有发展，并逐渐被大部分国家纳入法律。人身安全保护令（Protectionorder）是一道由法院开具的具有强制力的命令，一般由当事人主动申请，被申请人被暂时或长期禁止接近、跟踪申请人或者进入申请人的住所。该保护令是为了给正在遭受或有可能遭受家庭暴力的受害人提供暂时性的具有法律约束力的保护，使施暴者被暂时或长期禁止接近受害人，为受害人寻求长期庇护和采取法律手段提供时间条件和现实保护。英国《犯罪与安保法案》（2010）对该制度做出如下定义：“家庭暴力保护令是在警方与基层法院尚未有足够的证据对施行犯采取措施时为家庭暴力受害人提供紧急保护，制止暴力行为，填补这一时间‘间隙’的民事保护令。”[①] 由此可见，该民事保护令的地位是家庭暴力事件的缓冲带，在为受害人提供紧急保护、阻止进一步人身伤害的同时，提供缓冲时间，使双方能够做出下一步决定，如受害人可以利用保护令生效的期间寻找庇护所或提起诉讼。

不同国家对于保护令的时效、申请程序、法律效力等有着不同的规定，但基本上可以按照限制时长区分为两种类型：紧急保护令（Emergency Protection Order）和长期保护令（Protection Order）。在美国，紧急保护令可以由警方在接警之后直接签发，程序便捷，且可以立刻生效，通常有效时间较短，仅为3~5日，用于紧急情况下隔离施虐人。而持有紧急保护令的当事人可以继续申请时效更长的普通保护令。[②] 其中，长期保护令依据其效力和禁止范围也可分为不同类型，包括：禁止接触、平和交流、远离、迁出、缴枪等种类，具体分类美国各州立法均有不同。英国的情况亦有类似。英国警方可以开具“家庭暴力保护通知”（Domestic Violence Protection Notice）和“家庭暴力保护令”（Domestic Violence Protection Order），这两者的区别与美国立法中紧急令与长期令相似。“家庭暴力保护通知”（DVPN）可以在警方处警之后即刻生效，且生效后48小时内法院必须受理当事人提出的“保护令”（DVPO）申请。保护令能够禁止被申请人在28日内重返申请人住处或与之进行任何的接触。这样的制度设计允许警方在最短时间和最大限度内对被害人提供必要的保护，又可以通过合理的缓冲时间衔接紧急庇护与采取法律程序之间的时间间隙。

我国台湾地区于1998年即通过“家庭暴力防治法”，至今已历经多次修正，依作用功能、申请方式之不同，其将民事保护令的种类分为“通常保护令”“暂时保护令”和“紧急保护令”；并特别把家庭成员以外的同居关系增加至该法的适用范围；且其民事保护令的内容涵盖面较为广泛，通过设立禁止施暴令、禁止骚扰令、迁出令、远离令、物品使用权令、暂时监护权行使令、限制探视子女令、给付生活费令、给付医疗费令、加害人处遇计划令、给付律师费令、禁止查阅令等种类，涵盖了限制加害人的施暴行为、强制财产给付和未成年子女的监护权等诸多问题。

---

① 英国《犯罪与安保法案》（2010），第24~33节，家庭暴力保护令指南。Crime and Security Act 2010, Section 24-33, DVPOs and DVPNs Guidance.

② Domestic Violence: Orders of Protection and Restraining Orders. 家庭暴力：保护令与限制令. http://family.findlaw.com/domestic-violence/domestic-violence-orders-of-protection-and-restraining-orders.html.

此外，在一些国家的立法中，有权开具人身安全保护令的机构通常为公安机关和法院。警方在家庭暴力事件中通常是直接介入事件并且接触受害人的，对事件经过和情况紧迫性具有直观的了解，由警方开具具有短期效力的紧急保护令能够体现最有效地暂时平息问题，保护受害人。而长期保护令的开具一般经过法院审查，需要申请人提交相应的证据。法院会对事件经过和被申请人的危险程度进行严谨的审查，实行更加稳妥、长期的保护手段。这也能够防止当事人滥用申请保护令的权利，防止保护令的禁止性强制力受到滥用。

总而言之，人身安全保护令是家庭暴力受害人在寻求长期庇护和采取法律手段之前采取的应急性措施，其作用是限制、禁止被申请人接触、靠近申请人，为其提供暂时性的具有法律强制力的保护措施。

四、出路：人身安全保护令制度的立法完善

（一）通过“立法”加强对反家庭暴力和人身安全保护令制度的宣传

在我国，“家丑不可外扬”的思想导致受害人往往不会主动寻求法律救济，而公权力也无法擅闯私人空间，社会层面尤其是广大农村地区对家暴的容忍度还相对较高。基于此，一方面，可以考虑通过立法加强对反家庭暴力和人身安全保护令制度的宣传，让当事人能够意识到家庭暴力的危害性以及人身安全保护令制度在家庭暴力防治中能够具备的重要作用，让当事人适时地拾起法律的武器，保护自身的合法权益。比如，修订《婚姻登记条例》，在结婚登记的时候，让婚姻当事人双方加强对家庭暴力后果的认识，并充分了解人身安全保护令制度。另一方面，可以修订有关部门的考核细则，让居委会、妇联等组织应当在日常工作中定期开展相关的普法宣传，强化民众的反家暴理念。最后，公安机关和司法机关在受理涉家庭暴力案件时，需要及时地为当事人提供相关建议，介绍人身安全保护令制度的主要作用，供当事人考虑。

（二）增设紧急保护令制度

针对人身安全保护令裁量的空间过大致有浪费司法资源之可能及起诉时“举证难”问题，由于家庭暴力事件往往有其突发性、保护受害人的紧迫性等现实问题，若其申请程序漫长，举证要求高，则很难及时有效地为受害人提供躲避危险的防护。因此，建议借鉴英国的人身保护法，增设紧急保护令，即无须向法院申请，可以由警方直接签发时效较短的保护令，可以起到衔接暴力事件发生与正式通过法院程序申请长期庇护的中间时间，为被害人搜集证据、寻找庇护所提供足够的时间，为被害人提供最及时的保护。

（三）人身安全保护令的执行主体改由公安机关执行

针对法院作为人身安全保护令的执行主体缺乏执行力，建议改由公安机关执行。为充分发挥社区网格化能快速出警、监督和制止家庭暴力的优势，人身安全保护令由法院签发后应送达公安机关，由公安机关作为执行主体比法院执行更具备可操作性，并且对于受害者是女性的家庭暴力案件应尽量配备女警员，以保证执行人身安全保护令更为方便。

（四）建立被签发保护令家庭的定期回访制度

针对人身安全保护令的实施缺乏监督执行机制问题，笔者在前往某社区调查的过程中，发现该基层社区设有对于家事纠纷调解的回访落实制度，即相关工作人员定期造访接受过家事纠纷调解的家庭，查看其后续情况。建议建立被签发保护令家庭的定期回访制

度，即社区定期回访被签发保护令的家庭，观察后续状况，监督其实施情况，以预防家庭暴力的再发生，同时降低公安机关和司法机关的执法成本。同时，有条件的社区可确定由专人负责家庭暴力案件的处理工作，并进行专业化培训，发挥好防治家庭暴力的作用。

（五）增加人身安全保护令的法律威慑力

针对法官送达人身安全保护令后有的当事人不履行甚至威胁法官的行为，除可实施《民事诉讼法》有关不履行人民法院已经生效的裁定或判决的制裁措施外，建议增加规定不履行人身安全保护令的被申请人在离婚财产分割时应当不分或者少分财产，以达到预防和惩戒有些施暴者不履行人身安全保护令的目的。

"城镇化"背景下农村地区家事案件审理的特点、难点及改革路径

——基于渝东南地区婚姻案件审判实践的调研报告

石朝晶　宋　颖*

目　次

改革开放40年的经济腾飞，加快了我国城镇化进程的步伐，正所谓"追梦改革万里春，农民潮涌作工人"。在城镇化的高速进程中，随着人民群众物质追求、观念理念的不断变化，打破了原有的婚姻家庭生态，使农村地区婚姻案件呈现出了新的时代特征，也给审判工作提出了新的要求。

当前，家事审判改革已经形成了自上而下的改革共识，最高人民法院出台了相应的纲领性文件指导改革。有些改革的理念、措施、方式、方法得到普遍认同，并在司法实践中起到了良好的社会效果。但任何改革的原动力，均应来自自下而上的实践反馈，并通过司法实践进行检验和修正，不断将家事审判改革引向纵深。笔者着手于农村地区婚姻案件的审理实践，在《最高人民法院关于开展家事审判方式和工作机制改革试点工作的意见》的框架下，有针对性地提出农村地区家事审判纵深改革的方向和方法，为城镇化进程下的中国社会发展贡献力量。

一、农村地区家事审判的特点、难点

在农村地区家事案件中，占比最大的是婚姻案件，受城镇化影响特点最鲜明的也是婚姻案件，笔者将重点从婚姻案件中发现共性，总结特点。

（一）财产关系简单，情绪冲突难调

有别于经济发达地区的家事案件审理，农村地区家事案件牵涉房产、股权、合伙、债权、债务等复杂财产性利益的情况不多，即使有，一般也较为明晰。特别是离婚案件中，

* 作者简介：石朝晶，重庆市彭水县人民法院法官；宋颖，重庆市彭水县人民法院法官助理。

绝大多数当事人结婚数年，虽育有子女三两个，但没有夫妻共同财产的情况也不少见，农村宅基地房屋作为赋予农民最大的财产性权益，又因其转让条件的苛刻性、变现财产性利益的局限性而显得微不足道。也正是由于财产关系的简单，往往导致案件当事人缺乏基本的趋利性理性，在案件审理过程中，往往情绪冲突较大，也特别难以调处，稍有不慎，极易引发庭审前、庭审后的暴力冲突。特别是一些性格极端的当事人，在其“一穷二白”的情况下，再与他谈离婚、财产分割等极易触发情绪波动的事情，往往会招致其抵触，甚至厌恶，给案件审理带来极大的困难。

（二）以暴力威胁影响司法裁判的方式甚嚣尘上

婚姻案件审理，不可避免地要触及当事人的情感和灵魂。当案件调处或一方当事人的陈述触及另一方当事人的敏感神经时，往往会出现恼羞成怒的暴力威胁。一是双方当事人及家属在庭审中、调解中发生言语、肢体冲突，以及对弱势当事人一方（一般针对女性）家人、孩子的暴力威胁；二是一方当事人在案件审理过程中为达到个人目的，采取自伤自残的方式进行裹挟式威胁；三是在案件审理中以及判决后当事人对主审法官进行的言语威胁、行为恐吓、跟踪等。甚至对案件审理人员的暴力犯罪案例也屡见不鲜。例如，近两年在全国影响恶劣的北京昌平法院法官马彩云被杀事件、广西陆川法院法官傅明生被杀事件、江苏沭阳法官周龙被刺伤事件，其中就有两起是因为离婚案件所引发的暴力伤害法官事件。这不仅给案件审理法官心理带来阴影，也给案件审理带来极大的不利影响。

该类案件中引发暴力事件的焦点主要有：对解除婚姻关系不满、对子女抚养问题处理不满、对财产分割问题处理不满。

（三）将离婚、子女抚养作为筹码变相要挟索财现象突出

情感是婚姻关系维系的基石，判断夫妻感情是否已经彻底破裂，是婚姻案件审理的主要考量依据。而农村地区婚姻案件中的夫妻感情，往往在夫妻常年分别外出务工的分居生活和情感缺失中消磨殆尽，当事人在城镇务工遭受了“金钱至上”的观念洗礼后，并不将如何维系婚姻关系、修复夫妻感情摆在第一位，而是变相地要求通过物质满足，来达到其心理平衡的要求。一是以同意离婚为条件，要求提出离婚一方给付财产赔偿；二是以争抢子女抚养权或同时放弃子女抚养权为手段，要挟相对方给付财产利益。此类情形，往往使案件审理陷入僵局，特别是针对同时放弃子女抚养权的情形，案件审理法官往往左右为难，调解和好没有情感基础，判决离婚又使未成年子女处于不利境地。

（四）制造虚假共同债务证据，妨碍诉讼现象明显

由于我国在夫妻财产立法理念中，是以夫妻共同财产制为原则，约定财产制为例外的。因此，2003 年《最高人民法院关于适用〈中华人民共和国婚姻法〉若干问题的解释（二）》第 24 条实施后的很长一段时期内，对夫妻一方的举债行为，大多都支持为夫妻共同债务共同偿还。这使得很多离婚案件的当事人歪曲、恶意利用法律手段，通过与亲戚、朋友虚构债务的形式获得婚姻关系之外的其他不当利益。而虚构此类债务风险虽大，但法院审理查明难度也较大，很多当事人乐此不疲地将其作为惯用伎俩广为“传颂”。这也使得该司法解释广受争议。

也正是发现了审判实践中的此类问题，最高人民法院审判委员会第 1710 次会议于 2017 年 2 月 20 日通过在《最高人民法院关于适用〈中华人民共和国婚姻法〉若干问题的解释（二）》第 24 条的基础上增加两款，以此来遏制虚假债务现象的发生。但通过近一

年的施行，仍然不能完全遏制此类现象的发生。因此最高人民法院审判委员会于2018年1月8日第1731次会议通过《最高人民法院关于审理涉及夫妻债务纠纷案件适用法律有关问题的解释》，对婚姻关系存续期间债务认定进行了进一步的完善。该司法解释在法律规制范围内，对有效遏制虚构债务现象的发生具有积极作用，笔者站在婚姻家庭案件审理的角度，是非常支持的，但其运行效果仍有待审判实践的检验。

（五）传统婚姻观念受到不良婚姻理念的冲突显现

城镇化的过程，不仅是物质文明不断进步的过程，也是精神文明不断前行的过程。进城务工农民在享受现代物质文明带来的极大满足的同时，也接受和学习了新的精神文明洗礼。在更加进步开放的社会观念影响下，传统观念得到冲击和淡化，女性平等和独立意识增强，他们要求的社会地位和经济地位标准不断提高，在婚姻生活中更加注重自我意志的实现，并不再要求依附于男性。在原来传统家庭模式中，女性操持家务照料家庭，任劳任怨。而如今，他们对婚姻和家庭的生活质量抱有更高的期望，且女性的性别特征导致其自身敏感多情，对生活的体验更加细微，能关注到男性忽视的琐事进而产生矛盾。与此同时，在物质文明飞速发展的时代背景下，一些不良的社会理念、社会风气，诱惑、欺骗和陷阱，如婚外情、情色场所等屡见不鲜，使很多男性迷失了方向，曾经的优良家庭观念不断淡化，触发家庭危机。

（六）反家暴法实施效果不明显，司法运用机制不足

2016年3月，我国首部反家庭暴力法正式实施，坚决对家暴说“不”。这也为家事案件中有涉家庭暴力行为的审理，带来新的法律支撑。但经过两年的司法实践表明，家庭暴力行为因其隐秘性，加之受害人普遍存在的恐惧心理，反家庭暴力法的适用目前还存在着收集证据难、受害人求助方式单一、司法运用机制不足等诸多问题。特别是在农村地区，家庭暴力具有长期性、反复性、认定的不明确性、法律适用的模糊性等特点。很多受害者在申请人身安全保护令以前曾多年遭受家庭暴力且一直持续至今，施暴者的家暴行为可能因公安机关出警制止或在诉讼中经调解暂时收敛，但经过一段时间又出现反复。同时，家庭暴力的认定往往又会出现过于慎重和过于泛滥的情形，模糊了夫妻因家庭琐事发生冲突与实施家庭暴力的边界。

家庭暴力的认定，需要暴力实施的后果和暴力事实行为等多方面证据，当事人需要提交伤情照片、医院诊断证明等，用以证明自身遭受到家庭暴力的严重侵害，同时还需要在遭受暴力后及时寻求公安机关救济的报警记录、妇联的笔录、居委会证明、证人证言等多方面证据，通过报警记录、询问笔录等将暴力实施者的侵权行为固定下来。可到了具体案件中，当事人能够提交的往往就是聊天记录、开房记录、被打伤的照片以及诊断证明、亲属证言等。可这些还不足以让法院认定家庭暴力行为的存在。

还有就是精神暴力在法律适用上很难认定。引发家暴的主要原因就是财产纠纷和婚内外遇。传统观念里，提到家暴，普遍认为是对家人实施殴打、辱骂等身体上的暴力，可事实上，当前被诉至法院的家庭暴力行为中，通常都为身体暴力和精神暴力并存。

（七）离婚家庭未成年子女的立法保护、社会救助机制缺失

未成年子女作为离婚家庭的最大牺牲者，他们的利益却在离婚案件中显得微不足道。我国婚姻法虽然注意到了对未成年子女利益的保护，但由于在立法观念上并没有将子女确实作为独立权利主体来看待，因此对子女的利益维护尚不充分。尽管离婚后血缘关系依然

存在，但孩子成长的家庭却永远改变了，这时未成年子女往往会无助、愤怒，心理发生巨大变化。如果我们不重视离婚给未成年子女带来的严重的负面影响，其给社会带来的社会成本及负面影响可能需要几代人来偿还。

目前，我国已经开始关注离婚案件中未成年子女权益保护的问题并且取得了一定的研究成果，但是对于这个问题的研究及探讨并没有形成一套完善的理论体系，并且大多数只是停留在理论研究层面，在司法实效上收获甚微。不断上升的离婚率、草率的婚姻观使得越来越多的未成年子女正在饱受家庭破裂给他们带来的各种不利影响，需要切实可行的相关制度以立法的形式确定下来，切实维护未成年子女的利益，将子女最大利益原则贯穿到实际执行之中。

同时，因婚外恋产生的非婚生子女欺诈性抚养赔偿、婚生子女否认、非婚生子女准正也日渐成为新名词，目前学术界已有研究，但在实践中没有相关法律规定。

二、农村地区婚姻案件审理难点的成因分析

当前，农村地区家事案件因其鲜明的时代特征，给案件审判工作带来了新的挑战。在新一轮家事案件审判改革的当下，有必要研究形成这些特点以及审理难点的成因。这更有利于有针对性地提出改革建议，正确引导司法审判工作。

（一）区域经济发展不平衡导致的人口迁移对传统婚姻家庭生态产生冲击

物质文明的不断丰富，城镇化进程的不断推进，必然使社会关系发生深刻变化，作为社会组成的基本细胞——家庭关系，必然会受到变革时期的影响。家事案件所呈现的特点，既是现代文明对传统文明的冲击，也是对传统文化的一场洗礼。司法审判工作，应当积极顺应社会发展需求，并通过司法裁判引导，正确处理家事案件中所体现出来的问题。

（二）家事案件审判理念、方式与时代发展步伐不相协调

家事纠纷涉及情感和心理、交织伦理和道德、贯穿身份关系和财产关系、与特定的社会经济道德环境紧密相连，需要法官具备较高的专业素养和特定的生活背景，可积极探索专业化的家事审判团队制度。但传统社会建立的审判理念和方式方法，不能完全满足具有鲜明时代特征的家事案件审判需要。例如，传统民事诉讼中的“谁主张，谁举证”原则；又或者是盲目劝和式的“和稀泥”调解；更或是妥协于一方当事人的恐吓、要挟。这些传统的审判工作方式，已经不能够完全满足新时代家事案件的时代特点。

（三）家事案件审判理论研究不足，立法缺失，导致司法运行机制不畅

一是离婚案件中未成年子女的权益保障，在理论研究上还处于起步阶段，离异家庭子女的现实问题，已经开始逐渐显现，而立法保障还有待时日。二是新的立法在司法运行过程中，还缺乏机制保障，运行不畅、运用不当的现象比较突出。

三、农村地区家事审判纵深改革的路径

家事案件有别于一般民事案件。而农村地区的家事案件，特别是婚姻案件，因城镇化进程的不断推进，又显现出了一些鲜明的时代特征。如果按普通民事案件模式审理家事案件，在审判理念、遵循原则、审判程序、审判方式、裁判功能定位等诸多方面会存在冲突，不能反映家事案件的审判规律，制约了家事案件有效处理和解决，一定程度上会导致审判结果、裁判导向的偏差。因此，有必要进一步探究家事审判改革，有效化解家事纠纷

案件。2016年5月，最高人民法院起草并以6家高院名义下发了6项程序性规定。在此基础上，各高院和超过70%的试点法院制定了符合本地家事审判特点的审判规则。至此家事审判进入规范化发展新阶段。①

(一) 家事案件特性的审判理念再认识、再研究

婚姻家庭法作为身份法，因其与国家及社会公共利益相关，其内容不由当事人自由处分，相应地，身份关系的纠纷不能简单用财产、契约纠纷的自治性程序来解决。一方面，家事案件具有强烈的伦理性。婚姻家庭是传统伦理道德的主要载体之一。特定的亲属身份是主体相互之间享有权利、承担义务的依据。婚姻家庭关系既是法律关系，又是伦理关系。亲属之间的身份关系不是出于功利目的而创设和存在，由亲属身份关系所派生的财产关系，亦不体现直接的经济目的，它所反映的主要是家庭成员共同生活和家庭职能的要求，不具有等价有偿的性质，更强调夫妻之间、家庭成员之间是利益共同体，提倡分享、利他和奉献精神。

在有的国家或地区。公权力代表还会全程参与婚姻家庭案件的审理。受理家事案件的法院承担着为当事人提供指导和服务的职责，引导当事人相互谅解，尽可能促成当事人保留原有法律关系。通常需要同时适用诉讼程序与非诉讼手段。过多的举证、质证、辩论等攻防性诉讼活动容易激化当事人及利害关系人之间的人际关系，不利于争议的解决。鉴于家事诉讼的公益性、社会性和连带责任，德国、日本、英国、韩国等国家都制定了“家事事件程序法”，满足解决家事事件之需要。

(二) 家事审判独立程序的合理构建

家事诉讼程序独立，有利于调判结合化解家事争议。法院审理家庭争议时，除以裁决平息纠纷外，更要鼓励当事人通过协商、和解等方式化解争议。这需要很多的事前咨询和辅导；不得不裁决时，须着眼于家庭最大利益。调解集法、理、情于一体，能较好地平衡当事人之间的利益，有效节省司法资源，是解决民事纠纷的最佳方式。例如，笔者考察发现某地法院在改革中探索形成初步审查、庭前会议、座谈聊天“三段式”庭审模式，2017年以来，在庭前会议和开庭审理中总计调解家事案件367件，撤诉318件，调撤率达86.6%。

高水平的家事法官，犹如家庭医师，对各种家庭情况有更全面的了解，更容易获得当事人的信任，有助于纠纷的调解和解决。专门化的固定审判机构，能更好地适应家事案件审理的需要，有助于提高司法效率和社会效果。有利于配置相关资源适应家事争议解决的特殊需求。

法院审理家事案件，不只是在法律上分是非，而且涉及家庭人际关系相处、对生活的理解和态度等。当事人生活背景不同，对家事争议的理解和处置就不尽相同。家事法官不仅需要法律专业知识，而且要求具备较丰富的社会阅历和人生经验、掌握调解技巧等，方能赢得当事人信任，使审理达到最适当的效果。同时，家事案件涉及的心理学、社会学、社会保障与福利方面的知识和经验，若能配备相应专业机构或人员为法官提供专业辅助，纠纷解决成效将更优。

(三) 加强当事人心理疏导，注重调解方式方法

坚持弘扬文明进步的婚姻家庭伦理道德观念，维护健康向上的婚姻家庭制度。社会普

① 孙航：《人民法院家事审判方式和改革综述》，载中国法院网，最后访问日期2018年7月。

遍认可的婚姻家庭主流伦理道德观念，通常是文明进步的伦理道德观念，是每个社会成员应当遵守的婚姻家庭核心价值观，也是人民法院审理家事纠纷案件必须坚持的基本价值理念。维护平等、和睦、文明的婚姻家庭关系，贯彻男女平等、养老育幼、亲属互助的宗旨，改善家庭关系，促进家庭和睦，实现家庭职能，是人民法院审理家事案件必须具备的基本职能。家庭是社会的细胞，家事纠纷的解决，关乎个人、家庭及社会公益。家事审判在维护婚姻家庭稳定、促进社会和谐、实现社会职能等方面应发挥重要作用。

例如，笔者考察的渝东南民族地区法院均推行冷静期制度，依案情给离婚双方当事人设置 10 天至 6 个月的婚姻冷静期间。探索心理干预制度，通过选聘心理疏导员、建立心理咨询师名册等方式，开展庭前评估和心理干预工作，引导当事人理性平和解决家事纠纷。自推行家事审判试点改革以来，共对 274 件家事案件进行了心理测评干预。

坚持用柔性的司法实现法律的刚性需求，确立以职权主义为主导，以“和”为主、刚柔相济的诉讼模式。家事纠纷的基础是身份关系，其背后隐藏着复杂的人际关系。表面上看，有财产分割、扶养费、抚慰金等支付金钱的请求，实质上则是夫妻间、亲属间情感、心理上的纠葛。正是基于血缘、情感的因素，当事人之间的权利、义务表现得比较复杂，不能简单地作出是非分明的处理，必须把消除对立、恢复感情、实现和解作为纠纷解决的目的和价值取向。故用司法的柔性手段实现法律的刚性要求成为各地家事审判改革的首要选择，最大限度地追求“和”的效果。

（四）进一步完善家事案件立法，高度重视未成年子女权益保障

坚持以人为本，发挥家事审判的诊断、修复、治疗作用，实现家事审判司法功能与社会功能的有机结合。国外的家事法院不仅具有司法功能，还具有社会功能，甚至还具备一定的行政功能，反映出家事法院与普通法院不同的功能定位。我国没有设立家事法院，但家事审判的基本功能要求家事审判应当具备一定的社会职能。解决家事纠纷无疑是家事审判最重要的司法功能，诊断、修复、治疗家庭关系则是解决家事纠纷的根本途径和有益方法。

董宝华教授提出：“由于社会弱势群体的特殊身份，社会法的基本原则职能是‘倾斜性保护’。倾斜性保护作为社会法的基本原则是由‘倾斜立法’和‘弱者保护’两个方面构成。”① 目前，多地法院依据《婚姻法》《反家庭暴力法》《民事诉讼法》等相关法律和司法解释的规定，结合审判实践，制定《人身安全保护令实施细则》，给予受害人保护。2017 年以来，渝东南民族地区法院共发出人身保护令 35 份。在涉及保护妇女权益的家庭暴力案件中，案件的知情人由于种种原因大多不愿意出庭为女方作证，使受害妇女合法权益得不到充分的保护。法官针对证人不愿作证的不同情况，分析证人的基本心态，作必要的宣传教育工作，消除其思想顾虑，同时落实证人作证的补偿措施，使证人能够出庭为受害妇女作证。对于涉及案件主要事实的主要证人经做工作后仍不到庭作证的，如长期与案件当事人相处的邻居、亲朋好友，他们对男方是否对女方实施家庭暴力比较了解，但因为顾虑到邻居关系或亲朋关系，不愿出庭作证的，法院应依职权进行调查，取得证言，再交由当事人质证。

---

① 董宝华：《社会法原论》，中国政法大学出版社 2001 年版，第 143 页。

家事审判的困境与出路
——以家事审判改革为视角

舒建国*

目　　次

自2016年最高人民法院出台《关于开展家事审判方式和工作机制改革试点工作的意见》以来，家事审判改革试点工作在我国各级各地法院铺展开来，现在距离为期两年的试点结束已经不足四个月。在整个试点工作中，各项对传统家事审判的弊端以及局限具有针对性的家事审判改革举措，在家事审判活动中起到了重要的作用，但回顾一年多的试点工作，结合本院工作实际，笔者也总结出来了一些现阶段家事审判的一些困境，同时也针对这些困境，提出一些建议，期望能够对我国家事审判活动以及改革起到助推的作用。

一、家事审判的概念及内涵

1. 家事审判的概念及分类

家事，顾名思义，可以解释为家庭事务，我国法律上至今未确立家事这一概念，我国家事方面的法律散见在婚姻法、继承法等法律中。家事案件也未成为一种独立的案件体系，未明确案件范围，在司法实践中家事案件也杂糅在普通民事案件中，主要指确定身份关系的案件及基于身份关系而产生的家庭纠纷，主要案件类型有婚姻案件及其附带案件，抚养、扶养及赡养纠纷案件，亲子关系案件，收养关系纠纷案件，同居关系纠纷案件，继承和分家析产纠纷案件等。①

2. 新时代下家事审判的工作意义

家庭是组成社会的基本要素，不仅对于我国社会的稳定性具有重要意义，作为基本的

---

* 作者简介：舒建国，重庆市九龙坡区人民法院法官助理。

① 参见2016年《最高人民法院关于开展家事审判方式和工作机制改革试点工作的意见》。

社会消费单位，对于社会经济的发展也具有至关重要的意义，家庭的文明程度也是社会文明程度的反映。

二、家事审判的现实困境

（一）诉讼主体的事实性扩大化

1. 诉讼主体的事实性扩大化的含义

本文所述的家事审判诉讼主体特指家事审判的诉讼当事人，即家事案件的原告和被告，而诉讼主体的事实性扩大化是指家事案件的当事人的客观上、事实上的扩大，即虽然审判机关案件卷面显示的诉讼当事人是相对固定的，但实际上因为各种各样的原因参与到案件之中的当事人往往比卷面显示的当事人人数更多。虽然其他类型的民事案件或多或少也会出现这种现象，但因为家事案件的特殊性，案件的双方当事人或多或少都存在着家庭或亲属关系，而家庭很多情况下是一个整体，如果出现诉讼案件，整个家庭的关注点极有可能就集中在这个诉讼案件上。以离婚纠纷案件为例，这类案件牵涉的当事人虽然仅为夫妻双方，但往往大多数情况下夫妻双方身后都会有另一个家庭，且背后的家庭往往会不假思索地站在其子女或亲人的立场上看待整个案件，再加上夫妻双方及其背后的家庭相互之间也较为熟悉，因此，这些人对于这类案件的参与度将远远大于其他类型的案件。

2. 诉讼主体的事实性扩大化的影响

家事案件因其自身的特殊性，故而在诉讼案件中，调解作为司法裁判的有力补充这一重要角色，在家事审判中得到了明显的体现。但调解应该是双方当事人相互妥协的结果，诉讼主体的事实性扩大化造成家事调解往往不再是组织双方进行调解，更是需要不断地平衡诉讼双方背后的扩大化的“主体”，这就导致了部分家事调解过程中会出现反复调解再反复的情况。当然，诉讼主体的事实性扩大化也不是说没有优点，比如说家事案件双方矛盾并不剧烈的时候，诉讼双方主体的扩大化反而有助于家事案件的审理，因为扩大的“主体”在一些情况下也会起到对于矛盾的缓解或解决有着助推的作用，仍然以离婚纠纷案件为例，如果夫妻双方是因为较小的矛盾而起诉至法院，夫妻双方的家人或亲属如果觉得夫妻俩的感情没有重大问题，相信“以和为贵”“宁拆十座庙，不毁一门亲”的传统思想仍旧会在这种情况下占主导，他们的“饭桌风”“电话风”会对夫妻关系的修复与夫妻任何一方产生妥协的心理都能起到重要的作用。但是总体来说，诉讼主体的事实性扩大化仍然导致了案件办理的难度有所增加。

诉讼主体的事实性扩大化除了上述的影响之外，在司法实践中，还有可能导致诉讼案件的增加，以离婚后财产纠纷案件为例，本来离婚后财产纠纷案件是就离婚纠纷中没有解决或没有解决完毕的案件，但当离婚纠纷结束之后，扩大的“主体”往往会“帮助”他所在一方的诉讼主体，在其背后支招、想办法，最终导致的结果可能就是本身已经结束的案件，有可能会额外产生另外的，诸如租赁合同纠纷、借贷合同纠纷等案件，不仅增加了司法机关的诉累，也拖延或阻碍了纠纷得到合理的解决。

（二）诉讼主体之间的实质不平等性情况出现的或然性

家事案件作为民事案件的一类，家事案件当事人作为民事诉讼案件的主体，案件双方当事人的诉讼地位是平等的，但家事案件较之一般民事案件具有一定的私密性与隐蔽性，且家事案件当事人通常存在着较为紧密的人身联系，而不同的当事人之间具有不同的性格属性，因此家事案件当事人之间也许存在着支配与被支配、控制与被控制的关系，甚至很大一部分的家事案件产生的原因就是因为家事案件一方当事人不堪忍受被控制、被支配的地位而提出诉讼。

仍以离婚纠纷案件为例，并非所有的离婚案件双方当事人都已经分居生活，有很大一部分的离婚案件当事人在诉讼中未实现分居，甚至有些当事人因为客观原因在诉讼后都没有实现分居生活。而在这种夫妻双方已经丧失感情基础的情况下，共同生活势必会导致情感或者肢体上的冲突，较为弱势的一方因此遭受的被支配、被控制的可能性就无限增大，而一旦出现一方被另一方控制、支配的情形的话，诉讼主体之间的实质的不平等状态将不可避免。这种不平等也将贯穿整个诉讼过程，在立案阶段的表现就是弱势一方有可能被限制人身自由，从而立案行为将受到客观上的限制，而审理阶段则主要是体现在案件当事人之间的诉讼权利的实际行使的可能性，司法审判活动以事实为依据，以法律为准绳，但这一事实并非完完全全的客观事实，而是经过证据予以证明的法律事实，弱势一方的案件当事人完全有可能会因为上述原因从而导致其在收集证据、举示证据等方面存在着客观上的障碍与不足，这也与另一方的地位不对等。

（三）时代发展之户籍登记遗留问题

自1949年中华人民共和国成立以来，我国的发展日新月异，信息化更是取得突飞猛进的成果，如今各个领域都已经进入信息化时代，大数据时代俨然已经到来。但在发展的过程中，又存在着许多的限制，以我国户籍登记为例，虽然现在我国户籍信息已经实现全网联通，但在互联网发展之前，我国户籍登记仍以纸质记载作为唯一的记录方式，不仅户籍登记部门是以纸质材料为载体，档案馆等部门亦是如此。在这种环境下，户口的迁移方面的登记就是一项比较复杂的工程，尤其是跨区域的户口迁移，难免会有一些遗失或遗漏的情况出现。而这一部分遗失遗漏的情况，随着信息化时代的到来，因为历史资料的缺失，即使有科技手段仍然没有办法补齐，这就导致“黑户”的出现。这些“黑户”因为各种各样的原因，可能没有去户籍登记机关登记，但这些“黑户”又是实实在在存在的，其周围的亲戚或者朋友都知道有这么一类人，但是我们却不能通过正常途径找到这些人，尤其是在某些特定的案件中，需要找到却找不到这一类人。这就与普通民事案件有所区别了，一般的普通民事案件，必然是因为一些民事法律关系的发生才导致了该民事案件的成立，而家事案件则会出现为特定的法律关系而需要找到这一类人，这也是家事审判的困境所在。

以继承纠纷案件为例，在互联网还未普及的时代，一个家庭的生育或者收养情况只能够通过纸质材料记载，而我国民间较为流行的“过继”等行为会进一步导致户籍登记的混乱，再到后来改革开放后，全国人口流动量大大增加，但通信手段仍然相对落后，通常自家的孩子出门打工，家里人几个月、半年、一年甚至几年都没有听到外出的家人的信息的也大有人在。而在这一部分人中，有些人在外地定居生活，后来又因为各种原因，去世或者离开原居住地及住所或者户籍地的情况也不少见。这就导致出现这种情况，就是大家都知道有这么一个人，但就是没有相关的户籍信息，而通过其他方式也不能找到这个人，但这个人在继承纠纷案件中通常情况下是合法继承人，还是必须的，这种情况在司法实务中也不少见。

（四）家事审判理念仍然有待加强

家事案件不仅涉及身份关系、财产关系，还有可能涉及未成年子女的问题，家事案件承办法官需要耗费大量的时间和精力才能在家事审判过程中将当事人的情绪合理疏导、案件调解以及当事人人身保障等各个方面实现平衡。但因为家事案件审判工作仍然是作为普通民事案件在办理，仍然受到诸如审限之类的审判业务考核标准方面的一些限制，再加上法官在家事审判理念上存在一定的误区，未准确把握审限与审判效果之间的平衡，一定程度上影响了家事案件办理的质量和效果。主要表现在以下几个方面：

1. 重效率，轻效果。以离婚纠纷案件为例，调解是离婚纠纷案件的必经程序，但是因为审限的压力，家事审判和家事调解的特殊性及其应有的技能难以得到充分展示和发挥。[①] 再加上案多人少的矛盾，家事法官实在是缺乏足够的精力做到对每一个案件都以案结事了的理念贯穿案件办理的始终。而根据审判实务中不成文的第一次起诉不离婚的做法，期待甚至可能出现诱导当事方拒绝离婚的表态。而这样做导致的结果则是虽然办理案件的效率大大提升了，但是家事审判的过程中没有真正了解家事案件当事人之间可能存在的一些根本或者不根本的分歧，可能忽略掉一些可能隐藏在当事人陈述或辩论中的原本可能解决或能有效缓解夫妻矛盾的小线索，这就导致六个月后当事人再来起诉，这不仅对于当事人之间产生的问题与裂缝的弥补于事无补，而且起到的效果较之用心办理的家事案件也是相差甚远，不得不说这也是对于司法资源的一种浪费。

2. 重法律关系，轻社会关系。“打官司，成仇人”的现象一直是家事审判中法官们极力避免却又无可避免的。尤其在继承纠纷案件和赡养纠纷案件中，兄弟姐妹反目，父子成仇的报道屡见不鲜，虽然不排除造成这种结果的原因极有可能是因为案件当事人之间的矛盾已经到了不可调和的地步，不然这样的案件也不至于对簿公堂，但是同样也不能排除有些情况下案件当事人之间的矛盾并不是不可调和，有些案件当事人仅仅是心理上不舒服才到法院，案件双方仅仅需要一个较为公正且有一定权威性的外界因素进行劝导或者影响，就能够达到双方案件当事人冰释前嫌的结果。如果法官仅仅是完完全全走程序，不走心，直接根据法律关系作出裁决，那么这个判决一定不是温暖的判决，案件当事人哪怕赢了官司，也可能输了感情。家事案件承办法官应当考虑当事人之间的情绪调整，不能让未激化的矛盾激化，让已经激化的矛盾进一步激化，导致庭上父子，庭下仇人，难以恢复到正常的社会关系、亲人关系。

三、家事审判之改革与出路

自启动家事审判方式和工作机制改革以来，从上至下都有了一些制度探索与设立。往上说，在中央政法委领导下，统筹协调推进家事审判方式和工作机制改革工作。[②] 家事审判联席会议制度的设立主要职能为研究制定家事案件纠纷化解政策措施和年度工作计划，探索家事审判程序改革，向全国人大提出家事特别程序立法建议等。往下说，最高人民法院在全国范围内选定了118家中基层法院开展为期两年的试点工作，除此之外，没有被最

① 叶向阳、陈逸群：《中国家事审判改革探析》，载《中国应用法学》2017年第5期，第58页。

② 《最高人民法院、中央综治办、最高人民检察院、教育部、公安部、民政部、司法部、国家卫生计生委、新闻出版广电总局、国务院妇儿工委办公室、全国总工会、共青团中央、全国妇联、中国关工委、全国老龄办关于建立家事审判方式和工作机制改革联席会议制度的意见》。

高人民法院选为试点单位的其他法院也在家事审判过程中进行着有益的尝试。从制度到机构再到人员，从硬件到软件再到理念都进行了相关设计与改进和加强。

（一）建立专门家事审判机构

1. 建立专门家事审判机构的客观需求

长期以来，社会各界对于家事审判都存在着一定程度上的误解，认为凡是涉及家事审判的案件都是“小案子”，都是些家长里短的事情，甚至部分办理家事案件的法官也认为家事审判不能体现出他们真正的业务水平和业务素养，因此更愿意参与如合同纠纷、商事纠纷之类的“大案子”，导致真正奋斗在家事审判一线的法官大多存在着社会经验不足，资历尚浅，甚至有些未婚法官在审理离婚纠纷案件时，对于离婚纠纷案件当事人出示的某些证据还表现得较为羞涩。但是实际上处理家事案件，往往比商事案件更需要法官具有审判经验、生活阅历，而不仅仅是专业素养，只有具有丰富的经验和阅历，法官才能合理地抓住家事案件的关键点，才能顺利地找到家事纠纷的脉搏。除此之外，家事案件对于法官的要求还在于：家事法官还应当具有相应的社会心理学知识，家事法官具有这方面的知识更有利于化解家事案件当事人之间的矛盾。随着家事案件数量逐年增加，类型趋于复杂化，为了快速、准确地发现家事纠纷案件当事人情感上的矛盾症结，增加家事案件审理的效率与质量，成立专门的家事审判机构是十分合理且必要的。

2. 专门家事审判机构的典型模式

开展家事审判试点工作以来，各试点单位较多的是成立家事审判法庭。家事法庭的定义是：独立于普通法庭之外，设立于法院内部的、专门用于审理家事纠纷的机构，它是当事人利用司法途径解决家庭纷争、处理与家事有关的非诉纷争的场所。[①] 法院依法为老年人追索赡养费，审结相关案件 12. 6 万件，审结婚姻家庭案件 854. 6 万件。[②] 家事法庭作为专门的家事审判机构，需要有与之相匹配的专业家事审判队伍。试点工作开始后，基本形成了包括家事审判员、专职人民陪审员、家事调解员、家事调查员、心理咨询师等在内的家事专业团队。[③] 其中最主要的则是家事审判员、家事调解员、家事调查员的团队框架。

3. 专门家事审判机构的困境与出路

目前家事“三员”在家事审判方面虽然取得了较好的效果，但也存在着角色、职责定位模糊、定位重复等问题。最明显的就是家事法官的角色和职责的模糊与混同，因为家事法官作为家事案件的承办者、负责人，对于家事案件的办理起到的是总领的作用，同时也是家事案件办理的关键，虽然我国婚姻法、民事诉讼法等法律有关于离婚案件应该先予调解的规定，但这种程序上的规定并未形成一种较为固定的模式，调解的效果并没有达到最理想的状态，加上家事纠纷调解组织繁多，或者在各自范围内进行纠纷调解互不干涉，或者部门机构交叉调解、重复调解，导致同一纠纷调解出现偏差。[④] 又因为家事法官通常是来自民一庭或者少年审判庭，他们都有着相对熟悉或固定的办案模式，对于家事改革状态下的家事调解适应度不足，再加上家事调解员这一设定目前还不成熟，并且本身调解就

---

① 赵文：《论我国家事法庭的设立》，辽宁大学 2015 年硕士学位论文。

② 2018 年最高人民法院工作报告。

③ 任容庆：《论家事诉讼中家事“三员”协作体系的构建》，载《法律适用》，专题研究：关于家事审判改革的探析，2017 年第 19 期。

④ 徐英：《我国家事调解制度重构论》，吉林大学 2017 年硕士学位论文。

是我国纠纷解决的传统方式之一，导致家事法官在进行家事案件办理的过程中自然而然地将调解看得较重，这就导致了经过调解员努力而未果的案件再一次经过调解仍旧未果的状态，这不仅仅是加长了案件的办理期限，更是大大浪费了司法资源。

笔者建议，家事法庭除了应当明确上述家事审判人员的设置，还应当对于上述人员的选任和培训进一步加强，不仅仅要对上述人员的职业能力和业务水平进行培训，更要对其职业定位作出更清晰的界定。家事调解员就单干调解的工作，运用其对于心理等方面的优势及能力，抓住家事案件的核心，把握家事纠纷的脉搏，能调则调，不能调就及时地将案件转入诉讼程序，由家事法官进行审理，最后作出符合法律也符合情理的裁判。

（二）创新家事审判制度与机制

最高人民法院院长周强在 2018 年最高人民法院工作报告中指出，家庭是维护社会的细胞，家和万事兴。最高人民法院会同全国妇联等 14 家单位建立家事审判改革联席会议制度，探索建立家事案件冷静期、心理测评服务等制度。联席会议制度的设立实际上为家事审判解决了很多的实际困难，但仍然存在着各部门协调不力等问题，比如家事案件中，在查询当事人的信息方面，目前各级人民法院基本上均能通过办案系统查询相关当事人的户籍信息，但由于权限方面的问题，法院办案系统里面查到的信息并不全面，一些当事人的户籍信息甚至只有几个字，办案人员只能通过查到的只言片语借助自己的互联网工具再来查询当事人的具体位置，甚至还可能出现根本查不到的情况。再比如说离婚纠纷案件，较多的离婚纠纷案件当事人提出离婚并非随意提出的，往往还是因为实在过不下去了才会向法院提出离婚，而这类离婚案件往往都存在着婚姻法规定的符合夫妻双方感情破裂的情形，其中就包括家庭暴力，但是真正能够拿出相关证据的家暴受害者较少，即使是《反家暴法》出台以后，人身安全保护令的具体申请与使用仍然是一个难题，究其原因，就是因为多部门协作的不足，只有公安部门及时出警，基层组织及时报告、劝解，福利机构、医疗机构及时提供救助，其他各方机构部门合力，各司其职地同时相互配合，形成人身安全保护令有效执行的合力，才能使许多长期遭受家庭暴力的受害者尤其是妇女、未成年人、老年人的人身权益得到及时的保护。

前文所述的家事案件事实上的当事人扩大问题的出现，其中一个重要原因就是家事案件当事人法律意识淡薄，对于法律与事实的掌握不足，从而导致对自己的不自信，更容易听信身边人的看法与建议，针对这一情况，笔者认为赵秀举博士提出的家事审判尝试引入强制律师制具有较高的可行性，这也是实现家事审判专业化的另一个方面。①

（三）进一步健全家事法律

“闪婚”，这个词语刚出现的时候就引发了社会的热议，当时广大群众更多地参与到这一话题的讨论中去，较少数人思考到了产生这一热词的社会原因，更少的人想到了“闪婚”的影响。回头看，似乎从近代我国思想解放运动以来，我国民众对于婚姻的态度就越来越开放了，“闪婚”随之而来的必然是“闪离”，“闪婚”产生的原因不可否认有社会压力大、恋爱成本高、父母催婚等方面的因素，但单单将其归咎于前述原因显然是不合理的，一个社会现象的出现，必然有其社会心态的基础。“闪离”分为登记离婚和诉讼离婚，虽说因为“好聚好散”等观念和诉讼时间成本等客观原因的影响，选择登记离婚

---

① 赵秀举：《家事审判方式改革的方向和路径》，载《当代法学》2017 年第 4 期，第 136 页。

的比选择诉讼离婚的要多很多，但不可否认的是，随着离婚总数的增加，诉讼离婚的数量也有所增加。

离婚纠纷案件可以根据有无共同财产与债权债务关系和有无未成年子女分类，若是无共同财产和债权债务的单纯离婚反倒相对简单明了，法院仅需审查案件双方当事人是否感情破裂，达到离婚的条件。且根据民事诉讼法规定，判决不准许离婚的案件，六个月内不得再次起诉。笔者认为对于离婚案件有这种特殊限制是因为该类型案件自身的特殊性，法律具有指引作用，立法者必定会因为考虑到家庭作为组成社会的基本要素，为了维护社会的稳定，从而通过上述规定维护家庭的稳定。这一规定与本次家事审判方式和工作机制改革中的“冷静期”相类似，但与判决不予离婚不同的是，“冷静期”制度体现出了对被告过错的纠正过程以及对原告的人性关怀，且该制度适用的前提是双方必须自愿。[①] 虽然“冷静期”制度在各地取得了较好效果，但至今我国无论是实体法或是程序法都还未有相关规定，这一制度的实行属于于法无据的状态，且有人批评这一制度可能导致家事案件的办理过程中因为时间的拖延而出现更有利于转移财产等情况的发生，且对于审限的压力也不可谓不大。但改革注定就是破旧成新的过程，这就需要我国家事法律与时俱进，及时指定、修改家事程序法，将“冷静期”等制度落实到法律中去，这样家事审判才能在做到于法有据的同时，提高家事审判的质效。以夫妻共同债务司法解释为例，2018 年 1 月 17 日，最高人民法院出台了《关于审理涉及夫妻债务纠纷案件适用法律有关问题的解释》，就当前司法实践中争议较大的夫妻共同债务认定问题作出明确规定，该解释的出台引发了社会各界尤其是法律界的巨大反响，尤其对于长期从事家事审判工作，受到这类案件认定困扰的法官们来说这一解释出台得十分及时。

结　语

家事案件审判的质效与结果关系着能否达到习近平总书记关于让人民群众在每一个案件中感受到公平正义的要求，也关系着老百姓的切身利益，更关系着我国的社会稳定和长治久安。笔者认为，在家事审判方式和工作机制改革的东风下，各地法院应该大胆尝试，发现问题，解决问题，总结经验，实现家事审判的专业化，为为期两年的家事审判方式和工作机制改革试点工作提交一份好的答卷。

---

① 李海洋：《家事审判改革“和”字当先》，载《浙江人大》2017 年第 8 期，第 39 页。

积极强化心理干预 切实化解家事纠纷

——重庆市开州区人民法院关于在家事审判中试行心理干预制度情况的调研报告

李剑河 出智周*

目　次

随着经济社会的迅速发展，以离婚纠纷、子女抚养纠纷、赡养纠纷、分家析产等为主的家事纠纷案件呈逐年递增趋势，作为社会细胞的婚姻家庭受到了较大的冲击，对于社会和谐稳定产生了较为严峻的挑战。2016 年开始，最高人民法院选取了 100 余家中基层法院，在全国范围内开展家事审判改革试点工作，积极探索家事审判改革新举措，取得了很好的成效，有别于一般民商事审判的家事纠纷案件科学完善的审理模式呼之欲出。根据最高人民法院的部署，重庆市开州区人民法院（以下简称开州区法院）于 2016 年 6 月 1 日起开展为期两年的家事审判改革试点工作，该院党组织高度重视试点工作，严格遵循家事审判规律，努力探索家事审判新举措，强化家事纠纷心理干预，构建多元化纠纷化解机制，积极维护婚姻家庭稳定。笔者结合自身在开州区法院工作的经历，对开州区法院家事审判试点心理干预情况进行调研，以期对家事审判心理干预工作有所裨益，助力家事审判心理干预工作。

一、心理干预引入家事审判情况

心理干预是指在心理学理论指导下有计划、按步骤地对一定对象的心理活动、个性特征或心理问题施加影响，使之发生朝向预期目标变化的过程。心理干预的手段包括心理治疗、心理咨询、心理康复、心理危机干预等。家事审判一个重要的改革方向，就是将心理干预引入家事审判中，通过对当事人或相关人员的心理矫正和情感治愈，强化情感关怀，

* 作者简介：李剑河，重庆市开州区人民法院家事审判庭庭长；出智周，重庆市开州区人民法院家事审判庭法官助理。

从而实现问题家庭及其成员之间关系的修复和弥合，或者对死亡婚姻进行有序分离，有效化解矛盾纠纷，促进当事人重新融入婚姻家庭和社会生活。

近年来，全国各地法院对家事审判心理干预制度进行大胆的探索，取得了较好的成效。例如，深圳宝安法院出台了广东首份家事心理咨询规程，完善心理疏导工作机制；秦皇岛市中级法院携手燕山大学建立心理干预三项机制；雨花台法院联合江苏警官学院，在未成年人及家事案件审判中引入心理疏导干预制度，在法官的裁决、调解之外借助心理咨询师的专业技能，帮助当事人尽快、准确找到出现婚姻问题的心理根源，及时化解矛盾。重庆市范围内的重庆市二中法院、万州区法院、开州区法院、梁平区法院、忠县法院5家最高法院指定的首批家事审判改革试点单位及重庆市高级法院指定的其他家事审判试点单位都纷纷建立了家事审判当事人心理干预机制。

重庆市开州区法院位于重庆市渝东北，下辖26个镇、7个街道、7个乡，人口约为170万。2016年6月1日至2018年6月，该院从修复婚姻家庭关系的角度出发，积极强化家事纠纷心理干预制度。开州区法院家事审判庭及7个基层法庭婚姻家庭合议庭，其间共受理家事纠纷案件5832件，107件案件中的130名当事人接受了心理干预，其中70件案件中77人次的心理干预由家事审判庭实施，服判息诉率达到99%，收到较好的法律效果和社会效果。主要做法集中体现在以下四个方面：

一是树立全新理念，引入心理干预。2017年、2018年上半年，开州区法院分别受理各类案件13988件和11941件，其中家事纠纷为3315件和2661件，家事纠纷占比稳定在23%左右，占据1/4强，家事纠纷在中和、大进等偏远基层法庭的案件总数占比甚至可以达到50%以上的比例。传统的家事审判重财产、子女关系的处理，轻婚姻家庭关系的修复，解决的往往是表层问题，深层次的矛盾没有得到解决，带来一系列后续问题，将心理干预引入家事审判，作为强化家事纠纷调解的配套程序，有利于节约审判资源，从根本上化解家事矛盾。该院出台了《关于在家事纠纷案件中实行心理干预制度的规定（试行）》，并建立心理干预具体操作等配套制度，要求家事审判庭、未成年人案件综合审判庭及七个基层法庭的婚姻家庭合议庭，要准确把握家事案件有别于其他民商事案件的特点，从“情”字着手，以“和”字为目标，以“柔”字为审理方式，强化心理干预，防止生硬的裁判对婚姻家庭纠纷案件的冰冷处理，切实做到案结事了。

二是营造温馨环境，降低心理排斥。该院根据家事审判的特点，用心打造人性化审判设施，对审判法庭及家事调解室、家事心理咨询室进行温馨布置，探索启用圆桌审判方式审理家事纠纷、未成年人案件，专门配备心理学方面的书籍，设立心理咨询沙盘游戏，弱化当事人之间的对抗。圆桌设计的家事审判庭避免法官和当事人的隔离，有利于法官面对面倾听当事人倾诉，促使当事人冷静心情，准确表达诉求；暖色调布置的家事调解室则淡化原、被告之间的诉讼地位，促使当事人心平气和地面对家事纠纷和分歧，共同协商化解之道；根据家事审判特点及心理干预要求设计的心理咨询室充满温馨氛围，有利于当事人放松心情，面对面地交流心声。三位一体的家事矛盾纠纷化解场所，合理承担了审判、调解和心理干预的各项功能。特别是经过前期的心理疏导，当事人的负面情绪得到了释放，为弱化对抗，提升调解率提供了坚实的保障，从而节约审判资源，提高审判效率。2017~2018年，开州区法院家事审判庭在办理杨某诉熊某离婚纠纷一案中，由于当事人的情绪激动且调和空间小，如果直接判决离婚将给社会带来风险隐患。该案多次起诉，多次被驳回诉讼请求或驳回起诉，当事人上诉到中级法院后，中级法院委托开州区法院及调解组织，多次对该案进行调解，并积极邀请心理咨询师，对双方当事人，特别是原告进行心理干预，疏导郁结的戾气，打通积累已深的心结，最终促使当事人围绕子女及债权债务进行面对面的沟通，两级法院携手调解组织及心理咨询室，将该案从根源上化解到位，为社会化解了安全隐患。

三是注重情感引导，疏导郁结戾气。由开州区法院已经获得心理咨询师资格的二级心理咨询师、三级心理咨询师民警，同开州和平心理咨询服务所的挂牌专业心理咨询师共同组成的心理干预队伍，为对立严重、感情迷失、或存在心理问题的当事人或老幼进行心理测评和心理干预。在审判之前，发放心理测评表，获取当事人内在的心理信息，了解其个性特点和行为倾向性，排查风险隐患，提前做好防控。在审理中，借助专业的心理咨询方法，开展心理访谈和心理干预，帮助当事人释放情绪，恢复理性，调整诉讼预期。心理干预人员中立、专业的角色易于取得当事人的信任，人民陪审员、特约调解员从群众中来，以“拉家常”的方式更易于群众接受。家事心理咨询室成立至今为60余名当事人提供心理干预和心理咨询辅导，对26余名未成年人进行心理疏导。家事法官在办理张某诉妻子李某离婚纠纷一案中，张某扬言法院如果裁决离婚将疯狂报复。家事法官邀请专业心理咨询师彭和平，不厌其烦地对张某进行心理干预，最终帮助当事人走出心理困境。

四是跟进干预成效，确保融入社会。为了跟进心理干预的效果，了解当事人或未成年人判后心理状况，开州区法院制定了家事案件心理干预回访实施办法。判决生效后，家事法官通过电话沟通、实地走访、跟踪回访等方式，掌握当事人生活状况及判后心理状况。对心理干预独立回访情况进行记录，向区妇联、区团委、当事人所在的乡镇党委政府、社工团体通报信息，及时为当事人提供必要的帮助，实现法律效果与社会效果的有机统一。试点以来，该院回访了100余件家事案件当事人判后心理干预情况，涉及离婚、赡养、抚养等家事案件类型，子女抚养及老人赡养案件，帮助当事人尽快恢复心理健康，找到“病灶”，对症下药，更加有效地修复家庭关系，深层次化解矛盾。

二、当前家事审判心理干预存在的问题及成因剖析

从全国各地家事审判改革试点法院对家事纠纷心理干预工作的探索，不难发现，这项正在日益完善的制度对于家事纠纷的切实化解、抚平当事人或未成年人心理创伤、重新融入社会发挥了很好的作用，但心理干预制度还存在一些问题和不足，亟待自上而下的制度设计及设定操作规范、明确工作原则。主要体现在以下方面：

一是在心理干预的对象上，存在随意性。在家事纠纷案件的办理过程中，尚未能准确甄别需要心理干预的对象和启动的时间节点，承办法官往往凭借自己的办案经验和当事人的直接表现决定是否予以心理干预，对于当事人隐藏的心理问题不一定能准确分辨，导致部分需要予以心理干预的当事人无法得到帮助。

二是在心理干预的措施上，缺乏针对性。当前办理婚姻家事纠纷所依据的法律基础是我国的《婚姻法》《继承法》《收养法》《妇女权益保障法》《未成年人保护法》《老年人权益保护法》等法律法规及其司法解释，在程序上所依据的则是《民事诉讼法》等规定，均未对心理干预作出明确要求，承办法官在心理干预方面缺乏法律依据和操作规范，仅能依靠最高人民法院对于心理干预的工作要求进行摸索，所采取的措施也各有差别。且由于

当事人对该项工作的模糊认识，及案件大量涌入法院和受案件审限的限制，导致承办法官势必无法投入更多精力进行个案的化解，导致心理干预或许会流于形式。

三是在心理干预的评估上，缺乏标准性。心理干预作为心理学范畴之组成部分，对于承办法官来说是个较为陌生的专业领域，承办法官经过系统培训的力度不够，能够承担心理干预的人手不够，心理干预的能力无法适应当事人心理干预的工作要求，而向社会购买心理干预服务又需要大量的人力财力，心理干预缺乏客观科学的评估标准，心理测评结果无法充分发挥作用，导致心理干预的成效不能尽如人意。

四是在心理干预的节点上，缺乏系统性。当前人民法院对于家事纠纷案件的心理干预，在立案时、庭审前、庭审中、宣判前都在进行，具有一定的随意性，且效果也千差万别。如何准确认识心理干预的介入节点，防止过密或者过于稀疏的心理干预对于当事人产生不利的影响，需要在今后的工作中，针对当事人的心理状况及审判工作的特点进行摸索，确保心理干预取得事半功倍的成效。

三、在家事审判中强化心理干预路径探讨

在家事审判心理干预取得的经验的基础上，针对存在的家事审判心理干预的问题和不足，建议从以下五个方面对此项工作加以改进。

（一）心理干预的启动上，扩大覆盖

建立由承办法官、本院获得心理咨询师资格的民警、专业心理咨询师、人民调解员等组成的家事审判心理干预团队，及时为家事审判的当事人提供心理咨询、心理测评及心理矫治工作。随案发放心理测评表进行心理评估，从侧面了解当事人对于案件的态度及心理状况，对于五种情况及时启动心理干预，即对于未成年子女抚养问题的案件，对当事人及未成年人进行心理干预；对于老年人赡养纠纷案件，对当事人及老年人实行心理干预；对于涉及家暴的案件，对施暴者及受到家暴的对象及子女实行心理干预；对于家事纠纷案件，对情绪激动或者可能存在心理问题的当事人进行心理干预；对于多次起诉，一直未能切实化解矛盾，或者判决结果明显处于不利地位的当事人实行心理干预。以上五个必调基本覆盖了需要进行心理干预的对象，需要法官在案件承办过程中，针对当事人的状况及时启动心理干预机制，防止案件审理激化当事人心理问题或者造成心理伤害，促使当事人解开心结，心平气和地对待家事纠纷，即使对于不利的判决结果也能做好接受的心理准备。

（二）心理干预的方式上，规范程序

通过完善心理干预的程序，确保心理干预的成效。一是进行心理测评。在立案时，发放心理测评表，对当事人对于案件的判决结果及心理状态进行评估，为承办法官化解矛盾纠纷提供参考。二是进行心理访谈。由法院工作人员对情绪激动或可能存在心理问题的当事人进行首次心理访谈，详细了解当事人的成长经历、婚姻家庭生活背景、心结所在等方面情况，根据心理访谈的结果制作访谈结果和制订预案，为承办法官采取化解措施提供依据。三是开展心理干预。由具备专业心理知识的心理咨询师，根据当事人的不同人格特点开展心理干预，拟订心理问题化解方案。例如，对于个性偏执类当事人，注重倾听；对于认知偏差类当事人，反复释法析理，引导其形成正确的观点；对于情绪失控类，着力稳控情绪，防止激化矛盾。四是跟进回访。心理疏导并非使得当事人进入主观上完全的幸福状态，而是帮助他们树立面对创伤的耐心和坚定。重点对婚姻、父母、子女关系修复情况进

行跟踪回访，建立跟踪档案，以巩固心理干预成果，避免不良情绪的“回潮”“反弹”。

（三）心理干预的措施上，对症下药

遵循一般心理规律，设计有别于一般案件的审理程序和环境。在立案时摸清当事人心理状况，并根据当事人心理状况，由特邀心理咨询师、与法官组成的家事调解团队，通过积极的倾听、摄入性会谈等，初步判断当事人的人格特质。家事调解团队召开案情分析会，对前期了解、掌握到的信息进行“会诊”，制订下一步方案。在此基础上，法官从审判的角度，指出其诉求的合理、不合理之处，分析其诉讼的利弊，以期达到消化矛盾、提前终结诉讼的目的。针对认知失调型、情绪失控型、个性偏执型当事人的不同特点，如对认知失调型当事人采取直陈法、暗示法、角色换位法进行调整认识；对情绪失控型的当事人采取宣泄法、冷却法、震慑法等方式调节情绪；对个性偏执型当事人，采取榜样的激励和引导、期望的激励和引导、标定的激励和引导等方式引导行为。在心理评估的基础上，准确针对当事人人格特点对症下药，势必能取得事半功倍的效果。

（四）心理干预的成效上，整合力量

建立信息共享、部门联动化解心理危机制度，对于发现的当事人心理问题，及时进行疏导；对于有一定隐患的当事人心理危机，及时向当地党委、妇联、团委政府通报情况，邀请单位和社会力量共同参与制订心理危机化解方案，为当事人提供及时的心理救助和诊治，促使当事人真正融入社会。做好后续心理回访、后续社会帮扶。后续心理回访对判决离婚的案件进行实地探访、电话回访，了解双方目前情感关系、生活状况及子女探视方面情况，进一步缓和矛盾。对判决不准离婚的案件进行回访，与妇联合作，修复当事人与家庭成员之间失衡的家庭关系。由专业社工收集当事人的经济困难、心理创伤、子女入学难等情况，向妇联、社区工作站、社区服务中心等发出社会帮扶建议函，帮助当事人切实解决实际困难。

（五）心理干预的提升上，强化培训

一是整合心理干预力量，建立由本院具备心理咨询专业知识的民警和向法院提供专业心理干预服务的专业心理咨询师组成的心理干预团队。二是积极发展编外力量，积极组织民警自学心理学专业知识或参加上级法院举办的心理咨询师培训班，邀请专业心理咨询师和专家对人民陪审员、妇联干部、团委干部进行心理知识培训，开展庭审观摩、现场心理干预指导、组织心理干预专项培训等方式，强化对心理干预业务的培训，提升心理干预的能力和水平。三是与妇联等群团组织共同召开家事审判心理干预工作专题座谈会，对心理干预的措施和程序等问题进行探讨，寻求化解之道；认真听取意见建议，及时研究新情况、新问题，总结经验，积极撰写司法建议和调研文章，提升家事审判试点成效。

家事审判改革中的公证调解价值分析

李　勇*

目　次

在诉讼与仲裁制度中，调解是一种与判决、裁决程序相并行的纠纷处理程序，调解分为诉讼外调解和诉讼内调解。2004 年 9 月，最高人民法院在《关于人民法院民事调解工作若干问题的规定》中规定，人民法院可以邀请与当事人有特定关系或者与案件有一定联系的单位、或者其他组织以及与当事人有特定关系并有利于促成调解的个人协助调解工作。正是在这种诉讼制度改革的大背景下，法院之外的各种协助力量得到了高度重视和运用。2017 年 6 月，最高人民法院、司法部联合下发了《关于开展公证参与人民法院司法辅助事务试点工作的通知》，强调充分发挥公证制度在推进多元化纠纷解决机制改革中的职能作用，公证活动可以为人民法院审判和执行工作提供裁判依据，促进审判工作高效进行。

一、公证与法院的渊源

从历史发展长河来看，我国人民法院经历了从无到有、由弱到强的曲折发展历程，从实际发展状况来看，人民法院已经成为中国特色社会主义司法制度的重要组成部分，为化解基层社会矛盾、推进我国基层社会治理作出了积极贡献。而我国的公证制度是新兴的法律制度，是中国现代法制追随大陆法系的步伐而相应发展的，在经历了初创、发展、停顿和恢复重建、快速发展的历程后，公证机构经历了诸多的性质变更，在我国的法制史演变过程中，公证历史发展总是与各时期政治、经济政策尤其是土地所有制以及商品经济的发展程度紧密相连。

中华人民共和国成立以前，东北人民政府于 1946 年在哈尔滨市人民法院首先承办公证事务以保障当事人财产及权益；沈阳、上海的人民法院也于 1948 年、1949 年相继开展了公证事务。中华人民共和国成立后，我国国民经济处于恢复时期，国务院决定在全国各

* 作者简介：李勇，四川省成都市律政公证处主任。

大中城市法院内设公证室，兼办公证业务。到1957年12月，全国已有553个市、县人民法院设置了公证室，将公证制度纳入法院工作范围，大力开展涉及证明结婚、离婚、收养子女、委托、合同等内容的公证。可见，法院审判工作与公证的历史发展是紧密相连、相伴而行的，这为公证介入法院处理特定类型纠纷非诉调解和公证程序前置试点奠定了良好的外部条件。

二、法院家事纠纷困境

法院是我国民众解决矛盾纠纷的重要场所，处理案件较多，担负着解决人民群众各种纠纷的重任，近年来，随着经济的快速发展，伴随《民法总则》的出台，意定监护、遗嘱监护等新生事物的出现，人们的法律意识日渐增强，法院的审判任务也日益繁重，特别是在处理婚姻、监护、遗嘱继承等家事纠纷案件中，各种利益纠纷比较复杂，牵涉人员众多，给法院工作人员在开展工作时带来了很大困难与挑战，而法官的数量增长显然远远不及案件增长的速度，有的地方甚至还不升反降，“案多人少”“白加黑”“五加二”“员额制”等问题使得法院不堪重负，办案质量也难以得到保证。所以，引入法院外资源，分流案件，将一部分事实比较简单的家事纠纷带离诉讼程序，使司法资源得到有效配置，保证了司法效益的最大化，所以对基层法院而言，法院非诉化调解制度无疑是提高纠纷解决效率、节约司法资源的关键措施。

三、公证介入的优势

家事案件是民事法院受理日常案件中占比较大的一类案件，与商事类、侵权责任等其他案件不同，家事类案件中的法律关系和冲突往往更为复杂，矛盾也更容易被激化。

2017年，律政公证处与武侯区人民法院合作探索矛盾纠纷多元化解机制，构建了“诉讼与公证协同服务中心”，诉讼与公证协同服务中心成立一年多来，参与家事类和借贷类案件数千件，大部分案件通过调解达成和解，当事人未立案即息诉止争，取得了良好效果。不仅在调解层面，在执行、取证、送达、保全、公证方面都可以成为人民法院司法辅助事务的重要合作力量。自2017年11月开始，诉讼与公证协同服务中心送达组开始独立接受武侯区人民法院全部的民事案件的首次排期送达任务，在接收案件中，所有案件30日内送达成功率高达99%。

（一）家事案件的特性

其主要有以下几个特点：

1. 感情的参与。民事案件的发生源于民事权利义务的不对等，而民事权利义务之间的价值弥补一般可以通过财产来衡量，举例而言，有人欠钱不还，债务人把钱还了就好；有人把别人车划了，划车的把钱赔给对方就好。但家事案件不同，家事案件的纠纷当事人存在着或多或少的血亲或姻亲关系。双方有很长时间的生活上或者其他方面的联系和羁绊，因而矛盾的产生避免不了与双方之间的情感发生相互作用。而长时间的矛盾积累会使得双方感情上的失衡远远超过了民事法律关系的失衡状态。这使得一个法律关系简单的家事案件，法律上的冲突很容易解决，但背后感情矛盾特别复杂而很难解决。

2. 链条式矛盾。由于双方当事人存在感情上的联系，因此产生的矛盾往往未能在第一时间得到解决，当一方把问题提升到诉讼层面的时候，诉讼背后所面对的是一系列矛盾形成的矛盾链，但单个诉讼案件只能解决矛盾链中的一环，牵一发而动全身，这就导致后面往往会随之产生相关联的其他案件。律政公证处派驻法院的司法辅助人员在调解时遇到比较经典的一个案例就是，夫妻两人因感情不和到法院起诉离婚，在公证人员组织调解时，双方情绪都很激动，一直抱怨对方的各种不好，在经过公证员的层层梳理发掘后得知，原本夫妻和睦的两人因男方将自家的钱借给亲戚一直未归还，男方碍于自家人面子的关系一直未去催还，于是矛盾就在夫妻两人之间产生了，这就是典型的链条式矛盾所导致的家事案件。

3. 充分的调解基础。家事案件皆产生于家庭关系中，所涉及的人员和财产标的大多也在这个家庭关系的范围内。相比于其他案件所涉及当事人范围广、诉讼标的复杂的特点，家事案件组织调解的条件更易实现，组织调解后对当事人也可从感情层面做工作，促进协议达成，从而实现案件的和解。所以家事案件具有更好的调解基础。

综合上述内容，家事案件可以说是民事案件中最具可调解性也最需要通过调解来化解纠纷的案件类型。

（二）解决家事纠纷中公证员的适应性

公证员作为专业的法律从业人员，在家事案件纠纷的解决中与法院具有完美契合的适应性。主要表现为公证员的专业、经验及中立的三个方面：

1. 公证员的专业性。根据《公证法》的要求，担任公证员需在25周岁以上，通过国家法律职业资格考试并具有足够的公证法律职业经验。除此之外，每年经司法部批准任命的公证员都是优中选优，将有限的名额给予最符合公证职业要求的人。因此，公证员相比人民调解和行政调解的人员，具有更强的法律专业素养，更能保证案件的法律适用精确。

2. 公证员的经验丰富。《公证法》要求公证员须有法律职业经验方可任职，同时法律对所有法律职业的任职要求中对公证员的任职年龄要求是最高的，这就从硬件层面保证了公证员应具有丰富的生活经验和阅历。而在日常的民事法律活动中，公证与百姓的接触最为密切和频繁，公证员在日常办证中积累了大量与当事人沟通交流的经验，给公证员处理家事纠纷提供了直接的职业积累。

3. 公证员的中立性。在传统的法律职业体系中，除法院的法官处于居中裁判的地位外，只有公证员和仲裁员在日常的法律工作中处于中立地位。职业先天的属性给调解工作带来了两方面的合理化基础，一是公证员在调解时更注重双方的交互反馈，在调解的过程中保持双方尽可能地平衡；二是纠纷当事人更易信任和接受公证员调解的性质和效果。

（三）公证员在家事案件调解中的进阶优势

除前述的特点外，在家事案件的调解中，公证员与法官相比同样具有一些不同的优势。首先，在处理调解案件的方式和途径上，公证员相比法官具有更灵活、更多样的解决能力。家事案件中经常存在财产分割的情况，通常法官在处理分割财产时都是谈得好就签协议，谈不好就交由审判庭审判，最终都以生效的法律文书交由执行局执行，而公证员就可以在调解过程中灵活运用公证的职能帮助解决纠纷，某些当事人在交割财物时往往存在信用缺失的问题，律政公证处派驻法院的公证员就曾通过提存公证的方式帮助当事人打消疑虑，使纠纷快速解决。这是公证员相比法官而特有的一大优势。

其次，公证员相比法官在进行案件调解时更具亲和力。由于日常审判形成的工作风格以及基于社会大众对法官的认识，当事人在法官面前往往谨小慎微，总会将与案件有关的所有信息和庭审、判决联系起来，唯恐一句疏漏使自己在案件中落于下风，这就让双方当事人在法官面前格外谨慎，因而在法官组织调解时双方会有所顾虑，做出片面或不实的陈述，阻碍和解的达成。而公证员的角色不同于法官，当事人在公证员面前就更易说出案情始末和真实想法，帮助当事人内心感受的抒发。

在一起离婚案子的调解工作中，双方起初是互不相让、针锋相对的状态，调解员试图让双方提出合理化方案以便试探双方底线，但双方当事人以自己的利益为绝对出发点，提出的方案都是十分片面的，最后双方吵得不可开交。后律政公证员运用多年与当事人沟通交流的经验，先平和了双方当事人的情绪，随后根据有关法律规定，有针对性地给双方提出了和解方案和建议。最终帮助双方当事人达成一致，缓和了负面的情绪，使纠纷从根本上得到解决。

最后，基于法官和公证员的职业区别，两者的考核方式也有所不同。在法院“案多人少”的今天，法官每天都面对着巨大的任务压力，法官考核的主要结果取决于受案量和结案率两个指标，为了快速处理案件，法官在具体的案件审理过程中容易局限于考量法律的适用，偏重效率，而忽略了当事人内心矛盾的解决，容易引起关联诉讼。另外，在法院结案率考核时间节点前，法官们往往迫于结案率的压力，无法全心全意地开展调解，以至于调解原本的目的和效果就难以实现。

而公证员作为一种司法辅助角色，不受法院法官的考核影响，可以在实际调解工作中设计更全面、更立体的考核标准，从而促使当事人从根本上达成和解，实现和谐。

结　语

公证参与司法辅助事务，是公证服务推进以审判为中心的诉讼制度改革的有益探索，是公证助力人民法院司法体制改革的重要举措，有利于协助法官集中精力做好审判执行工作，缓解人民法院“案多人少”的矛盾，有利于进一步深化多元化纠纷解决机制改革，推动社会纠纷资源的合理配置和高效利用，有利于促进家事审判改革的创新和发展。

浅析公证参与多元化纠纷解决机制的优势及路径[①]

蒋　丹*

目　次

一、公证参与多元化纠纷解决机制的特殊优势

（一）公证机构中立性和非营利性的属性优势

《公证法》第3条规定：“公证机构办理公证，应当遵守法律，坚持客观、公正的原则。”《公证法》第6条明确规定：“公证机构是依法设立，不以营利为目的，依法独立行使公证职能、承担民事责任的证明机构。”在“客观、公正”原则指导下，公证机构在开展公证活动过程中必须严守中立立场。作为国家推进法治的“第一道防线”，公证的基本功能是预防纠纷。同为法律服务主体，公证机构和律师相比较的优势在于，一是有国家公信力作保障，不用担心其信任瑕疵；二是公证执业主体在接受申请和处理事务过程中需要衡平各方当事人权责，在个案治理中更具全局性视角，不会失之偏颇；三是不以营利为目的，公证结果及其效能传输具有公益性和人文关怀特质，体现社会责任感。[②]

（二）公证机构的传统职能优势

1. 证明的职能。公证书具有强势的证据效力。《公证法》第36条规定：“经公证的民事法律行为、有法律意义的事实和文书，应当作为认定事实的根据，但有相反证据足以推翻该项公证的除外。”《民事诉讼法》第69条也规定：“经过法定程序公证证明的法律事实和文书，人民法院应当作为认定事实的根据，但有相反证据足以推翻公证证明的除外。”“从解决纠纷的角度看，公证书提供的强大证明力无疑可以省去很多纷繁复杂的事

① 本文载于《重庆公证》2018年第2期（总第47期）。

* 作者简介：蒋丹，重庆市江北区公证处。

② 马宏俊主编：《十年兼程：聚焦公证改革前沿》，民主与建设出版社2017年版，第202页。

实认定程序，使事实认定变得更加精确和快捷，从而大大提高诉讼程序解决纠纷的效率和成功率。从审批机关的角度看，公证是节约审理时间、提高审判效率、改善审理质量、减少当事人诉累的有力手段，审判机关的认可反过来进一步强化了公证的效力。”①

2. 预防纠纷的职能。预防纠纷是公证的传统职能。公证制度是一项预防性的法律制度，它通过对非争议、非诉讼的既存事项，依法进行真实、合法的判断性证明，从而实现预防纠纷，防患未然，保障社会公共利益和当事人合法权益的目的。公证通过对公证事项的真实性、合法性进行审查和确认，有效地预防纠纷的发生，进而切实保障公民、法人和其他组织的合法权益。公证制度在实践运行过程中彰显出独特的法治功能，特别是在引导和规范民事法律行为、证明和确认权利义务关系、保全和增强证据法律效力等方面发挥着独特的作用，在预防矛盾纠纷、促进社会和谐方面更具有不可替代的重要作用，这正是公证制度的核心价值所在。②

3. 解决纠纷的职能。长期以来公证解决纠纷的功能并不突出。公证调解便是解决纠纷的一种制度。《公证程序规则》规定：经过公证的事项在履行过程中发生纠纷的，原公证处可应当事人的请求进行调解。经调解后当事人达成新的协议的，公证处应给予公证。这是公证机构调解纠纷的法律依据。而根据现有的资料显示，早在 1987 年，我国公证机关就有进行调解的司法实践。③ 而近些年来，更是有不少公证机构和公证员积极推进在公证中进行调解，并取得了良好的社会效果。当然，公证介入法院调解，并非意味着公证机构可以从证明机构直接转变为纠纷机构。在参与调解的过程中，既要发挥公证机构自身优势，又不能丧失其独立性与特色。④

（三）多元化纠纷解决机制改革背景下的公证职能优势

1. 公证债权文书适用范围的不断扩大。经公证的债权文书具有强制执行效力，可以不经诉讼直接成为人民法院的执行依据，减少司法成本，提高司法效率。最高人民法院、司法部于 2000 年 9 月联合发布的《关于公证机构赋予强制执行力债权文书执行有关问题的联合通知》规定，可通过赋予强制执行力的只有五种债权文书，2006 年《公证法》对可以赋予强制执行的债权文书进行拓宽，强调了“以给付为内容”这一关键要素。2006 年 7 月 1 日起施行的《公证程序规则》第 39 条规定，以给付为内容的债权文书其给付对象包括货币、物品和有价证券。2009 年 7 月发布的《最高人民法院关于建立健全诉讼与非诉讼相衔接的矛盾纠纷解决机制的若干意见》第 12 条规定，经行政机关、人民调解组织、商事调解组织、行业调解组织或者其他有调解职能的组织对民事纠纷调解后达成的具有给付内容的协议，当事人可以申请公证机关依法赋予强制执行效力，规定调解协议可通过公证债权文书的方式赋予其强制执行力，使得调解协议与诉讼的衔接，除司法确认外，还多了公证渠道。2016 年 6 月 28 日发布的《最高人民法院关于人民法院进一步深化多元化纠纷解决机制改革的意见》第 11 条，将公证债权文书制度的适用范围，扩大到适用于当事人之间达成的具有给付内容的和解协议。

---

① 暴婕、张庆东：《大陆法律强势公证制度与 ADR 的内在契合——对公证调解职能的再认识》，载《中国公证》2008 年第 7 期。

② 苏国强：《公证的职能诉求》，载《中国司法》2010 年第 10 期。

③ 张旭生：《试论经济合同公证后出现纠纷的调解解决》，载《政治与法律》1987 年第 3 期。

④ 袁中华：《公证机构参与法院调解的理论证成》，载《中国公证》2018 年第 1 期。

2. 公证解决纠纷职能的拓宽。《最高人民法院关于人民法院进一步深化多元化纠纷解决机制改革的意见》第11条规定："加强与公证机构的对接。支持公证机构对法律行为、事实和文书依法进行核实和证明，支持公证机构对当事人达成的债权债务合同以及具有给付内容的和解协议、调解协议办理债权文书公证，支持公证机构在送达、取证、保全、执行等环节提供公证法律服务，在家事、商事等领域开展公证活动或者调解服务。依法执行公证债权文书。"该条将公证理解为一种纠纷解决机制而不再是单纯的预防机制，赋予公证对处于非诉讼阶段的诸多司法事务以管辖权。这是对"法律服务主体"定位的再升级，间接承认公证机构和公证人同时扮演司法助手的角色。[①] 时隔一年，最高人民法院、司法部联合发布《关于开展公证参与人民法院司法辅助事务试点工作的通知》，从制度上对各地法院与公证机构的对接经验和成效予以肯定，提出进一步扩宽服务领域的指导。这些重要文件为公证融入多元化纠纷解决机制指明方向并谋划广阔空间。[②]

3. 公证核实功能的强化。核实是保证公证书真实性的基础，许多公证书的基础是尽职调查，尽职调查职责在许多公证领域都可以体现。《最高人民法院关于人民法院进一步深化多元化纠纷解决机制改革的意见》中将"核实"与"证明"并列，突出了公证的"核实"功能。虽然我国《公证法》只规定了公证机构的核实权，但在实际操作上，核实权与调查权并无区别。

正如有学者指出的，《最高人民法院关于进一步深化多元化纠纷解决机制改革的意见》中对公证的功能定位，比以往的相关文件，有了一个超越，有战略层面也有战术层面，战略层面的跃进就是对公证的功能定位有了"治未病""治欲病""治已病"三个层次。[③] 在中央深化多元化纠纷解决机制改革的战略布局中，公证是重要的一环，肩负着化解纠纷、促进善治的重要职责。

二、公证参与多元化纠纷解决机制的路径

中国公证协会业务指导委员会正就全国公证机构参与司法辅助事务工作进行全面调研，截至2018年4月底，全国已有25个省（区、市）的200多家公证机构实际参与了此项工作。从目前全国各地公证行业的实践来看，公证机构参与司法辅助事务有的是全面介入，即形成"大而全"的公证参与模式；有的是重点介入，形成"小而专"的公证参与模式。

厦门市鹭江公证处与厦门市思明区人民法院于2016年开始合作，在法院诉讼服务中心内共同设立"诉讼与公证协同创新"，以"辅助外包、公证嵌入、法院监督"为基本点，构建"云端"信息化工作平台，公证处派员组建一支规模庞大的"公证员+公证员助理+外聘辅助人员"的司法辅助队伍，成立"调解、送达、调查取证、保全执行、信息化及后勤保障"5个工作小组，全方位对接法院调解、送达、调查、保全及执行等司法辅助事务。时任中央政法委书记孟建柱在厦门调研时，高度肯定了诉讼与公证协同创新模式，强调公证处作为司法助手"符合改革的方向"。

① 马宏俊主编：《十年兼程：聚焦公证改革前沿》，民主与建设出版社2017年版，第203页。
② 段伟、杨绍宏：《公证融入多元化纠纷解决机制的价值目的和路径选择》，载《中国公证》2017年第11期。
③ 黄鸣鹤：《公证在多元化纠纷解决机制中的功能定位》，载《中国公证》2016年第12期。

上海市普陀公证处于2014年2月开始，与上海市普陀区人民法院分阶段在家事案件领域开展公证前置介入的试点，在法院设立“公证与诉讼对接工作室”，派出工作人员长期入驻法院诉讼服务中心，对要求诉讼的家事纠纷案件，在法院立案庭初步审查证据材料后，通过诉调中心移交工作室进行调解，经调解达成协议的，由公证处出具相应公证文书，此类案件将不再进入诉讼程序，实现公证替代诉讼的作用，对当事人未能达成协议或无法在公证程序中解决的案件，由公证机构出具含有相关法律事实和争议焦点的公证法律意见书，将案件材料通过法院诉调中心退还法院立案，法院原则上不再进行调解，实现了公证提供司法辅助的作用。探索出的公证与诉讼对接的“普陀模式”，得到最高人民法院的高度肯定，并要求作为样板在全国法院系统推广和复制。

重庆市高级人民法院、重庆市司法局于2018年4月26日联合发布《关于开展公证参与人民法院司法辅助事务试点工作的通知》，对重庆市江北公证处与重庆市江北区人民法院开展的公证与诉调对接试点工作给予了肯定，决定自2018年5月起，选择在万州、渝中、江北、大足四个区开展公证参与司法辅助事务试点工作。

笔者所在的重庆市江北公证处已于2016年10月与重庆市江北区人民法院签订《诉讼与公证对接协议》，开展诉讼与公证对接。基本做法如下：

1. 对接制度。双方共同在法院诉讼服务中心设立公证咨询窗口和诉讼与公证对接工作室。

2. 对接范围。

（1）纳入公证程序前置处理的案件：

①无纠纷或无诉讼相对人的继承案件；

②可能化解的家事类财产纠纷案件；

③可能化解的借贷类纠纷案件；

④法院认为可以移交公证处处理的案件。

（2）法院可就诉讼文书（开庭通知、裁判文书等）的送达和裁判文书的执行交公证处办理保全证据、提存等公证。

（3）法院根据最高院有关规定对公证处出具的赋予强制执行效力的公证债权文书的执行给予司法支持。

3. 对接流程。公证处工作人员在法院诉讼服务中心公证咨询窗口解答当事人与公证相关的咨询、直接分流无纠纷继承、借贷、婚姻家庭等民事类案件，公证处依公证程序办理相关公证，并出具公证书。此类公证一般应在15个工作日内办结。

对纳入对接范围的有纠纷案件，实行“公证程序前置模式”，由法院诉调中心交公证处进行诉前调解。公证处收到案件后，进行登记、开展相关法律事实核查并进行调解。调解后，当事人达成协议的，由公证处根据调解协议出具相关公证书并书面通知法院，法院对移交的案件作结案处理；当事人未能达成协议的，由公证处出具含有相关法律事实和争议梳理的公证法律意见书，并将案件及相关材料转入法院立案。

4. 信息共享。公证处因公证办理需要可向法院查阅离婚、继承、借贷纠纷案件；宣告失踪、宣告死亡案件；认定公民无民事行为能力、限制民事行为能力案件；监护权特别程序案件等的裁判文书。法院在案件审理过程中，可向公证处查询公证遗嘱信息、婚姻登记档案信息。双方建立遗嘱类、继承类、借贷类公证案卷和相应裁判案卷查阅快速通道，建立相关民事业务风险信息通报机制。

我处与江北区法院的诉讼与公证对接机制，让公证员在法官的指导下做好审判先期工作，将案件的有关事实及争议焦点问题以公证法律意见书的形式予以固定，当调解不成进入审判程序后，方便承办法官了解案情，提高了审判效率，也能够充分发挥公证机构在离婚财产分割、继承等方面的纠纷化解作用，使得部分家事纠纷案件在诉前便可通过公证方式直接解决，起到了一定的分流化解矛盾作用，减轻了审判压力。

公证作为一种公益性的法律服务产品，预防并参与化解纠纷、减少诉讼和维护社会和谐稳定是其重要的社会职责和价值使命。公证机构有义务也有能力根据当地需求及本处实际情况选择适合自身，易于推进的公证参与模式。

三、公证参与多元化纠纷解决机制的推广价值

（一）深入推进诉讼与公证对接是贯彻落实多元化纠纷解决机制的必然要求

多元化纠纷解决机制需要法院多层次、多渠道、多途径地与各种社会组织对接，诉讼与公证对接有助于实现纠纷解决主体的多元化、矛盾化解方法的多样化，进一步为审判提速增效。

（二）深入推进诉讼与公证对接是整合诉讼服务功能、拓展司法为民广度的必然要求

诉讼与公证对接打破了“坐堂问案”的传统模式，既跨前一步为当事人提供诉讼服务，又顺势而为延伸审判职能，是法院遵循司法规律、拓展司法为民的广度与深度的生动实践，切实打通了诉讼服务当事人的“最后一公里”。

（三）深入推进诉讼与公证对接是能动司法推进社会管理创新的必然要求

诉讼与公证对接是法院进一步延伸审判服务职能，积极参与社会管理创新，主动了解当事人的司法需求的重要举措，作为法院司法改革的一项特色、亮点工作，也是让社会各界对法院司法改革有获得感的重要途径。

结　语

公证于多元化改革的未来，将更有作为，将更好地保障当事人的合法权益，为社会提供更多的纠纷解决方式和更优质的法律服务。虽然公证制度设置的初衷并不以解决纠纷为己任，但在推进纠纷多元化解决机制的大背景下，其在纠纷化解中必将扮演重要角色。公证参与司法辅助事务，是公证服务推进以审判为中心的诉讼制度改革的有益探索，是公证助力人民法院司法体制改革的重要举措，有利于协助法官集中精力做好审判执行工作，缓解人民法院“案多人少”的矛盾，有利于进一步深化多元化纠纷解决机制改革，推动社会纠纷资源的合理配置和高效利用。

重庆市巴南区人民法院
家事审判社会观护制度探索

吴继超*

目　次

一、创立婚姻家事审判社会观护制度的必要性

婚姻家事纠纷是指存在于婚姻、赡养等家庭关系中，不利于婚姻稳定、家庭成员和睦关系的相关对立因素。①

案例一：原告张某现年77岁，共生育子女4人。原告张某至法院起诉要求其大女儿魏某甲承担赡养义务。大女儿辩称已赡养张某20余年，其余兄弟姐妹均未尽赡养义务，要求其余兄弟姐妹共同尽赡养义务。张某大儿子魏某乙辩称现张某居住的房子是由其购买并登记在魏某甲名下就是为了赡养老人。几方口出秽言，甚至大打出手，在该家庭纠纷中毫无母女、兄妹亲情，观之令人心痛。

案例二：原告蔡某与被告李某系夫妻关系，2016年3月，原告蔡某向本院起诉，要求与被告离婚并向法院申请人身保护令。原告蔡某称，在其与李某婚姻生活过程中，长期受被告李某殴打，蔡某曾因家庭暴力多次向公安机关报警，而且李某也曾多次扬言要杀害原告蔡某及其父母。

案例三：原告王某与被告林某原系夫妻关系，二人在婚姻关系存续期间育有一子名林某甲。二人在离婚诉讼中，均向法院陈述因个人原因无法抚养林某甲，后经法院调解，林某甲由原告王某抚养，但在抚养过程中，原告王某多次以被告林某未付子女抚养费为由，阻挠被告林某行使探视权。

从上述三个案例，我们可以看出，婚姻家事案件有着不同于一般民事案件的特殊性，

---

* 作者简介：吴继超，重庆市巴南区人民法院。

① 姜虹：《婚姻家庭纠纷治安调解机制的完善》，载夏吟兰、龙冀飞主编：《家事法研究》2011年卷，社会科学文献出版社2012年出版，第134页。

究其原因在于婚姻家事案件的成因异常复杂，往往与家庭成员间多年的恩怨情仇交织在一起，一旦家庭成员感情破裂，会引发多个诉讼案件，严重影响社会稳定。正如案例一的赡养纠纷，因子女对老人的赡养会一直延续至老人死亡，其间会因子女之间或子女与老人之间的矛盾，冲突随时可能爆发。所以在审判实践中，子女不赡养老人往往有财产分配、法律规定与民间习惯不同等因素交杂。案例二，原、被告双方在婚姻存续期间经常发生家庭暴力，人身保护令出台后对于保护妇女儿童等弱势群体起到了积极的作用，但人身保护令的发放标准不易把握。另外，人身保护令发出后，履行情况如何也是人民法院无法掌控的。又如案例三，该案中涉及父母对子女的监护权纠纷、抚养费纠纷、探视权纠纷，由于父母对子女的监护权争夺、抚养费给付、探视权履行期限直至子女十八周岁止，一旦父母双方发生对立冲突，很可能会对子女造成更大的伤害或造成心理阴影。因此，在婚姻家事案件的审判实践中，普遍存在着“调查难”“调解难”“执行难”等问题。

二、化解婚姻家事审判困境的途径——社会观护制度

（一）社会观护制度的概念

“观护”的英文为probation，具有观察、看护、保护的含义。① 社会观护制度是指法院在进行婚姻家事审判活动中引入社会力量，由社会观护员对婚姻家事案件中涉及的未成年人、妇女、老人开展审前调查，为婚姻家事案件审判提供客观、全面的参考依据；在审中进行调解；在判后进行跟踪回访，持续关心未成年人、妇女、老人的合法权益。重庆市巴南区人民法院（以下简称巴南法院）现在试行的社会观护员主要包括：1. 区妇联及各街道妇联组织（以下简称妇联组织）；2. 民政局派驻巴南法院家事审判调解工作室（以下简称家事审判调解室）工作人员。

（二）社会观护制度在婚姻家事审判中的运行机制

1. 审前启动社会观护制度。巴南法院积极与妇联组织联系，建立家事纠纷调解工作群，利用妇联深入群众、在群众中有良好声誉的便利条件，由妇联组织第一时间了解当事人的具体情况。由妇联组织首先对当事人家庭矛盾进行调解。如无法调解成功，则由妇联组织联系家事审判调解室工作人员劝说当事人通过诉讼途径解决相关纠纷并做好当事人诉讼指导工作，防止家事纠纷无法解决演变成暴力恶性犯罪事件。一旦当事人同意通过诉讼途径解决相关家庭纠纷，则由家事审判调解室工作人员负责会同妇联组织向未成年人、妇女、老人本人及村、社集体了解情况，制作庭前调查报告以便主审法官了解案件相关情况。主审法官根据社会观护员制作的庭前调查报告决定案件审理重点，如调查报告反映出需要法官出具人身保护令的，则建议当事人积极申请并及时向双方当事人作出人身保护令。该制度试运行以来，巴南法院共发出人身保护令11份；如调查报告反映情况较为缓和，则主审法官择期开庭。庭审过程中，社会观护员出庭宣读调查报告，对双方当事人进行心理疏导并协助法官进行案件调解。双方当事人对社会观护员作出的观护报告发表质证意见。法院对案件进行宣判后，社会观护员继续对案件进行跟踪，全面了解案件的履行情况及判决结果对当事人的影响，并制作观护报告及时向法院反馈情况。如发现相关当事人

① 厦门大学法学院“行知广宇”课题组：《社会观护制度在涉少民事案件中的应用》，载《司法改革论评》2015年第1期，第98页。

的权益受到侵犯，则向相关部门报告提请相关部门依法干预。

2. 审中启动社会观护制度。业务庭法官经庭审后认为需要启动社会观护制度的，则主审法官直接向家事审判调解室发出委托社会观护函。此时启动社会观护制度，主审法官可以根据庭审的情况向社会观护员通报案件审理中反映出的问题及需要社会观护员特别注意的情况。社会观护员根据主审法官提供的情况开展工作，多方了解情况并对当事人进行心理疏导。社会观护员根据观护情况撰写观护报告并提交主审法官。法院判决作出后，社会观护员仍应跟踪案件的后续情况，当事人如有相关问题亦可向社会观护员反映。

（三）社会观护制度的成效

1. 提升审判效率，实现程序正义与实体正义的统一。当前法院普遍存在案多人少的矛盾，如何提升审判效率，化解这一矛盾，是法院必须要解决的问题。在婚姻家事审判中引入社会观护制度对提升审判效率有着积极的促进作用。社会观护制度是法院委托妇联组织、家事审判调解工作室工作人员参与案件的调查、调解的制度。主审法官通过阅读社会观护员撰写的调查报告了解当事人的基本情况及矛盾触发的根源，减少了主审法官调查了解当事人情况的工作量。社会观护员在庭审过程中帮助主审法官对案件进行调解，亦可减少主审法官工作量。另外，社会观护员根据当地风俗习惯、朴素的道德观念及是非标准对当事人进行观护，让人民群众在案件审理中不仅感受到法律的威严而且感受到司法的温度。

2. 委托中立机构，最大限度确保案件事实清楚明了。法院委托社会观护员对当事人情况进行调查，详细记录未成年人、妇女、老人的基本信息、生活情况、诉争目的，帮助主审法官把握案情，作出适当的判决。社会观护员出庭宣读报告，从保护未成年人、妇女、老人等弱势群体的角度提出建议，促使法院作出公证的判决。

3. 社会观护员庭前介入，突出对弱势群体的保护。未成年人因智识上的相对薄弱，其利益诉求有时必须借助法定代理人来完成，而有时法定代理人基于各种原因并不是完全从保护未成年人的角度发表意见。老人因年龄的增大，身体功能逐渐丧失，如何让老人安度晚年也成为婚姻家事审判的当务之急。社会观护员的庭前介入，体现了对未成年人、老人等弱势群体特殊权益优先保护的原则。有些女性当事人因涉及隐私羞于将相关情况告诉主审法官，通过社会观护员的上门观护，可以了解未成年人、妇女、老人的真实意见，帮助他们维护合法权益。

4. 判后观护，确保判决事项得到履行。婚姻家事案件的判后履行一直是法院工作的难题，也是破坏家庭稳定的一个重要因素。社会观护员对法院判决或调解后的履行情况进行跟踪，督促当事人履行义务。这种判后跟踪工作有力地维护了法律的尊严，减少了当事人因拒绝履行法律义务而产生的新矛盾。

三、社会观护制度在实践中存在的问题

（一）缺乏制度安排，调查报告性质不明

社会观护制度作为一个新创设的制度，还处于摸着石头过河的阶段，至今尚未制定关于适用社会观护制度的文件。目前在审判实践中对社会观护制度的适用也是法官针对个案进行自我评估，认为需要引入社会观护员时才适用，并没有对案件进行类型化分析，法官的主观操作性大。对于社会观护员的工作还主要处于庭前、庭中调解，对于庭后跟踪的工作还比较薄弱。对于观护的形式目前主要采用的是劝解，对于心理疏导、调查研究、权益保护等较为欠缺。

社会观护员并非专业鉴定机构，其所做的庭前调查报告虽需双方当事人质证，但并非法定的证据种类，因此在判决时不能作为判案的依据。

（二）观护报告质量参差不齐，观护工作效果因人而异

社会观护员的观护工作涉及心理学、法学、社会经验等各种知识，而我们的社会观护员因年龄、学历等方面的差异，导致其在语言组织、信息搜集、综合分析等能力上参差不齐，其所撰写的观护报告也差异较大。对于庭前的调查，有些观护员是根据自己对案件的理解来撰写调查报告且有些调查报告较为简单，对案件审理意义不大。由于调查报告的先天不足，导致主审法官对调查报告采取“怀疑”的态度，有些当事人认为庭前调查报告对其不利便质疑调查报告的中立性。另外，社会观护员的工作是一个动态的、感性的过程，在进行案件调解、心理疏导过程中会因社会观护员的生活经验、社会认知等产生不同的效果。

（三）社会组织（村、社、学校等）及家庭成员对社会观护制度的不了解及对社会观护员的不信任

目前，社会观护制度尚处于萌芽阶段，社会民众对社会观护制度还不了解。然而，社会观护员的工作很大程度上依赖村、社集体及学校的配合，由于村、社集体及学校对社会观护制度的不了解，导致这些社会组织出于对当事人隐私的考虑，多有防备，不愿配合社会观护员的工作。家庭成员也因对社会观护员的不信任，观护之初并不会向观护员陈述实情，有时也会出于家丑不外扬等各方面的考虑拒绝配合观护员的工作。有的未成年人处于叛逆期，对于观护员的观护工作比较抵触，不愿与之交流。

四、社会观护制度的完善建议

（一）制定社会观护制度规范文件

俗话说，纲举目张，如果没有一个统一的纲领，任何工作都无法取得实质性的发展。虽然社会观护制度尚处于“萌芽”阶段，但也需要一个统一的制度性文件来定规范。因此，应加紧制定社会观护的相关制度文件，对社会观护制度的性质、工作流程、各部门之间的工作衔接进行统一规定。在庭审中，将社会观护员作为专家证人出庭接受双方当事人质询，由双方当事人对庭前调查报告发表质证意见。现在，社会观护制度刚刚运行，很多制度尚处于理论阶段。因此，巴南法院正在努力加强对经验的总结、归纳，争取创设出一套具有可操作性的工作流程。

（二）加强社会观护员培训，提升社会观护效果

如前所述，社会观护员的水平参差不齐，因此，应加强对社会观护员工作的指导、培训，定期开展各部门之间的交流学习，总结经验教训。进一步制定完善的庭前调查报告及观护报告样式，明确观护内容，增强报告的可读性、可用性。全方位宣传社会观护制度及社会观护员工作，增强人民群众的认知度和可接受性。

（三）完善判后跟踪机制

在法院，因案件已经审结，主审法官很难做到继续跟踪。因此，判后跟踪就成为社会观护工作的重要一环。法院应积极协调公安、民政、司法、妇联、关工委等部门，加强对社会观护工作的支持，建立侵害未成年人、妇女、老人权益应急联动机制，努力保护弱势群体合法权益。在法院内部，建立业务部门与执行部门衔接机制，社会观护员积极与执行部门法官沟通协调，确保弱势群体利益得到快速、有效的保护。

家事调解制度研究
——以重庆市铜梁区人民法院为例

谢　黎*

目　次

近年来，随着我国经济社会的不断发展，家事案件的数量不断增长。家事案件涉及婚姻家庭秩序的和谐稳定以及未成年人、妇女、老人等弱势群体权益的保护等方面的内容，而传统的民事诉讼“对抗”模式在处理家事案件时存在许多不足。为了更好地解决家事纠纷，自2016年6月1日起，按照最高人民法院家事审判方式和工作机制改革的相关文件要求，全国100多家法院开始探索家事纠纷专业化、社会化、人性化的解决之路。此次改革再次强调了调解在解决家事纠纷中的重要作用。

家事调解具有较为柔和的特点，且较为灵活、隐蔽，在解决家事纠纷方面具有独特的优势。家事调解的价值目标在于促使当事人之间消除对立情绪，恢复冷静状态，使当事人能够理性地对待情感，在平和状态下达成协议。此外，调解的纠纷解决方式还可以合理分流家事案件，节约当事人的时间和精力，避免社会司法资源的浪费，提高家事纠纷化解工作的效率②。

一、铜梁区法院家事调解制度的实践与成效

在实行家事审判改革前，家事案件的调解工作是由审理法官来进行的。在处理家事纠纷时法官既是调解员，又是裁判员。③ 事实上，这种家事调解模式缺乏一定的科学性。首先，法官对家事纠纷进行调解往往是在审理案件的过程中随时启动，与诉前调解相比，法庭之上的调解时机并不适宜。因为进入诉讼后，当事人各自按照诉讼规则行事，诉讼双方

* 作者简介：谢黎，重庆市铜梁区法院民一庭法官。

② 王道强：《家事调解委员会的性质和功能初探》，载《人民法院报》2016年12月28日。

③ 喻芳：《我国大陆家事调解制度的理性分析与完善——与我国香港台湾地区家事调解制度的比较》，载《宜宾学院报》2012年第8期。

为了实现各自的目的而进行对抗，这时候当事人在心理上处于对峙的状态，而法庭若要进行调解，使双方转变态度，采用和平谈判的方式解决纠纷，显然会难度更大。其次，家事调解是一种专业的解决争端的方式，调解人员自身的能力、经验、技术对结果会有很大影响。与其他民事调解相比，家事调解有其独特的地方，比如要求家事调解人员应当对家事关系和家事纠纷有一定的认识。

（一）家事调解人员和场所

1. 调解人员。在实行家事审判改革之后，一方面，铜梁区法院成立了家事审判合议庭。由民一庭庭长全面负责工作，副庭长负责具体指导，挑选 1 名精通家事案件审判实务、调解经验丰富的法官专门负责家事案件的审理和调解工作。同时还配备了助理审判员 1 名、人民调解员 2 名、书记员 2 名组成相对固定的家事审判组织。另一方面，在审判组织外建立委托调解制度。选聘 20 名具有一定心理学、法律等相关知识和具有家事纠纷处置经验的人员组成家事调查调解队伍，对家事案件的基本情况进行调查并调解。

2. 调解场所。家事审判改革工作开始后，铜梁区法院对家事审判和调解的场所也进行了相应的调整。一方面，建立了专门的家事审判庭，审判庭隔音效果好；配备专用法槌，减小法槌的响音；采用圆桌审判式的布局。家事审判庭不仅体现法律的威严，也体现对家事纠纷敏感性的关注，更人性化的处理态度。另一方面，在家事审判庭旁边有集调解功能、心理辅导功能、探视功能为一体的相对封闭的场所，便于家事调解、心理疏导等工作的开展，满足家事审判工作的多种需求。

（二）家事调解理念与程序

1. 家事调解理念的转变。《最高人民法院关于适用简易程序审理民事案件的若干规定》第 14 条规定："下列民事案件，人民法院在开庭审理时应当先行调解：（一）婚姻家庭纠纷和继承纠纷……"《最高人民法院关于人民法院民事调解工作若干问题的规定》第 2 条也规定，"对于有可能通过调解解决的民事案件，人民法院应当调解"。从形式上看，上述规定说明我国的家事调解倾向于扩大适用范围，并对特定案件强制前置调解。但实践中，传统的家事案件审理模式并不能很好地实现这种纠纷解决方式。

改革之前，家事案件的审理适用普通民事诉讼程序，家事调解也采用其他民事案件调解方式。根据传统的"调判一体"审理模式，家事案件一般在法庭调查结束后才会进入法庭调解阶段。此时，当事人经历了举证、质证的过程，面对对方的证据资料，一方可能恼羞成怒，另一方也可能气得吐血。[①] 双方在心理上可能难以接受调解，即便是同意调解也难以达成合意。另外，离婚等家事案件前置调解由于情况了解有限、双方矛盾激烈等原因也难以取得好的效果。因此，调解成功的概率不高，法官调解的信心、热情也会遇冷，最终只能判决结案，渐渐地调解成为例行公事，难以真正发挥其作用。

家事审判改革主张家事调解应当以促成当事人之间恢复情感、消除对立、实现和解作为解决纠纷的根本目标和价值取向。铜梁区法院为克服传统家事调解的弊端，发挥家事调解的实质作用，建立了更为广泛的家事调解机制，同时发展委托调解和法官调解。使调解这种更温和的、柔性的纠纷解决方式得到有效的实施。专门的家事调解场所和温和的审理方式能够帮助当事人进入调解的状态之中，在法官或调解员的主持下冷静地进行沟通，使

① 陈爱武：《家事调解：比较借鉴与制度重构》，载《法学》2007 年第 6 期。

调解方式和结果逐渐变得容易被接受。

2. 调解程序。铜梁区法院在家事调解程序改革中，最大的亮点就是确立了前置调解的原则和委托调查调解制度。

首先，审理家事案件贯彻调解优先的原则，未经调解不能进行审判。家事案件受理后开庭审理前应当进行调解，可以由法官主持调解，也可以委托给家事调查调解人员。实践中，家事纠纷往往是一个复杂的体系，当事人之间的矛盾来源于生活中的日积月累，法官对纠纷的背景、成因调查往往受制于繁复的审理活动。家事调查员能够有效辅助法官完成这部分工作，同时在调查了解案情的过程中，调查员也能够视机进行有效调解。因此，铜梁区法院建立家事调查调解制度，规定家事调查员在调查后应当组织双方当事人调解（当事人不同意调解的除外），并制作调解笔录，调解成功的经法院确认后制作调解书。

其次，若家事调查调解员调解不成功，则代为向当事人送达诉讼文书并及时向法院反馈结果。家事调查调解人员应当将调查和调解过程中了解到的有关当事人婚姻家庭状况、未成年子女生活近况、父母对未成年子女抚养及探望的态度、未成年子女对抚养及探望的态度、亲子关系状况、经济来源、财产债务状况等信息报告给审理法官，相关材料可以作为法官认定案件事实的参考，提高法官的办案效率。

最后，家事调解员不能化解的案件，法官可以根据情况继续进行调解，或不成功直接开庭审理。在调解、庭审、裁判的过程中调解将贯穿始终，在适当的时机化解当事人之间的矛盾，解决双方争议的问题，而不是使对抗贯穿始终，判决后终成相互仇恨的陌路人。

（三）家事调解机制改革的成效

从审判实践中可以看出，家事调解机制改革的成效主要体现在两个方面：一是家事案件调撤率的增加，二是案件处理结果的社会影响明显变好。

1. 家事案件调撤率增加。重庆市铜梁区人民法院从 2016 年 6 月 1 日开始筹备实施家事审判机制改革，至 2017 年年底家事案件的调撤率有大幅度的增加。下面对 2015~2017 年的家事案件处理情况进行分析说明。

重庆市铜梁区人民法院 2015~2017 年家事案件处理情况

	各类家事案件结案数（件）	离婚案件（件）	判决结案（件）	调解结案（件）	撤诉结案（件）	调撤率
2015	962	776	422	355	167	54%
2016	992	798	389	408	166	58%
2017	986	785	381	426	165	60%

根据以上数据可以看出，无论是改革前还是改革后，每年离婚案件都占全部家事案件 80%以上，2015 年家事案件的设立依然按照传统的审判模式，家事案件的调撤率在 54%左右，2016 家事案件的调撤率达到 58%左右，2017 年家事案件的调撤率持续上涨至 60%左右。其中，2016 年调撤率上涨幅度为 4%，2017 年调撤率的上涨幅度为 2%，可能是因为 2016 年 6 月实行的家事审判改革，新设置的家事调解机制在解决纠纷的过程中发挥了重要作用，而 2017 年在新的家事审判和调解机制的作用下，调撤率的增长不如 2016 年明

显，但仍有所上升。从以上分析中可以看出，家事审判改革的效果是显著的，家事调解在解决家事纠纷中的作用也越来越明显。

2. 家事调解带来良好的社会影响。调撤率只能从宏观上评价家事调解机制的影响，而调解在解决家事纠纷上能否发挥实质上的作用，我们只能从个案中去了解。评价家事调解机制的改革效果必须要具体分析案件解决情况，只有在有效化解矛盾的基础上，调撤率的上升才有意义。事实上，家事调解不以有效结案为目标，而侧重家事纠纷的化解，对未成年人、妇女、老人权益的保护，通过调解修复当事人的关系，在一定程度上弱化了家事纠纷可能产生的不良影响，温和而人性化的审理方式，更能使当事人感受到司法的人文关怀和尊重，冷静下来处理问题。下面通过案例来具体说明：

刘某与覃某原系夫妻关系，2014 年 12 月 17 日生育一子覃小某。2017 年 11 月 21 日覃某与刘某离婚。婚生子覃小某由覃某抚养，女方刘某享有随时探视的权利。此后，女方刘某在行使探视权时遭到男方拒绝。刘某因此诉至法院。在案件审理过程中，刘某主张变更抚养权，刘某向法院工作人员出示了一段视频显示覃某抱着孩子，而孩子不停啼哭要妈妈的情景。根据《最高人民法院关于人民法院审理离婚案件处理子女抚养问题的若干具体意见》规定，一方要求变更子女抚养权，有下列条件之一的，人民法院应予以支持：①与子女共同生活的一方因患有严重疾病或伤残无力继续抚养子女的。因为一方患病或者伤残，必然影响到对孩子的教育和照料，从有利于孩子成长的角度出发，是必须变更抚养权的。②与子女一同生活的一方不尽抚养义务或有虐待行为或其与未成年子女共同生活对子女身心健康有不利影响的。本案中没有有力证据证明被告存在上述情况，双方争执不下。对此审理法官进行了多次调解，对双方有针对性地展开劝解调和，同时法官也利用家事调查调解员了解案件情况，通过走访社区、亲友了解孩子跟随覃某生活的情况，并依刘某申请到预控中心调取覃某的病历。根据调查了解的情况，法官重点做覃某的工作，告诉覃某幼儿在成长中需要母亲的关爱，母爱的缺失对孩子的成长会造成难以弥补的伤害，正如刘某视频里显示的，孩子歇斯底里地要妈妈却拒绝他的基本需求，就是对他的巨大伤害。几经劝说，最终该案以原告撤诉结案，同时当事人双方对探视权另案达成协议。

在这个家事案件的处理过程中，法官运用调解的方式化解矛盾，更重要的是通过调解保护了未成年人的权益，如果按照原来的审理模式，很难在判决中去保护未成年人的合法权益，因为判决会强化双方敌对的态度，最终有可能产生任何有抚养权的一方，都会阻碍对方探望权的实现。

二、家事调解存在的问题

（一）调解主体缺乏专业性

在家事审判改革之前，进行家事调解的主要是家事案件的主审法官，而且多以法庭调解为主。改革之后，家事调解的范围扩大到庭审前、庭审时，调解也可以委托给具有心理学、社会学、法律等相关知识的人进行，但实践中存在许多问题。第一，具有相关知识和调解经验的人很少，家事案件的调解工作具有很强的专业性，它不仅要求调解人员具备心理学、社会学等方面的知识，也要求调解人员了解法律方面的知识。但大多数的家事调解员对法律相关知识并不熟悉，这就导致家事调解与法律规定存在相脱节的情形。第二，家事调解还要求调解者拥有一定的家事纠纷处理经验，许多调解员不能准确把握家事案件的特点和当事人的心理，在调解的过程中无法有效地引导当事人进入冷静协商的状态。相比国外的家事调解员，往往是由具有社会学、医学、教育学、心理学、行为学知识以及经过法律训练的专门人士担任，家事调解中的调解人员通常精通调解的方法、策略、技巧，能充分发挥自己的特长帮助当事人找到问题症结，说服和鼓励当事人达成合意，从而妥善解决家庭纷争。

（二）缺乏专门的考核标准

首先，家事法官和家事调解员同为家事调解的主体，其中法院对家事法官的考核仍对结案率、调撤率、上诉率、上诉结果、案件处理情况等方面综合考查，没有体现出家事案件审理考核标准与其他民事案件审理考核标准的区别。其次，对家事调查调解人员的考核只是规定了家事调解员的行为准则和薪酬机制，缺乏对家事调查调解员的工作内容和评价系统的规定，很难考查调解员的工作成效，并形成激励机制。实际上，能够约束并指引家事调解员进行工作的只能是其自身的素质和人格修养。

（三）家事调查机制的不完善，不利于调解者有针对性地调解

由于资源有限，铜梁区法院建立了家事调查调解制度，家事调查员同时是家事调解员，调查人员在进行调查的时候也可以进行调解工作。但实际上，家事调查和家事调解的功能和任务是不同的，人员素质的要求也可以不同。家事调查者往往不要求具备调解能力，但任何时候调解都是以对事实的了解为基础的，虽然铜梁区法院制定的《调解员工作办法》明确规定了家事调查的事项，但是对调查的方式、策略、反馈形式等没有做出具体的说明。实践中，调查人员根据自己的经验判断进行调查，获取的信息受制于调查人员的个人能力和意愿。许多时候家事调查的不全面往往会影响家事调解的进行，法官或家事调解员无法获得有效的案件资料导致难以有针对性地进行调解。

三、完善家事调解机制的建议

（一）培养专业的家事调解人员

家事案件在民事案件中占比较大，案件的处理过程和结果对家庭健康稳定的发展有重大影响，许多国家都认同让具备一定的法律、社会学、心理学知识的人来进行调节，更有利于家庭矛盾的解决。例如，澳大利亚的家事调解制度构建中，家事纠纷最初是交由志愿者来进行的，但效果并不好，后改由家事法院中的登记官和法院调解员来负责，调解成功率明显上升，其中登记官是专职律师，法院调解员则是聘用的合格的社会工作者和心理学家。①

结合实际情况，在短时间大量聘用到符合条件的专业人员存在一定难度，我们可以从以下几方面解决这个问题。第一，合理地缩减调解基础薄弱的人员数量，以兼职的形式聘用具有法律或社会学科背景的专业人才，以调解人员素质的精与高来弥补数量的不足。第二，完善家事调解人员培训制度，可以由以法院为主导开设家事调解培训课程，对调解人员进行家事法律、心理学、调解技术等方面的学习，帮助家事调解人员能够快速地适应调解工作。

---

① 陈苇、曹贤信：《澳大利亚家事纠纷解决机制的新发展及新启示》，载《河北法学》2011年第8期。

（二）发挥家事调查制度的作用

家事调查是审判和调解的基础，为了能更好地解决家事纠纷，可以将家事调查和调解分离，由不同的人员组成。一方面，对家事调查员进行规范化的管理，培养家事调查员专业的调查能力，对家事调查的内容设计具体可行的方案，如采取家事调查报告表、家事调查访谈记录等形式，使家事调查能够为调解工作提供有效可靠的信息。另一方面，利用家事调查员走访社区的优势，加强相关法律知识和家事审判理念的宣传，参与家事纠纷的预防。同时也将家事调查员的角色定位向审判延伸服务方向发展。

（三）制定专门的考核机制

传统的对审理民事案件法官的考核方式显然不适用于审理家事案件的法官，因为家事法官强调在化解当事人纠纷中扮演重要角色，而不是单纯地以结案为目的。所以在设置家事法官考核制度时，不应该以审判时限和结案率来约束他们，应该更多地考虑家事法官调解、审判中的具体工作，以及其在化解纠纷中的有益效果和当事人的满意程度。

家事调解人员也应当设置完善的考核评价制度，首先应当为家事调解员制定明确的资质认定标准、考核标准、考核机制及工作规章。同时定期对调解员进行实务训练和在职培训，学习相应的法学、心理学、社会学及调解经验，并将参与培训的情况和学习成绩纳入考核之中，改变调解员仅凭直觉和生活经验进行调解的情况。

我们知道家事纠纷多发生于家庭成员内部，这种纠纷不仅包括法律和事实，同时也包含了太多的情感。[①] 家事审判不仅要处理法律和事实上存在的问题，也要在帮助修复和保护家庭成员的情感问题上发挥作用。在司法实践中，家事调解机制在解决家事纠纷上具有不可替代性，较之民事诉讼模式的对抗性，柔和的、人性化的方式适用于家庭矛盾的化解。要使家事调解制度发挥其应有之功能，只有在实践中不断完善和发展，才能满足现实的需要，才能更容易被人们所接受。

① 汪拥政、吴志刚：《构建家事纠纷调解制度的法理分析》，载《齐鲁学刊》2008年第5期。

家事审判改革背景下
中国家事律师的使命与责任
——基于"需求—供给"关系的反思

杨晓林　李凯文*

目　次

家事审判改革是以"法院"为中心的顶层设计，是以"家事纠纷"为对象的司法对策，是以"满足社会需求"为目的的法治实践。

家庭，是社会的细胞，是社会关系的基础单位，是社会秩序的重要组成。家事纠纷，则是阻碍社会稳定的一把"尖刀"，时时刻刻威胁着每一个社会公民的日常生活。

现阶段的家事纠纷，呈现出案件量巨大、案情复杂、程序限制等一系列困境。据悉，我国婚姻家事案件在民事诉讼案件中所占比例已经达到45.46%。其中，很多案件处理难度大，常常案结事不了。同时，在家事纠纷身份、财产不分的司法程序下，由于受案多人少、审限等程序限制，法院在家事纠纷化解的审判活动中呈现出"力不从心"的态势。因此，最高人民法院于2016年4月21日颁布了《关于开展家事审判方式和工作机制改革试点工作的意见》（以下简称《意见》）这一规范性文件，家事审判改革由此拉开了帷幕。

基于家事纠纷社会需求而产生的家事审判改革具体措施，是以满足社会需求为目的的"法院供给"，是法院层面的一系列制度供给、体制供给。但是，在本轮家事审判改革的背景下，我们认为，家事纠纷的解决仅靠以"法院"为中心的家事审判改革措施是远远不够的，在法院供给不足的情形下，法院供给催生了"法院需求"，需要寻求另一种供给措施来满足。此时，家事审判改革背景下的中国家事律师，就扮演着家事审判改革"供给者"的角色，从而回应、满足法院的需求，共同推进家事审判改革的进程。

---

* 作者简介：杨晓林，北京天驰君泰律师事务所高级合伙人、北京市律师协会婚姻与家庭法律专业委员会副主任、中国法学会婚姻法学研究会常务理事；李凯文，北京天驰君泰律师事务所律师助理。

一、家事纠纷的社会需求

（一）家事纠纷的证据需求

“打官司就是在打证据”“证据是民事案件的基石”。在婚姻家事案件中，证据具有隐私性、易污性、高烈度性/颠覆性、集中性等特征。在家事纠纷案件中，如果按照一般的民事诉讼证据和证明要求，家事案件中的弱势一方当事人往往举证不能或者掉入举证陷阱，存在证据弱势一方举证困难的问题，通常需要法官综合全案自由心证裁量。另外，家事纠纷不仅仅涉及法律事实，还会涉及生活事实和情感事实。如果这些事实未被证据证明，未被法院查明，将会导致法院判决在客观层面对一方当事人或者未成年子女带来损害。

（二）家事纠纷的诉讼程序需求

家事纠纷，是以特定身份关系为基础的具体法律纠纷，区别于普通的法律纠纷，需要特定的诉讼程序。例如，普通法律纠纷的庭审辩论原则，在家事纠纷的婚姻关系案件中，在审理涉及情感问题的原因时，公开的庭审辩论往往会给当事人造成二次伤害，使得本来可以挽救的婚姻对抗到底、难以调和。另外，普通法律纠纷的公开审判规则、出庭规则以及审限规则，都不能直接适用于家事纠纷案件。公开审判不利于家事纠纷的调解和审判，当事人本人不出庭也不利于查明案件事实和进行调解，民事诉讼审限制度也制约着家事案件的妥当解决。

（三）家事纠纷的专业化思维需求

“清官难断家务事”，家事纠纷是特殊的法律纠纷。法院在处理家事纠纷时，诉争双方的私益之争将会影响到社会秩序，诉争双方的感情纠葛将会影响子女的日常生活，诉争双方的对簿公堂将会影响到血缘的亲属关系，诉争双方的眼前利益将会影响到日后的家庭生活……家事纠纷的这些特点，不同于一般的民商事案件，都需要专业化的家事思维才能有效化解。

二、家事审判改革的法院供给

（一）基于家事纠纷社会需求的法院供给

在家事审判改革中，为了回应上述家事纠纷的社会需求，《意见》明确提出了两大工作机制改革的要求：第一，探索引入家事调查员、社工陪护及儿童心理专家等多种方式，不断提高家事审判的司法服务和保障水平。第二，探索家事纠纷的专业化、社会化和人性化解决方式。推动建立司法力量、行政力量和社会力量相结合的新型家事纠纷综合协调解决机制，完善多元化纠纷解决机制。

家事审判改革的法院供给，往往集中体现于设立家事审判庭或专业化审判团队，探索家事审判工作规律，研究建立符合家事专业化审判的体制机制以及符合家事审判规律的诉讼程序制度。最高人民法院审判委员会专职委员杜万华曾于2017年2月18日在全国部分法院家事审判方式和工作机制改革试点工作推进会上提出，家事审判改革是一项重要的综合性改革，包括依托多元化纠纷解决机制改革，建立社会广泛参与的家事纠纷多元调解机制；依托以审判为中心的诉讼制度改革，探索符合家事审判特点的家事审判程序改革；依托司法人员分类管理制度改革，探索家事审判机构和队伍专业化改革三个方面内容。

因此，在各地法院具体的家事改革进程中，有些法院在证据的获取与证明方面，强化和加大法官在涉及身份的家事案件以及未成年人保护的家事案件中的职权探知力度，适当降低家庭暴力案件证明标准，合理分配举证责任。同时，探索引入调查官制度、社会调查员制度或者社会观护员制度等，对相关的社会事实或生活事实进行调查，形成调查报告，供法院调解或裁判时进行参考。

有些法院在诉讼程序方面，尽量采取温和的审判方式，优先采取调解等柔性的方式解决纠纷，探索建立“冷静期”制度和心理咨询制度，减少家事纠纷的对抗性。有些法院在专业化思维方面，设立了专门的家事审判庭，培养专门的家事审判法官，出台了诸如《家事审判合议庭操作指引》《家事审判工作实施意见（试行）》《家事审判案件审理工作规则（试行）》等一系列地方法院的规范性文件。

（二）法院供给不足下的法院需求

但是，客观地说，《意见》只是家事审判改革的抽象性、顶层性设计，具体的家事审判改革措施都需要具体的地方法院“落地”。

现阶段，全国各地家事审判改革的法院供给大概可以总结为以下几点：1. 划定家事案件的范畴；2. 确立调解优先或调解前置原则；3. 探索家事案件的证据规则；4. 对家庭暴力案件以及保护令案件设定特别的程序规定；5. 尝试构建家事审理程序中的特殊原则：包括职权干预原则、不公开审理原则、本人到庭原则、儿童利益最大化保护原则；6. 形成了一些配套制度，如家事调查员制度、心理评估疏导制度、离婚冷静期制度、离婚财产申报制度、判后回访制度、弹性审限制度、离婚证明书制度等。

但是，目前家事审判改革中的法院供给是明显不足的，从而形成了法院的需求：

第一，需要全社会的协助。现阶段由于法院案多人少的现实困境，专业人员不足，办案压力大，需要最大限度地调动社会各界力量参与改革，需要建立社会干预、参与、介入机制，共同化解家事纠纷。

第二，需要立法上的支撑。现阶段，“先行先试”的家事审判改革模式，强调“因地制宜”“大胆探索”和“锐意创新”。家事审判改革的具体措施会对司法体制和诉讼制度产生冲击，这种冲击是改革不可避免的结果。在涉及法律实体与程序问题的改革内容时，往往在立法上缺乏基础，授权来源仅仅是最高人民法院的规范性文件。那么，如何在法律的框架下进行改革则是家事审判改革必须考虑的问题。换句话说，就是要保障各家事审判改革模式“于法有据”，家事审判改革需要有立法支撑。

三、需求与供给：中国家事律师的使命与责任

家事纠纷的解决仅靠以“法院”为中心的家事审判改革措施是远远不够的，还需要立法上的支撑以及全社会的协助，需要中国家事律师的群体性智慧与奉献，需要中国家事律师针对法院需求进行有效的律师供给，需要中国家事律师在家事审判改革背景下有所担当，践行自身的使命与责任。

（一）家事纠纷的多元化解：律师的参与与协助

家事审判改革是以“家事纠纷”为对象的司法对策，以建立家事纠纷多元调解机制为追求目标。家事纠纷的多元化解，一方面需要律师的积极主动参与，另一方面需要律师协助法院开展调解工作。在家事纠纷多元调解机制的建立过程中，需要律师立足职能、发

挥优势，积极参与诉前、诉中调解工作，在案件办理中积极引导当事人以调解方式解决纠纷，努力维护社会和谐稳定，服务社会和谐稳定，维护社会发展氛围。

在中央的顶层设计中，最高人民法院和司法部于2017年9月30日颁布了《关于开展律师调解试点工作的意见》（司发通〔2017〕105号）的规范性文件，要求充分发挥律师在预防和化解矛盾纠纷中的专业优势、职业优势和实践优势，健全完善律师调解制度，推动形成中国特色的多元化纠纷解决体系。另外，在地方性的实践操作中，诸如北京二中院研创“三师一团”模式，即社会工作师、心理咨询师、律师和百姓评理团辅助家事审判，打造化解家事矛盾的共同体，形成化解矛盾的社会工作合力。

（二）改革模式的立法支撑：律师的推动与引导

“先行先试”的家事审判改革模式，需要立法上的支撑，需要“于法有据”。家事审判改革模式的立法支撑，可以由律师来推动与引导。目前家事审判改革中的法院，需要实体法的支持力度，需要修改婚姻家事法律规范，早日出台《民法分则婚姻家庭编》和《民法分则继承编》，满足社会对家事实体法的需求，为家事纠纷提供扎实的请求权基础。并且，也需要家事诉讼程序法的支持，将各地法院改革探索中有效的规则和制度及时在立法层面予以固定，同时结合域外经验和我国实际制定合乎我国现实需求的家事诉讼法。

因此，在实体层面的《民法分则婚姻家庭编》和《民法分则继承编》的制定过程中，律师能够以个案推动婚姻家庭法治建设，将其充分的实务经验总结、概括、表现出现行体制、机制的问题，为家事审判改革提供现实中的“真问题”，让改革“有的放矢”。另外，在程序层面，律师也同样能够积极参与家事诉讼程序立法，推动与引导家事审判改革措施的法律规范出台，为家事审判改革提供坚实的立法支撑。

（三）家事思维的专业灌输：律师的坚持与传播

家事审判改革，需要律师和法官围绕“家事纠纷”开展专业化的司法活动，需要在家事纠纷中秉持专业性的家事思维。一方面需要法院层面积极设立家事审判庭或专业化审判团队，探索家事审判工作规律，建立符合家事专业化审判的体制机制以及符合家事审判规律的诉讼程序制度。另一方面则需要律师群体形成专业性的家事律师群体，无论是非诉业务还是诉讼业务，无论是传统业务还是新兴业务，都需要培养专业性的家事代理思维，在家事纠纷中进行家事思维的专业灌输。

在中央的顶层设计中，司法部于2017年3月30日颁布了《关于建立律师专业水平评价体系和评定机制的试点方案》（司发通〔2017〕33号）的规范性文件，将“婚姻家庭法”单独列为一个专业领域，要求家事律师坚守自己的行业领域，不断提高专业能力和服务水平，更好地满足社会法律服务要求，充分发挥家事律师在家事审判改革中的专业性作用。

家事案件调解问题之完善初探

银　菠　陈义熙*

目　　次

家事纠纷的合理解决对保护家庭中处于弱势地位的家庭成员和社会稳定具有重要意义。由于家事纠纷较强的人身属性和矛盾产生的非理性，导致日常生活言行都可能成为纠纷升级的“催化剂”。如何在减少当事人对抗性的同时又恰当地处分他们的利益，是家事纠纷审理的巨大挑战。调解作为诉讼中缓解矛盾的桥梁，在家事审判中具有重要意义。但随着法院家事案件的增加，如何在提高司法效率的同时又减少当事人的诉讼成本成为亟须解决的问题，而在全球调解趋势大背景下，委托调解制度成为解决问题的另一路径。

一、我国法律及司法解释关于调解的规定

随着替代性纠纷解决方式（ADR）的发展，调解作为一种既传统又现代的纠纷解决方式，成为替代性纠纷解决方式的首选，它是指中立的第三人根据当事人的需求和利益在两方或多方当事人之间促进沟通交流的过程。②

我国《婚姻法》第32条第2款规定，“人民法院审理离婚案件，应当进行调解”。2003年最高人民法院制定的《关于适用简易程序审理民事案件的若干规定》第14条对“婚姻家庭纠纷”和“继承纠纷”要求“人民法院在开庭审理时应当先行调解”。2009年《最高人民法院关于建立健全诉讼与非诉讼相衔接的矛盾纠纷解决机制的若干意见》（以下简称2009年的《意见》）中第15条规定：人民法院可以依职权或经当事人申请后，委托行政机关、人民调解组织、商事调解组织、行业调解组织或其他具有调解职能的组织协助进行调解。

---

* 作者简介：银菠，重庆市铜梁区人民法院民一庭书记员；陈义熙，重庆市第一中级人民法院民一庭法官。

② ［澳］娜嘉·亚历山大主编：《全球调解趋势（第二版）》，王福华等译，中国法制出版社2011年版，第2页。

2010年的《人民调解法》及其司法解释都对人民调解进行了相应规定，新《民事诉讼法》第八章用七个条文对调解进行了规定，其中第95条规定："人民法院进行调解，可以邀请有关单位和个人协助。被邀请的单位和个人，应当协助人民法院进行调解。"第122条规定："当事人起诉到人民法院的民事纠纷，适宜调解的，先行调解，但当事人拒绝调解的除外。"上述条文规定家事纠纷应当先行调解，但是对调解的程序、范围、调解员、调解的效力等并无具体的规定。在2009年《意见》中规定了人民法院可以进行委托调解。而在司法实践中，部分法院也邀请相应人员参与调解，但与真正的委托调解存在一定的距离，如江苏徐州两级法院邀请妇联干部参与调解和陪审工作，广西各地法院也邀请妇联、居委会、村委会参与调解或当事人共同的亲朋参与调解等。[①] 在2016年颁布的《最高人民法院关于人民法院特邀调解的规定》中明确了人民法院关于特邀调解的职责及特邀调解的程序，其中第9条规定："人民法院可以设立家事、交通事故、医疗纠纷等专业调解委员会，并根据特定专业领域的纠纷特点，设定专业调解委员会的入册条件，规范专业领域特邀调解程序。"但目前就家事纠纷领域并无专门程序，这导致委托调解在理论和实践中都存在一定的争议。

二、我国家事调解的现状

（一）家事调解缺乏具体的程序性支撑

如前文列举的法律规范，我国目前并无家事审判程序的特别规定，家事调解也主要在《婚姻法》、新《民事诉讼法》和其他的指导性意见中存在。关于家事委托调解具体的范围、程序等则只有窥视与调解相关的规范中予以确定。

首先，对于离婚调解的范围，在离婚案件中，以调解为原则。《婚姻法》及其司法解释中规定了对于法院审理的婚姻案件，应当先行调解。对于特殊情况的婚姻解除如军婚，女方在怀孕等特殊时期的离婚，法律都赋予法官一定的自由裁量权，当维系婚姻确无意义时，法官可以不进行调解，直接裁判。而对于婚姻效力的案件，则不适用调解。

其次，关于家事纠纷中调解的范围，2003年《最高人民法院关于适用简易程序审理民事案件的若干规定》中规定对于婚姻家庭纠纷及继承纠纷案件应当调解。2004年《最高人民法院关于人民法院调解工作若干问题的规定》第2条规定了对适用特别程序和婚姻关系、身份关系确认案件和其他依照案件性质不能进行调解的民事案件，人民法院不予调解。

从以上的规定可以看出：对于家事纠纷的案件，分为婚姻家庭纠纷和继承纠纷两大类，这两类应先行调解；对于不能调解的家事纠纷案件，则是婚姻关系、身份关系确认的案件和其他不适宜调解的案件。结合我国关于民事案由的规定，婚姻家庭纠纷分为15类，其中婚姻无效纠纷和撤销婚姻纠纷、确认收养关系纠纷和解除收养关系纠纷案件按照规定不适用调解。而婚姻家庭纠纷仅有案由规定的是10~13、16~20、22~24共计12类纠纷可适用调解，继承纠纷有5类。现阶段我国适用调解的家事纠纷案件总计17类。如此推之，按照现行的规定，家事委托调解的范围不应该超过民事案由规定的17种类型。

2012年最高人民法院发布《关于扩大诉讼与非诉讼相衔接的矛盾纠纷解决机制改革

---

① 夏吟兰、龙翼飞主编：《家事法实务》，法律出版社2016年版，第221、277页。

试点总体方案》，通过构建诉调对接工作平台、完善诉调对接工作机制的方式进行多元式纠纷解决机制，落实委派调解或委托调解，赋予调解协议合同效力，通过对调解协议的司法确认制度到达法院裁判的效力。该试点方案结合《人民调解法》和2009年的《意见》从程序上可以满足委托调解完整性运用。但是随着新民事诉讼法对调解的规定，上述相应的司法解释在民事纠纷调解机制运作过程中有所减弱。

新《民事诉讼法》第八章和第十五章第六节规定了调解及调解协议的司法确认，婚姻家庭案件按照该规定，则可以请求法院进行调解或通过法院委托其他组织或个人协助调解，对于达成的调解协议可以申请法院确认其效力。在此，似乎家事纠纷的调解可以通过这种方式进行，进而达成调解协议。但是在实践中，若无相应的系统性的程序指导，反而要求法官在繁复的案件审理中抽出时间通知其他社会组织或个人协助法院调解，最后根据申请再次确认调解协议效力，这无疑会增加法官的审判压力，达不到调解的效率要求。

对于调解范围，虽然可以从民事诉讼法和案由规定中确定哪类案件可以先行调解，但是对于案由外的具有一定身份关系的案件，是否适用先行调解，立法没有明确规定，即对调解范围没有确定；在调解员的选任上，依据现有的人民调解法的规定，担任调解员的资质并无太高要求，相对于调解制度发达的国家，我们对于调解员的规定十分简陋；在调解程序的选择上，既然允许先行调解和委托调解并行，那么如何规范诉前调解和诉讼外的调解，仅由一个条文规定，对于家事纠纷案件诉讼程序与非诉程序的运用似乎过于单一。由于没有相应的家事程序法规范，也导致在家事纠纷调解中无程序保证，调解员的随意性较大。

（二）调解人员缺乏专业性

调解员作为相对独立的第三方，其在调解中除了需要丰富的社会实践经验，还要在了解事实的基础上，通过运用法律将双方当事人的调解合意以协议的形式固定下来，实现从内容向形式的转变，这就要求调解员具有相应的专业知识。

但我国目前在调解员的选任上，由于地区差异，调解员良莠不齐。在意识上存在当事人主导的情形，没有发挥调解员从中协议的职责，对调解缺乏相应的认知力。同时，由于现有的调解激励机制和分配制度，难以吸引具有较强专业能力的调解员进入调解机制中，从而无法保证调解委员会的稳定性。调解员自身的专业素养和综合能力的限制也导致调解成果不如预期效果。

培训作为调解员成长的重要方式，可以将不同背景的调解进行同一化和专业化。我国由于没有相应的规范程序，致使在培训过程中，培训项目不全，内容单一，如缺少对调解员进行伦理行为规范、技巧及心理疏通技能等培训，导致调解员在调解实践中无法有效引导当事人达成协议。调解员法律素养的缺乏往往导致调解落不到实处。

（三）当事人对委托调解的片面认识

当事人通常认为将纠纷提交法院，都应由法官对案件进行处理，大部分当事人也习惯了由法官主导程序的进行，愿意将自己在法律上的利益交由法院处理。但是，当我们告知其若在诉讼之外寻求救济途径，通过委托调解的方式可以实现自己利益最大化，一些当事人或许不能适应，因为他们对中立的第三方存在先天性的怀疑，认为所有的调解员都可能与对方当事人有一定关联性，导致对调解的认同度降低。

我国现代社会诚信的缺失也导致当事人之间的理性协商存在困难，总想削减对方权益，使自己的利益最大化，即当事人在承认自己有能力或权利接受司法赋予的自治权时，却不认同对方或第三人也有同样的权利。在独享自治权的同时，而不彼此认同，导致当事人之间的关系始终处于敌对状态，都不给自己或对方改变目前相处方式的机会。因此，在无法超越自我利益而接受彼此利益的情境下，当事人宁可选择诉讼进行决断。可以说，某些当事人对调解存在“偏见”，认为其效力不如法院的裁判文书，这同时也折射出我国家事纠纷调解制度的不完善，调解机制没有达到纠纷普遍适用的程度，而其他国家或地区则有比较完善的家事纠纷调解制度可供借鉴。

三、家事纠纷调解制度的比较分析

（一）加拿大家事纠纷的社会调解

在社会调解中，当事人有权选择调解员，当调解员无法选定时由调解机构任命。当事人同意且愿意付费时，调解员可以邀请专家和律师参与，但当事人必须亲自参加调解。调解程序终结可依当事人的声明或调解员依职权进行。社会调解机构单独的调解书只有转化为法院的判决后才具有强制执行力，魁北克省除外，该省社会机构制作的调解书可以作为执行的依据。① 当事人达成的调解协议书经法院确认后等同判决书效力，或法院依照协议进行判决。

从加拿大的社会调解中，似乎可以与我国《民事诉讼法》第95条的规定相衔接。结合我国基层行政组织的特点，通过各街道办或镇政府的推荐，将本辖区内调解经验丰富的调解员聘任为家事调解员，在双方当事人自愿的情况下，家事调解员对家事纠纷先行调解。对达成调解协议的，可以由法院对该协议进行确认，或法院根据协议进行判决，在调解无法达成协议的情况下立即转入审判程序。

（二）美国司法附设ADR制度

美国司法附设ADR的主要方式之一是法院附设调解。法院附设调解案件主要是强制调解案件和法官依职权自由裁量的案件，只要不违反国家利益，法院都可以启动诉讼调解程序。美国司法附设ADR制度主要有：建议性ADR、推荐性ADR和决定性ADR三种类型。② 前两种不具有直接约束力。决定性ADR属于诉讼程序的一部分，当事人必须履行，可据此申请强制执行。

建议性ADR中的“密歇根调解”对我国设立委托调解具有参考价值。在“密歇根调解”中，进入调解程序后，双方当事人各选择一名指定名册中的律师为调解员，被选出的两名调解员再共同选出一名调解员组成调解庭，调解庭依照程序在10日内进行裁决，当事人在收到调解裁决书后20日内决定是否接受裁决。其特点在于当事人在拒绝调解庭的调解裁决后，如果在诉讼中被确认拒绝是错误的，则将承担赔偿给其他当事人造成的损失并承担浪费诉讼资源的责任。③

结合我国委托调解的现实情况，当事人可自愿选择一名法院选聘在册的调解员，再由被选出的调解员选择第三名调解员组成调解庭，对于调解庭做出的裁决，对于拒绝裁决的

① 肖燕：《加拿大调解制度的特点》，载《人民法院报》（环球视野）2015年11月6日，第8版，第1页。
② 李静一：《司法附设ADR构建中的先行调解制度研究》，法律出版社2015年版，第184页。
③ 李静一：《司法附设ADR构建中的先行调解制度研究》，法律出版社2015年版，第185页。

当事人应承担同“密歇根”调解中的责任，该惩罚机制可在一定程度上避免当事人程序选择的随意性，确保调解协议的效力。

在决定性 ADR 中“出租法官”的调解方式，其充分利用退休法官，实现离退休人员的再利用。“出租法官”是指法院根据当事人的请求和双方的合意选择，指定一名法官以非正式的程序做出对双方当事人有约束力的判决。法院所指定的法官通常是退休的老法官。① 我国大量的离退休法官，可以通过“出租”的方式在家事审判案件中发挥作用，此类法官具有丰富的审判经验和较为充裕的时间，这有益于调解工作的进行。

美国司法附设 ADR 制度是诉讼前纠纷解决机制，其在缓解案件压力和化解当事人矛盾上具有借鉴意义。美国司法替代性纠纷解决机制充分运用了法律专业人员：律师和法官，从三种纠纷解决类型上，律师和法官在解决纠纷的职能上有趋同性。同时，调解和诉讼的转化衔接得当。即使进入诉讼程序，法官也不可能全部抛开前期的调解工作。随着律师执业的细化，可以将家事案件律师纳入调解员的范围，对其费用则按照法律援助的费用进行补贴，从而避免律师调解员的“消极行为”。

（三）日本家事调停

日本民事调停是调解机构对有关民事纠纷进行斡旋、居中调解，并根据《民事调停法》规定的程序进行以促使当事人在实际情况下达成合理的解决方案为目的的一种纠纷解决机制。② 调停与调解的主要区别在于：中立的第三人能够向当事人提供法律信息，并且/或者提出解决纠纷的建议。调停人具有更强的指示性和干预性。③ 但是在实践中，二者的差异并不很大。

家事审判中，根据日本《家事审判法》第 17 条的规定：家庭法院对于与人身有关的诉讼案件和其他与家庭相关的一般性案件有调停的权限。适用的主要程序有人事诉讼程序、家事调停程序和家事审判程序。④ 家庭法院根据行政辖区和审判的实际需要，在家庭法院辖区内设立便民诉讼支部。家事调停委员会根据当事人的申请，由家事法院指定调停委员对案件进行调查，依据专业知识和实践经验提出调停方案。其最终决定须经过调解委员会成员半数以上意见形成。在无法确定的情况下，家事法官有权做最后决定。在当事人申请由家属调停委员会进行调停外，家事法院认为在适合的情况下可以仅由家事法官独任调停。⑤

日本家事调停制度在调整人际关系和解决利益纠纷上具有很好的规范依据。《家事审判法》对调停的对象、程序、调解员、调停方案的确定等进行了详细的规定，而其《民事调停法》及《家事审判规则》则对家事调停的审判落实进行制度上的保障。家事调停委员的职能则相当于我国调解员的工作范围，主要是对事实进行调查，如双方的财产情况、家庭生活情况，最后由家事法官根据调解员查明的事实进行最后决断。

---

① 李静一：《司法附设 ADR 构建中的先行调解制度研究》，法律出版社 2015 年版，第 186 页。

② 小岛武司等编：《诉讼外纠纷解决法》，丁捷译，中国政法大学出版社 2005 年版，第 59 页。

③ ［澳］娜嘉·亚历山大主编：《全球调解趋势（第二版）》，王福华等译，中国法制出版社 2011 年版，第 2 页。

④ 张晓茹：《日本家事法院及其对我国的启示》，载《比较法研究》2008 年第 3 期，第 69 页。

⑤ 陈飏：《日本家事调解制度》，载《河北法学》2010 年 1 月，第 28 卷第 1 期，第 166 页。

四、我国家事纠纷调解的建议

（一）加快家事调解法的确立

民事诉讼法对先行调解予以确定，委托调解也得到司法政策的支持，但是要在单一的婚姻家庭实体法和普通民事诉讼程序法及相关的司法解释中发展出家事纠纷调解机制，这不仅在法律适用上易产生混乱，同时对法官调解家事纠纷案件具体落实也会产生困扰。

反观其他国家或地区，无论是大陆法系国家对于家事纠纷的 ADR 纠纷解决机制，还是普通法国家关于纠纷的调解运用，都具有相应的专门性法律法规支撑。例如，2002 年美国律师协议和全国委员大会《统一调解法》《加州家事法典》，《澳大利亚家庭法》，日本的《家事审判法》，德国的《家事事件与非讼程序法》，南非《特定民事案件短流程与调解法》，我国台湾地区的“家事事件法”等，在全球调解趋势迅速发展的情况下，通过设立专门的家事程序法是时代发展的必然要求，我们能在已有的立法经验上博采众长，不失为一个捷径。

日本家事法院关于家事审判的经验或许值得我们学习，通过提出申请和交付调停的案件，调解员通过事实的调查制订调解方案说服当事人，对达成协议的，调解结束，对调停不成立的进入诉讼程序，法院可依职权对调停不成的案件进行代替性决定。日本家事法院的运行，离不开立法规范。我国台湾地区则在民事诉讼中做出专章规定，规定家庭纠纷调解的范围、调解主体，建立专门的启动程序，调解与司法程序的转化等。只有通过程序性的立法才能将调解纳入纠纷多元解决机制的大背景下，我们的家事纠纷案件审判才能有制度背景予以支撑。

（二）增强调解人员的专业性

调解制度的发展离不开调解员的专业服务，虽然目前我国没有形成强大的调解委员会，但是可充分利用现有的资源对调解队伍进行扩充。首先，参照美国决定性 ADR 中的“出租法官”式，将退休法官或其他法律职业人员纳入调解员中，通过当事人合意选择裁判法官，由法院派出，其做出的判决对双方当事人都有约束力；其次，在现有的法律援助的基础上，选任具有较好职业道德的律师担任调解员，对当事人要求选择律师作为调解员的，申请方支付相应的报酬，对律师违反职业道德的行为，按照相应的行政处罚办法归责；再次，对于其他社会人员聘任为调解员的，通过培训加考核的方式予以委任，定期地学习考核以保证调解员的职业素养；最后，按照法院案件管辖范围，以基层行政组织镇或街道办为单位，通过推荐的方式委任调解员，此种方式产生的调解员应定期进行调解技能、法律知识等方面的培训，社会人员的调解员在调解过程中可以向法院咨询相应的法律知识。

荷兰在调解培训和大学教育上趋于成熟，调解教育作为早期的培训商机，在 20 世纪 90 年代初，民间机构在编制和提供专业调解培训中首开先河，培训的期限不定，短到几天，长到几年。在 1994 年，荷兰开设了第一个“调解与 ADR”的大学课程，随着对调解及其他纠纷解决方式的关注，调解教学成为现有民诉法的一部分。[①] 我国调解制度的后期

---

① ［澳］娜嘉·亚历山大主编：《全球调解趋势（第二版）》，王福华等译，中国法制出版社 2011 年版，第 266~267 页。

发展可以借鉴荷兰对调解教育的做法。

（三）诉调合理对接

诉调对接是指通过社会非诉讼调解方式向诉讼调解方式的转变，通过社会力量和司法审判将纠纷进行多元化解。[①] 在家事审判中，非诉讼的调解员更贴近当事人的生活，能够较早地控制当事人的情绪，以免矛盾升级。设立诉讼内委托调解制度，法院对于进入诉讼的案件，如家事纠纷案件、小额案件、劳动争议等可以委托人民调解员组织调解，对于达成调解协议的，通过司法确认的方式赋予调解协议强制执行力。对于就协议中的具体权利义务发生争议起诉到法院的，为确保协议的效力，法院可仅对协议的成立和效力进行审理。

在实践中，法院诉讼内的委托调解与协助调解的区别在协议的司法确认中已经模糊；而我们的先行调解和委托调解的结合在全球调解趋势中则逐步向法院附设调解方向并拢。家事审判作为民事审判的重要组成部分，应结合诉讼外纠纷解决机制的创新方式，实现家事审判程序的制度化和规范化。

① 李祖军等：《民事调解规范化研究》，厦门大学出版社 2015 年版，第 238~239 页。

浅议家事纠纷案件涉家庭暴力的认定标准和要素
——暨人身安全保护裁定的实质审查要素

余 彬*

目 次

根据中国民事裁判文书的数据，自2016年3月《中华人民共和国反家庭暴力法》实施以来，全国法院在审理涉家庭暴力离婚案件中，对家庭暴力的认定率不到5%，有的甚至无一认定。这不仅是因为当事人的举证能力和证据固定能力的欠缺，还因为家事法官普遍认为家庭暴力认定难度较大，不知道如何区分家庭暴力和家事纠纷以及一般侵权，业内对家庭暴力的认定采取了一种较为谨慎和拘束的态度，以致形成了家庭暴力认识误区——错误判断——法律适用不当——司法干预效果不佳——暴力升级或者复发这样的现象，未能让该法的干预、引导功能充分发挥出来，未能让人身安全保护令充分地保护受害人。因此，笔者认为，厘清家庭暴力的概念、性质、发生原因和区别，能有助于法官在审判实践中较为准确地判断是否为家庭暴力和是否应作出人身安全保护裁定，有助于当事人合法权利的保护和司法公平正义价值观的体现。本文从家庭暴力的概念入手，通过分析家庭暴力的类型、性质、成因，试总结归纳出审判实践中家庭暴力的认定标准和审查要素，以便审判中对家庭暴力发现在早、处置在小、严防矛盾激化升级，依法制止一般家庭纠纷向家庭暴力发展，依法制止家庭暴力，达到修复家庭关系、倡导家庭成员互助友爱、敬老爱幼、自觉维护平等、和谐、文明的家庭关系。

* 作者简介：余彬，重庆市巴南区人民法院。

一、家庭暴力相关法律规定

（一）《中华人民共和国刑法》（1997 年修订）

第二百六十条　虐待家庭成员，情节恶劣的，处二年以下有期徒刑、拘役或者管制。

犯前款罪，致使被害人重伤、死亡的，处二年以上七年以下有期徒刑。

……

（二）《中华人民共和国刑法修正案（九）》

第十八条　将刑法第二百六十条第三款修改为："第一款罪，告诉的才处理，但被害人没有能力告诉，或者因受到强制、威吓无法告诉的除外"。

（三）《中华人民共和国老年人权益保障法》（2013 年 7 月 1 日施行、2018 年 12 月 29 日修正）

第三条第三款　禁止歧视、侮辱、虐待或者遗弃老年人。

第二十五条　禁止对老年人实施家庭暴力。

第七十六条　……对老年人实施家庭暴力的，由有关单位给予批评教育；构成违反治安管理行为的，依法给予治安管理处罚；构成犯罪的，依法追究刑事责任。

（四）《中华人民共和国婚姻法》

第三条　禁止包办、买卖婚姻和其他干涉婚姻自由的行为。禁止借婚姻索取财物。

禁止重婚。禁止有配偶者与他人同居。禁止家庭暴力。禁止家庭成员间的虐待和遗弃。

（五）《最高人民法院关于适用〈中华人民共和国婚姻法〉若干问题的解释（一）》

第一条　婚姻法第三条、第三十二条、第四十三条、第四十五条、第四十六条所称的"家庭暴力"，是指行为人以殴打、捆绑、残害、强行限制人身自由或者其他手段，给其家庭成员的身体、精神等方面造成一定伤害后果的行为。持续性、经常性的家庭暴力，构成虐待。

（六）《中华人民共和国反家庭暴力法》

第二条　本法所称家庭暴力，是指家庭成员之间以殴打、捆绑、残害、限制人身自由以及经常性谩骂、恐吓等方式实施的身体、精神等侵害行为。

第三条　家庭成员之间应当互相帮助，互相关爱，和睦相处，履行家庭义务。

反家庭暴力是国家、社会和每个家庭的共同责任。

国家禁止任何形式的家庭暴力。

第十三条　家庭暴力受害人及其法定代理人、近亲属可以向加害人或者受害人所在单位、居民委员会、村民委员会、妇女联合会等单位投诉、反映或者求助。有关单位接到家庭暴力投诉、反映或者求助后，应当给予帮助、处理。

家庭暴力受害人及其法定代理人、近亲属也可以向公安机关报案或者依法向人民法院起诉。

单位、个人发现正在发生的家庭暴力行为，有权及时劝阻。

二、家庭暴力的类型

根据上述法律规定，和有关国际公约、国外立法、学术界理论研究，目前主流观点认为，家庭暴力包括身体暴力、精神暴力、性暴力、经济控制这四种类型。因此《中华人民共和国反家庭暴力法》列举家暴的种类用了“等”字来兜底，为以后解释和裁判留出了空间。

（一）身体暴力

殴打、捆绑、残害、禁闭、限制人身自由等作为方式，也包括懈怠履行监护、扶养、赡养义务的不作为方式。例如，不给他们吃饱穿暖，不给予照料护理，有病不给治疗，或者遗弃被扶养人。南京曾发生过一起一吸毒女将两名年幼的女儿关在家中长期不予照料和喂养，致使姐妹俩死亡的惨剧。（当然这一行为还触犯了刑法，最终以故意杀人罪判处该吸毒女无期徒刑，这是后话。）这就是典型的身体暴力。

殴打：对他人身体实施打击，包括拳打脚踢或者借助物理工具伤害等。

捆绑：就是以绳索等缠绑，限制其肢体活动或者身体自由。

残害：就是对他人身体或者精神进行摧残伤害、杀害，包括下毒、泼毒。比如用腐蚀性液体毁坏他人身体或者面容，以农药、毒品投入他人饮食中。

禁闭：以暴力威胁等手段，限制他人人身自由活动，比如强行对他人监禁、将他人锁在房中。

不送医治疗：有病不给治疗，使生命健康得不到保障。

另外“暴力”和“纠纷”不能混为一谈，因为二者的性质不同。在通常情况下，一个人对另一个人的殴打，往往被人们认为是暴力的，也就是说人们主动将暴力归入“君子动口不动手”的纠纷范畴。《现代汉语字典》对于暴力是这样解读的：强制的力量，武力。列举的造句为：军队、警察、法庭对于敌对阶级是一种暴力。由此可见，暴力，双方地位是不平等的，暴力是一方控制另一方的手段，暴力受伤在所难免。而纠纷截然不同。《现代汉语字典》上对于纠纷的定义是指：争执的事情。字面意思是为某件事各执己见、争论不休、无法达成共识。纠纷双方地位平等，目的不是动手说服对方，而是动口让对方口服心服、认同或者支持己方的观点或者做法。家庭纠纷，自然就是发生在家庭成员之间的争执了，是不会出现身体或者精神上的伤害后果的。所以家庭纠纷和家庭暴力，从双方地位、行为目的、使用手段、行为后果上完全不同。

（二）精神暴力

侮辱、诽谤、谩骂、贬低人格、不予理睬、不肯离婚，导致受害人产生恐惧心理，自我价值感和自尊心降低，很多负面情绪暴增，严重的出现抑郁、焦虑、自杀倾向。有种观点认为，身体创伤容易愈合，心理创伤却是长久的、难以痊愈的。当然，也要与单纯的辱骂相区别。单纯的辱骂，会导致对方屈辱、愤怒、痛苦无助，而家暴中的辱骂，更多的是引发受害者的恐惧反应，恐惧的是接下来的暴力殴打行为。

（三）性暴力

借履行夫妻义务之名，在对方不愿意的情况下，采取暴力方式强迫对方发生性关系和残害对方性器官。2014 年年初，最高人民法院公布十大涉家暴的典型案件中第十个案例，便是养父长期性侵害养女的犯罪案件。

（四）经济控制

通过对夫妻共同财产或者家庭共同财产以及收支情况的严格控制，摧毁受害人自尊心、自信心和自我价值感，以达到控制受害人的目的。当一个人在经济上必须完全依赖他人的时候，就很容易受到他人的控制。这也是我们常说的“经济基础决定上层建筑”。这里也要注意区分经济控制和家庭理财的区别。家庭理财与管钱目的不同，理财的目的是对家庭共同财产进行风险管理和增值保值，虽然由一方保管财务，但双方都有使用的发言权和决定权，对家庭经济开支有同等的支配权。而经济控制是一个暴力手段，只有管钱的一方才有决定权，不管钱的一方任何经济支出都需要向管钱的一方申报才能获得批准，同时在申请的时候常遭到对方的辱骂、殴打、拒绝等。另外，经济控制和家庭理财的决定方式不同，经济控制是施暴方单独决定的，受害方只能服从，而家庭理财是双方自愿协商一致的决定。比如，我们川渝等地的已婚男性，大多是经济上全力信任配偶（收入主动交给老婆）、在家庭事务管理上全力支持配偶（大事小事老婆说了算），因此好多人说我们川渝的男性为“耙耳朵”，其实这是因为他们对配偶的尊重、信任和爱，并非他们家庭地位不高或者遭受家庭暴力。相反，他们的家庭地位很高，配偶事无巨细地操持，他们只需要做掌握“大政方针”的“幕后英雄”，享受家庭和美、妻贤子孝的幸福。

三、家庭暴力产生的原因

笔者通过走访和调查发现，不仅仅是受害人，还包括我们社会大众，大都对施暴者为何实施家庭暴力采取自证其“因”，他们的观点主要有以下几种：一是认为当事人文化程度较低或者是文盲，不懂法，以为打老婆孩子是作为丈夫和家长的权利，有些地方把“拳脚管教”妻子作为大老爷们儿的体现。二是认为醉酒或者神智不清醒，对自己的控制力减弱。三是认为精神压力过大时通过施暴来释放和疏解。四是原生家庭给予的暴力伤害带来心理阴影。五是性格急躁、脾气火爆，易怒易失控。六是遭受被害人的言语和行为的激惹，这也是常见的理由之一。在庭审过程中，施暴者虽然承认自己殴打辱骂过对方，但同时提出对方有过错。七是受害人性格软弱、忍气吞声。然而真是这样吗？笔者分析如下：

首先，家庭暴力虽然大多发生在农村地区或者当事人教育程度不高，但是家庭暴力是否发生与之没有直接关系，比如因家庭暴力成为当年新闻热点的疯狂教育的创始人李阳，其受过良好的教育，在社会上算成功人士，有一定的社会地位和知名度，没有人会认为他没文化。他照样对外籍妻子暴力殴打，面对记者采访也能毫不变色坦然描述自己施暴的过程，因为他内心里有“我自己老婆，想打就打”的男权、父权观念。施暴人文化素质、知识水平低下，不必然发生家庭暴力，父权、男权思想作祟，才是家庭暴力发生的思想根源。其次说到醉酒、心理压力、阴影影响或者性格暴躁，那更不是家庭暴力的理由。酒精的确会导致人对行为的控制程度减弱。很多施暴者是在清醒、冷静的状态下施暴，说明酒没有“法力”让一个没有家庭暴力倾向的人变得暴力。即使醉酒会增加家庭暴力产生的概率，那么在明知自己醉酒后会伤害家人，为何放纵自己酩酊大醉呢?! 这也说明，醉酒、不清醒不是家庭暴力的根本原因。至于说因心理压力需要疏导、阴影影响、性格暴躁等原因无法正常表达个人情绪、解决冲突、承受过大压力而实施的家庭暴力，可是在面对朋友、同事、上司、领导或者其他亲属时，又为何大方得体、团结协作、不动对方一个手指呢？究其原因，就是他们知道，如果对自己同事、朋友、上司、领导发难，必然造成自己人际关系受到影响，还面临经济上或者社会评价上的损害。因此，他们选择了不会有威胁性后果发生的家人，把家人当做出气筒、沙袋，发泄自己的不满情绪。他们知道，对自己家庭成员实施暴力，不会被科以任何法律责任，家人（尤其性格温和、逆来顺受的女性）往往会以“家丑不外扬”来帮助遮掩自己的家庭暴力。也就是说，施暴者对家庭成员实施家庭暴力获得的利益高于他所付出的代价，他通过施暴维持了自己对受害人的控制权，同时也让受害人意识到自己的弱势地位，顺从于施暴者的暴力。最后说到受害人的言行激惹，好多忠告都提到要“说话态度好一点，不要用话激怒他，不要做他反对的行为激怒他，只要你不激惹他，你就不会挨打”等。这其实是个伪命题。女性天然在言语上比男性更具有攻击力，但并非对人身和财产有危险或者攻击。家庭暴力行为的产生，是跟施暴者内心想要控制受害人的强烈程度成正向的。施暴人内心只要有控制家庭成员的强烈需求，无论受害人如何小心谨慎从事，都不能预防和阻止施暴人强烈的驱动欲望。

综上，笔者认为，家庭暴力产生的原因实质为如下四种：

1. 性别优势或者体力优势。男女生理结构不同，体力上存在天生的差别。男性自然被视为身强力壮的强者，女性自然成为娇小柔弱的被保护者。家庭中两者发生冲突时，男性自然成为强势一方，其采取殴打、捆绑、残害、禁闭等手段控制对方具有先天的优势和胜算。

2. 无代价获益。施暴者往往不在于解决分歧，而是通过内部不会受人监管的家庭暴力来迅速解决冲突、掌控局面，让受害人基于对家庭暴力的恐惧而服从自己。虽然施暴人可能事后会后悔、道歉、保证，但这种通过暴力获得对方服从的纯获益行为，增加了施暴者在今后继续采取家庭暴力方式控制对方的可能性。

3. 传统观念。封建社会男尊女卑、男主女从的思想作祟，信奉暴力是让他人就范的合理有效的手段，加之社会默许男性用自己的体力和力量展示自己或解决问题，有男权、夫权思想的人，往往倾向于采取暴力树立自己绝对的权威。

4. 习得。根据心理学强化的理论，暴力是后天习得的。如果原生家庭存在家庭暴力，并因此达到了目的，儿童也会学着使用暴力并认同暴力具有解决问题的高度有效性。

四、家庭暴力的本质，是一种特殊的侵权行为

通过暴力的类型、产生原因的分析，可以得出，家庭暴力是一种特殊的侵权行为。主要表现在：

（一）主体特殊

人们一说到“家庭暴力”，往往有一种不自觉的倾向，即从这个事物的名称上去考虑它是什么，所以当我们给它安上这个名字的时候，常常给人的感觉就是“家庭暴力”范围只限定在家庭成员之间，而忽略了这种行为同样地、更多地发生在已经离异的夫妻或者已经分手的恋人之间。根据《国际妇女百科全书》的介绍，全球近一半的男性在他们的妻子或者恋人提出分手后，出于迫使她们继续留在自己身边或者回到自己身边或者报复她们对自己的“抛弃”等目的，会采取殴打或者其他形式威胁和恐吓她们。因此，我国立法机关鉴于家庭暴力主体的特殊性，在考虑如何预防和制止这种行为时，并没有受到该行为名称的影响，没有将干预范围仅仅限定在家庭成员之间。这点，我们可以从《反家庭暴力法》第 2 条和附则第 37 条的规定中反映出来。《反家庭暴力法》第 2 条规定：本法所称家庭暴力，是指家庭成员之间以殴打、捆绑、残害、限制人身自由以及经常性谩骂、恐吓等方式实施的身体、精神等侵害行为。附则第 37 条规定：家庭成员以外共同生活的人之间实施的暴力行为，参照本法规定执行。

由此可见，我国家庭暴力特殊主体涵盖了家庭成员和有共同生活关系的非家庭成员两类。所谓家庭成员，依据现行《婚姻法》第三章家庭关系中关于近亲属间权利义务的规定和《继承法》的相关规定，不仅包括夫妻、父母、子女、兄弟姐妹、祖孙等血亲亲属，还包括儿媳和公婆、女婿和岳父母等姻亲亲属。所谓有着共同生活关系的非家庭成员，指的是基于某种特殊的情感关系或者依据类似于家庭成员之间的权利义务而形成在同一片屋檐下“同寝共食”、共同生活的非家庭成员，如由恋爱形成的非婚同居男女，依法形成的寄养、扶养、监护关系的成员、离异的夫妻、分手的恋人等。换种说法就是，家庭暴力的施暴者和受害者之间有着或者有过情感的依恋性和经济上的依赖性。也就是说双方在侵权行为发生前在身份关系和经济关系上有过交集，而一般的侵权行为，双方在侵权行为发生前一般没有财产和身份的交集或者基本零接触，甚至属于根本互不相识、八竿子打不着关系的那种，所以从主体上看，家庭暴力与一般的侵权行为有着本质的区别。

（二）目的特殊

一般侵权行为，目的或者是为了自己权益最大化（如一言不合就开打这种殴打他人，滥用他人肖像从事盈利性活动——某国际知名女星赵雅芝照片被用于某整容机构宣传），或者根本没有伤害目的，纯属侵权人自我管理不当、约束不当以致粗心大意放任自流而产生的侵权行为（如饲养大型且具有攻击性的类似藏獒这种犬只没有圈养，以致路人被犬只攻击而受伤；再比如生产的产品有缺陷，可能危及他人人身财产安全，不及时采取警示、召回等补救措施）。家庭暴力行为的动机或者说目的，归根结底是控制（控制欲望）。暴力仅仅是施暴方为了达到控制对方采取的手段而已。这种控制体现在，通过暴力获得对方的服从，使某人某事处于自己的占有、管理或影响之下，从而施暴者自身获得一种“安全感”，也就是所谓的叫你往东你不能往西。如果受害人不堪家暴而提出分手，施暴方不安全感加重，可能进一步加重暴力侵害并试图重新取得控制权。

（三）家庭暴力这种特殊侵权行为和后果存在隐蔽性，外人一般难以知晓和觉察

家庭暴力往往发生在隐蔽空间，或者遭受暴力打击的躯体部位属于人体私密部位，人们秉持“家丑不可外扬”这一传统家庭观念，受害者往往感觉丢脸或者家务事不便为外人道而“羞于启齿”，外人大多以私人事务为由不愿意去关注和介入。据媒体报道，陕西汉中11岁女孩芳芳（化名）长期遭受来自父亲的家暴，2016年清明节当天，她被父亲殴打接近2个小时，最后因伤势过重不治身亡。芳芳从未向外人包括学校老师反映过其长期遭受家庭暴力，芳芳所在小区的物业、邻居、就读学校也都没有及时发觉芳芳遭受家庭暴力的威胁，即使发觉了一些苗头，也认为是家长管教子女这类私事，没有及时报告给有关部门，挽救一个生命的机会就这么错失了，这样的遗憾不得不让人感到心痛！与之相反，令人欣慰的情况也越来越多涌现。2017年春节期间，重庆江津一位15岁的女孩子凌晨在家听到邻居发生异动，经过察看发现一位孕妇正在遭受家庭暴力，女孩子描述道“那个男人摁住女人的头往一个大铁门上撞，铁门框框地响”“我看到那个女人腿间全是血，我差点吓跪下了，女人的脸五官都扭曲了，全是淤血”。这位善良、勇敢的女孩子质问施暴者：“她是你老婆你就可以想打就打吗？”见制止无效，女孩子及时报警，警察赶到现场男子才停止了施暴。（不管事后如何处理，这位重庆女孩的勇敢和正义令人敬佩！）

（四）家庭暴力这种侵权行为具有反复发生的周期性特点

一般侵权，一次加害行为即告结束；而家庭暴力，施暴人往往纠缠不休，受害人很难摆脱。从审判经验来看，很多家暴受害倾诉者在叙述自己遭受家暴时，都提到不论如何小心谨慎，挨打挨骂似乎家常便饭一般难以避免，并且一阵一阵地发生，好像有什么规律似的。心理学者研究发现，家暴的发生是反复和有规律的。周期性体现为：紧张期、暴力期、平静期。在双方关系紧张期，会有经常性的轻微暴力，施暴者对受害人表现出莫名的敌意和愤怒，受害人为了避免受暴力侵犯往往想方设法迎合施暴者甚至努力满足施暴者的不合理要求，此时受害者内心多半是反省自己不足的逆来顺受。长时间下去，施暴者脾气膨胀失控，暴力发生，这是典型的暴力期。暴力停止后，施暴人道歉或者保证痛改前非，进入平静期，此时的施暴者反而像一个可怜的、犯了错误的孩子，不断地恳求受害人原谅自己留在自己身边，受害人幻想自己成为拯救者，认为自己能够帮助施暴者改掉打人骂人的坏毛病，于是双方重归于好，这是第三阶段。这样一来，实际强化了施暴人的暴力行为，让施暴人相信自己可以再次以暴力手段控制对方，所以家庭暴力周期循环，受害人“习得无助”。

五、司法实践中认定构成家庭暴力的要素

根据以上分析，我们不难发现，发生在家庭内部的暴力行为并非都是家庭暴力。在实际审判中以保护当事人家庭成员权益为原则，依申请或者依职权作出认定家庭暴力和作出人身安全保护裁定的时候，务必要审查产生原因、类型、暴力程度、持续时间，把殴打行为和属于刑事处罚的强奸、故意杀人、故意伤害、强制猥亵妇女儿童、暴力干涉婚姻自由、虐待、遗弃、拐卖妇女儿童等违法犯罪行为相区别，避免用“家庭暴力”的外衣遮掩应当承担刑事责任的违法犯罪行为，避免用“家庭暴力”的民事侵权责任和行政责任替代违法行为应承担的刑事责任。因此，笔者建议考量是否构成家庭暴力从以下几点入手：

1. 暴力发生动机是出于控制而非伤害。控制的目的是确立自己处于控制地位，虽然是单方面采取了殴打、恐吓等手段，但是将双方的互动联系起来看，家庭暴力的施暴者往往针对家庭成员中的老弱为对象，在对方拒绝接受控制或者反对控制的时候采取的一种行为模式。

控制有时候不是现实的暴力殴打行为，威胁有时候更具有控制效果，特别是施暴者的威胁针对受害人亲友的时候，受害人更会感受到一股无法摆脱的控制力而陷入绝望和崩溃。因此在甄别家庭暴力时候，要考虑到最近没有家庭暴力发生并不代表着家庭暴力不会再发生。巴南法院曾经发生过一起因离婚而导致丈夫杀害妻子、岳父母的恶性事件，当时丈夫被妻子起诉到法院时，双方近期并未有家庭暴力事件，未曾想在庭审后尚未宣判之前，丈夫认为妻子离婚念头坚决，害怕妻子离开自己，暴力致死多人。这就是典型的施暴人发现丧失控制前暴力再次发生或者升级的恶性事件。所以，在审查涉及家庭暴力时，不仅要依职权探求当事人经历过的家庭暴力事件，还要了解近期发生的暴力事件，关注暴力事件带来的威慑力对当事人的影响，进而对是否作出人身安全保护裁定进行准确判断。

同时在审理离婚纠纷中要注意，一般暴力伤害行为与导致夫妻感情破裂的家庭暴力行为，虽然都可以提出损害赔偿，但是二者从法律适用和程序上存在着不同，家庭暴力与夫妻感情破裂也不具有必然联系，离与不离，标准是夫妻感情是否破裂，对于家庭暴力带来的是感情危机还是婚姻死亡，需要根据个案的情况综合予以认定。如果一刀切统统以家庭暴力为由认定感情破裂，这样的话，就与家事审判和反家庭暴力倡导的通过审判程序修复亲情关系、解救婚姻危机的宗旨相悖离了，也不利于婚姻家庭的稳定。

2. 暴力发生在曾经或者已经形成了共同生活或者具有家庭（亲属）成员关系的当事人之间。这也是家庭暴力与一般侵权行为相区别的要素。一般侵权行为，双方在情感上、经济上没有依赖性和混同性，可能素不相识或者即使存在亲缘关系但各自有着独立的生活，居住上不同屋而居、饮食上不同桌而食、经济上无帮扶供养义务。这类当事人之间因家族事务产生的暴力行为（不构成犯罪行为的），不等同于家庭暴力，应当由公安机关按照《治安管理处罚条例》的规定，给予行政处罚。

3. 具有伤害行为，且伤害行为的表现情形不局限于条文所列。家庭暴力的违法行为主要是指家庭成员一方，对其他家庭成员实施了侵犯人身、精神、性方面的强暴行为。在客观上看，家庭暴力可以是积极的行为，如殴打、伤害、捆绑、禁闭、强迫等直接实施的暴力行为，也可以是漠视、有病不送医治疗、不准进门等消极的作为。同时，出于控制目的，订立一方有权制定规则、强迫对方无条件服从一方决定的家规、暴力胁迫对方同意离婚、利用对方善良之心当面自伤、保证痛改前非、骚扰尾随对方等行为，也属于施暴人实施的、带有威胁恐吓性质的家庭暴力行为。

4. 达到一定程度。由于侵权行为发生在家庭成员之间，为了避免家庭暴力概念过于宽泛适用而动摇社会婚姻家庭关系的稳定性，同时也为了区别家庭暴力和一般的家庭争吵（把家庭成员之间日常争吵、偶尔打闹以及尚未造成伤害后果的家庭纠纷行为排除在家庭暴力之外），故在认定上要求达到一定的伤害后果。从基层法院目前的司法实践中看，各地法院各自掌握的标准不尽相同，有的要求有两个方面，一是达到轻微伤以上，二是时间上有延续性、长期性。有的只需要造成威胁即可认定。笔者建议，对家庭暴力持谨慎认定态度，但是对于人身安全保护裁定，只要当事人申请的，及时审查，以作出裁定给予司法保护为原则，以不保护为例外。对存在家庭暴力但受害人未申请保护令的，或者受害人基于施暴人是家庭经济支柱等原因而不愿意提出保护令的，法院可以依职权作出保护令，保护当事人人身权益不受侵害。对于不构成家庭暴力的一般纠纷行为，给予批评教育，督促行为人反省改正，阻止家庭暴力的萌芽和发展。

5. 当事人具有主观上的过错。家庭暴力主观上要求行为人具有主观故意，即施暴人在实施家庭暴力心理上存在明确的目的性和故意性，并非无意而为之。通过心理疏导、调解、帮扶等多方联调手段，让施暴者意识到家庭暴力蔑视了人权，是双方家庭地位不平等的体现，后果是导致婚姻解体和损害赔偿。

除此之外，家事审判涉及家庭暴力，还要强化庭审对当事人的疏导和教育。让当事人清楚认识到“人身安全保护令”预防和制止家庭暴力的目的和维护和睦家庭的作用，引导施暴者认清家庭暴力本质，反思自己实施家庭暴力给对方造成的伤害和痛苦，促使施暴者自愿接受保护令的约束，降低保护令的强制执行数量。

目前反家庭暴力的司法解释和操作细则尚未出台，人身安全保护令适用率较低和家庭暴力广泛存在的矛盾较为突出，大多数受害人没有得到有效及时的保护，因家庭暴力导致的恶性事件时有发生，鉴于此，希望能尽快出台细则，完善涉家庭暴力的执行实施措施和审判认定标准，彰显司法的裁判价值。

家事审判中弱势群体权益保障
——以构建家事审判特殊制度为契机

赵　鑫*

目　次

一、家事审判中弱势群体权益保障的实践探索

（一）现状描述

家事审判改革中对弱势群体权益的保障早在2000年前后就受到相关法院或审判庭（室）的关注，笔者在互联网上搜索发现，各地法院很早就有针对此类问题的特别性做法。

实例一：河北省老河口市人民法院为了家事案件的妥当解决，于1999年专门设立了“维护妇女儿童权益合议庭”，把保护家庭内妇女儿童的合法权益作为审判工作的一项重要任务。该庭还邀请妇女参加陪审，充分利用女性陪审员熟悉妇女心理的特点，善于做思想工作的特长，对案件进行调解，取得不错的社会效果。几年来，该合议庭共审理婚姻家庭案件2462件，审结2455件，调解结案占审结数的68%。其中，妇女参与陪审1193件，占49%。①

实例二：2007年，湖北省五峰妇联和五峰法院联合在县法院的民一庭设立了“妇女儿童维权合议庭”，专门审理因家庭暴力引起的婚姻家庭案件；侵犯妇女儿童人身权、财产权案件；剥夺母亲对子女监护权案件；儿童抚养权、教育权等合法权益受侵害案件。在刑庭设立青少年合议庭，专门审理未成年人犯罪案件及开展回访帮教与社区矫正，积极开

* 作者简介：赵鑫，重庆市大足区人民法院法官助理。

① 参见网络报道：《老河口市维权合议庭为妇女儿童撑起一片蓝天》，http://www.hbwomen.org.cn/2008-07/24/cms650586article.shtml。

展“万千花蕾保护行动”，着力维护未成年人合法权益。①

实例三：四川广安市岳池县法院近年来在民一庭内，成立了由清一色女法官组成、专门审理婚姻家庭纠纷案件的“女子合议庭”，以切实维护妇女儿童的权益。该合议庭充分发挥女法官在案件审理中细致、亲和、易于沟通的优势，主要审理辖区范围内的离婚案件、宣告婚姻无效案件、抚养案件、抚育费案件、赡养案件和继承案件。

实例四：为了保障妇女儿童的合法权益，北京市朝阳区妇联和朝阳区法院在调查研究的基础上，经过沟通协商后，于 2007 年 12 月 20 日，在朝阳区王四营乡成立首个妇女儿童维权合议庭。妇女儿童合议庭由当地法庭（王四营法庭）以及少年审判庭共同组成，设有日常法官 5 名、审判助理员 5 名。合议庭将重点受理以下典型案件：（1）因家庭暴力引起的婚姻家庭案件；（2）侵犯妇女人身权利的案件；（3）侵犯妇女儿童财产权的案件；（4）剥夺母亲对子女监护的案件；（5）老年孤寡赡养权受侵害的案件；（6）侵犯妇女劳动权益的案件；（7）侵犯妇女承包经营权的案件；（8）儿童抚养权、教育权等合法权益受侵害案件；（9）其他明显侵犯妇女儿童合法权益的案件。合议庭还开通一部热线电话，当地妇女儿童遇到维权问题时，均可拨打该部电话向合议庭投诉或者咨询。②

实例五：2000 年 3 月，石家庄正定县妇联与县人民法院联合在城关法庭成立了“婚姻家庭合议庭”和“婚姻家庭教育学校”，在此基础上，2005 年，建立了反家庭暴力合议庭（以下简称合议庭），该专业合议庭具有典型的审教结合特色。几年来，该法院共受理家庭暴力民事案件 647 件，已审结 628 件，结案率 97%，为 800 人上教育课，为 130 名妇女、儿童提供了法律援助，做到了无矛盾激化、无上访、无申诉，收到了良好效果。③

实例六：2013 年，南京市中级人民法院积极改革创新，在全省率先成立了未成年人及家事案件审判庭，2013 年 7 月 1 日正式挂牌。少年与家事法庭是在少年庭的基础上，整合民一庭部分擅长婚姻家庭案件审判的法官共同构成，实际上是对原有少年审判资源的继承，并且遴选富有家事审判经验的审判人员，充实到少年与家事法庭。少年与家事法庭分为少年部和家事部两个部分，受理少年刑事案件，涉少刑事案件、婚姻家庭案件等。

（二）经验终结

通过上述具体实践，我们发现家事审判中对于妇女、儿童及老年人等弱势群体的保护，已经出现一些共通的、规律性的做法，这些做法实际上已经构成了家事审判特殊化程序的要素或者雏形：

1. 针对“弱势群体”的审判组织专门化初见雏形。尽管实践中多以“婚姻家庭案件合议庭”“妇女维权合议庭”“妇女儿童合议庭”“婚姻家庭案件合议庭”等名称出现，范围也不尽一致，但其实质都是针对特殊家事案件的。

2. 家事审判中弱势群体权益保障的案件范围逐步明确化。在家事审判实践中，此类案件从涉及妇女、儿童保护的身份关系案件扩展到涵盖范围更广阔的家庭纠纷范畴，如徐

① 参见网络报道：《五峰县妇联与法院建立联席会议制度保护妇女儿童合法权益》，http：//www. women. org. cn/allnews/1302/1904. html。

② 参见网络报道：《朝阳成立妇女儿童维权合议庭》，http://www.cyw.com.cn/flkx/fngz/4aecfc3216f59c1601170b12f6ab000a.html。

③ 参见网络报道：《石家庄正定县反家庭暴力合议庭三措维护妇女儿童合法权益》，http：//www. sjzfe. gov. cn/art/2007/10/15/art_ 23397_ 197056. html。

州贾汪区法院明确此类案件的范围为亲属身份争议和以亲属身份为依据所发生的财产争议案件，如婚姻案件、亲子案件、收养案件以及抚育、赡养、扶养、遗赠扶养、遗产继承、家庭或者婚姻关系析产、亲属之间侵权赔偿等民事财产争议之诉等。

3. 针对“弱势群体”的家事审判特殊程序规则初步形成。例如，广东高级人民法院2012年3月出台《家事审判合议庭操作指引》，就此类案件审判程序涉及的价值目标、案件范围、审判原则、证据与证明规则、程序分类、调解以及家事案件的社会协作机制等做出了系统性规定；江苏省高级人民法院则出台《婚姻家庭案件审理指南2012》，对此类案件审理涉及的实体问题和程序问题分别做出了较为详尽的规范。江苏徐州贾汪区法院在2012年也制定了《家事审判工作实施意见（试行）》《家事审判案件审理工作规则（试行）》等规定。

4. 针对“弱势群体”的家事案件以调解为主的解纷机制已经形成。几乎所有的家事合议庭或者家事审判庭都把此类案件的调解放在最重要的位置加以重视，多数调解率达到一半以上，有的高达80%以上。

5. 针对“弱势群体”的家事审判所需要的社会协同机制也开始形成，如与妇联建立较为稳定的联系，通过聘请妇联干部参与此类案件陪审和调解来积极介入纠纷化解，通过与公安、司法等部门的协作，共同防范和制止家庭暴力，为家庭暴力的司法认定提供支持。

二、强化家事审判中“弱势群体”权益保障的动因：背景分析

（一）家事纠纷涉及“弱势群体”权益的案件数量居高不下

近年来，我国民事案件数量呈现“井喷式”上升态势，婚姻家庭案件也一直保持在高位。比较一下2004年至2014年全国法院民商事案件的受理情况，可以发现婚姻家庭、继承纠纷案件占整个民商事案件数量的比例约为18.63%。[①]（参见下图）

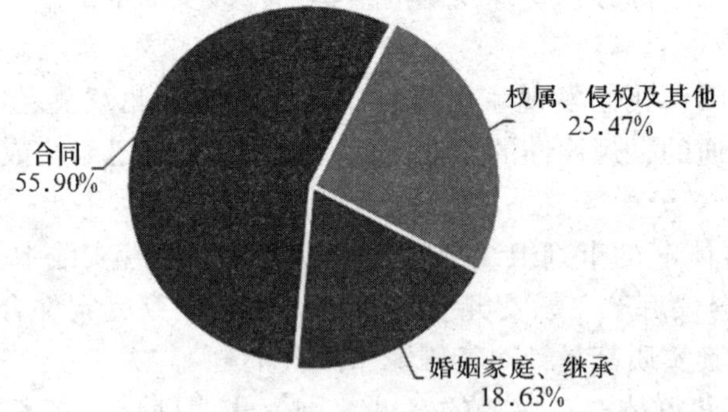

2004~2014年全国民商事收案情况图

2015年全国法院新收民商事一审、二审、再审案件11044739件，上升21.8%；审结10505731件，上升20.06%。其中，新收婚姻家庭、继承纠纷案件1817278件，上升

① 马剑：《实现审判服务经济社会发展的新常态——2014年全国法院审理民商事案件情况分析》，载《人民法院报》2015年5月14日，第5版。

7.59%，占民商事案件的16.45%。[①]

2016年全国法院新收民商事一审、二审、再审案件13253686件，上升20.1%；审结12603721件，上升19.96%。其中，新收婚姻家庭、继承纠纷案件1963438件，上升7.29%，占民商事案件的14.81%，从案件审结的情况看，大致比例与前几年相当。[②]

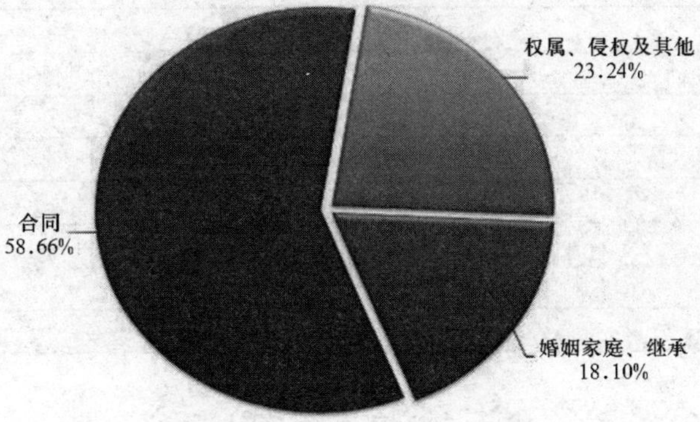

2016年全国法院审结民商事一审案件构成图

离婚纠纷在家事案件中占据绝对多数

从全国婚姻家庭案件的构成上看，离婚案件占据家事案件的绝对多数，且逐年上升。[③] 下述数据是全国近年来一审离婚受案数量，其上升走势明显。

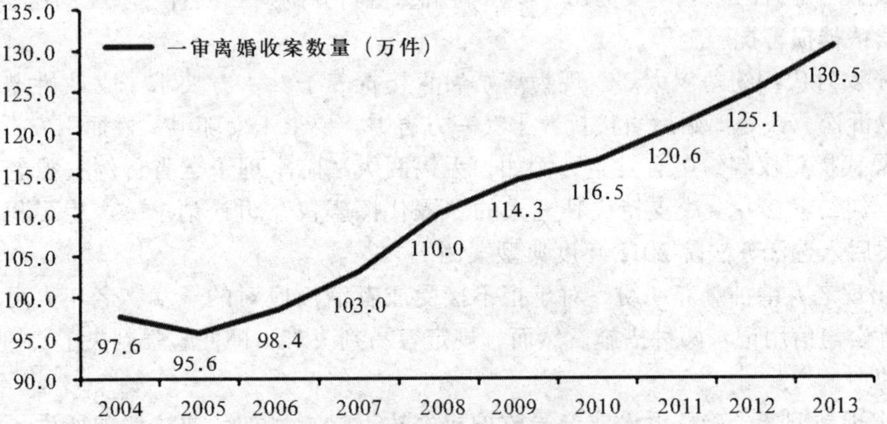

2004~2013年全国一审离婚收案情况图

2014年全国法院审理婚姻家庭案件近160万件，其中，离婚案件120多万件。审结

① 参见张春波：《2015年法院司法统计数据新鲜“出炉”新收一审案件数量首次突破千万》，中国审判杂志，http：//blog. sina. com. cn/s/blog_ a0a6578e0102w307. html。

② 参见网络报道：《2016年全国法院系统收结案情况统计分析》，载中国新闻网，https：//news. sina. cn/2017-07-31/detail-ifyinwmp1040963. d. html#！/-tou1ijthdh.

③ 马剑：《实现审判服务经济社会发展的新常态——2014年全国法院审理民商事案件情况分析》，载《人民法院报》2015年5月14日，第5版。

的离婚案件占到婚姻家庭案件的比例约为75%。从审理的案件数量来看，这类案件历年来略有增长，但变化不大。①

近年来，家事案件审判中涉及未成年人抚养问题（含非婚生子女）、老年人赡养问题、家庭暴力案件数量不断攀升（参见下图）。

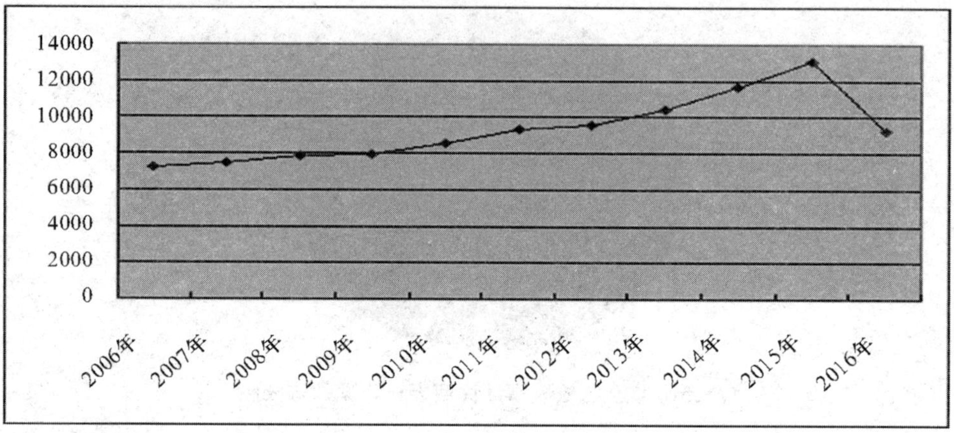

（二）家事纠纷中损害“弱势群体”权益的原因主要是

1. 在离婚案件中，要求确认或否认亲子关系的纠纷增多。伴随着离婚诉求的提出，当事人一方或双方一并提起亲子关系鉴定请求，要求确认与孩子是否存在亲子关系，或是一方以孩子不是自己亲生子女为由，要求离婚、重新分割财产或者要求配偶返还子女抚养费和赔偿精神损害抚慰金等。

2. 子女姓氏纠纷争议大。表现为离婚后直接抚养子女一方要求子女改姓遭到对方拒绝而引发诉讼，或是离婚后直接抚养子女一方再婚，要求子女随继父姓而引发诉讼。

3. 隔代探望权纠纷屡有发生。例如，无锡两级法院审理了全省首例失独老人“隔代探望权”纠纷案，并裁决支持失独老人的“隔代探望权”诉讼请求，产生了积极社会反响，该案后入选江苏法院2015年度典型案例。②

4. 出现老人精神赡养纠纷。对于拒不接受或者消极应对的子女，老年人可采取向法院提起诉讼与信用记录两种措施。然而，规定容易判决难，即便勉强判决了，执行也是十分艰难的。

5. 出现新型亲子确认诉讼或亲子监护权争执诉讼。例如，非法代孕所生子女的亲子关系如何判定？法院如何斟酌未成年子女的最佳利益？

6. 涉及家庭暴力的家事案件，主张得多，但认定得少。家庭中的家庭暴力主要是针对弱势群体的一种控制手段，包括婚姻关系中配偶一方对另一方的暴力（主要是丈夫对妻子的暴力），家庭成员对共同生活的老年亲属的暴力以及父母或其他监护人对未成年人的暴力。因为家事暴力中受害人不但要证明自己遭受家庭暴力的后果，还要证明受伤结果

① 参见网络报道：《最高院明年试点家事审判改革》，法制网-法制日报，http://finance.sina.com.cn/sf/news/2015-12-25/090914717.html。

② 参见网络报道：《江苏省高院向社会发布2015年度典型案例》，http://www.js.xinhuanet.com/2016-01/14/c_1117775317_10.htm。

系加害人所为。由于家庭暴力的隐蔽性，事发时往往缺乏直接目击证人，而且多数情况下家庭暴力受害人的伤情并不严重。加之受害人证据意识欠缺、社会对家庭暴力重视程度不足等因素，因此，司法实践中认定家庭暴力极为困难。此外，精神暴力、性暴力等主张举证更难。

7. 家事执行案件越来越多，且越来越困难，尤其是涉及交付未成年子女、父母探望权等。实践中，一些年轻的离婚夫妻在离婚诉讼之前或之中抢夺未成年子女，藏匿未成年子女，致使离婚判决中获得未成年子女监护权的一方权利落空，有些甚至拐带未成年子女到国外，更使得法院判决难以执行。

三、关于家事案件中“弱势群体”权益保障的特殊制度改革

（一）明确此类案件的范畴

下列案件均可纳入：

第一，婚姻家庭类：（1）婚约财产纠纷；（2）离婚纠纷；（3）离婚后财产纠纷；（4）离婚后损害责任纠纷；（5）婚姻无效纠纷；（6）撤销婚姻纠纷；（7）夫妻财产约定纠纷；（8）同居关系纠纷；（9）抚养纠纷；（10）扶养纠纷；（11）赡养纠纷；（12）收养关系纠纷；（13）监护权纠纷；（14）探望权纠纷；（15）分家析产纠纷。

第二，亲子关系类：（1）确认亲子关系纠纷；（2）否认亲子关系纠纷。

第三，继承类：（1）法定继承纠纷；（2）遗嘱继承纠纷；（3）被继承人债务清偿纠纷；（4）遗赠纠纷；（5）遗赠抚养协议纠纷。

第四，抚养、赡养、监护权、探望权类：（1）抚养权关系纠纷；（2）赡养权纠纷；（3）监护权纠纷；（4）探望权纠纷。

第五，特别程序类：（1）监护权特别程序案件；（2）人身保护令案件。

（二）探索符合“弱势群体”权益保障家事审判的证据规则

1. 强化职权调查。对认定事实、适用法律有影响的事实以及法官认为应当调查了解清楚、有利于化解矛盾的事实，均可依职权主动调查。调查时应携带摄像机，以摄像为主，重点调查纠纷发生的根源、近亲属对解决纠纷的态度等，以备庭审时播放。

2. 对于当事人无法自行搜集、获取的证据材料，可向人民法院申请调取。法院在收到当事人的调查取证申请后，应在七日内组织调查。

3. 根据当事人诉讼能力合理分配举证责任，实行一定条件下的举证责任转移。在依照现行的“谁主张，谁举证”原则的前提下，对于某些特殊的证据，如涉及家庭暴力的证据，可将举证责任转移至施暴嫌疑人。

4. 在当事人提交证明各自主张的必要证据外，还可以要求当事人提供婚礼录像等视频资料以及结婚照、全家福、儿时照片、与父母合影等图片资料，在庭审期间播放，勾起当事人对美好往事的回忆以及感受父母养育的不易。

（三）对家庭暴力案件的特别程序规定

家事诉讼中涉及家庭暴力的案件证据收集难、认定难，是很多家事法官心里的一个隐痛。对此，很多法院在家事审判中对家庭暴力证据进行便宜性规定，如规定家庭暴力受害人提供的伤情照片、医院病历、接警或者出警记录、带有威胁内容的录音和手机短信，加害人出具的悔过书、保证书，受害人报警时的电话记录等，均可以作为认定家庭暴力事实

存在的直接证据。还有的对家庭暴力案件的举证责任分配进行适当调整，如安徽省马鞍山市雨山区法院在其《雨山区家事审判合议庭工作规则》第11条规定，在审理家庭暴力案件中，采用以下举证分配方式：受害方需要举证证明其受侵害的事实；在受害人完成上述举证的情况下，由对方承担证明其并非侵权行为人的举证责任，如果无法证明的，推定其为侵权行为人。

对家庭暴力案件：一是建立家事纠纷联动处理机制，受害人向公安、妇联等联动单位反映有家庭暴力发生的，联动单位根据联动处理机制中的首问负责制，及时记录相关情况，进行初步证据保全，并视情况采取相应措施，超出联动单位处理能力范围的，及时引导受害人到法院立案。二是法院依职权或依受害人申请进行调查取证，联动单位收集的信息和证据、家庭成员的证言，村民、邻居及村委干部等对当事人平时表现的情况反映等，都是法院调查的重点。三是对受害方明显有伤的家庭暴力案件，降低证明标准，合理分配举证责任，在申请人有殴打受害人记录的情况下，由被申请人承担受害人受伤时其不在场的举证责任。四是对受害方进行法律宣传，告知其如再次受到家庭暴力，尽快报村委或派出所等联动单位，或自己用手机等工具拍摄，固定证据。与此同时，村委、派出所、妇联等联动单位及法院密切关注家暴案件后续情况，以使受害人得到及时救济。

（四）确立儿童利益最大化和儿童利益优先保护原则

家事案件很多涉及未成年人权益，因此，很多法院在实践中，把家事案件中的儿童保护上升到国家和民族的高度来进行保护，树立儿童保护高于离婚当事人利益的理念，要求离婚当事人处理好未成年子女的相关抚养监护事宜，否则不能判决离婚。

很多法院在家事审判中都以不同形式诠释和表达儿童利益优先保护或者儿童利益最大化原则。例如，在离婚案件的审理中通过多种举措，充分注重保护未成年子女的合法权益。首先，在确定未成年子女的抚养权时，要充分考虑能保证其健康成长和受良好教育的权利。其次，在财产分割时要从有利于子女利益的原则出发，保护未成年人的财产权益。离婚诉讼中，对于夫妻双方自愿将共同财产赠与给未成年子女的，要依法确定其赠与的效力；对于一些离婚时将房产等赠予子女后又以未办理房屋所有权证照为由要求撤销赠予行为的案件要严格审查，慎用撤销权和调解程序，不能完全以父母的调解意见为依据。注重对离婚案件未成年子女的心理辅导，部分离婚案件未成年子女特别是“留守儿童”，容易产生自卑、怨恨消极情感，缺乏学习和生活上的自信心等心理特点，可组织人员深入学校、社区、监护人家中、父母工作单位，通过回访和召开各种座谈会、个别走访交谈等形式，收集掌握离婚家庭孩子的生活、学习、思想等情况，分析其性格特点，探讨改善对父母离婚家庭未成年子女教育的新路子，提出切实可行的解决措施，为离婚家庭未成年子女的健康成长“把脉问诊”，切实解决好离婚家庭未成年子女的健康成长问题。

（五）强化全程调解，建立特邀调解、委托调解、协助调解制度

家事调解具有多种模式，有诉前调解，也有特邀调解、委托调解、协助调解等多元样态。在我们的调研中发现，很多法院在家事审判中都引入了多元调解。

特邀调解、委派调解同样得到最高人民法院的支持和肯定。并在最高院出台的司法文件中予以体现，如2016年7月1日起施行的《最高人民法院关于人民法院特邀调解的规定》（法释〔2016〕14号）第9条规定，人民法院可以设立家事……等专业调解委员会，并根据特定专业领域的纠纷特点，设定专业调解委员会的入册条件，规范专业领域特邀调

解程序。第 11 条规定，对适宜调解的纠纷，登记立案前，人民法院可以经当事人同意委派给特邀调解组织或者特邀调解员进行调解；登记立案后或者在审理过程中，可以委托给特邀调解组织或者特邀调解员进行调解。

（六）社会观护制度

一是引入社会力量建立长效机制。通过与妇联、关工委等非盈利公益性社会组织签订合作协议，建立婚姻家庭服务中心，充分利用社会资源，发挥相关组织在人员专业、经验专长方面的优势，保证观护制度长效落实。二是“二位一体”模式确保观护实效。借助婚姻家庭服务中心退休老干部丰富的经历经验，侧重进行社会调查等工作。利用组织拥有的婚姻家庭咨询师、心理咨询师队伍进行庭前庭后心理指导，促进矛盾化解。针对案件需要在家庭访视、社会调查、协助调解、判后回访等不同环节选择最适宜的社会观护员。三是社会观护报告接受质证检验。观护报告包括案件基本情况、受委托事项、调查内容、意见建议四项内容，其中调查内容详尽细致，涉及涉案未成年人既往被抚养状况，家庭成员健康状况、行动倾向，父母抚养能力及既往履行抚养义务的状况，父母获得亲属援助的可能性等。观护报告作为证据在庭审中接受质证，社会观护员出席庭审进行说明。四是明确权利义务保障依法履职。社会观护员接受法院的委托，以其独立地位依法履行其公益性责任，具有申请阅卷、了解案情、参加庭审及对未成年人跟踪回访帮教的权利，同时须遵守职业道德和伦理规定，保守职业秘密，尊重个人隐私，履行客观调查、如实报告、自行回避等义务。①

（七）独立诉讼监护人制度（我国台湾地区称“程序监理人”，德国称为“程序辅助人”）

为了更好地保护未成人的合法权益，实践中一些法院在家事审判方式改革的探索中，尝试建立子女利益保护人制度，即在离婚案件、变更直接监护权案件、探望权案件中，法院可以从律师、教师、妇联、妇女儿童救助中心等单位中选任儿童利益保护人，实现未成年人利益保护最大化。尤其是在未成年子女为案件当事人，但其法定代理人无法出庭、或因利益相反不宜出庭、或因法定代理人本身就是被告的情况下，可以申请由诉讼监护人代理未成年子女出庭参与诉讼，表达子女的独立意志，保障子女权益的实现。

（八）建立“回巢访谈”制度，重视老年人权益保障

近年来，社会发展、经济繁荣下，越来越多的年轻人外出打工，无论是农村还是城市，“空巢”现象不断上演，并有愈演愈烈的趋势，很多老年人有儿有女却成了“孤寡老人”，法院和社会机构可利用有利条件，成立专门的“调查机构”，对辖区老年人生活情况进行走访和调查，并记录备案，作为有力证据，并将之纳入数据库，作为法院审理相关案件的参考。

（九）建立精神损害赔偿制度

探望权、监护权等均是法律赋予当事人的合法权益，一旦被侵犯或被非法剥夺，其必然会遭受精神痛苦，相应的权利人可以要求精神损害赔偿。判令精神损害赔偿既可以补偿探望权人、监护人等不能享受合法权利所受到的伤害，也可约束相关责任人履行义务、遵

① 参见网络报道：《我院在家事审判中引入社会观护制度效果良好》，载宁波海曙市人民法院网，http://www.nbhsfy.gov.cn/News_view.aspx?CategoryId=12&ContentId=4956。

守法律规定。但此赔偿必须符合《最高人民法院关于确定民事侵权精神损害赔偿责任若干问题的解释》规定的条件，实践中应严格把握。①

结　语

家事审判中的“弱势群体”长期以来，一直是被忽略和忽视的一类人，但对此类特殊群体的合法保护以及对其合法权益的有效保障，又是国家社会发展的体现和必然要求，只有实现“弱势群体”权益的程序性公正和实体性公平，才能确保家事审判制度改革的顺利推展。

① 陈爱武：《论家事案件之执行》，载《河北法学》2016年第1期。

家事审判中未成年人权利保护研究

周　敏*

目　次

相较其他案件的审理，家事案件的审理不仅涉及财产关系和人身关系，还涉及复杂的婚姻家庭关系，具有一定的特殊性。家庭是社会的细胞，未成年人是社会的希望和未来。在家事审判的司法实践中，尤其需要注重对未成年人权利的保护。较好地解决未成年人的归属、安抚问题，保障未成年人的合法权益不仅是有效化解婚姻家庭纠纷的需要，同时也是最大限度地保障未成年人个体合法权益的需要。因此，在当前家事审判改革的大背景下，加强对完善未成年人权益保障的思考，进一步推动家事审判工作机制的改革，进而更好地维护婚姻家庭稳定是值得当下思考的焦点问题。

一、家事审判中未成年人权利保护的意义

作为未成年人的少年儿童是人类文明得以传承的基石，古往今来，无论是何种社会结构所组建的国家都必然重视对未成年人的培育，对未成年人的养护、教化是任何一个国家、社会都不可能轻慢的过程。现代社会普遍把尊重未成年人独立人格、切实保护未成年人权利作为保护少年儿童的基本准则。但在未成年人利益与社会利益、未成年人利益与成人利益产生冲突时应该如何选择则是立法和司法经常面临的两难权衡。联合国 1989 年通过的《儿童权利公约》第一部分第 3 条规定对此作出了回应，即“关于儿童的一切行为，不论是由公私福利机构、法院、行政当局或立法机构执行，均应以儿童的最大利益为一种首要考虑”。由此确立了国际儿童保护的根本准则——儿童最大利益优先原则。成人社会对该原则的共识使得世界儿童保护运动掀开了新的篇章。大部分缔约国均以此为基石构建或重新修改调整了本国的儿童权益保护立法。中国于 1992 年加入了这一国际公约并于同年颁行了《中华人民共和国未成年人保护法》。但是，我们注意到无论是国内还是国外的

* 作者简介：周敏，重庆市璧山区人民法院法官助理。

儿童权益保护立法都将这一原则渗透到也落脚在实体法和少年刑事司法层面，鲜有从儿童民事程序方面予以论及。

从未成年人保护的实践层面来看，未成年人民事权益保护的疏漏尤其是家事事件中未成年人保护的疏漏很有可能就成为一个恶性刑事案件的诱因和源头。大量统计数据显示，我国大部分未成年犯罪人都有一个不幸的家庭背景，尤以离婚、单亲家庭或曾遭受家庭暴力的非常态家庭引致的家庭监护失灵居多。这说明完整和谐的家庭对塑造未成年人健全人格的重要性。我国在立法中将离婚自由作为婚姻自由的一个重要组成部分，但却忽视了离婚后子女身心健康可持续成长的有益环境维系，而不健全的生长环境则成为大量导致未成年人犯罪的诱因。面对我国社会转型期儿童成长环境的不利境遇，从立法、司法层面构建全面的未成年人权益维护机制，尤其是与未成年人生活、学习息息相关的民事实体和程序保护机制，充分发挥司法判决对社会行为标准的导引功能，引导社会整体培育健全的未成年人本位观，对我国现阶段的未成年人权利保护无疑具有重大的理论和实践意义。“没有什么信任比这个世界给孩子的信任更神圣；没有什么责任比确保孩子的权利得到尊重、确保孩子的幸福得到保护、确保孩子的生活免遭恐惧和匮乏更重要的了。人类进步的传承植根于对孩子权利的实现。”①

二、家事审判中未成年人权利保护的现状

民事诉讼法中，只对某些特殊案件进行了规定，如在婚姻、家庭和收养等家事诉讼中规定了保护未成年人合法权益、尊重未成年人意愿的个别条款。从总体上看，我国现行《婚姻法》尚存在问题，亲子关系的确定、未成年子女在家庭中的权利以及父母对于未成年子女的义务和权利，在该法中均未得到充分的体现。这反映出我国《婚姻法》重婚姻关系、轻亲子关系。由于在我国家庭制度史上长期实行家长制，家长在家庭中的权威至高无上，虽然随着历史的发展，废除了传统家长制，强调了对子女利益的保护，但传统的漠视子女权益的观念仍然根深蒂固。

长期以来，在司法实务中，我国未成年人家事审判一直套用普通民事诉讼的模式，即以“当事人主义诉讼模式”为原则，强调当事人举证和法官的中立性。在这样的诉讼模式下，对涉及未成年人民事权益的诉讼仍然适用同样的程序和制度，理由在于：民事主体法律地位平等，没有理由区别对待。

我国2006年修订的《未成年人保护法》第3条明确规定了给予未成年人特殊、优先保护，有着非常重要的意义：它确立了一种理念，即在所有涉及未成年人的活动中都应以未成年人的利益最大化为首要的考虑。民事诉讼领域，对于涉及未成年人权益的案件，应当体现该原则，因此，普通民事诉讼程序已不能适应该法提出的在诉讼中对未成年人给予特殊保护的要求。

在我国的涉少家事审判中存在诸多问题，总结如下：

第一，缺乏对未成年人特殊性的考虑。未成年人民事案件，以婚姻家庭案件为重点，在离婚案件中，围绕未成年子女的监护权、抚养费等问题，离婚夫妻往往会相互指责，甚

① 这是联合国前秘书长科菲·安南在联合国大会上针对世界日益严峻的儿童问题的发言。参见金林祥：《20世纪中国教育学科的发展与反思》，上海教育出版社2000年版，第10页。

至相互攻击、谩骂。未成年人由于年龄、认知能力等原因，往往心理承受能力较弱，直面上述场面无疑是对其心理的一种伤害，对其以后健康的成长是不利的。[①]

第二，未成年人直接参与诉讼较少，其利益诉求难以被听到。依据我国法律的规定，除年满16周岁以自己的劳动收入为主要生活来源的未成年人之外，其他的未成年人均属于无诉讼行为能力人，因此不能独立参与民事诉讼活动，须由他们的法定代理人代为进行民事诉讼。《民事诉讼法》第57条规定："无诉讼行为能力人由他的监护人作为法定代理人代为诉讼。法定代理人之间互相推诿代理责任的，由人民法院指定其中一人代为诉讼。"普通民事审判程序中，多数涉及未成年人的民事案件，均由其法定代理人参加诉讼，未成年人作为案件当事人的具体情况，法官仅能通过法定代理人了解，对于案件情况的厘清和准确做出裁判都十分不利，其合法利益是否得到全方位的保护更多的是取决于法定代理人或近亲属的责任态度，而不取决于未成年人本身的意志和要求，这在一定程度上限制了未成年人诉讼权利的行使。[②]

第三，不能有效地监督法定代理人对未成年人合法权利的侵犯。我国规定的法定代理人制度设计的出发点是假设法定代理人和被代理人的利益是一致的，法定代理人代理未成年人参与诉讼时，必然会为被代理人的利益最大化而努力。[③] 我国法律规定，担任未成年人民事诉讼法定代理人的是未成年人的父母、祖父母等亲友或者被监护人所在的基层单位等。在多数情况下，担任未成年人法定代理人的上述个人或者单位，能够很好地履行法定代理人的职责，为未成年人争取最大的诉讼权利。但也存在着很多监护人和未成年人利益不一致，甚至监护人侵害未成年人合法权利的情况。比如，父母让未成年人子女过早辍学，剥夺子女的受教育权；又如，父母离异后，未成年子女与一方共同生活，有些父母因为感情上的恩怨，出于惩罚对方的目的，不愿意甚至不允许另一方对子女进行探视，使未成年人子女经常见不到自己的父亲或母亲，享受不到父子间或母子间的亲情；也有父母不经未成年子女同意，协商探视的时间、方式不当，严重地影响了未成年子女的生活和学习，这也是对未成年人权益的一种侵犯。根据我国法律规定，未成年人只有通过监护人代理才能行使民事诉讼权利。在传统的民事审判模式下，法定代理人全权代理未成年人的诉讼行为，未成年诉讼参与人的合法权利有受到诉讼参与人侵害的危险。

三、家事审判中保护未成年人权利的必要性

（一）未成年人的身心发展特点及规律的需要

未成年人正处于向成年人转化过渡时期，其生理尚未发育成熟，心智发展也相对滞后。一方面，未成年人具有强烈的好奇心和求知欲，但是世界观和人生观还没有形成，辨别是非、区分善恶的能力还比较差，抵御社会上不良风气的能力还较弱，容易受到不良风气的影响。另一方面，未成年人渴望与他人交往，但是他们阅历少，认知狭窄、片面，尤其缺乏防备意识，自我保护能力相对较差，容易受人引诱，上当受骗。这些都导致未成年人的权益容易受到外界的侵犯，是一类需要进行特殊保护的弱势群体，应当给予特殊优先

① 陈苇、谢京杰：《论"儿童最大利益原则"在我国的确立》，载《法商研究》2005年第5期。

② 王晓玫：《谈我国监护制度的缺陷和完善》，载《中央政法管理干部学院学报》2000年第2期。

③ 王丽萍著：《亲子法研究》，法律出版社2004年版，第272页。

保护，包括特殊的司法保护，这体现了《儿童权利公约》有关未成年人利益最大化原则。因此，应当把未成年人放在优先考虑的地位，并采取不同于成年人的保护方式、保护措施和保护内容来保障其生存权和发展权。由人民法院充分发挥涉未成年人案件民事审判职能，积极探索和认真落实有利于未成年人利益最大化的措施和制度，以切实维护未成年人的合法权益。

（二）未成年人民事权益特殊性的需要

未成年人是指18周岁以下的自然人，他们对自身之外的整个世界的认识还很有限，不能够自主地参与成人的社会活动，在其整个生长发育过程中离不开成年人的照顾、保护和指导，相对于成年人而言，未成年人的权益有其自身的特点：

1. 从历史上看，未成年人权利的享有取决于整个成人世界的认识和觉悟水平。在奴隶制社会，人类文明尚处于起步阶段，对人权的认识十分肤浅，未成年人的人权状况就更为糟糕。封建社会对未成年人的保护与奴隶社会相比虽有很大提高，但由于封建意识的局限，保护未成年人的目的只是为了促进社会经济的发展，维护封建的统治，宣扬统治者的道德观念，因此这种保护也是很有限的。资产阶级革命胜利后，未成年人的人权状况逐渐得到了较大的改善，特别是19世纪以后，在整个人权运动的大背景下，在联合国等国际组织及各国政府的努力推动下，未成年人权利的保护翻开了崭新的一页。

2. 从权利本身看，未成年人的权利具有成长性。随着未成年人的成长，身体上的成熟和智力上的完善，其实际上享有的权利范围也在逐渐扩大。

3. 从权利的实现上看，未成年人权利的实现具有依赖性，未成年人甚至往往不能自主地意识到自己应该享有的权利内容和范围，未成年人实现自己权利的手段更是有限，需要借助于成人为其创造必要的条件。

4. 从侵权角度看，未成年人权利具有易受侵害性。这是社会弱势群体共有的特点，但对于未成年人而言情况更是如此。未成年人权利实现需要成人的协助，而成人群体往往又有着自己的利益追求，这就不可避免地产生了未成年人权利与成人权利的冲突，其结果往往是以牺牲未成年人的利益为代价。更有甚者有些成年人甚至把未成年人的利益看作实现自己利益的手段和工具，这在现实生活中也不乏其例。

在涉未成年人家事诉讼中，积极地探索适用有利于未成年人利益最大化原则实现的方式和途径已经显得越来越有必要性和迫切性了。这是国家发展与社会进步的长远需要，是贯彻落实公民道德实施纲要、提高未成年人道德建设①时效性的需要。

四、家事审判中未成年人权利保护的适用

从我国《关于审理未成年人民事案件的若干规定》② 中，我们可以对涉少家事诉讼中未成年人利益最大化原则的适用范围进行大致的归纳，主要有四个方面的内容：涉及未成年人利益的婚姻家庭纠纷案件、亲子关系案件、监护案件、侵权案件。结合前面对家事诉讼程序的分析，总结区分一下，可以得出在我国家事诉讼中实现未成年人利益最大化原则

① 《中共中央国务院关于进一步加强和改进未成年人思想道德建设的若干意见》指出："加强和改进未成年人的思想道德建设，既是一项重要而紧迫的战略任务，又是一项紧迫的现实任务。"

② 该司法解释第8条指出，本规定所指的未成年人民事案件是指：1. 涉及未成年人利益的婚姻家庭纠纷案件；2. 亲子关系案件；3. 未成年人监护案件；4. 侵权人或者直接被侵权人是未成年人的人格纠纷案件。

主要包括两类案件，即涉及未成年人利益的婚姻家庭纠纷案件和亲子关系案件。

涉及未成年人利益的婚姻家庭纠纷案件主要有涉及未成年子女抚养的离婚案件、婚姻无效案件、探视权案件、未成年人子女抚养关系变更或者抚养费变更案件、继承纠纷案件等。在此，本文仅对子女由哪一方抚养案件和抚养费案件进行研究说明。

有关子女由哪一方抚养案件，我国法律对离婚后父母对未成年子女监护权归属及如何监护等无明文规定。根据我国《婚姻法》第36条规定："父母与子女间的关系，不因父母离婚而消除。离婚后，子女无论由父或母直接抚养，仍是父母双方的子女。离婚后，父母对于子女仍有抚养和教育的权利和义务。离婚后，哺乳期内的子女，以随哺乳的母亲抚养为原则。哺乳期后的子女，如双方因抚养问题发生争执不能达成协议时，由人民法院根据子女的权益和双方的具体情况判决。"

从以上法条可推知，我国《婚姻法》中的有关规定主张由离婚的父母双方来共同行使子女的监护权这样规定的出发点是为了更好地保护离婚后未成年人的合法权益，但其未能反映出父母离婚后的未成年人监护所具有的特殊性，即未成年子女只能够跟随父母一方共同生活的客观现实。

因此，我们应该依照未成年人利益最大化原则来确定子女的归属问题。对此，应该就以下因素进行充分的考量：(1) 未成年子女的意愿。按照现有法律的规定，在抚养权案件、离婚案件涉及未成年子女抚养问题时，一般应当征求10岁以上子女的意见。但随着社会的进步，国内教育水平的提高，未成年人的认知能力也在不断发展和加强。因此笔者建议可以根据未成年人的具体情况，对未成年子女的年龄进行适当地降低。(2) 父母的意愿，以及证明其具备对未成年子女的最优条件。(3) 子女的年龄、性别、就学、受教育以及健康情况。(4) 未成年子女与父母共同生活的状况。应当尽量使子女的生长环境与离婚前比较相似，因为未成年人对原有生活环境具有一定的依赖性，如果因为离婚而使其离开原先的生活环境，会使其心理产生恐惧和自卑，不利于未成年子女的健康成长。(5) 父母的一贯表现、品行以及有无刑事污点、吸毒、酗酒、不良行为和不诚信的行为。(6) 父母的工作、收入状况以及父母的文化程度。(7) 第三方照顾的可能性。监护人以外的第三方协助分担监护，可以弥补父母监护精力不足的弊端。例如，祖父母、外祖父母、同住的其他亲属等，可以对子女的正常生活进行协助。①

对于有关抚养费的案件，通常情形下，抚养费的范围包括生活费、教育费、医疗费，笔者认为还应把居住费用也加入抚养费的范围之中。另外，抚养费应该是履行全部监护职责的货币化表现，因为随着社会的发展和观念的进步，除了维持基本生活、教育、医疗、居住之外，未成年人成长过程中还会有更多的花费需求，如在必要的情况下委托保姆照顾孩子的费用，孩子成长所需要的交往费用、旅游费用等。除上述直接用于未成年人的花费外，由于与未成年人共同生活的一方为照顾孩子必然会付出更多的时间和精力，这些多付出的时间和精力也应该考虑被折算成一定的费用，一并计入未成年人的抚养费用中。在抚养费的支付标准方面，应允许地方政府根据当地的经济发展状况、当地生活水平规定抚养费的最低标准，以保障未成年人的最大利益。

---

① 杨飞雪：《民事审判中未成年人权益保护的问题及对策——以家事案件为视角》，载《天府新论》2009年第4期。

目前，未成年人抚养费标准难以确定。《最高人民法院关于贯彻执行民事政策法律若干问题的意见》（以下简称《意见》）中规定：“离婚后，父母对子女的生活费和教育费的负担，可根据子女的实际需要、父母的负担能力和当地的生活水平确定。”在具体操作上，《意见》又有规定：“即有固定收入的，抚育费一般可按其总收入的百分之二十至三十比例给付。负担二个以上子女抚育费的，比例可适当提高，但一般不超过总收入的百分之五十。无固定收入的，抚育费的数额可依据当年总收入或同行业平均收入参照上述比例确定。有特殊情况的，可适当提高或降低上述比例。”按此规定，确定抚育费数额应以父母的给付能力，子女的实际需要，还有当地的平均生活水平为依据和前提。这对有固定收入的国家机关工作人员和有固定收入的企事业单位的职工来说，只要参照《意见》的规定即可进行裁判处理，争议一般较少。

但随着市场经济的发展，单位效益的变化，职工收入的变动，《意见》规定的尺度就会难以掌握，另外还有个体经营者或“下海”经商者隐性收入难以确定等问题，如果不对这些新情况、新问题进行研究和解决，就难以切实运用法律来保护未成年人的合法权益。因此有必要对抚养费问题进行细化：

1. 当事人可以在离婚调解协议书中约定，一方不遵守离婚协议中关于财产、未成年子女抚育费给付及住房腾退等协议时，应承担支付一定数额违约金的民事法律责任。对于协议中涉及的各项约定，当事人可以向人民法院申请强制执行。

2. 离婚的夫妻双方可以设立子女抚养风险资金。为避免因物价上涨、经济收入减少等原因导致要求增减抚育费的诉讼增多，判决夫妻双方离婚前，在确定了抚育费支付数额的前提下，可以从共同财产中划出相应财产（主要指金钱），用来预防父母或子女遇到突发性情况而发生的支付困难。这笔资金专为子女抚养而设立，其使用须由离异双方协商一致。

3. 要明确离婚双方的收入范围，收入范围应包括：基础工资和工龄工资、职务工资、奖金和各种补贴以及属于企业单位职工的浮动工资。在确定收入数额上可参照以下标准：

（1）对收入相对稳定的国家机关和事业单位工作人员，工资波动不大，且随着经济的发展，工资收入会不断增加这种情况可以按照最高人民法院《意见》判决按月收入百分比给付，这不仅防止了今后物价上涨形成新的要求增加抚育费，减少诉累，而且在实际执行中也容易掌握，所在单位可以按照法律文书确定的百分比每月从职工工资中代扣给抚育方。

（2）对单位效益不佳，面临破产，单位只发给基本生活费的情形，如一方从事第三产业，收入情况无法查明的，可按照档案上的工资，依据最高人民法院《意见》规定的比例判决确定数额；对不参与第三产业的，可参照其基本工资，按照最高人民法院《意见》规定的百分比判决给付，比例低于当地生活水平的，按当地平均生活水平给付，比例高于当地生活水平的，按比例给付。

（3）对个体经营者以及其他隐性收入较大，诉讼时一方对另一方的收入情况无法举证，法院又难以查明其真正收入情况的，应当尽量由双方协商解决。协商不成的，可根据夫妻双方上年总收入或依照同行业的年总收入确定一方的收入，再按照最高人民法院《意见》规定的比例判决。

抚养费的支付问题，是涉少家事诉讼中经常会遇到的问题，处理好以上细节性环节，有利于防范后患，安定社会，有利于未成年人的健康成长，有利于实现未成年人利益的最大化。

结　语

要实现好家事诉讼中的未成年人利益最大化，需要做很多工作，需要专业化人员配备，需要投入大量的人力、物力和财力。实现未成年人利益最大化，不是一蹴而就的，需要一个过程，这个过程是社会不断进步的过程，是法治不断健全的过程，是人性化保护不断提升的过程。目前，我国家事诉讼中对未成年人的保护虽然有一定的措施，但由于社会、经济、观念等方面的原因，真正把未成年人的权利落到实处仍有很长的路要走。未成年人是人类的未来，今天的未成年人就是明天的主人。因此，对未成年人的保护刻不容缓，涉少家事诉讼中的未成年人利益最大化原则的贯彻落实必须提上日程。

第二部分
中国民法典婚姻家庭编立法研究

夫妻共同债务实务中的认定

饶　毅*

目　次

一、背景

2018 年 1 月 18 日，《最高人民法院关于审理涉及夫妻债务纠纷案件适用法律有关问题的解释》[①]（以下简称〔2018〕2 号解释）开始施行，该解释就当前司法实践中争议较大的夫妻共同债务认定问题的推定及举证责任的分配进行了确定，并确定了以家庭日常生活需要作为认定夫妻一方在婚姻关系存续期间以个人名义对外所负债务是否认定为夫妻共同债务的重要标准，综合考虑到债权人、举债方、未对外举债方三者之间的利益平衡。夫妻共同债务是指在夫妻双方或一方因家庭共同生活需要，或出于共同生活的目的从事生产经营活动，或基于夫妻双方合意对外举债，由夫妻双方共同承担偿还责任的法律关系。实践中，对于夫妻双方达成合意对外举债的确定并不复杂，笔者将试着从家事日常代理制度、家庭日常生活所需标准的确定及未举债方诉讼参与权为切入点，就夫妻一方在婚姻关系存续期间以个人名义对外负债在司法实务中可能存在的问题进行讨论并寻找应对方法。

二、我国关于夫妻共同债务认定的基础及规则

（一）夫妻共同债务认定的基础

根据我国现行的婚姻法及相关司法解释规定，夫妻可以约定婚姻关系存续期间所得的财产以及婚前财产归各自所有、共同所有或部分各自所有、部分共同所有，如夫妻双方未约定或约定不明确的，则实行婚后取得为夫妻共同所有即法定夫妻财产制是婚后所得共同制；夫或妻在处理夫妻共同财产上的权利是平等的，因日常生活需要而处理夫妻共同财产

* 作者简介：饶毅，重庆市江北区人民法院。

① 法释〔2018〕2 号

的，任何一方均有权决定，故夫妻双方在处理家庭日常事务的范围内，夫妻互为代理人即日常家事代理制度。夫妻共同债务属于夫妻双方的消极财产，属于夫妻财产对外部产生的效力，是夫妻财产制中的重要内容。这就导致夫妻一方在婚姻关系存续期间以个人名义负债时，在认定是否为夫妻共同债务时需要突破合同之债的相对性，这就需要将债权人、举债方、未举债方三者利益和谐统一起来，既要做到保护债权人利益、促进交易安全，又要维护婚姻家庭稳定、推动经济社会和谐发展。

（二）夫妻共同债务认定的规则

1. 用途论。《中华人民共和国婚姻法》在第41条规定："离婚时，原为夫妻共同生活所负的债务，应当共同偿还。共同财产不足清偿的，或财产归各自所有的，由双方协议清偿；协议不成时，由人民法院判决。"该法条明确了夫妻因共同生活对外所负的债务需要共同偿还，认定夫妻共同债务的标准即根据所负债务的用途，将非用于家庭生活所负的债务排除在夫妻共同债务之外，促进了家庭和睦，有效地保护了非举债一方的利益。但该认定规则并未对所负债务的用途由谁举证进行特别规定，实践中基于夫妻关系的私密性、家庭生活的封闭性，债权人对于以夫妻一方名义所负债务是否用于夫妻共同生活以及债务人家庭日常生活的范围无法全面知晓，如根据"谁主张，谁举证"的原则，债权人将承担无法证明所主张的款项是否用于夫妻共同生活的败诉风险。此认定则忽视了市场经济条件下对债权人利益的保护和市场交易安全的保障，在这种理念之下，实务中曾有丧失诚信观念的夫妻恶意串通，将实为共同债务却狡辩为个人债务，然后假借离婚之名，将共同财产分割归夫妻一方所有，债务却归另一方承担，以此逃避债权人的追偿，使交易安全缺乏应有之保障。①

2. 推定论。《最高人民法院关于适用〈中华人民共和国婚姻法〉若干问题的解释（二）》② 第24条规定："债权人就婚姻关系存续期间夫妻一方以个人名义所负债务主张权利的，应当按夫妻共同债务处理。但夫妻一方能够证明债权人与债务人明确约定为个人债务，或者能够证明属于婚姻法第十九条第三款规定情形的除外。"该规则将婚姻关系存续期间夫妻一方以个人名义所负的债务均推定为夫妻共同债务，不论夫妻一方对外举债的目的、用途，但列举了虚假债务、违法债务、未举债方能够证明债权人与债务人明确约定为个人债务及债权人知晓夫妻双方约定婚姻关系存续期间所得财产归各自所有的情形除外。该规定另立标准，无条件保护债权人，最终不仅没有保护交易安全，反而破坏了交易安全，导致夫妻之间虚假债务满天飞，非法债务合法化，为夫妻恶意举债提供了条件，容易诱发夫妻一方与第三人虚构债务，③ 致使离婚时未举债方"被负债"的情形，因此产生了极大争议。

3. 标准论。〔2018〕2号解释第2条规定，夫妻一方在婚姻关系存续期间以个人名义为家庭日常生活需要所负的债务，应当认定为夫妻共同债务；第3条规定，夫妻一方在婚姻关系存续期间以个人名义超出家庭日常生活需要所负的债务，债权人以属于夫妻共同债务为由主张权利的，人民法院不予支持，但债权人能够证明债务用于夫妻共同生活、共同

---

① 姜大伟：《我国夫妻共同债务认定规则的反思与重构》，载《理论思考》2013年8月第15卷第4期。

② 法释〔2003〕19号。

③ 王礼仁：《夫妻共同债务规定的理解与适用》，载《湖北警官学院》2018年第2期。

生产经营或者基于夫妻双方共同意思表示的除外。上述两个条款实质区别在于以家庭日常生活需要为标准，未超出家庭日常生活需要所负债务认定为夫妻共同债务；超出家庭日常生活需要所负债务由债权人继续举证该债务用于夫妻共同生活、生产经营或夫妻双方共同意思表示，否则不宜认定为夫妻共同债务。笔者认为，该认定规则实质是对用途论的完善及举证责任的明确规定，根据所负债务的用途来判断夫妻一方以个人名义所负的债务是否认定为夫妻共同债务，以家庭日常生活所需作为重要标准对夫妻双方及债权人的举证责任进行了明确，但对家庭日常生活的范围及支出限额缺乏统一的裁判标准，这会导致实务中不同法官对同类案件审理裁判结果的冲突，故笔者将在本文探讨家庭日常需要标准的具体化及未举债方的诉讼权利保护。

三、家庭日常生活需要标准的确定及举证规则

根据〔2018〕2号解释的规定，在审理涉及以夫妻一方名义举债是否认定为夫妻共同债务的案件中，家庭日常生活所需成为重要认定标准，家庭日常生活所需成为影响案件进程、举证责任承担的关键因素。

（一）家庭日常生活需要标准的认定

1. 家庭日常生活需要的范围。家庭日常生活需要是指通常情况下必要的家庭日常消费，主要包括正常的衣食消费、日用品购买、子女教育、老人赡养等各项费用，是维系一个家庭正常生活所必需的开支。根据日常家事代理制度，夫或妻任何一方对因家庭日常生活需要对第三方交往所为的法律行为视为夫妻共同意思的表示，另一方不得以该行为未经其同意为由而主张无效。我国城镇居民消费支出按商品和服务用途可分为食品、衣着、家庭设备用品及服务、医疗保健、交通和通信、娱乐教育文化服务、居住、杂项商品和服务八大类，上述八大类消费支出属于家庭生活中所必需或不可或缺的部分。笔者认为，我国城镇居民消费支出的内容是城镇家庭为了满足家庭生存、提高和发展所购买的商品或服务，足以满足家庭日常生活的需要，可以以此八大类消费作为认定家庭日常生活需要的范围的基础。

2. 家庭日常生活需要的支出限额。随着经济的发展、区域经济变化的差异，家庭日常生活所需各个项目支出比重、数量存在变化和差异；不同家庭之间，家庭成员数量、年龄、发展需要均不同，对消费支出亦存在不同差异。要准确界定家庭日常生活需要的范围，需要根据夫妻双方的职业、身份、资产、收入、兴趣、家庭人数，以及当地一般社会生活习惯来判断家庭日常生活需要，这往往受法官的业务素养、生活经验等因素影响，易造成实务中类似案件不同裁判结果。笔者认为，家庭生活需要支出具有隐私性，不为公众所周知，裁判者只能根据以往的家庭消费情况确认家庭的生活需要，未举债方亦不可能提前预知债务而准确记载家庭消费支出情况，因此，确定家庭日常生活需要的支出需要花费极大的司法资源；同时，夫或妻在处理家庭日常事务的范围内以个人名义处理夫妻共同财产和对外负债的日常家事代理权应得到尊重。笔者认为，在权威机关未出具统一的家庭日常生活需要认定标准前，司法实践中可以参照以受理案件法院所在区域上一年度的人均消费性支出作为家庭生活所需的标准，夫妻一方以个人名义对外所负的债务，超过上一年度人均可支配收入应认定为数额较大的债务，超出了家庭日常生活所需的范畴。这样可以达到提高诉讼效率、节约司法资源的目的、保障了类似案件裁判结果的统一性，同时尊重了

夫妻双方在家庭日常生活中的家事代理权。

3. 个人所负债务的用途。夫妻一方对外负债认定为共同债务的另一前提为家庭共同生活所需，夫妻一方在婚姻关系存续期间以个人名义所负的债务，应当区分是否为家庭生活所负债务，为家庭生活所负债务认定为夫妻共同债务，对非为家庭生活所负的债务不宜认定为夫妻共同债务。笔者认为，就夫妻双方的现实关系而言，如果夫妻双方处于明显的关系破裂阶段，如因感情不和长期分居和离婚诉讼请求被驳回后、再次提起诉讼阶段等，夫或妻一方因正常的衣食消费、不符合规律的购买行为对外负债数额即使未超出上一年度的人均消费性支出，但所负债务未用于未举债方或其他家庭成员的，也不宜认定为夫妻共同债务。

（二）夫妻共同债务认定的举证规则

在审理夫妻一方以个人名义对外所负债务的纠纷案件中，由谁举证证明对外所欠款项属于夫妻共同债务，可以参照以受理案件法院所在区域上一年度的人均消费性支出统计数额作为家庭日常生活需要的认定标准按照〔2018〕2号解释适用第2、3条分别处理（可以根据家庭日常生活需要认定标准适用不同的诉讼程序处理案件以利于提高诉讼效率，诉讼过程中可以根据当事人举证或者新情况转换审判程序）。笔者认为，对于未超出家庭日常生活需要标准的债务，债权人只需证明债权债务关系真实有效，无须对是否属于夫妻共同债务进行举证，基于日常家事代理制度，债权人有理由相信所出借款项用于家庭日常生活需要。未举债的一方主张不属于夫妻共同债务的，需要承担所负债务不符合家庭日常生活所需认定标准的举证责任；对于超出家庭日常生活需要标准的债务，债权人按照夫妻共同债务主张的，需要证明所负债务用于夫妻共同生活或符合夫妻共同债务的其他情形。

四、涉及夫妻共同债务纠纷案件诉讼程序建议

夫妻一方在婚姻关系存续期间以个人名义对外所负债务，未举债方并非所负债务形成过程的参与者，对债务形成原因、数额、违约成本等存在不知情的情形，债权人在以夫妻一方所举债属于夫妻共同债务主张的，无疑会使未举债方处于“被负债”的位置。最高人民法院于2017年2月28日发布了《关于依法妥善审理涉及夫妻债务案件有关问题的通知》①，该通知明确了保障未具名举债夫妻一方的诉讼权利，要求在审理以夫妻一方名义举债的案件中，原则应当传唤夫妻双方本人和案件其他当事人到庭，需要证人出庭作证的，除法定事由外，应当通知证人出庭作证。笔者认为，未举债方并非所负债务的“参与方”，必须保障未举债方的知情权、诉讼参与权是体现法律在家事纠纷中公平正义的前提。笔者认为，人民法院受理以夫妻一方名义举债的案件后，应当以能够保证当事人知晓诉讼事宜的方式分别向夫妻双方送达，在适用《民事诉讼法》第85条中受送达人的同住成年家属签收诉讼材料时，应当避免由举债一方进行签收，保证未举债的夫妻另一方知晓并参加诉讼的权利，如不能通过其他方式确定未举债的夫妻一方收到诉讼材料，人民法院不宜进行缺席审理，以避免因诉讼程序问题，增加“被负债”一方申请再审或不断信访的情形。

---

① 法〔2017〕48号。

结　语

婚姻家庭是人类社会中最广泛、最普遍的社会关系，是以两性结合和血缘关系为其自然条件的，这也决定了它不同于其他法律关系，即其具有极强的身份性特征。在审理以夫妻一方名义举债的案件中，既不能否认双方在处理家庭日常事务范围内的家事代理权，又要保护婚姻当事人的合法财产权益，更要保障市场交易的稳定性。根据〔2018〕2号解释规定，在认定夫妻一方对外负债是否认定为夫妻共同债务的案件中，家庭日常生活需要标准的确定显得至关重要，笔者从尊重夫妻双方日常家事代理权、提高诉讼效率的角度，对家庭日常生活需要的范围及认定标准进行了讨论并提出建议。

家事审判中夫妻共同债务清偿理论与举证责任辨析①

——兼议《关于审理涉及夫妻债务纠纷案件适用法律有关问题的解释》

吴经纬*

目　次

2018年1月18日，最高人民法院审判委员会通过《关于审理涉及夫妻债务纠纷案件适用法律有关问题的解释》（以下简称新解释），本次新解释的出台，正是由于我国中国特色社会主义市场经济的高速发展，社会公众的家庭结构、家庭观念以及家庭理财方式日渐多样化，而我国现有夫妻共同债务清偿的理论不足以有效应对一些典型案例。新解释虽然只有短短的四条规则，但均涉及了目前理论界和实务界极具争议的问题，如夫妻共同债务清偿理论争议、证明责任分配、家事代理制度等。在编撰民法典分则的背景下，有必要结合本次新解释对我国夫妻婚内债务清偿债务规则进行理论梳理和辨析，防止轻率立法。

一、夫妻共同债务理论及实务嬗变

（一）夫妻共同债务清偿规则的理论争议

一般而言，我国夫妻离婚时的债务清偿，原则上共同债务以双方共同财产清偿，个人债务以各自财产清偿。有学者认为，我国确立了夫妻共同债务推定规则，即《最高人民法院关于适用〈中华人民共和国婚姻法〉若干问题的解释（二）的补充规定》［以下简称婚姻法司法解释（二）］第24条第1款之规定——理论上将其归纳为推定论。推定论认为，夫妻关系形成了生活共同体，夫妻一方的对外交易行为大多数是出于维持、巩固或增进共同体的目的。而现行法规定的婚后所得共同制足以表明，将外部性质不明的夫妻单

① 本文载于《重庆审判》，2018年第3期（总第71期）。
* 作者简介：吴经纬，重庆市璧山区人民法院法官助理。

方举债推定为“夫妻共同生活所负”比推定为“个人需要所负”更接近事实、更符合常理，唯一的例外是没有对价所得的夫妻单方举债。[①] 持反对观点的学者普遍认为，我国夫妻共同债务应以夫妻共同生活所负债务为标准，即我国《婚姻法》第41条之规定——理论上将其归纳为用途论。对推定论有力的批评在于，利益分享推定制并未考虑当事人在举债时的意思表示是否一致，单纯以身份关系作为确定夫妻共同债务的唯一要素，只要双方具有夫妻身份，即使一方举债未经对方同意，且并非用于夫妻共同生活，一律认定为夫妻共同债务，这对于完全不知情的另一方配偶而言，是非常不公平的。[②]

从理论内涵和实践经验来看，有这样一种倾向，即推定论的清偿规则和举证责任分配侧重于保护债权人，而用途论则有助于保护夫妻双方的利益。做出这样的判断，可以从婚姻法司法解释（二）的起草说明中看出一些端倪，该解释出台的背景在于，当时法院对“夫妻共同生活”的判断较为狭窄，且债权人负担举证责任，实践中反应较多的就是一些夫妻“假离婚、真逃债”的问题，[③] 由此导致债权人债权经常落空。所以，婚姻法司法解释（二）的出台是基于对债权人利益保护的立场。反向思考，如果婚姻法司法解释（二）的出台是基于对债权人利益保护的立场，那么在此之前的司法实践立场则侧重于对夫妻双方利益的保护。这种债权人利益与夫妻双方利益的直接对抗，随着社会发展也在转变，表现为夫妻共同体之间的决裂。比如，民间借贷中夫妻一方“被负债”的行为。冉克平教授总结到，“最高人民法院模棱两可的态度，表明现行立法与司法解释出现了两难困局：若是严格按照‘用途论’，由于债务所获利益是否用于夫妻共同生活不易判断，夫妻双方可能共同串通、恶意逃避债务以损害债权人的利益；反之，若是严格按照‘推定论’，债务人所获利益属于夫妻共同财产只是一种理想状态，而且债务人与债权人还可能恶意串通损害举债人配偶的利益”。[④] 由此看出，两种理论的对抗，无法长久协调债权人与夫妻双方或一方的利益。

（二）推定论的实务适用困局

在立法价值取向方面，婚姻法司法解释（二）偏向于保护债权人利益，在对外债权债务关系中将夫妻作为一个利益共同体对待。该解释出台后，虽然这一规定有效遏制了当时存在的一些夫妻恶意逃债损害债权人利益的现象，较好地维护了市场交易安全。但是该规定也产生了一些难题亟待解决，主要表现为：一是夫妻与他人串通虚构债务，二是在违法犯罪活动中负债等。如果严格按照第24条第1款的规定，可以得出夫妻一方虚构债务、从事违法犯罪活动产生的债务为夫妻共同债务的荒谬结论。随着对债权人利益保护的强调，上述事项的举证责任也在这一利益考量内进行了倒置。虽然最高人民法院在其后的补充解释中对原第24条进行了完善，但面对民间借贷纠纷而产生的夫妻债务认定新情况，该解释也无法有效填补法律上的漏洞。

另一个重要难题在于，在司法实务中的强制执行阶段，一些法院直接将婚姻法司法解

---

① 李红玲：《论夫妻单方举债的定性规则——析〈婚姻法解释（二）〉第24条》，载《政治与法律》2010年第2期。

② 夏吟兰：《我国夫妻共同债务推定规则之检讨》，载《西南政法大学学报》2011年第1期。

③ 最高人民法院民事审判第一庭：《民事审判指导与参考（总第73辑）》，人民法院出版社2018年版，第27页。

④ 冉克平：《夫妻团体债务的认定及清偿》，载《中国法学》2017年第5期。

释（二）第24条作为执行阶段的标准，把未能参加审判阶段的配偶追加为被执行人，超出了该司法解释侧重裁判标准的预期。正如杜万华大法官所言，我们当时制定这个司法解释本身就是司法审判的裁判标准，夫妻共同债务的认定只能在审判阶段不能在执行阶段。[①]

（三）新解释对用途论和推定论的协调兼顾

最高人民法院就夫妻共同债务提出了两项判断标准——“夫妻有无共同举债的合意”和“夫妻是否分享了债务带来的利益”。[②] 有学者认为，新解释没有再强调受益标准，而是将《婚姻法》第41条确立的夫妻共同生活标准进一步细化为三项标准，即家庭日常生活、超出家庭日常生活范围的夫妻共同生活、夫妻共同生产经营。据此，除了基于夫妻双方合意产生的夫妻共同债务，夫妻共同债务还包括为满足家庭日常生活需要所负的夫妻共同债务、因满足超出家庭日常生活需要所负的夫妻共同债务。[③] 但如果认为新解释没有强调收益标准，而是对《婚姻法》第41条的回归略显片面，前述理解并不是对新解释的全面解读。

新解释着眼于三个共同，即夫妻的共同生活、共同生产经营以及共同意思表示，既是对用途论和推定论的协调兼顾，也是对《婚姻法》第41条及其司法解释（二）第24条的一脉相承，亦能体现最高人民法院试图弥合债权人与夫妻双方或一方利益冲突时的谨慎。推定论可以有效遏制“假离婚、真逃债”的夫妻共同体，而用途论则能有效解决夫妻共同体决裂后“被负债”的行为。通过新解释的三个条文，不难发现其仍旧坚持推定论基础未变，不论是共债共签还是家庭日常生活都是在夫妻共同债务推定基础上用途论的细化——即以明确夫妻共同生活来达到否定推定论的目的。从旧条文的法律关系定位来看，《婚姻法》第41条所规制的是夫妻内部法律关系，而婚姻法司法解释（二）第24条规制的则是夫妻共同体与他人的外部法律关系。两者所规制的法律关系并未冲突。从两种理论兼顾的角度来看，新解释仍将以个人名义为家庭日常生活需要所负的债务推定为夫妻双方的共同债务，较之婚姻法司法解释（二）第24条不同之处在于其区分了以个人名义的用途论，即家庭日常生活需要。从新条文承继的角度来看，新解释是对《婚姻法》第41条及其司法解释（二）第24条的进一步细化，首先是区分了以个人名义为共同生活与共同生产经营所负债务的行为，并将共同生活具化为家庭日常生活需要。毫无疑问，家庭日常生活需要在《婚姻法》第41条共同生活的语义射程范围之内。从区分标准的角度来看，共同意思表示则是对前述最高人民法院民一庭夫妻有无共同举债的合意的规范化。

二、夫妻共同债务的举证责任分配

（一）夫妻共同债务中举证责任现状

在我国夫妻共同债务举证责任分配中，既有债权人承担举证责任的情况，也有夫妻一方承担举证责任的情况。对债权人举证责任的分配，婚姻法司法解释（二）第23条以及

---

① 杜万华：《杜万华大法官民事商事审判实务演讲录》，人民法院出版社2016年版，第466页。

② 最高人民法院民事审判第一庭：《最高人民法院婚姻法司法解释（二）的理解与适用》，人民法院出版社2004年版，第220页。

③ 缪宇：《走出夫妻共同债务的误区——以〈婚姻法司法解释（二）〉第24条为分析对象》，载《中外法学》2018年第1期。

新解释第3条进行了明确规定。而对夫妻一方举证责任的分配，《最高人民法院关于适用〈中华人民共和国婚姻法〉若干问题的解释（一）》［以下简称婚姻法司法解释（一）］第18条、婚姻法司法解释（二）第24条第1款以及最高人民法院民一庭对（2014）民一他字第10号的答复有相关规定。结合前文两种理论的讨论，并通过对比相关法律条文，在此有一个大胆的推测——即若坚持推定论，则倾向于由夫妻一方负担举证责任；反之坚持用途论，则倒向由债权人负担举证责任的立场。比较典型的就是婚姻法司法解释（二）第24条第1款和《婚姻法》第41条的规定。再例如，新解释第3条将举证责任加诸于债权人，笔者认为也是对用途论的坚持，即需要债权人通过证明债务“为夫妻共同生活、共同生产经营或共同意思表示所负”的用途，以便肯定夫妻共同债务的推定。

（二）条文中对举证责任的安排

1. 夫妻一方承担举证责任的场合。通过观察婚姻法司法解释（一）第18条、婚姻法司法解释（二）第24条第1款，夫妻一方待证内容为对个人债务的明确约定问题。而在最高人民法院民一庭对（2014）民一他字第10号的答复中，则分为两种情况：第一种情况，在内部离婚案件中，由以个人名义举债人配偶证明所借债务用于夫妻共同生活；第二种情况，在有外部债权人的债务纠纷场合，如果举债人的配偶证明债务并未用于夫妻共同生活，则配偶不承担偿还责任。由于新解释的颁布实施，实际上这种情况会逐渐减少，即债权人将承担更多的举证责任义务。

2. 债权人承担举证责任的场合。就《婚姻法》第23条而言，作为一般情形，对于婚前形成的以个人名义所负的债务，原则上否定了为夫妻双方的共同债务，这在实质上是一种“推定”的思路。但是本条对这种思路的否定或者说例外情形，却是运用了“用途”的逻辑，即在债权人承担举证责任证明债务人所负债务为夫妻共同债务的场合，债权人需要证明该债务用途——家庭共同生活。同样，运用前述分析是逻辑，就新解释第3条而言，作为一般情形，婚姻关系存续期间以个人名义超出家庭日常生活需要所负的债务，原则上否定了为夫妻双方的共同债务，这在实质上也是一种推定的思路。但本条对这种推定的例外，仍然将举证责任分配给了债权人，即在这种场合，债权人需要证明该债务用于夫妻共同生活、共同生产经营或者基于夫妻双方共同意思表示。从上述条文的沿革和举证内容来看，债权人承担更多举证义务的趋势是不言而喻的。而且，举证的内容也从共同生活规范扩展到了共同生产经营以及共同意思表示。

三、对新解释三个共同的理解及相关问题探讨

（一）共同生活及对家事代理制度的理论与体系定位思考

1. 对共同生活的理解。在新解释中，最高人民法院认为夫妻共同生活的着眼点在于我们通常所说的“家庭日常生活”。有学者认为，为了保护债权人利益，最高人民法院又错误地将日常家事代理权作为夫妻共同债务推定规则的理论基础。日常家事代理权旨在满足家庭日常生活所需，这一需求按照夫妻双方互负的扶养义务确定，故日常家事代理权不以保护债权人利益为主要目标。夫妻共同债务推定规则是夫妻共同财产制的产物。将日常家事代理权作为夫妻共同债务推定规则的理论基础，会导致《婚姻法司法解释（二）》

第24条第1款自相矛盾。[①]

这种批评存在误读，理由在于：首先，法治国家的法律出台都是努力平衡各方利益冲突，在利益冲突兼顾的基础上结合现实情况才会有所侧重。但认为日常家事代理权不以保护债权人利益为主要目标与婚姻法司法解释（二）第24条侧重保护债权人利益存在前后矛盾，这种论断只看到各方的利益冲突而忽视了最高院平衡各方利益的努力。其次，夫妻共同债务推定规则的理论基础在学界是推定论与用途论的争议，而日常家事代理权严格来讲是用途论的范畴。该学者实质是以用途论的观点批评推定论的观点，即以最高院新解释侧重用途论来批评最高院婚姻法司法解释（二）第24条第1款侧重的推定论。但本文始终强调，最高院在夫妻共同债务中的推定规则是对推定论和用途论的兼顾，只是在不同的历史时期侧重不同，而非最高院错误和矛盾。最后，新解释明确规定了抵触时，以新解释为准。如果认为确立日常家事代理权，会造成与婚姻法司法解释（二）第24条第1款矛盾，那么结果就是适用新解释。

2. 家事代理制度的伦理与体系定位思考。就家事代理制度而言，有必要对其是否能够在伦理上扩展及在我国民法总则中的体系定位等问题进行探讨。在伦理扩展上，共同生活是否该仅限于夫妻之间。比如，夫妻一方为共同生活的父母治病负债，即便配偶不同意，能否构成夫妻共同债务？如果根据严格的夫妻之间共同生活的家事代理关系，则得出不构成夫妻共同债务的结论，有违善良风俗。

在体系地位上，我国民法总则并未明确家事代理制度，只是从相关条文推导而来。我国《民法总则》第163条中规定了委托代理和法定代理，从家事代理制度的法律基础看，其是基于夫妻婚姻关系而产生的代理，因此是一种法定代理关系。民法总则中“法定代理”虽然指基于法律的直接规定而产生的代理，但这种法定代理主要适用于被代理人为无民事行为能力人或限制民事行为能力人（包括未成年人和精神病人）的情况。[②] 而婚姻法中夫妻双方对共同生活有平等处理权。如果确立了家事代理权，若夫妻一方自愿放弃平等处理权，配偶负债后又反悔的，这种放弃或者反悔的行为效力如何认定？平等处理权就与家事代理权产生了冲突。

（二）共同生产经营及对盈利金额的疑虑

共同生产经营如何认定，仍是一个亟待完善的问题，在一定条件下会与共同生活产生冲突。在实践中，全职太太并不少见，她们一般会享有男方生产经营过程中所产生的利益，但又对该生产经营并不参与或并不知情，在利益享受存在比例差异的时候，如何认定夫妻共同债务。

比如，夫妻一方因生产经营负债100万元，但所产生的经营盈利只有1万元，却全部用于夫妻共同生活，而配偶对生产经营不知情，事后也不追认，此时一般认为系夫妻个人债务较为妥当。但是，如果我们将这个比例提升，所产生的经营盈利有100万元，也全部用于夫妻共同生活，而配偶对该生产经营并不知情，事后也不追认，此时仍将此负债认定为夫妻一方个人债务，则就显得非常不合适。在此种情况下，共同生产经营中盈利金额又

---

① 缪宇：《走出夫妻共同债务的误区——以〈婚姻法司法解释（二）〉第24条为分析对象》，载《中外法学》2018年第1期。

② 沈德咏主编：《〈中华人民共和国民法总则〉条文理解与适用》，人民法院出版社2017年版，第1078页。

可能成为一个判断标准。而这个充满铜臭味的标准，有悖于家事审判改革中加强对人格利益和情感利益保护的立法旨趣。

（三）共同意思表示及对默示的理解

新解释中的共同意思表示，即共债共签原则。这个规定有助于债权人在形成大额债务时，加强风险防控意识。其实，这种制度上的硬性安排，已经广泛应用于我国金融机构的风险合规领域。最高人民法院民一庭负责人指出“共债共签”有利于保障夫妻的知情权和同意权，可以遏制杜绝“被负债”现象，也有助于保障交易安全。[①] 在此，不再赘述。但需要讨论的问题是默示能否视为作出夫妻共同意思表示。我国民法总则明确了沉默只有在法律规定、当事人约定或者符合当事人之间的交易习惯时，才可以视为意思表示。而新解释第 1 条则要求夫妻双方共同签字或夫妻一方事后追认，因此，新解释中的共同意思表示有必要限缩在夫妻明示作出意思表示。

① 最高人民法院民事审判第一庭：《民事审判指导与参考（总第 73 辑）》，人民法院出版社 2018 年版，第 34 页。

家事案件中房屋共有权人的司法认定

王勐视*

目　次

一、财产权利人概述

（一）财产权与财产权利人

财产权是人身权的对称，具有物质财富的内容，一般可以货币进行计算。财产权包括以所有权为主的物权、债权、知识产权等。在婚姻、劳动法律关系中，也有与财物相联系的权利，如家庭成员间要求抚养费、赡养费的权利，夫妻间的财产权等。财产权一般具有可让与性，受到侵害时需以财产方式予以救济。财产权利人即财产权的主体系现实地享有或可以取得财产的人，既不像人格权，为一切人所享有，也不像亲属权，只与其发生亲属关系的人享有。由于财产权的无专属性，可以处分，可以转让，可以继承，可以抛弃，也可以由他人代为行使。有些情形，权利的归属与权利的行使是可分的。因此，财产权利人之间的财产权利纠纷相对更为复杂。

（二）夫妻共有财产与家庭共有财产

在家事纠纷中，通常涉及财产权利人之间财产权利纠纷的主要是在家庭财产或夫妻财产中，因每一个成年人对家庭所涉财产都是潜在的财产权利人，在家庭析产纠纷中对财产权利人的认定很难把握。在婚姻关系中，夫妻是财产关系的支配主体，对财产享有的权益和负担的义务，是夫妻财产关系的核心内容；在家庭关系中，家庭成员是家庭财产的共同拥有者，他们在共同生活的纽带下，对财产享有的权益和承担的义务是家庭财产关系的核心内容。两者比较，看起来界限表面清晰，实际上在现实生活中盘根错节、互相交织，极易让人产生混淆。无论是夫妻共同财产分割还是家庭共有财产分配，都要对两者作出明确

* 作者简介：王勐视，重庆市第四中级人民法院民一庭副庭长。

的界定。也就是要认定涉纠纷财产的财产权利人。①

（三）共有房屋析产存在的情形

具备社会性的婚姻家庭，在建立一个新的家庭的同时，新的家庭必定会同相关联的家庭保持一定的联系，最突出的就是财产上的联系。

首先，在婚姻关系中就存在三种情形，一种是合法登记的首次登记结婚的婚姻关系中，一般这种情形认定比较清晰，按照我国《婚姻法》对夫妻共同财产的认定及分割等规定予以认定和分割；一种是合法登记的再婚婚姻关系中，涉及相关财产权利人较多，相关财产如何分配各权利人意见不统一，这种情形相对比较复杂；还有一种是未经合法登记的同居关系中，由于这种同居关系在法律上不享有与婚姻关系同等的权利保护，一旦分手，对于双方共同生活期间的财产权利无法明晰，也无法按照婚姻法的规定对双方财产进行分割。

其次，在继承关系中，涉及析产纠纷多集中在两个方面：一是婚前在老房屋宅基地居住，后出嫁或改嫁到别村，出嫁或改嫁到别村的人员是否对老房屋予以分割并继承。二是宅基地房屋灭失后又在该宅基地上重建或翻修房屋，同胞兄弟姐妹是否能够分割并继承。特别是涉及农村房屋拆迁安置补偿，其是否应依照房屋分割份额获取相应补偿款。

二、共有房屋产权人认定存在的问题

析产又称为财产分割，是指财产共有人通过协议的方式，根据一定的标准，将共同财产予以分割，而分属各共有人所有。法律意义上的析产即是该财产确属家庭成员共有，如对父母、子女、兄弟姐妹等家庭成员共同生活、共同劳动，用劳动所得建造的房屋、添置的生活和生产资料；家庭成员长期共同管理、共同使用的祖遗财产；共同出资购买的房屋等属于家庭共有的财产进行确权分配。析产一般发生在大家庭分家或者夫妻离婚时对财产的处理中。公民死亡后，共同生活人或者财产共有人与继承人对遗产一般也需先析产后继承。尤其是不动产房屋，房屋是家庭生活中不可缺少的重要生活资料，正因为它的重要性，才在夫妻离婚或家庭成员分家时引发这样或那样的矛盾和纠纷，故在司法实践中，势必面临对共有房屋进行析产分配，而析产分配的前提就是要明确认定该财产的共有权人。

（一）产权争议的类型

在司法实践中，共有权人的认定问题主要表现在实体问题上，主要有以下几个方面：一是该财产是夫妻（同居人）共同财产还是夫妻（同居人）与一方或双方父母的共同财产的认定问题。在离婚、离婚后财产分割、同居关系析产案件中，一方主张房屋属于夫妻（同居人）共同财产，一方主张除夫妻（同居人）之外，还有一方父母是共有人，甚至或一方主张财产是其父母所有，不属于夫妻（同居人）共同财产。二是该财产是夫妻（同居人）共同财产还是夫妻（同居人）与一方的子女或双方子女的共同财产的认定问题。在再婚夫妻离婚案件和有过婚史的人同居关系析产纠纷案件中，一方主张是夫妻（同居人）共有，而另一方主张是夫妻（同居人）及自己的子女共有或只属子女共有而不是夫妻（同居人）共有。三是该财产是同居一方个人所有还是同居人共有的认定问题。在同

① 刘刚：《论夫妻共同财产与家庭共有财产的交织形态及其区分》，http：//www.lawtime.cn/article/lll27889922794086oo19678。

居关系析产中，同居一方主张是个人所有，同居另一方主张是双方共有。四是继承纠纷案件中，被继承房屋是被继承人个人所有还是其他共有人共同所有的认定问题。此类案件涉及面较广，如被继承人一方死亡，继承人认为应按照遗嘱对房屋确权析产；或被继承人认为其对房屋参与修建，应当有份额；或随父或随母已改嫁且并未尽赡养义务的子女要求对生父或生母的老房屋进行确权析产等。由于共有财产纠纷的情况比较复杂，不仅涉及家庭共有财产与个人财产、夫妻财产，与家庭其他成员的财产以及各种不同的共有财产之间的界限和关系，还因财产所有权主体、客体、内容的复杂性和不断变化等情况，使其处理起来难度比较大。

（二）共有产权人认定的基本原则

处理家庭析产纠纷应根据财产不同的性质把握处理原则：要把家庭成员对家庭共有财产的分割与家庭成员之间的财产赠与相区别；要把家庭共有财产与家庭成员共同生活期间的个人财产相区别；要把父母用子女给付的赡养费出资购置的财产与父母与子女共同出资购置的财产相区别；要把夫妻共同财产与家庭成员共同财产相区别；要把家庭成员共同共有的财产与家庭成员按份共有的财产相区别，依据法律相关规定予以处理。

三、共有房屋析产具体规则

笔者认为，对于上述房屋共有人的认定，要区分购买房屋还是自建房屋，如果是购买房屋，则出资人及其出资的目的是认定房屋共有人的关键；如果是自建房屋，情况就比较复杂，会涉及投资、投力、投财主体及其目的的审查。

（一）购买房屋

对于购买房屋，如果是夫妻或夫妻一方出资购买，那么认定夫妻共同财产无较大争议；但涉及夫妻一方或双方父母出资购买的情况下，如何认定共有人则存在争议。这就需要对父母出资意愿进行审查判断，其出资行为可能属于赠与也可能属于借款，也可能属于共同购买。对于父母出资意愿的判断，由于各方关系特殊，父母在出资的时候基本不会和子女签订书面协议，且其出资意愿往往会因子女夫妻关系的状况发生变化，往往难以通过直接证据进行认定，只有通过审查父母的子女及其居住状况，即夫妻双方是否是独生子女，如果是独生子女，父母和子女的关系往往较为紧密，子女结婚后部分父母与子女一起居住，那么，在子女结婚后，父母与子女一起居住的情况下，只要父母为子女购买房屋出了资，则倾向于认定为家庭共有；如果子女不是独生子女，子女结婚后父母未与其同居，且有属于父母的房屋，则倾向于认定父母的出资意愿为帮扶子女，属于赠与行为，宜将房屋认定为夫妻或同居人共有财产。

而对于再婚夫妻离婚纠纷中或有婚史者同居关系析产纠纷中，子女为父母购买房屋出资的，如其中一方主张自己的子女因为出资应认定为共有人时，除非双方共有购买房屋的意向明确具体，否则，倾向于认定房屋属于夫妻或同居人共有，其子女不是共有人。根据《中华人民共和国婚姻法》第21条规定，子女在父母劳动能力丧失或无劳动能力的情况下，子女有赡养义务。据此，即使子女为父母出资购买房屋，也应当视为其履行赡养义务。对于同居关系析产纠纷中，购买房屋的资金来源是其中一方的存款或收入，而另一方没有独立出资的情况，应该认定为同居人共有还是出资人一方所有，则根据同居人双方的关系紧密程度，如同居人之间有子女，说明同居人关系较为紧密，倾向于认定属于同居人共有；如同居人同居时间较短，并且经常分居，那么认定同居人之间的关系较为疏远，倾向于认定为出资一方个人所有。

例如，张某与熊某均系退休职工，经人介绍相恋，于2003年登记结婚（均系再婚），婚后，熊某随张某一起居住生活，原居住在职工宿舍，2006年起住在张某女儿张某红购买的房屋内。后双方因性格、子女等家庭琐事不断发生纷争，2010年春节期间双方开始分居，并先后起诉离婚并分割夫妻存续期间的共同财产。在本案中，熊某称该房屋是张某出资购买，应属婚姻关系存续期间的共同财产，应当均等分割。并出示光盘证明张某曾向熊某作过相关陈述。法院经审理认为，依据物权法定原则，该房屋的买卖合同、交款凭据、产权证书载明的均是张某的女儿张某红的名字，熊某尚无确凿证据证明是张某出资购买，故对熊某这一主张不予支持。

（二）自建房屋

对于自建房屋，情形较为复杂，笔者从以下三个方面进行分析论证。

1. 房屋具有合法性。确权析产的一个重要前提就是主张确权分割的财产应是合法财产，即在共同生活过程中通过劳动或其他合法方式所取得的财产。《中华人民共和国继承法》第3条规定，“遗产是公民死亡时遗留的个人合法财产”。只有合法的财产才能在各权利主张人之间进行确权和分割。

例如，向某诉宁某继承纠纷一案，宁某和曾某和（已去世）生育四子女，向某（原名曾某秀）系其中长子曾某（该案被继承人）之独生女。1993年曾某结婚后与父母分家，1997年曾某离婚，后于1998年与她人再婚。向某与其母一起生活，后其母改嫁向某星，向某遂改随继父姓。1995年宁某夫妇老房屋（含曾某的房屋）因修路被征用，后政府为其在其他地方划定土地让其重新修建，但宁某夫妇未在划定土地上修建房屋，而是于1996年在未取得施工许可与建房许可证的情况下，自行在已被征用但未使用完的土地上修建门面及住房。现曾某已经死亡，向某主张继承该房屋份额。本案中，根据我国继承法的规定，向某主张继承的个人房产应是合法的，而对个人房屋合法性的认定取决于是否合法建造、是否取得产权登记证书。涉案房屋系宁某夫妇在明知被征用且不能取得建房许可的土地上自行修建的违法建筑，而违法建筑不能作为被继承人的合法财产予以继承。因此，向某在本案中主张分割该财产缺乏“合法性”这一前提条件，其诉求依法不予支持。

2. 共同建房行为认定。在家庭共有财产的确权析产中，多数权利人主张因其是共同建房人，出资出力修建房屋了，因此应当参与房屋的分配。首先，应当区分是共建房屋行为还是参与修建房屋的行为。在司法实践中，一般情况下权利人能够有证据证明自己对房屋的修建出资出力了且有共享产权的意思表示，即可以认定为系该房屋的共有权人。但如果证据内容只能证明其参与了房屋的修建，而对该行为属于共建房屋、共享产权的行为还是对修建房屋的帮扶行为无法认定，则不能仅凭参与修建房屋的事实，认定共有权人。例如，陈某诉罗某所有权纠纷一案中，涉案房屋是罗某夫妇于1973年修建并一直居住，陈某系罗某父亲罗某光1962年结婚的再婚妻子。陈某主张涉案房屋是陈某与罗某光与罗某夫妇共同修建。本案经审理认为，该房屋登记权利人是罗某，陈某主张该房屋是其与罗某夫妇共同修建、共同享有产权，应当举示证据证明其在修建房屋时共同出资或出力且共享产权的意思表示，但其举示的证据只能证明涉案房屋部分木料来源于老房屋且陈某夫妇出了力，且还有其他人也曾帮忙修建，但均未主张是共有产权人，因此难以认定陈某是共有权人。

其次，还要区分是房屋的翻修还是房屋的重建。房屋的翻修是在原来老房子的基础上进行修补翻盖，房屋相关财产权利依然存在。而房屋的重建涵盖两个步骤，一是拆除原房屋或房屋灭失，二是在原址上建造新房屋。房屋重建涉及如果宅基地使用权人死亡后，继承人无权直接继承宅基地使用权。宅基地使用权归属用益物权，但有其特殊性：其一，宅基地使用权的取得具有无偿性；其二，宅基地使用权具有人身依附性；其三，宅基地使用权在功能上具有社会保障性。因此，宅基地使用权是一项不适于继承的“特殊财产”。如果房屋重建，对拆除或灭失房屋权利人可能对重建房屋不再享有权利。例如，陈某诉陈某义法定继承纠纷一案，陈某母亲原有老房屋一幢，陈某在婚前居住于此，1961 年出嫁到别村。陈某侄儿于 1969 年搬到老房屋居住。因雨水浸泡、火灾烧损等原因，老房屋不复存在，陈某侄儿于 2001 年重新建房。现涉及房屋拆迁补偿，陈某认为基于继承其应获得补偿款的分配权，提起诉讼。本案中，首先陈某母亲的老房屋已灭失，现存房屋为他人重建房屋，陈某母亲对该房屋无共有权，陈某作为继承人也对重建的房屋本身无共有权；其次陈某母亲的老房屋已灭失，母亲在其健在时没有在原宅基地上修建房屋，其死亡后，其继承人无权直接继承宅基地的使用权。因此陈某既不享有重建房屋的共有权，也不能对重建房屋所占宅基地享有继承权，因此其无权享有该重建房屋及宅基地被拆迁所获得的补偿款的分配权。

3. 未成年人的出力行为认定。未成年人既无独立的生活来源，也无其他独立的财产收入，还是与父母一起共同生活，虽然在房屋修建的过程中，也可能做过一些力所能及的事情，但并不能因此就确认其对所建房屋享有所有权或是房屋的共同共有人。例如，董某平等诉董某勇等法定继承纠纷一案，双方系同胞兄弟姐妹，其父母去世后，留有房屋七间，其中有祖辈留下的，也有父母带头修建的。其中有一处房屋是 1980 年至 1983 年之间修建，当时董某进是未成年人，但也参与了房屋的修建行为。对该处房屋，法院经审理认为，董某进当时是未成年人，即使其曾参与了劳动，也只能视为一种帮助行为，而不能认定为其属于法律意义上的共同建房行为，因此，其不能作为该房屋的共有权人。

结　语

在司法实践中，主张系房屋权利人的既有基于特殊身份关系，也有基于实际的出资出力事实，而否定房屋权利主张中，通常对事实予以否定，即使肯定出资出力的事实，也会抗辩出资属于赠与或借款关系，出力属于自愿帮助行为。导致法院查清客观事实难，确定法律关系难。因此，这类纠纷的避免有赖于特定关系之间奉行“先君子后小人”的原则，在建房或购房时，对出资出力的意愿、性质等形成书面依据，在实际履行过程中多保留证据；在纠纷处理过程中，能坚持“实事求是”的原则，不能因为眼前的经济利益丧失说真话的勇气，也可能会失去家庭和睦导致众叛亲离。

彩礼返还纠纷中过错原则的适用
——兼论《婚姻法司法解释（二）》第10条

林晶晶*

目　　次

一、问题溯源

彩礼作为男女婚嫁中的一个民间习俗，在我国当前社会依然流行。随着社会经济的快速发展和人民生活水平的大幅度提高，彩礼呈现出种类趋多、数量趋高的现象。在社会关系日益复杂和价值理念更加多元的冲击下，彩礼返还纠纷不断涌现，2003年最高人民法院应实务之需出台了《最高人民法院关于适用〈中华人民共和国婚姻法〉若干问题的解释（二）》[以下简称《婚姻法司法解释（二）》]。根据《婚姻法司法解释（二）》第10条之规定，彩礼返还纠纷以双方当事人是否已经办理结婚登记手续为标准可以分为两大类：一类是未办理结婚登记手续的彩礼返还纠纷，另一类是离婚后的彩礼返还纠纷。因未办理结婚登记手续的彩礼返还纠纷占据了彩礼返还案件的绝大多数，最具代表性，笔者下文以未办理结婚登记手续的彩礼返还纠纷作为本文研究对象。

（一）典型案例及评析

案例一：2014农历正月雷某某经人介绍与陈某某相识并确立恋爱关系，相识后不久，雷某某于同年3月20日通过转账方式向陈某某支付10万元彩礼，后因陈某某在双方共同生活近两年的时间内一直未与其办理结婚登记手续，雷某某向陈某某提出分手终止恋爱关系，2017年雷某某就10万元彩礼返还问题起诉至法院。一审法院认为未办理结婚登记手续系客观存在的事实，陈某某应当返还彩礼，但就彩礼返还的具体数额，结合雷某某与陈某某共同生活时间的长短、发生矛盾及分手的原因，酌情判令陈某某返还彩礼3万元。雷某某不服一审判决，认为双方分手不是他的过错，并以此作为理由提起上诉要求陈某某全

---

* 作者简介：林晶晶，重庆市第二中级人民法院法官助理。

额返还彩礼，二审法院经审理认为，没有办理结婚登记手续并非陈某某单方的原因造成，根据二审庭审过程中双方的陈述意见，主要是雷某某一方不同意办理结婚登记手续，且两人共同生活时间长达两年之久，认为可以适当少返还彩礼，据此认定一审法院判决返还彩礼 3 万元恰当。①

案例二：2015 年年底，廖某某与王某某经媒人介绍相识。次年正月初二，廖某某给付王某某的母亲彩礼 42000 元，随后在正月十二日按照农村风俗举行结婚仪式并办理酒席。在共同生活期间，王某某怀孕并在 2016 年 11 月做了引产手术，但双方一直未办理结婚登记手续。2017 年廖某某以双方性格不合，无感情基础为由诉至法院请求王某某返还其彩礼 42000 元。法院认为，双方未办理结婚登记手续，彩礼应当返还，至于返还的数额，因廖某某与王某某依习俗举行了婚礼并办理酒席，且共同生活期间王某某曾怀孕引产，认为双方虽未办理结婚登记手续，但已有婚姻之实，且未办理结婚登记手续非王某某单方面原因造成，基于上述因素的考虑酌情判令王某某返还彩礼 16800 元。②

案例评析：

通过比较分析，上述两则案例的共同之处在于法院在判断是否应当返还彩礼时，根据《婚姻法司法解释（二）》第 10 条第 1 款第 1 项之规定："当事人请求返还按照习俗给付的彩礼的，如果查明属于以下情形，人民法院应当予以支持：（一）双方未办理结婚登记手续的……"考虑的因素是唯一的，即双方是否办理了结婚登记手续，凡没有办理的，彩礼接收方必须向彩礼给付方返还彩礼。而针对彩礼返还数额的确定，两则案例的法院在"本院认为"部分（裁判说理部分）都对双方没有办理结婚登记手续系何方原因造成进行了认定，从语言的表达逻辑来看，法院先就未办理结婚登记手续的事实进行确认并进行原因归责，再酌情确定彩礼返还数额，说明法院在彩礼返还数额的确定上考量了未办理结婚登记手续原因中的过错因素，把这个过错作为"酌定情节"。然而《婚姻法司法解释（二）》第 10 条第 1 款第 1 项并未明文规定在确定彩礼返还数额时需要考虑双方当事人的过错。

（二）对《婚姻法司法解释（二）》第 10 条第 1 款第 1 项的评析

中华人民共和国成立后，我国以西方国家基于爱情的理想婚姻为参照，主张婚姻应以爱情为基础，倡导男女平等，婚姻自由，为破除买卖婚姻、包办婚姻、借婚姻索取财物等封建陋俗，法律上一直没有认可婚约的法律效力。因价值导向所致，我国 1950 年《婚姻法》、1980 年《婚姻法》、1994 年《结婚登记管理条例》、2001 年修改后的《婚姻法》和 2003 年《婚姻登记条例》均未对彩礼问题作出规定。而给付彩礼这一伴随婚姻嫁娶而形成的民间习俗在当今社会却依然盛行，并呈现出数额高额化、形式多样化的趋势。随之而来，彩礼返还纠纷案件不断涌现，占据了法院民事审判案件的较大比重，单从道德层面已无法妥善解决，2003 年 12 月 25 日最高人民法院本着有利于指导审判实践、解决实际问题的原则颁布实施了《婚姻法司法解释（二）》。该解释第 10 条第一次对彩礼返还问题及返还情形进行了明确规定。该条规定的出台为法院审理彩礼返还纠纷案件提供了法律依

---

① 参见重庆市忠县人民法院（2017）渝 0233 民初 4689 号民事判决书；重庆市第二中级人民法院（2018）渝 02 民终 468 号民事判决书。

② 参见重庆市开州区人民法院（2017）渝 0154 民初 1734 号民事判决书。

据。但由于条文内容规定得过于原则、概括，导致在实务裁判中欠缺可操作性，其中第 1 款第 1 项“当事人请求返还按照习俗给付的彩礼的，如果查明属于以下情形，人民法院应当予以支持：(一) 双方未办理结婚登记手续的……”最为人诟病。不足之处在于：

第一，该条仅解决了彩礼应否返还问题，对于彩礼返还数额如何确定，未做任何规定，“应当予以支持”，“应当”二字作何理解，是应当支持全额返还还是应当支持部分返还，如果是支持部分返还，具体返多少该怎么确定，该以哪些因素作为参照标准来确定返还数额。在条文未进行任何明确规定的情况下，这些问题的解决都只能寄希望于法官自由裁量权的发挥。

第二，从法律解释的角度来看，根据文义解释，第 1 款第 1 项规定的彩礼返还情形是双方只要未办理结婚登记手续的，一律应当支持，对于没有明确规定是否需要考虑当事人对未办理结婚登记手续之事实有无过错，这样不免让人理解为彩礼返还规则适用无过错责任。在现实生活中，双方未办理结婚登记手续都是有原因的且原因复杂多样，既可能是基于当事人主观过错，也可能是基于客观事实导致的无法办理结婚登记手续，可能是给付方的过错；也可能是接收方的过错，可能是单方过错，也可能是双方共同过错。彩礼返还纠纷处理的重点与难点在于返还数额的确定上，该条文对未办理结婚登记手续的原因未加区分，采取“一刀切”式的彩礼返还规则，虽然避免了彩礼“绑架”婚姻，充分尊重了婚姻自由原则，但同时也给那些利用彩礼作幌子进行欺骗性感情交往的人以法律空子可钻，忽略了对无过错方利益的兼顾，弱化了对女性权益的保障，易造成裁判结果的实质性不公平。

第三，有些裁判者也意识到在确定彩礼返还数额时，如果单从条文字面意思出发，对当事人未办理结婚登记手续的原因不加分析、对当事人的过错不加甄别径直裁判彩礼全额返还有违公平，这样的裁判也非立法之初衷，因而在具体适用时采取变通方式，从双方未办理结婚登记手续的原因入手，在判定当事人的行为过错后依据过错确定彩礼返还数额，最终的裁判结果大多是酌定支持部分返还，而这样的裁判结果又往往与主张彩礼返还一方当事人期望全额返还的诉讼结果预期不一致，导致司法裁判与民众对裁判结果认同之间存在冲突，法官裁判后的释法析理工作难度大。

综上，《婚姻法司法解释（二）》第 10 条第 1 款虽然解决了彩礼应否返还问题，但是对后续更为重要的彩礼返还数额如何确定未作明确规定，现有彩礼返还规则欠缺对当事人未办理结婚登记手续原因的过错考虑，使得过错原则在司法裁判中未能成为一个统一适用的参考标准，法官在确定彩礼返还数额时自由裁量权过大，由于每个案件的具体案情不同，法官的内心价值标准不一，造成案件裁量尺度不统一，类案异判的现象突出，司法解释中该条规定已不能满足当前司法裁判定纷止争之需要。

二、适用过错原则的合理性分析

(一) 由彩礼的法律性质决定

虽然彩礼所依附的具人身属性的婚约在我国目前仍未予以法律效力的确认，但是彩礼返还纠纷作为对财产归属问题的处置已被《婚姻法司法解释（二）》第 10 条纳入予以调整。目前，学术界关于彩礼法律性质的主流观点采附解除条件的赠与说。史尚宽先生在其所著《亲属法论》中提出：“彩礼是证明婚约的成立并且以将来应当成立的婚姻为前提，敦厚其因亲属关系所发生的相互间的情谊为目的的一种赠与，是一种附加解除条件的赠与。”结合给付彩礼的目的是意图与接收方缔结婚姻关系，因而，彩礼所附加的“解除条件”应当是指双方未办理结婚登记手续亦即法定婚姻未缔结。对于附条件的民事赠与行为，恶意（过错）阻止条件成就的视为条件已成就，恶意（过错）促成条件成就的视为条件未成就。很明显彩礼的法律性质也决定对双方未办理结婚登记手续应当考虑过错，区分未办理结婚登记手续系当事人主观恶意造成还是客观事实所致。

（二）利于统一裁判规则

司法解释只对彩礼“返不返”进行了明确规定，对于“返多少”则是空白。实务中，彩礼返还纠纷案件的处理难点不在于判断彩礼是否应当返还，而在于彩礼返还数额的确定上。裁判中，法官确定彩礼返还数额参考的因素各异，司法裁量的标准不统一，法官自由裁量权过大，这些都势必造成类案不同判的情况发生。就过错原则在司法实务中的适用情况来看，一部分法官不将过错作为参考因素，仅将其作为庭审中查清案件事实的一个切入点，另一部分法官虽在裁判说理部分提及，但也仅是对当事人诉讼理由的一个回应，还有一部分法官为使裁判结果达到社会效果与法律效果的统一，顺利实现案结事了，在查明双方未办理结婚登记手续的原因后，采取变通的方式将当事人对未办理结婚登记手续这一事实是否存在过错、过错归于谁以及过错的大小和主次作为确定彩礼返还数额的考量因素，核心即过错影响彩礼返还数额。由于第 10 条第 1 款第 1 项未明确规定确定彩礼返还数额时需要考虑当事人的过错，在此种情况下，过错的认定、责任的划分就只能依靠法官的自由心证，正如前文所举之两则案例，法官在确定彩礼返还数额时应该都考虑到了当事人的过错，但囿于没有法律的明文规定，在裁判文书的说理部分为避免陷入于法无据之尴尬境地，仅对过错作蜻蜓点水式的提及。彩礼返还的前提是双方未办理结婚登记手续，现实生活中，双方未办理结婚登记手续的原因错综复杂，大多是由当事人的过错所引发，只有少部分是因双方单纯性格不合或是一些无法预见、无法控制的客观因素造成，以过错作为标准来确定彩礼数额的返还具有适用上的普遍性，有利于裁判规则的统一，能够避免同案异判现象的出现。

（三）兼顾公平之必要

民法中的公平原则是指以各方当事人的利益衡量作为准则，来权衡其权利和义务的设置是否合理。[①] 具体到彩礼返还纠纷上，是指应当根据双方当事人的行为来确定返还数额，既要保护给付方的利益，不能让其在给付目的实现不了的情况下损失财产，同时也要保护接收方的利益，不能让其在付出感情之后还要遭受损失。男女比例失衡是我国的一个社会现象，未结婚成年男子的数量大于未结婚成年女子的数量，许多未婚成年男子为能尽早解决婚姻问题，往往拿出个人全部积蓄甚至是集全家之力给付女方彩礼，一旦日后婚姻未成功缔结给付目的落空，男方将可能陷入人财两空的境地，从保护男方利益的角度出发，彩礼应当返还，但是考虑到不少女方在接收彩礼后同样付出了大量的感情、精力，此时如果未办理结婚登记手续的过错在于男方，却一味要求女方返还彩礼也是不公平的，因此，根据过错来确定彩礼返还数额能较好地平衡彩礼给付方与彩礼接收方的利益。

① 李萌生：《彩礼返还制度研究》，河北经贸大学 2016 年硕士学位论文，第 25 页。

（四）益于保障妇女权益

彩礼的给付常态是男方作为给付方，而“倒插门”式的女方为给付方则属例外。因此，在彩礼返还纠纷案件中承担返还义务的主体绝大多数是女方《婚姻法司法解释（二）》第10条第1款第1项规定双方未办理结婚登记手续的，当事人请求返还彩礼的，人民法院应当支持，这一无须考虑过错的返还规则忽视了对女性权益的保护。有学者指出：“该条司法解释规定法院可以用判决的方式强制彩礼接收方返还彩礼，这代表了一种立法倾向，即男女平等有余，而保护妇女权益不足。”① 一方面，男女生理状况的差异先天决定了女性的社会交往成本要高于男性。虽然随着社会的进步人们对婚前同居行为较以前持更加宽容的态度，然而婚前同居对女性的负面影响依然比男性大得多。正如有的学者所说：“婚前发生性关系对男性几乎没什么影响，但是会导致女性在当地婚姻市场上大幅贬值。”② 民间的观念通常认为，一旦女方接收了彩礼就意味着其与给付彩礼的男方达成了日后缔结婚姻关系的约定，若之后双方未能依约缔结婚姻关系，则女方很可能面临社会评价降低、名声受损的风险，必然造成女方在将来择偶上的机会损失和可选择范围缩减。另一方面，一个不可回避的现实是事实婚姻依然大量存在，特别是农村地区，还存在着认为男女双方只要按照农村习俗举行结婚仪式就算夫妻的观念。举行结婚仪式后，双方未办理结婚登记手续就以夫妻名义共同生活在一起，在这种情况下，女方已然履行了一个法定妻子应尽之义务，此时如果系男方的过错导致双方未能办理结婚登记手续，而男方此时起诉女方返还彩礼，如果不加区分过错，直接按照法律规定判决返还则损害了女方的权益，特别是在同居期间有怀孕、流产的，情况更甚。因此，在彩礼返还纠纷案件中考虑双方过错，依据过错来确定彩礼返还数额，有利于法院在裁判中保障女性弱势群体的利益。

（五）尊重民俗习惯之必要

霍贝尔说过：“法有许多面，不仅有国家法，之外还存在各种形式的非国家法，任何社会的法律制度不是一元的，而是多元化的。”③ 我国归属大陆法系是成文法国家，主要依靠制定法来规范和调整人的行为，但是民俗习惯作为法的非正式渊源对维护社会秩序同样起着不可忽视的作用。民俗习惯是一定地域的人群反复实践、普遍认可的行为模式，是某个地域或某个群体共同规则的体现，包含着合乎民意的情理。当国家法试图走进乡土社会，成为民众活动的行为指引时，就必须考虑民俗习惯，这也是彩礼能被司法解释纳入的理由。彩礼来源于民间习俗，具有很强的地域性和文化性，就彩礼返还规则而言，目前一些地区依然存在着“男方悔婚，不要彩礼；女方悔婚，彩礼返还”的习惯做法，这种对彩礼返还的习惯做法蕴含着一种朴素的道理，即要对造成婚姻缔结不能的过错方给予一定的惩罚。而根据《婚姻法司法解释（二）》第10条第1款第1项规定进行文义解释，双方没有办理结婚登记手续的，应当返还彩礼，不论何方原因，不论双方谁的过错，只要没有办理结婚登记手续，彩礼给付方都有权要求彩礼接收方返还，并且彩礼接收方也应当返还。由此可见，针对彩礼返还，民间习俗侧重于考察未办理结婚登记手续是哪一方的过错

① 李忠芳：《关于离婚保护妇女财产权益的立法思考》，载全国妇联权益部编：《〈中华人民共和国妇女权益保障法〉修改研讨论文集》，北京妇女出版社2004年版，第342页。

② 高其才：《习惯在民事审判中的应用——江苏省姜堰市人民法院的实践》，人民法院出版社2008年版，第18页。

③ 霍贝尔：《原始人的法》，严存生译，法律出版社2006年版，第28页。

造成，而司法解释则重在关注双方是否办理了结婚登记手续。生活中，未办理结婚登记手续往往系一方的过错造成，如果仅以未办理结婚登记手续这一客观事实的存在与否来判断彩礼返还，不对未办理结婚登记手续的原因进行分析，不考虑当事人的过错，由过错方向无过错方返还彩礼尚可理解，但是由无过错方向有过错方返还彩礼时，则有忽视对无过错方利益保护之嫌，有违公平。相较而言，习惯对过错予以了考虑，兼顾到对无过错方利益的保护，这一点更加易于民众接受。“在中国社会基层，调整人民行为的规范更多是世代传承的、约定俗成的习惯规范，习惯在熟人社区最生动、最广泛并最普遍地存在着、作用着。与习惯一致的法律很容易被人民接受并遵守，反之则会遭遇一定的阻力。”① 因此，就彩礼返还而言，应当通过对民间法的借鉴与适用，形成一定的裁判规则，为立法汲取民俗习惯中的合理之处提供实践基础。

三、过错的类型化分析及其归责

（一）过错的类型

现行民法中过错责任原则是指行为人的过错是责任构成的要件之一，以过错作为确定责任形式和范围的依据。讨论过错责任，首先要认定何为过错？当前我国现行《婚姻法》实行的是婚姻自由原则。婚姻自由是指婚姻当事人按照法律的规定在婚姻中所享有的充分自主的权利，任何人不得强制或干涉。其实，严格来说彩礼返还中一方不同意或者不愿意办理结婚登记手续并非真正民法意义上的过错，因为无论是彩礼给付方还是彩礼接收方都有权自主决定是否结婚、与谁结婚，其他任何人无权干涉。自愿是实现婚姻自由的前提，双方意思表示一致是婚姻的必要条件，所以彩礼给付后，一方后来不同意或者不愿意办理结婚登记手续是其权利，不构成真正民法意义上的过错。但从诚实信用原则角度来看，一方基于彩礼的发生内心当然地产生一种日后与之缔结婚姻关系的合理期待，如因一方的原因最后未能办理结婚登记手续加之其基于这种合理期待而在交往、同居期间付出大量感情、精力，期待的落空无疑是一种损害。彩礼返还中的过错不以谁先提出不办理结婚登记手续为标准，而以谁对未办理结婚登记手续之原因有责任为标准，将未办理结婚登记手续这种会给对方造成损害的原因视为一种过错。本文为了便于对未办理结婚登记手续的原因责任进行表达还是参照使用“过错”一词。现实生活中双方当事人未办理结婚登记手续的原因复杂多样，过错的表现也不尽相同，总体上过错可分为两大类型：

1. 未办理结婚登记手续系当事人主观过错所致。主观过错主要指当事人对未办理结婚登记手续存在故意，故意包括直接故意和间接故意，其中直接故意是指当事人通过积极作为的方式实施不利于办理结婚登记手续的行为；间接故意是指明知自己的行为不利于办理结婚登记手续而持放任的态度。依据不完全列举，主观过错包括但不限于下列情形：（1）一方有赌博、吸毒、家庭暴力等恶习且一直不改正的；（2）违反忠贞义务，同时与他人进行交往、同居甚至与他人缔结婚姻关系的；（3）婚期届至，无故拖延或者明确表示不愿意办理结婚登记手续的；（4）一方对个人重大基本信息故意隐瞒的，且该信息对办理结婚登记手续有重大影响的；（5）彩礼给付后，一方因犯罪需要被追究刑事责任或

---

① 陈益群：《论习惯和法律在司法领域中冲突与互动——兼谈司法公正的评价立场》，载《法律适用》2005年第1期。

正在服刑的；（6）同居期间造成女方怀孕、流产的。

2. 基于客观原因导致的不能办理结婚登记手续。客观原因是指非受当事人主观意思的控制而偶然发生的无法预期、无法控制的对办理结婚登记手续不利的事故及意外事件。依据不完全列举，主要情形如下：（1）彩礼给付后，一方患有重大疾病尤其是患有医学上认为不得结婚的疾病；（2）彩礼给付后，一方失踪或死亡的；（3）彩礼给付后，一方丧失民事行为能力的，如患有精神病；（4）基于风俗习惯被认为不宜结婚的，如八字不合、犯冲等；（5）单纯的性格不合。

（二）过错原则下的酌定返还彩礼数额确定规则

在司法实务中，彩礼返还数额的确定应考虑多重因素，因笔者在本文中主要讨论彩礼返还中的过错问题，因此，下文所作的责任划分只针对过错这个单一因素进行。

如前文所述，彩礼返还中一方当事人不愿意或者不同意办理结婚登记手续并非真正民法意义上的过错，出于尊重婚姻自由的考虑，当事人有权决定是否与对方缔结婚姻关系，如果最终决定不缔结的，毫无疑问这种决定损害了对方对缔结婚姻关系之美好期待，并且对方在交往或者共同生活期间已经付出大量的时间、感情将成为一场空。如果从婚姻自由的原则出发，应该支持返还彩礼，但同时，不可忽视对想缔结婚姻关系并为之付出的另一方权益的保护，为此在确定彩礼返还数额的确定上可将未办理结婚登记手续的原因责任即“过错”作为一个酌定情节，这样既保证了当事人的婚姻自主权又兼顾了对相对方权益的保护。过错原则的核心是行为人在最终的责任分配上，应承担与其过错相适应的责任，并以其过错为限。根据前文对未办理结婚登记手续原因作的原因过错类型区分，笔者建议可按如下规则进行责任划分并以此为标准结合具体案件确定彩礼返还数额：

1. 未办理结婚登记手续系当事人主观过错所致。责任划分规则为：对于未办理结婚登记手续仅一方有过错的，如果系彩礼给付方之过错，则裁判彩礼部分返还或者不予返还；如果系彩礼接收方之过错，则裁判全额返还或者大部分返还；如果双方均有过错的，此时应当对当事人的过错进行主次划分，若彩礼给付方之过错大于彩礼接收方的，彩礼给付方承担主要责任，彩礼接收方承担次要责任，则裁判部分返还；若彩礼给付方之过错小于彩礼接收方的，彩礼给付方承担次要责任，彩礼接收方承担主要责任，则裁判全额返还或者大部分返还；若双方过错相当的，可参考侵权责任中的过失相抵原则，裁判大部分返还。

2. 基于客观原因导致的不能办理结婚登记手续。这种情况系客观原因导致的婚姻关系缔结不能，非当事人主观上的不愿意，双方当事人对未办理结婚登记手续均无过错，因此参照侵权责任法中的公平原则。适用公平原则的目的不在于维护当事人的权益，而在于以其特有的模糊性来消解当事人之间的权利边界，旨在通过分配正义来平衡当事人之间的利益，进而达至稳定社会的功能。责任划分规则为：若客观原因出现在彩礼给付方，则酌情少返；若客观原因出现在彩礼接收方，则酌情多返。

彩礼返还问题不仅关系双方当事人之间的财产纠纷，还关系到整个社会的风气、和谐与稳定。彩礼返还纠纷的妥善解决，一方面需要通过立法的完善，适用过错原则，制定出更加明确可供操作的法律规定，为司法活动提供裁判指引；另一方面，法官作为法律的适用者，其职责在于忠诚地履行法律规定和相关司法解释，在现有条文就彩礼返还问题规定得较为原则、刚性的情况下，应结合案件当事人所在地区的民间风俗，本着公平原则、保护妇女权益原则，充分发挥主观能动性，尽可能对条文作出合乎立法者立法原意的解释，在确定彩礼返还数额时，应当以案件的具体案情为基础，全面考虑双方当事人有无过错、过错责任大小，通过使用过错原则，作出合理合法的裁判，实现情理与法理之间的有机平衡，实现法律效果和社会效果的统一。

彩礼法律性质及返还规则的认定与完善

张　宁*

目　次

一、彩礼的综述及其法律性质

彩礼，又有“聘礼”“财礼”“礼金”之称，指的是有缔结婚姻意愿的男女双方在订婚时，约定由男方给付女方一定数额的金钱或财物，作为双方婚约正式成立的标志。彩礼的重要特征表现在：1. 彩礼关系的主体主要为订婚男女双方，大多数情况下还有订婚男女双方的家长参与；2. 彩礼关系的客体主要表现为一定数额的金钱或者财物；3. 男方给付女方彩礼由男方自愿给付。

彩礼作为习俗在我国传统社会具有根深蒂固的历史。西周时期六礼制度之中的“纳征”即为现代彩礼制度的雏形。纳征，就是男方派使者给女方家送去聘礼，以成婚礼。纳征之后，双方的婚约正式成立。聘礼大致相当于现今意义上的彩礼，从而实现在男女双方之间订立婚约、建立婚姻关系的目的。《礼记·曲礼》记载“非受币，不交不亲”，这说明，如果男方家已经向女方家送去聘礼，并且女方家也接受，这就意味着男女双方的婚约正式订立，并且这种婚约关系具有法律上的效力。到了唐朝“婚礼先聘财为信”“聘则为妻”，即使没有婚书，只要男方向女方家下过聘礼，双方的婚姻关系就为法律所确认。随着当代社会生活方式由传统的农耕社会向现代工业社会过渡，大众恋爱价值观发生巨大转变，影响婚恋的因素中父母的话语权地位不断下降，传统彩礼制度在我国很多城市地区已经日渐式微。然而，在乡土意识仍然强烈的我国广大农村地区，为了克服男女性别比例严重失调从而完成传宗接代，农村地区家庭背负了“天价彩礼”，彩礼对外则以“孝敬钱”“抚养费”等多种形式存在。不容忽视的是，男女双方一旦在订婚过程中发生纠纷，彩礼退还问题难免成为纠纷的主要焦点。同时，彩礼往往与嫁妆、婚姻等问题纠结在一起，因此有必要对彩礼性质正本清源。

---

* 作者简介：张宁，重庆市彭水县人民法院第一人民法庭法官助理。

就彩礼的法律性质，主要有以下几种学说：1. 所有权转移说。有学者认为，彩礼的给付属于民事赠与关系。由于给付彩礼并不是男方的法定义务，那么男方在订立婚约时给付女方彩礼就是基于自愿对女方的赠与，男方一旦将彩礼交付给女方，彩礼的所有权即转移给女方所有。① 根据这一理论，彩礼所有权转移完成后，男方不再享有任何权利主张彩礼返还。但是，考虑到我国当前农村地区的实际情况，男女给付彩礼并非完全自愿，更多是考虑到为和女方缔结婚约的目的，如果一味纵容此种情况，则单纯以获取财物为目的骗婚等现象会更为突出，相当于变相鼓励了婚恋市场上不劳而获的思想。2. 目的赠与说。该学说认为，彩礼是赠与人为达到缔结婚姻目的而为的赠与。如果双方缔结了婚姻关系，则彩礼的所有权归属于女方，男方不得要求返还。若男女双方未能缔结婚姻关系，彩礼给付之目的则未达成，此种情形下给付方可请求接收方返还。但是，该学说仍有不完备之处。首先，彩礼是我国传统社会的风俗习惯，达到缔结婚姻目的只是男方出具彩礼的形式要求，事实上，出具彩礼的根本目的在于婚姻成立后男女长期共同生活形成家庭。其次，在我国民事法律规定中，单纯的目的或动机并没有法律意义，只有将目的或动机作为法律行为的附款，才受法律保护。3. 从契约说。有学者认为给付彩礼作为一种赠与契约，实质上是婚约的从契约。一旦双方解除婚约关系，缔结法定婚姻关系之目的便无法实现，彩礼的接收方应当返还彩礼。笔者认为这种学说混淆了婚约与彩礼的关系。婚约与彩礼没有主次之别，并非婚约解除则彩礼一定返还。特别是对于婚前已经共同生活的女方来说，权益无法得到保障。4. 附条件的赠与说。该学说认为婚约关系期间，婚约的一方当事人向另一方当事人给付彩礼的行为，属于附条件的民事法律行为，是为将来缔结婚姻关系而为的一种赠与。给付彩礼的行为既是确定双方婚约关系的成立，也是为了将来能缔结法定的婚姻关系。如果一方当事人解除婚约，则受赠方失去占有彩礼的合法依据，彩礼给付方可基于不当得利要求对方返还彩礼。彩礼给付的目的不仅仅在于将来缔结法定的婚姻关系，更是期待能与之长久共同生活。男方在与女方巧立婚约关系时，基于对将来双方能维持婚姻关系并共同生活的期待，给付女方彩礼。一旦双方未能缔结婚姻关系，或者虽缔结婚姻关系但并未共同生活便离婚，给付方的这种期待权未能实现，之前赠送彩礼的依据消失，接收方丧失继续占有的依据，根据民法公平原则和诚实信用原则应当返还彩礼，否则将构成民法上的不当得利。在订立婚约关系时一方给付另一方彩礼，虽然彩礼已经被接收方占有，但由于作为彩礼给付原因的法律关系已经不复存在，当事人所期待的婚姻关系及共同生活的状态也未能达成，接收方缺乏继续占有彩礼的依据。因此，如果接收方拒绝返还彩礼则构成不当得利。彩礼给付方享有请求返还的权利，接收方也有返还彩礼的义务。事实上，这种学说更加符合我国的当前实际，成为通说。

二、由一则案件看彩礼退还的适用规则

黄某1系黄某2、谭某之子，熊某系唐某之女。黄某1与熊某于2013年经媒人介绍认识并谈婚论嫁。在双方举行婚礼之前，唐某以孝敬钱和抚养费的名义，要求黄某1支付2万元，黄某1、谭某表示同意，后双方将举行婚礼时间约定为2014年1月18日。在双方举行婚礼当天下午，在男方的新房内，黄某1将20000元交给媒人，媒人当即将20000元

① 王利明：《民法新论（下册）》，中国政法大学出版社1998年版，第70页。

交给了唐某。后黄某1与熊某在生活过程当中，双方因生活琐事逐渐产生矛盾。2016年1月，双方因生活琐事再次发生争吵，熊某便独自外出务工至今，至今未办理结婚登记手续。法院经审理认为，黄某1与熊某至今尚未办理结婚登记手续，缔结婚姻目的已无实现的可能，故在本案中彩礼应当返还。但因黄某1与熊某按本地风俗举行婚礼后共同生活了两年，故彩礼应按一定比例酌情返还。结合案情，认为返还比例以70%为宜，故唐某应当返还三原告14000元。①

在我国，婚姻制度的总体原则是婚姻自由，即结婚自由和离婚自由。婚姻自由既是缔结婚姻男女双方择偶意愿的自由，也是不附加任何经济、社会条件基础上的自由。子女父母主张“孝敬钱”和“抚养费”虽符合广大群众朴素的乡土情理，却没有法律依据。另一方据此支付较大数额的财物，如为缔结婚姻为主要目的，则不分自愿或者受于胁迫，该财物在法律上应当认定为彩礼。嫁妆则属于婚前个人财产，属于另一法律关系，不应与彩礼混为一谈。黄某1支付的20000元形式上虽为“孝敬钱”或“抚养费”，实为缔结婚姻、达成婚约而支付，是一种附解除条件为目的的约定，法律性质属于彩礼。

彩礼制度在一定程度上助长不良社会风气，不利于社会关系的和谐稳定。为此，我国法律明确规定了当事人有权请求返还按照习俗给付的彩礼。但是，返还不是无条件地返还，仍然应当考虑夫妻共同生活时间长短、夫妻一方过错程度以及妇女权益维护等多种因素。在本案中，法官认定返还比例设在70%。但考虑到黄某1与熊某已经共同生活了两年时间，鉴于农村地区广泛存在着只有习俗婚礼却未法定登记的情况，同时原告未举示出充分证据证明女方过错明显大于男方，从有利于维护妇女权益角度考虑，70%的退还比例过高。众所周知，感情世界难分对错，相较于物质利益，精神利益同样不容忽视。彩礼作为一种物质利益，数额上较易确定，在男方彩礼未实现最初目的的情况下，则可要求女方退还，相较而言女方的权益同样可能受到一定的损害，比如舆论评价的降低、名誉的影响及精神上的伤害等。彩礼返还规则应当在于平衡两方当事人的利益，而非一味地强调形式上的平等。酌情返还，更多地依靠法官的内心确信，缺乏具体的法律明文规定，极易造成自由裁量权的滥用，在形式平等之余造成事实上的不平等。

三、家事审判改革背景下返还规则的认定与完善

当前，我国正在全面推行家事审判改革。改革的一大重要方向在于保护弱者利益。妇女作为天生的弱者，彩礼返还规则的认定，应当在彩礼范围进行界定的基础上，从双方当事人是否缔结婚姻关系、共同生活时间的长短、各自的过错程度等方面综合考虑，结合彩礼给付的目的是否达成及对女方权益的保护，综合确定返还比例。共同生活的认定更应综合考虑双方共同居住、精神慰藉、相互扶助等因素。对于法官酌情裁定彩礼返还，应当限制自由裁量权的行使权限，最大限度地促进彩礼给付和退还方的利益平衡。

1. 坚持多元化化解纠纷机制。家庭作为社会的组成细胞，彩礼相关的纠纷往往涉及家庭社会关系的稳定。其中，朴素的乡土情理与法理发生冲突难以避免。因此，要运用多种纠纷化解方式、加强与妇联、公安、民政等职能部门协调，善于运用通俗语言、释法解惑，厘清不同法律关系，形成经典案例，提高法律意识。

① 见于（2016）渝0243民初2487号民事判决书。

2. 强化对相对弱势方倾斜保护。我国在历史上长期对女性持有男尊女卑的偏见。中华人民共和国成立以来，我国专门出台了《妇女权益保障法》。婚姻家庭关系的稳定在当前的家事改革中赋予了更大的权益。在同等状况下，彩礼返还应当贯彻这一原则，财产利益应当与身份利益、人格利益、情感利益等结合起来，摒弃单纯处理财产纠纷的做法，努力构建新型家庭关系，从根本上化解家庭纠纷。

有扶养关系的继父母子女构成要件分析

周元恺*

目　次

继父母子女关系是夫或妻一方此前与他人所生子女与现任的配偶之间形成的身份关系。所谓继子女，是指夫或妻一方对配偶他方与前配偶所生的子女，称为继子女。所谓继父母，是指子女对母亲或父亲的再婚配偶，称为继父或继母。① 继父母子女关系因继父母与生父母婚姻登记的法律事实而成立，大陆法系的日本、德国等国家均认为属于亲属关系中的姻亲关系。② 我国的家事法律上未直接规定继父母子女之间存在权利义务，然而对于继父母子女之间形成抚养关系的情形，《中华人民共和国婚姻法》（以下简称《婚姻法》）第27条中规定："继父或继母和受其抚养教育的继子女间的权利和义务，适用本法对父母子女关系的有关规定。"《中华人民共和国继承法》（以下简称《继承法》）第10条中更是规定第一顺序法定继承人中的父母和子女均包含了有扶养关系的继父母和继子女。一般认为，形成扶养关系的继父母子女之间因法律规定而具备与生父母子女同等的权利义务关系，理论上称之为法律拟制血亲。我国法律规定了有扶养关系的继父母子女互为第一顺序法定继承人，但对于扶养关系的认定以及特殊法律情形下的处理未有详细规定，由此给继承纠纷实务带来较大的困难，有必要对相关问题进行进一步阐释。

一、扶养关系的性质与认定

所谓"扶养"，指的是民事主体对他人的经济上供养、生活上照料和精神上慰藉等行为的总和，从狭义的角度理解一般指的是同辈亲属之间的相互辅助支持，而从广义的角度理解一般认为包含长辈亲属对晚辈亲属的抚养、晚辈亲属对长辈亲属的赡养以及同辈亲属之间的相互辅助支持。③《继承法》第10条规定该法所说的子女、父母和兄弟姐妹包括了有扶养关系的继子女、有扶养关系的继父母以及有扶养关系的兄弟姐妹，由此可见继承法

---

* 作者简介：周元恺，重庆市江北区人民法院法官助理。

① 陈苇著：《婚姻家庭继承法学》，群众出版社2005年版，第166页。

② 童铃著：《论继父母子女关系》，华东政法大学2010年硕士学位论文，第5页。

③ 陈苇主编：《婚姻家庭继承法学》，法律出版社2002年版，第206页。

对“扶养关系”采用的是最广义的解释。继承法上的扶养关系涵盖的范围虽广，但相应扶养关系的成立也具备特定的标准，而达到标准者方可认定为继承法上所指的扶养关系，并因此而产生相应的权利义务。

（一）扶养关系的相互性

继父母子女之间成立扶养关系时，双方之间互为第一顺序法定继承人，享有与生父母子女一样的继承权利。如前所述，扶养的内容包含有长辈亲属对晚辈亲属的抚养和晚辈亲属对长辈亲属的赡养，《继承法》第10条规定中采用的是“扶养”一词，未将继父母和继子女之间的关系限定于“抚养”或“赡养”，是否可以理解为双方之间只要成立抚养或赡养关系即属于有扶养关系的继父母子女呢？有观点认为，《婚姻法》第27条规定继父母与受其抚养教育的继子女之间的权利和义务适用婚姻法对父母子女关系的有关规定，故应当要求继父母在继子女未成年时对其进行过抚养教育，双方之间方可根据该条款的规定形成法律拟制血亲关系。双方之间的继父母子女关系若形成于继子女成年之后的，继父母实际已无从对其进行抚养教育，继子女在此情况下本就不负有赡养继父母的义务，即使其实际对继父母进行了赡养，也只能根据具体情况考虑适用《继承法》第14条的规定，作为继承人以外的对被继承人扶养较多的人适当分得遗产，毕竟法律并未规定继子女与受其赡养照料的继父母之间的权利和义务适用婚姻法对父母子女关系的有关规定，也就是将双方作为拟制血亲对待。笔者认为此种观点有一定道理，但不够准确。在双方之间仅存在赡养关系的情况下，继父母未对继子女进行过抚养，若因继子女的赡养行为而使得继父母可作为继子女的第一顺序法定继承人并享有对继子女遗产的继承权，对于继子女以及继子女的其他继承人而言并不公平，确实不宜将双方认定为有扶养关系的继父母子女。若继父母确实有赖于继子女赡养，在继子女死亡时，继父母可以作为继承人以外的依靠被继承人扶养的缺乏劳动能力又没有生活来源的人来适当分得遗产，继父母的合法权益实际有所保障；继子女若对被继承人扶养较多时，也可以依法适当分得继父母的遗产，其付出的辛劳和情感实际也受到了法律的承认和保护。较婚姻法而言，继承法属于调整继承法律关系方面的特别法，继承法采用的是“扶养”而非“抚养”，应当理解为立法者有意对双方之间相互扶养的情况进行完整的考量，因此在认定双方扶养关系是否成立时，不应一味地强调成立过抚养关系的继父母子女之间即属于有扶养关系的继父母子女，而应以继承开始时双方之间的具体情况从合法权益保护和权利义务平衡的角度综合进行认定。若继承开始继子女尚未成年，双方之间可能成立并存续的仅有抚养关系而已，依据已经成立的抚养关系而认定双方属于有扶养关系的继父母子女并无不妥，实际也有利于双方合法权益的保障。若继承开始时继子女已经成年，其有赡养能力却拒绝赡养有相应需求的继父母，仅因继父母对其的抚养而认定拒绝赡养继父母的继子女可以作为继父母的第一顺序法定继承人享有对继父母遗产的继承权，显然既不符合继父母的权益保障亦违背继承法的立法本意，故不应认定双方为有扶养关系的继父母子女。至于继子女成年后至继父母需要他人赡养时这段期间，双方之间的扶养关系可能主要体现为相互之间的陪伴照料，需要根据扶养关系的其他方面综合进行认定。

（二）扶养关系的全面性

如前所述，继父母子女之间的扶养关系应当同时包括继父母对继子女的抚养以及继子女对继父母的赡养，而在相应扶养事实足以有效地满足继子女或继父母在一定时期内各方面需求的情况下，应当认定双方客观上已经构成完整的扶养关系。从未成年人保护法与老年人权益保护法的相关规定来看，抚养或赡养的主要内容不外乎经济上供养、生活上照料和精神上慰藉等方面，一方的抚养或赡养是否能够全面达到法律规定的扶养标准，要从以上三个方面进行考量。对于具备相应能力的人，应当要求其在各个方面均作出足够的努力，且相应的努力应当是有效的，否则不应认定其达到相应的标准。例如，一方仅仅愿意在经济上对对方进行供养，即使对方的生活开支主要由其进行负担，然而双方之间的生活上并无其他交集，无法指望双方之间形成具备丰富情感羁绊的家庭关系，为保证未成年继子女健康成长，应当要求抚养关系的成立以继父母与继子女共同生活为必要条件。① 同时，继父母子女之间的扶养关系还应具备持续性，不仅要求双方之间的抚养或赡养必须存续达一定时间，还要求相应的扶养关系应当是持续不间断的。断断续续或者偶尔的抚养行为或赡养行为并不足以保障受扶养一方的正当权益，符合继承法的要求的扶养关系应当是持续稳定的。如此一来，一方面可以督促相应继父母或继子女积极主动地实施扶养行为，更加能够保障需要扶养一方的合法权益和满足其客观需求；另一方面积极主动地实施扶养行为的双方之间往往在主观上也存在较高的身份认同感，能够与其他继承人维持良好的家庭关系，在对方死亡后作为继承人继承其遗产符合被继承人的意愿，也与婚姻法和继承法所倡导的平等、和睦、文明的婚姻家庭关系是相符的。然而，实务中因为缺乏明确的标准，各地对于抚养或赡养事实在持续多久后可以认定为已经成立稳定的法律关系，以及相应的法律关系是否可因其他法律事实而解除并进而影响继承人身份存续等问题莫衷一是，给继承纠纷的处理带来一定困难。

（三）扶养关系的主观性

扶养行为是扶养人基于一定主观意思而实施的行为，主要包含经济上供养、生活上照料和精神上慰藉三个方面，其中经济上供养主要体现为客观上的金钱或物品的给付，而生活上照料和精神上慰藉均包含有主观情感内容，甚至可以说其传递的主观情感内容才是主要价值所在。全面地实施扶养行为，必然包含相应的主观意识内容，具体可归纳为以下两点：一是积极自愿，即扶养人本身具备作出扶养行为的主观意愿，出于自愿而实施行为，不是被动承担相应义务。根据《婚姻法》第 27 条的规定，形成抚养关系的继父母子女之间的权利和义务适用婚姻法对父母子女关系的有关规定，若继子女长大成人之后未依法赡养继父母，无劳动能力的或生活困难的继父母依法有权要求继子女支付赡养费，而继子女拒不履行赡养义务的事实应当在认定是否形成扶养关系时进行考量，双方之间自然不可能形成扶养关系。若继父母向法院起诉并获得胜诉，继子女仍然拒绝支付赡养费，继父母应当获得的赡养费均系通过执行程序取得，则继父母客观上虽获得了赡养费，然明显可见继子女完全没有扶养的主观意愿，也不应当认定双方之间成立扶养关系，况且坚持拒绝支付赡养费的继子女也不大可能对继父母实施生活上照料和精神上慰藉等活动。与其依据继父母客观上获得了赡养费而认定双方之间的扶养关系成立，进而认定继子女可以作为有扶养关系的继子女享有继承权，再根据其拒不履行赡养义务的情况来酌情不分或者少分遗产，不如直接以其坚持拒绝履行赡养义务的行为认定其缺乏扶养的主观意愿，双方之间未构成有扶养关系的继父母子女关系即其不享有继承权，更能给那些拒绝履行赡养义务的人以警

---

① 吕菲著：《论继父母子女关系》，大连海事大学 2009 年硕士学位论文，第 7 页。

示，有利于保障继父母的合法权益。二是家庭意识，即双方之间均有将对方作为家庭成员的意识，根据双方的主观意愿来确认其意欲成立的身份关系，尊重双方的身份行为同意权。一方面，双方之间本就有继父母子女的姻亲身份关系存在，将对方作为家庭成员对待是有扶养关系的继父母子女关系的应有之义，也是扶养行为中生活照料和精神慰藉内容的必然要求，否则难以期待双方之间能够形成符合双方意愿的扶养关系，并据此作为第一顺序继承人来继承对方的遗产。另一方面，继父母子女关系本质上是基于他人的婚姻关系而形成的亲属关系，双方如果没有成立一定身份关系的意愿则法律不应强为拟制，没有相互身份认同也不大可能形成较强的感情羁绊，也就没有必要将其拟制为血亲来对待。

二、身份关系的理解与分析

从构成要件上来看，有扶养关系的继父母子女包括两个要件，即双方之间同时成立扶养关系和继父母子女关系。现行法律并未规定继子女与继父母之间的权利义务直接适用父母子女关系的有关规定，也未规定其他与被继承人有扶养关系的人或继子女可以直接作为第一顺序法定继承人而享有继承权，可见继父母子女之间依据法律规定成为拟制血亲时，身份关系和扶养关系两个要件应当同时具备。双方之间的身份关系一般先于扶养关系而成立，身份关系的变化可能直接影响到双方是否成立有扶养关系的继父母子女关系。有扶养关系的继父母子女关系成立后，双方之间的法律关系是否可能依据新的法律事实产生相应的变化，进而影响特定主体的继承人资格及权利，继承法等法律虽未言明，但通过法律解释可以得出结论。

（一）继承开始时应当存在身份关系

继承开始时，若双方同时具备扶养关系和继父母子女关系，相互之间依照继承法的规定自然属于彼此的第一顺序法定继承人。对于继承开始时继父母与生父母已经解除婚姻关系的情况，有观点认为有抚养关系的继父母子女之间根据《婚姻法》第27条的规定已成为法律拟制血亲，且这种法律拟制血亲关系存续至受抚养的继子女成年之后，则不能因婚姻关系的解除而自然终止，只能因为继父母子女一方死亡而自然终止、双方协议解除终止或诉讼解除终止。[①] 双方之间的权利义务关系因法律拟制而可脱离原有的成立基础而在继父母子女之间单独存续，在继承开始时不必强求双方之间仍存在原有的继父母子女关系。

笔者认为，此种观点是对于《婚姻法》第27条精神的误读。《婚姻法》第27条规定的主要目的在于保护未成年继子女的合法利益，意在维持双方之间已经形成抚养教育关系，保障未成年继子女在再婚家庭中能够持续得到继父母的关爱，避免发生抚养教育行为半途而废的情况。拟制血亲并不同于自然血亲，并非基于客观的血缘关系而产生，法律拟制基于一定法律事实而成立，同样也可以基于一定法律事实而被推翻或解除，如养父母子女之间的收养法律关系因收养登记而成立，亦可因收养登记解除或诉讼方式而解除。有扶养关系的继父母子女首先是继父母子女，双方的姻亲关系基于继父母与生父母的婚姻关系而成立，基于婚姻关系存续而存续，同理也基于婚姻关系的解除而解除。继父母与继子女之间即使曾经属于有扶养关系的继父母子女，然其姻亲关系在继父母与生父母的婚姻关系解除时已经丧失基础，继父母与生父母之间尚且不具备任何身份关系，不应当认为基于他

---

① 徐志超著：《继父母子女关系研究》，西南政法大学2011年硕士学位论文，第14页。

们婚姻关系而产生的其他身份关系仍有存续的余地。继父母抚养教育继子女至成年的情况，仅能说明继子女不再需要继父母抚养而已，曾经存续的抚养关系不会再发生变化并不能作为法律拟制血亲关系无法解除的依据。即使双方在继父母与生父母解除婚姻关系之后，仍在维持相互之间的扶养关系，一方在继承开始时自然可以按照《继承法》第 14 条的规定主张分得适当的遗产，并不存在互相作为第一顺序法定继承人的紧迫必要性。从《最高人民法院关于人民法院审理离婚案件处理子女抚养问题的若干具体意见》第 13 条的规定来看，继父母在与生父母离婚时并不当然对曾受其抚养教育的继子女再负有抚养义务，在继父母不同意继续抚养的情况下，应由生父母承担对该子女的抚养义务，在一定程度上也说明所谓的法律拟制血亲关系并非牢不可破。对于继父母与生父母离婚时同意继续抚养继子女的情形，应当尊重继父母与生父母之间解除婚姻关系的主观意思，即使继子女由继父母继承抚养，双方之间的身份关系也并非继父母子女关系，而是监护人与被监护人的关系。需要特别说明的是，生父母在继子女未成年时死亡的，导致生父母和继父母婚姻关系解除的是死亡事件而非登记或诉讼离婚行为，继父母并未主动作出解除各方之间身份关系的意思表示，故在双方之间身份关系是否存续的问题上，不妨参考继承法对丧偶儿媳、丧偶女婿的相关规定，根据双方之间扶养关系的具体情况予以认定。

（二）扶养关系与身份关系不需要共同存续

一般情况下，我们讨论的有扶养关系的继父母子女主要指的是继父母与生父母在继子女未成年时登记结婚的情况，双方之间的身份关系成立后与扶养关系一直存续至继承开始之时，认定双方属扶养关系的继父母子女并不存在较大的问题。然而，实际生活中的家庭情况可能复杂得多，可能存在身份关系的存续与扶养关系的成立并不同步的情形。有人认为，为避免过分扩大对有扶养关系的继父母子女的认定，从有利于明确认定标准的角度，应当根据《婚姻法》第 27 条的精神，严格要求双方之间的扶养关系必须与身份关系共同存续，即扶养关系必须是基于身份关系而成立。例如，继父母与生父母在长期共同生活后才登记结婚，而婚姻关系成立不久之后继父母或继子女一方死亡，即使继父母与继子女之间此前已经实际形成符合法律规定的抚养关系和赡养关系，也不应认定双方属于有扶养关系的继父母子女。笔者认为，此种观点过于严苛，并不符合《继承法》第 10 条规定的立法本意。即使双方之间的抚养关系和赡养关系在较长时间内并不具备继父母子女的身份关系，然而能够成立符合本文第一部分述及的扶养关系，可以认为双方已经将对方作为继父母或继子女在对待，甚至彼此之间的实际情感可能更为深刻。此时，继父母与生父母登记结婚，延续此前扶养关系的继父母与继子女之间当然应当认定为有扶养关系的继父母子女。扶养关系本身只是一种客观事实，继承法上并未对其成立过程进行严格限定，双方在继承开始时既然已经具备继父母子女的身份关系，从尊重双方主观意愿和客观扶养事实的角度，都不应对此过分要求。

结 语

有扶养关系的继父母子女属于法律拟制血亲，是基于法律规定而非血缘关系产生，自然血亲只要根据血缘关系就可以进行认定，而法律拟制血亲需要根据法律规定进行认定。在法律规定不甚明确时，关于有扶养关系的继父母子女的认定就存在较多争议及难点，单凭法律解释恐难以妥善解决相关纠纷，而且各地法院对于没有具体规定的法律关系往往会出现认识差异，导致实践中出现结论完全不同的认定，不利于当事人权益的保障和发挥法律的指引作用。因此，有观点也认为有扶养关系的继父母子女作为一种没有完整法律规范调整的关系，其产生与终止都没有具体的法律规定，将其视为拟制血亲不恰当。[①] 为了进一步明确有扶养关系的继父母子女的概念，以本文论及的情况而言，笔者认为有必要对相关要点进行明确规定。首先，应当给扶养关系设立一定标准，按照扶养关系成立和存续应当具备的各项性质，扶养关系存续及解除的情况有所规定，让双方清楚最初的权利义务关系产生的具体条件，以及按照法律明确规定对扶养关系进行有效维持。其次，宜明确扶养关系与继父母子女关系的相互关系以及继父母子女关系的性质，让当事人清楚自己在继承法律纠纷中的地位，并依据相应的地位来主张权利。

① 童铃著：《论继父母子女关系》，华东政法大学 2010 年硕士学位论文，第 19~21 页。

法国成年人意定监护制度研究及其启示
——兼论《民法典·婚姻家庭法编》成年人意定监护制度的制定

石　雷　袁军丽*

目　次

一、缘起

成年人意定监护制度的最早雏形见于2013年修订的《老年人权益保障法》。该法第26条规定，具备完全民事行为能力的老年人，可以在近亲属或者其他与自己关系密切、愿意承担监护责任的个人、组织中协商确定自己的监护人。监护人在老年人丧失或者部分丧失民事行为能力时，依法承担监护责任。在此基础上，《民法总则》在我国正式确立了成年人意定监护制度，这是我国监护制度发展中的又一重要里程碑。但关于该制度，现有立法较为笼统概括，制度尚不完善。研究如何完善成年人意定监护制度有着重要的现实意义。

第一，完善的成年人意定监护制度为保护弱势成年人人权提供制度保障。当今国际社会，人权保障问题越发受到世界各国的重视，尊重并保护人权的呼声越来越高。原本注重保护身心障碍者的禁治产制度逐渐转向人权监护模式，立法理念从法律父爱主义转向自治为主的支援和辅助。"正常化、自我决定权"已成为身心障碍者国际人权保障的准则。① 成年人意定监护制度旨在为弱势成年人提供一个可以按个人意愿生活的机制，使他们在预见自己未来可能丧失或部分丧失民事行为能力时，预先安排个人监护事宜，这是弱势成年人人权的重要制度保障。我国《民法总则》中确立的成年人意定监护制度已为弱势成年人的人权保障建立了制度框架，但现有内容较简略，在制度供给上仍显不足，不能最大程度发挥该制度的优势。

---

* 作者简介：石雷，法学博士，西南政法大学民商法学院讲师；袁军丽，西南政法大学民商法学院硕士研究生。

① 李霞：《成年监护制度的现代转向》，载《中国法学》2015年第2期，第199页。

第二，完善的成年人意定监护制度为落实“尊重自我决定权”立法理念提供具体方法。古典伦理学认为，人的最高本质在于其自由意志，能够按照道德律令管理、约束自己的意志是人格的本质。此种出自实践理性的自我约束是实践中至高无上的价值表现，因此，人的存在本身即是目的，应当受到尊重。① 在这一哲学思想基础上，自我决定权的实质是自然人享有的以发展人格为目的，对于生命、身体、健康、姓名等具体外在人格要素的控制与塑造的抽象人格权。② 对身心障碍者而言，肯定这部分特殊群体的自我决定权，既体现了民法强调意思自治的私法理念，又展现出民法慈母般的人文关怀。《民法总则》已经认可了这一立法理念，但现有成年人意定监护制度内容较少，缺少可操作性，这可能会影响成年人意定监护制度的适用，使“尊重自我决定权”的立法理念落空。香港早前的持久授权书在2011年改革前只有少数几例适用案例就是一个很好的例证。③

第三，完善的成年人意定监护制度是应对我国人口老龄化社会的重要举措。2010年第六次人口普查资料显示，我国65岁以上老年人口1.19亿，人口老龄化水平为8.87%，④ 我国已经进入老龄化社会。⑤ 习近平总书记在十九大报告的第八部分“提高保障和改善民生”中强调，积极应对人口老龄化，构建养老、孝老、敬老政策体系。完善的成年人意定监护制度是这一政策体系内容的重要一环。部分老年人希望在自己意志清醒时选择自己的监护人，以应对自己因病丧失或部分丧失民事行为能力时可能出现的不利局面。成年人意定监护制度恰好能够满足这种需求。但在制度具体实施过程中，如果缺少对成年人意定监护制度的针对性规定，比如监护人资格、职责、报酬等，一个不完善的成年人意定监护制度也无法充分实现国家赋予的应对人口老龄化的功能定位和目标价值。

现有成年人监护制度对英美法系的成年人监护制度研究较多，对德国、日本、我国台湾地区的成年人监护制度也有论及，但对作为欧洲大陆法系的重要代表之一的法国，目前的研究较少。相较而言，《法国民法典》较早规定了成年人意定监护制度，其间经过多次修订。无疑，在成年人意定监护制度方面，法国经验对我国现有成年人监护制度的研究具有一定的补充价值，对我国立法的完善有一定的参考意义。本文旨在通过研究法国成年人意定监护制度的具体内容，为我国未来《民法典·婚姻家庭法编》中成年人意定监护制度提供参考。

二、成年人意定监护制度的概念及特征

我国最新颁布实施的《民法总则》第33条明确规定：具有完全民事行为能力的成年人，可以与其近亲属、其他愿意担任监护人的个人或组织事先协商，以书面形式确定自己的监护人，并由协商确定的监护人在该成年人丧失或部分丧失民事行为能力时，履行监护职责。自此，我国《民法总则》在监护制度中新增了这一项特殊制度，也即成年人意定

① 康德：《实践理性批判》，邓晓芒译，人民出版社2003年版，第119页。

② 杨立新：《刘召成·论作为抽象人格权的自我决定权》，载《学海》2010年第5期，第181页。

③ 我国香港地区于1997年制定了《持久授权书条例》，但实施十年间（至2007年），注册的持久授权书屈指可数。有分析认为，制度的不完善是一个重要原因。2011年，香港修订了该条例，新的《持久授权书（修订）条例》于2012年生效。

④ 原新：《从六普数据看我国人口老龄化新变化》，载《中国社会工作》2011年第17期，第54页。

⑤ 根据1956年联合国《人口老龄化及其社会经济后果》确定的划分标准，当一个国家或地区65岁以上老年人口数量占总人口比例超过7%时，则意味着这个国家或地区进入老龄化。

监护制度。

学理上，意定监护制度与法定监护制度相对，意指根据被监护人本人或父母监护人的意愿确定的监护。广义的意定监护又可细分为被监护人本人的委托监护，父母不能履职时的委托监护[①]以及遗嘱指定监护。狭义的意定监护仅指被监护人本人的委托监护。本文研究的成年人意定监护为狭义的意定监护。我国的成年人意定监护制度具有以下几个特点：一是从主体看，成年人意定监护以该成年人具有完全民事行为能力为条件，如果该成年人为限制民事行为能力人或者无民事行为能力人，他就不能再自主设定意定监护人。监护人既可以是其近亲属，也可以是愿意担任其监护人的个人或组织。二是被监护人和监护人须就订立意定监护达成合意。文书中只有被监护人一人的意愿，不能成立意定监护。这是意定监护与其他监护类型最大的不同。三是成年人意定监护必须以书面形式确立，口头形式的意定监护协议不受法律保护。四是意定监护的实施自被监护人丧失或部分丧失民事行为能力时开始，也即意定监护协议成立后，该协议尚未生效。五是成年人意定监护中委托监护的监护人若是被监护人的近亲属或其他愿意担任监护人的自然人时，在监护开始时，该监护人也须具有完全民事行为能力，否则，该监护人不能依照被监护人的意愿，履行监护职责。前两个特点为意定监护的一般生效要件，后三个特点则为意定监护的特殊生效要件。

成年人意定监护制度和民法中的另外两项制度，即委托代理制度和遗赠扶养协议，既有联系，又有区别。从本质上讲，成年人意定监护制度本质上属于委托代理，且属于授予代理权的附生效条件的合同。合同当事人包括委托人（被监护人）和受托人（监护人）。委托人只能是一人，而受托人可以是一人，也可以为多数人。委托代理又称为意定代理，是基于被代理人的授权所发生的代理。授权形式可以是书面形式，也可以用口头形式。[②]成年人意定监护和一般的委托代理有以下几点区别：一是二者目的不同。成年人意定监护的目的在于保护被监护人的人身、财产和其他合法权益，解决被监护人由于民事行为能力的障碍给其生活带来的困难。委托代理制度的目的是利用他人的能力和专门知识扩张当事人的私法自治，有效降低交易成本，扩大民事主体从事民事活动的范围。[③] 二是生效要件不同。成年人意定监护以成年人丧失或部分丧失民事行为能力且监护人应具备履行监护职责能力为生效要件，而一般的委托代理并不以此为生效要件。三是代理权的范围不同。成年人意定监护是对失能或部分失能成年人生活和法律事项的概括性或部分性委托，通常情况下，权限范围较广泛。一般委托代理的代理权则以被代理人的授权行为为限，权限范围往往比较具体。四是形式要件不同。成年人意定监护只能以书面形式订立，而委托代理既可以书面形式订立，也可以口头形式订立。五是公权力干预力度不同。成年人意定监护公权力干预的力度较之一般的委托代理更大。六是对复代理的限制不同。成年人意定监护制度中，一旦合同中约定的权利义务转化成为法定监护职责后，任何一方当事人非经法定程序，均不得擅自变更监护关系。[④] 委托代理中，在事先征得被代理人同意或事后得到其认可的情况下，或在发生紧急情况时，法律允许复代理。

---

① 参见《未成年人保护法》第 16 条。

② 梁慧星：《民法总论（第四版）》，法律出版社 2011 年版，第 224 页。

③ 王利明：《民法（第五版）》，中国人民大学出版社 2010 年版，第 129 页。

④ 陈甦：《民法总则评注（上册）》，法律出版社 2017 年版，第 237 页。

遗赠扶养协议是遗赠人与扶养人订立的，由遗赠人遗赠个人财产给扶养人，由扶养人在协议生效时履行对遗赠生养死葬的义务的协议。尽管成年人意定监护和遗赠扶养协议都是为了保障弱势群体的生活，但二者主要存在以下不同：一是目的不同。成年人意定监护的核心在于保护丧失或部分丧失民事行为能力的成年人的合法权益，并按照被监护人的意愿对其财产等进行管理，并不强调监护人获得报酬的权利。遗赠扶养协议则强调遗赠扶养的双务性、有偿性，扶养人在履行扶养义务后，有权获得被扶养人赠与的财产，即权利义务相一致，且这种获得遗赠财产的权利优先于遗嘱继承和法定继承。二是内容不同。成年人意定监护是授予监护人代理权并让监护人就被监护人的民事活动进行保护、管理，范围较宽泛，而遗赠扶养协议则是遗赠和扶养结合的契约，主要包括扶养和赠与两项内容。三是生效时间不同。成年人意定监护是附生效条件的委托合同，生效时间往往晚于订立意定监护合同的时间。而遗赠扶养协议是从协议签订时生效的诺成性法律行为。四是公权力监督程度不同。成年人意定监护制度的目的决定了，自监护人履行监护职责始，公权力机关就有监督职责，一旦发现监护人的行为侵犯了被监护人的合法权益，公权力就会进行干预。但遗赠扶养协议是双方当事人订立的契约，在被扶养一方丧失民事行为能力或部分丧失时，对扶养义务方是否尽责没有有效的监督干预手段。①

三、法国成年人意定监护制度的立法体例及主要内容

（一）法国成年人意定监护制度概述

在法国法中，成年人意定监护制度是成年人司法保护制度②的一项内容。1966 年 10 月 18 日，法国就制定了成年人司法保护制度（成年人监护社会服务）。1968 年 1 月 3 日，法国推出了对无民事行为能力成年人的司法保护制度。2007 年 3 月 5 日《法国民法典》对上述法律作了修订，修订内容自 2009 年 1 月 1 日起生效实施。③ 修订后的《法国民法典》第 425 条规定：凡是经医疗认定因精神或身体官能损坏，不能表达自己的意思，无法自行保障其利益的成年人，均可获得本章规定的某一种法律保护措施之利益。除另有规定之外，实施法律保护措施，既是保护当事人的人身，也是保护其财产利益，但可明文将其限于两种任务之一。④ 修订后的成年人意定监护制度扩大了该制度的适用范围，肯认了弱势成年人的自我决定权，扩张了私法自治。⑤

（二）法国成年人意定监护制度的立法体例

《法国民法典》总体上分为三卷，分别是“人”“财产及对于所有权的各种限制”和

① 李霞：《意定监护制度论纲》，载《法学》2011 年第 4 期，第 127 页。

② 在法国法中，成年人司法保护制度的适用有三项基本原则，包括：必要性原则、辅助性原则和比例性原则。必要性原则，是指法官必须注意到被监护人精神状态的改变，且这种改变使适用成年人司法保护制度成为必要。辅助性原则，是指只有在一般的法律制度，比如代理、夫妻权利和义务、共同财产制度等已不能提供保护时，才适用成年人司法保护制度，旨在保护成年人利益，且不会导致其权利的剥夺。比例性原则，是指所适用的司法保护措施与当事人的状况相适应，也即根据当事人身体状态的不同，选择适用三种司法保护措施中的一种。

③ R. Sabrina, *La réforme des tutelles*, 2009[EB/OL],[2017-11-1], https://www.doc-du-juriste.com/droit-prive-et-contrat/droit-civil/dissertation/reforme-tutelles-454859.html.

④ 罗结珍译，《法国民法典》，北京大学出版社 2010 年版，第 140 页。

⑤ K. Lefeuvre, La loi du 5 mars 2007 portant réforme de la protection juridique des majeurs [EB/OL], (2017-04-24), [2017-11-12], 24-04-2017, http: //www. longuevieetautonomie. fr/sites/default/files/editor/files/2017%20REFORME%20TUTELLES. pdf.

“取得财产的方法”。卷下又细分为编、章、节、条等。第一卷“人”主要就法律主体地位及其享有的权利作了规定。成年人意定监护制度规定在《法国民法典》第一卷第十一编。纵览前后各编，从第五编到第十编，分别是婚姻、离婚、亲子、收养、亲权、未成年与解除亲权，第十二编为受监护的财产管理，第十三编为紧密关系民事协议与姘居。第十一编名为成年以及受法律保护的成年人。该编第一章为“一般规定”，主要就弱势成年人权益保障中涉及的共性问题进行规定。第二章为“对成年人的法律保护措施”，根据成年人的民事行为能力的不同情形分别作了不同规定。成年人意定监护制度规定在《法国民法典》第二章第五节“未来保护委托书”中。[①] 在意定监护制度中，法国又将其细分为私署委托书与公证委托书两种类型分别予以规定。

（三）法国成年人意定监护制度的主要内容

法国法根据被保护人的具体情况不同，设置了三种不同层级的保护措施。第一级为司法保护监管（sauvegarde de justice），这是保护程度最低的一种临时性司法保护措施，有效期为1年，且只能延展一次。在这种司法保护监管制度下，被保护人仍具有完全民事行为能力，享有其权利，但是被指定的代理人可以根据法律规定开展特定民事行为，而被保护人开展的这种特定民事行为将被认定为无效。第二级为保佐制度，被规定在《法国民法典》第440条第1款，对于并非完全不能自己实施行为，在民事生活的重大活动中需要得到他人持续指导和监督的人，可以成为保佐制度的保护对象。因此，这是一种帮助，而非代理。第三级为保护程度最高的一种，即为监护，在民事生活中，需要持续由他人代理的人，得实行监护。只有在被认定为上述两种保护措施都不足以保护当事人时，法院才能宣布当事人无民事行为能力，实行监护。

1. 法国成年人意定监护的监护类型。根据《法国民法典》之规定，法国成年人意定监护主要包括两类：一种是被监护人为自己未来预先指定监护人的情形，又被称为“为己”的意定监护。也即当事人通过意定监护委托协议为自己将来安排监护事宜，按照个人意愿选择监护人，既可将不同事项委托给不同监护人，也可将同一事项委托给多位监护人，最大程度保障被监护人失能之后的监护事项完全遵照被监护人的意愿进行。第二种情形是父母或在世父母一方为自己的子女（通常为其未成年子女或经济上或精神上受其照顾的成年子女）预先与监护人达成合意，父母死亡后，由监护人对子女实施监护，又被称为“涉他”的意定监护。也即，法国法采用了广义的意定监护概念。

2. 成年人意定监护的主体要件。按照《法国民法典》的规定，成年人意定监护的主体须符合法律规定的条件，我们主要从被监护人和监护人两方面对此展开论述。

（1）被监护人。在不同的意定监护类型中，被监护人法律地位和法律要件都不同。在“为己”的意定监护中，被监护人是委托监护中的委托人，在订立意定监护协议时须具有民事行为能力。这既可能是成年人，也可能是经法律特别授权的视为成年的未成年人，其可以是保佐制度的保护对象，只要在其签订协议时保佐人给予协助即可。[②] 但不得是监护制度的保护对象。在“涉他”的意定监护中，被监护人是委托监护中的受益人，

---

① Code Civil,（Version consolidée au 1 novembre 2017）［EB/OL］,［2017-11-14］, https://www.legifrance.gouv.fr/affichCode.do? cidTexte=LEGITEXT000006070721.

② 玛丽-塞西尔·福尔盖尔、娜塔莉·勒维兰：《意定监护委托协议与公证实践》（第一部分：分析），载《上海中法公证法律交流培训中心通讯》2017年第60期，第38页。

通常是委托方的未成年子女，或经济上、精神上受委托方照顾的成年子女。

（2）监护人。《法国民法典》第 480 条规定，监护人既可以是自然人，也可以是法人，但该法人必须是在《社会与家庭行动法典》第 471-2 条规定的保护成年人司法委托代理人的名册上登记的法人。如果监护人为自然人，须具备民事行为能力。在监护人的消极条件方面，《法国民法典》第 395 条规定，受托人不能是未解除亲权的未成年人，亦不能是享有该法典规定的法律保护措施之利益的成年人，亦不能是被取消行使亲权的人，更不能是由于民事权利、政治权利、家庭权利上的禁止而无法担任监护人的人。此外，法典第 445 条最后一款补充规定，从事疾病治疗的医护人员与医药行业的成员不得担任监护人，承担其病人的财产管理与监护职责。

3. 成年人意定监护的形式要件。《法国民法典》第 477 条规定，当事人订立委托监护合同既可以用私署文书的形式，又可以用公证文书的形式。在采用私署文书订立意定监护协议时，必须由委托人按法律规定的模式制作，签字并署明日期，同时由律师副署，并按最高行政法院法令规定的程序在特别登记处登记并公布（2015 年 12 月 28 日第 2015-1776 号令）。采用公证文书订立的，由委托人选定的公证员进行公证，受托人须在同一份公证书中表示同意。"为己"的意定监护可以以书面形式或公证形式订立，但"涉他"的意定监护必须通过公证形式订立。

4. 监护的开始。根据法国法之规定，委托书采用私署文书时，协议中选任的监护人在协议上签字就对其产生拘束力，委托书成立。以公证文书形式订立意定监护协议时，该协议书由公证人制作，受托人在同一委托书中表示接受委托，委托书成立。委托书的成立并不意味着直接生效，只有经认定，意定监护的生效条件发生时（根据意定监护协议的内容不同而不同，通常为委托人丧失民事行为能力或部分丧失民事行为能力，且监护人具有履行监护职责的能力时），委托即行生效。符合生效条件时，委托人应向大审法院①提交意定监护委托书和由检察官制定的医生名单中的医生出具的医学证明。书记官将在该委托书上签字并记录生效时间。在"涉他"的意定监护中，监护生效的时间由委托人确定或委托人已无法照顾子女时生效。

5. 成年人意定监护中监护人职责及报酬。意定监护生效时，监护人开始履行监护职责。这主要包括两方面内容：一是人身保护职责，二是财产保护职责。

（1）人身保护方面。在成年人意定监护中，受托人应采用适合委托人身体状况和判断能力的方式照顾委托人的身体。在委托人生病时，如委托人身体状况严重恶化，不及时就医会延误病情，受托人应及时将委托人送医，并根据医生的建议选择较好的治疗方案。委托人基于意思表示甚至可以赋予受托人更大的权利，比如根据法国的公共卫生法典，委托人可将濒死时拒绝无望的抢救或拒绝人为延长自己生命的权利授予受托人。且法国于 2016 年 2 月 2 日通过了有关生命终止的法律，批准当事人在一些极端情况下（如事故或

---

① 大审法院（Tribunal de Grande Instance）属于一审民事法院，主要受理标的一万欧元以上的离婚、子女抚养、继承、亲子关系、不动产、民事身份等案件。不服其判决，可将案件上诉至上诉法院（Cour D' appel）。

严重疾病造成的重大且不可逆转的大脑病变等）可以作出预先性指令。[①] 这种预先性指令属于意定监护中的特别委托，只不过是针对生命终止这一具体事项作出的委托。[②]

其次，受托人必须保护委托人，尊重委托人的个人隐私、生活环境，并保证委托人与其家人及社团生活成员关系的延续。虽然受托人基于委托人信任之委托履行监护职责，但这并不意味着委托人被受托人完全掌控，受托人仍应尊重和保护其个人隐私，不得侵犯；不得让委托人与世隔绝，必须保证委托人与其家人、朋友或社团生活成员保持正常接触，这才最有利于委托人的心理需求。另外，委托人的住所及住所中的家具等物品通常不单具有财产属性，同时也是委托人的情感寄托，能给委托人带来安全感及归属感，因此住所及住所内的物品所构成的生活环境同时也具有被监护人的人身利益。受托人必须尊重委托人所处的生活环境，不能随意处分。

需要注意的是意定监护中身份行为不得委托，比如关于子女出生的申报或承认，亲权的行使，儿童姓名的决定，有关他自己或他子女的收养决定等。[③] 此外，订立遗嘱这类的有人身性质的财产行为也不得委托，必须由委托人自主决定，不能由受托人代理。

（2）财产保护方面。在财产保护方面，委托书的形式不同，受托人的权限范围也不同。私署文书可委托监护人从事不经批准就能自行完成的行为，此类行为主要包括财产的日常管理和保全行为。例如，对被监护人的房屋进行维护或修缮；为被监护人利益而签订不动产租赁协议；续签某些保险合同；购买日常生活用品；接受赠与或继承等。由于这类行为通常不会有损害委托人利益的风险，重要程度略低，无须法官批准，法律尊重被监护人的"自我决定权"。对于其他符合被监护人利益且必要的行为[④]，可在法官批准后实施。如果委托人选择用公证文书的形式订立委托书，可委托的事项范围更广。受托人不仅可单独完成财产的日常管理和保全行为，还包括财产的有偿处分行为。比如，转让房屋所有权或设立房产的抵押；中止或签订租约；申请银行信用卡；出售公司股票等。[⑤] 但财产的无偿处分行为仍需监护法官的授权。

意定监护中，虽然监护人有权实施某些财产行为，但其履行监护职责时也会受到限制（参见监护监督部分的内容）。

对于监护人报酬，《法国民法典》直接规定不取报酬，法律的立场为无偿委托。即使当事人之间有约定报酬，也仍须监护法官或亲属会议视受管理的财产数量以及履行保护措施的困难程度准许支付适当补偿。

---

① 这一最新规定具有以下三点改革意义：一是自此病人可以在特殊情况下要求接受持续性的深度镇静。二是这一最新规定强调了预先性指令的强制约束力，除非病人撤销这些预先性指令，否则，医生必须尊重该指令的内容。只有预先性指令明显不恰当，或者在紧急情况下，只有在对病人作出完整医学评估后，才可以搁置预先性指令的内容。三是管饲喂养也是一种治疗，病人有权利拒绝接受这种治疗。See Guillaume Millerioux, End of Life: The Vincent Lambert Case and the Lastest French Law Creating New Rights in Favour of Patients and People in End-of-Life Situations, Bill Atkin ed., *The International Survey of Family Law* (2016), p. 197.

② 蒂芙尼·阿提亚：《意定监护制度》，载《上海中法公证法律交流培训中心通讯》2017年第61期，第23页。

③ 米歇尔·格里马蒂：《法国法上对特殊群体的保护：基本原则以及人身保护》，载《上海中法公证法律交流培训中心通讯》2017年第61期，第2页。

④ 参见前文有关成年人保护应遵循的三项原则的注释。

⑤ 夏尔·吉思贝尔：《特殊困难群体的财产保护》，载《上海中法公证法律交流培训中心通讯》2017年第61期，第12页。

6. 监护的变更和撤销。根据《法国民法典》第492条之规定，以私署文书形式订立意定监护协议的，变更和撤销也须以相同形式进行。在委托执行前，委托人可采用私署文书形式撤销、变更监护，并通知原定监护人及副署律师，受托人也可以放弃委托并通知委托人。该法第489条规定，以公证文书形式订立意定监护协议的，在委托尚未执行前，委托人采用公证形式撤销、变更监护，并通知原定受托人及公证人。受托人也可以放弃原接受的委托，并通知委托人和公证人。

7. 监护的终止。在意定协议生效后，协议会因一系列原因而终止，《法国民法典》第483条对此作了具体规定，原因分别是：第一，在"为己"的意定监护协议中，委托人恢复个人能力。委托人恢复个人能力致使协议目的不存在，协议自当终止。委托人恢复个人能力后可另立新的意定监护协议，以安排如再失去能力后的监护，但原来的意定监护协议已彻底失去效力。第二，在"为己"的监护协议中，被监护人死亡，或法官决定对其实行财产管理或监护。被监护人死亡后，协议中义务人履行义务的对象不存在，协议自当终止。被监护人处于司法保护措施之下，并不直接影响意定监护协议的效力，只是法官有权决定终止协议。第三，监护人死亡、实行保护措施或者个人破产。监护人死亡即无人履行监护职责，协议终止。履行监护职责的监护人需具备监护能力，在监护人实行保护措施或个人破产时，监护人已无能力保护他人，意定监护终止。第四，意定监护协议合理性理由已丧失、有关代理的一般规则与家庭财产制一般性规定足以保护被监护人利益、继续履行监护协议足以损害被监护人利益。在意定监护协议成立理由不存在、意定监护协议存在无意义或反而损害被监护人利益时，经相关利害关系人申请可由法院撤销意定监护协议，这也导致意定监护终止。

8. 监护监督。法国成年人意定监护监督制度分为一般监督与特殊监督。一般监督是指在监护开始执行时，监护人必须制定一份被监护人的财产清册且在执行过程中适时更新。监护人每年及委托任务完成时必须制作年度管理账目。在结束监护职责后的五年内，保留被监护人的账目清单和最后五年的管理账目，随时备查。监护人盗窃被监护人财物者将构成盗窃罪。① 如果监护委托是私署文书，年度管理账目交由监护法官审查，如果监护委托是公证文书，年度管理账目直接由公证机关审查。特殊监督是针对财产处分行为进行的监督。如果意定监护以私署文书订立，那么监护人不能进行财产处分行为，只有在符合被监护人利益且必要时，才能请求监护法官，获得法官批准后实施。如果以公证文书订立意定监护，只有利害关系人提出异议时，监护法官才介入受托人的监护行为，对其进行监督。《法国民法典》明确规定，在以下情形中，法官必须对受托人的监护行为进行监督：一是受托人处分涉及委托人住所或其动产的权利。具有人身属性的住所及动产轻易被处分可能会直接违背委托人的意愿。二是受托人实施无偿处分的行为。无偿处分行为形式多样，包括赠与、放弃受惠继承及与人寿保险相关的交易。未经法官批准，受托人不得签订、更改或购买人寿保险，指定或更换保险受益人。三是受托人更改银行账户户名的行为。受托人对银行账户的日常管理行为，法官不会介入，但如果受托人欲更改委托人的银

---

① 如果监护人盗窃财物，给被监护人的上辈、下辈亲属或配偶的利益造成损失，其不能适用《法国刑法典》第311-12条规定的刑事豁免权。第311-12条的内容是：近亲属或配偶（分居时除外）之间盗窃财物的行为不构成盗窃罪。参见：Article 311-12，Code pénal，https://www.legifrance.gouv.fr/affichCodeArticle.do? cidTexte=LEGITEXT000006070719&idArticle=LEGIARTI000006418151，access time：2017-11-13.

行账户户名，或在现有账户基础上另开新账户就必须获得法官的批准。

四、对法国成年人意定监护制度的评析

《法国民法典》用大量法律条文详细规定了成年人意定监护制度，我们将从其立法体例和内容两个方面对法国成年人意定监护制度进行评析：

（一）立法体例

与《德国民法典》不同，《法国民法典》采用了“人-物-债”这样的三卷结构。成年人监护制度作为监护制度的一部分和有关亲属制度的相关规定放在一起，统一放在“人”卷中，紧随亲权和未成年人监护制度，逻辑紧密。单就第十一编观之，第一章为保护弱势成年人的“一般规定”，主要就弱势成年人权益保障中涉及的共性问题进行规定。第二章为“对成年人的法律保护措施”，根据成年人的民事行为能力的不同分别作了不同规定。成年人意定监护制度规定在《法国民法典》第一卷第十一编第二章第五节。在意定监护制度中，法国又将其细分为私署委托书与公证委托书两种类型分别予以规定。结构上采取了总分的形式，逻辑清晰，体系架构简洁。

（二）立法内容

法国成年人意定监护制度主要包括以下内容：意定监护设立的主体要件和形式要件、监护的开始、监护人职责及报酬、监护的变更和撤销、监护的终止以及监护监督。

第一，就适用意定监护的被监护人条件考察，法国法先对弱势成年人群体按照民事行为能力的差异进行划分，并分别适用司法保护监管、保佐、监护三种不同保护措施。在监护中，根据意定监护的类型不同，对意定监护的主体要件进行分别规定。对于“为己”的意定监护，被监护人可以是保佐的保护对象，认可只要不是持续性需要他人代理完成民事活动的，就可订立“为己”的意定监护。这在一定程度上扩大了意定监护的适用范围，符合最大程度尊重弱势成年人的“自我决定权”的立法理念。同时，通过“涉他”的意定监护制度解决了弱势成年人家长的需要，在自己老去无法照料成年子女，且成年子女由于疾病等原因不具有独立生活能力的，可通过“涉他”的意定监护安排成年子女的监护人。我国《民法总则》规定了遗嘱指定监护。两相比较，我国遗嘱指定监护制度并未强调在事前征得监护人同意，可能导致监护人拒绝任职的情形，一旦该子女没有适格的法定监护人，则需启动临时监护机制。这增加了工作成本，降低了工作效率，可能导致被监护人利益受损。而法国这一制度较好地避免了遗嘱指定的监护人拒绝担任监护人的情形，有其合理之处。

第二，就监护人资格而言，对于自然人担任意定监护人的资格，法国法规定了担任意定监护人的消极条件，在保证监护人能力适格的同时，防止监护人因为与被监护人有利益冲突从而损害被监护人利益，充分保障被监护人的人身及财产利益。对于能够担任意定监护的组织，法国法要求必须是经法律认可，在法定的保护成年人司法委托代理人名册登记的法人。对可以担任弱势成年人监护人的组织以登记的形式进行管理，保证监护人的资质能够顺利履行监护人的职责。

第三，在形式方面，法国法一方面承认当事人的意思自治，认可私署文书可以订立委托监护，但同时又对私署文书和公证文书确定的监护人在财产监护职责方面进行区分。前者只能履行财产的日常管理和保全行为，而后者则可完成包括有偿处分在内的财产行为。

第四，在监护职责方面，对于弱势成年人的人身监护职责，除了基本的人身照顾、生病就医之外，法国法强调人身保护的辅助性[①]，遵循成年人监护“尊重自我决定权”的核心理念。这主要包括在人身保护方面，法律要求采用适合委托人身体状况和判断能力的方式，尊重被监护人的预先指令。监护中要尊重委托人的个人隐私、生活环境，保证委托人与其家人及社团活动成员关系的连续性等。

第五，对于监护人报酬，法国法的立场考虑了近亲属间的亲密信任关系，规定意定监护为无偿委托。即使当事人之间有约定报酬，也仍须监护法官或亲属会议视受管理的财产的数量以及履行保护措施的困难程度准许支付补偿费。这一规定符合监护制度的特点，以弱势成年人的权利保护为重。但对于近亲属之外的自然人和组织担任监护人的，支付报酬也有一定的合理性，理应在立法中考虑。

第六，在监护的变更和撤销方面，法国法要求监护的变更和撤销在形式上应与监护设立时保持一致，只能以设立监护时的同一形式变更或撤销。这样的立法设计主要因为在两种文书设立的意定监护中，监护人的职责不同。目前的制度安排也方便监护法院和公证机关对意定监护协议进行管理并开展监护监督，具有一定的合理性。

第七，在监护监督方面，法国法采用了一般监督与特殊监督双轨制。从监护监督机构看，监护监督的工作主要由监护法官承担，公证机关只负责审查通过公证文书设立的意定监护下的年度管理账目。从时间角度分析，一般监督为事中监督，从监护开始时制作被监护人的财产清册，每年向监护监督人递交年度管理账目，直至监护职责结束，贯穿监护始终，具有连续性的特点。特殊监督主要是事前监督，对特殊事项的监督（1. 处分委托人住所或其动产；2. 无偿处分行为；3. 更改银行账户户名）和部分财产有偿处分行为（私署文书订立的意定监护，必要时监护人为被监护人利益作出）须报请法官批准。在公证文书订立的意定监护中，只要经利害关系人申请，监护法官就会对监护人实施的有偿的财产处分行为进行监督批准。此外，法国法还设立了事后监督。对于监护人盗窃财物的，则以刑法盗窃罪予以调整。可见，法国法监护监督机制强调事前事中的监督，同时辅以事后监督，监督体系较完善。

五、法国法对完善我国成年人意定监护制度的启示

（一）对完善我国监护制度立法体例之启示

我国《民法总则》在第二章自然人中规定了监护制度，并在监护制度中规定了成年人的法定监护和意定监护。而法国法中，监护制度被安排在人卷中亲属制度后。我国现有的监护制度规定主要限于全国人大的立法计划安排“先总则，后分则”的策略，在立法中注重与既有法律规范的衔接，因此在《民法总则》中规定了监护制度。但从法律体系间的关系考察，监护制度与亲属制度关系密切，监护也多由被监护人的亲属担任，家庭是监护职责的主要承担者。[②] 老龄化社会中，行为能力状态呈现多样化，监护的设立与民事行为能力欠缺间的联系正逐步减弱[③]；从制度功能和法典的逻辑分工看，将监护制度放在

① 参见前文有关成年人保护应遵循的三项原则的注释。

② 李永军：《我国未来民法典中主体制度的设计思考》，载《法学论坛》2016 年第 2 期，第 74~92 页。

③ 赵虎、张继成：《成年人监护制度之反思》，载《武汉大学学报（哲学社会科学版）》2014 年第 5 期，第20~25 页。

总则中规定，妥适性稍欠。应将其放在婚姻家庭法编中，置于婚姻、亲属制度后，作为一章具体规定。[①] 未来制定婚姻家庭法编时，应考虑与《民法总则》的协调问题，如继续保留现有结构，那么在保留总则中有关成年人意定监护的一般规定外，可在婚姻家庭法编中，对成年人意定监护制度的其他具体内容予以完善。

（二）对完善成年人意定监护制度内容之启示

1. 适用意定监护的被监护人条件。《民法总则》规定，适用意定监护的被监护人须是具有完全民事行为能力的成年人。而现有有关自然人民事行为能力的划分过于僵化，不能应对老龄化社会中高龄老人，如老年痴呆症患者（民事行为能力逐步丧失）的需要。应借鉴法国法之做法，对弱势成年人群体做进一步细分，遵循“尊重自我决定权”原则，根据弱势成年人的具体情形，法律为其提供不同程度的保护，建立分层次的司法保护机制，[②] 适应弱势成年人群体的不同需求。对于部分限制民事行为能力人，即便其民事行为能力受限，但只要其能够清楚表达个人意愿，实现保护自我利益的目的，也可适用意定监护。建议未来在婚姻家庭法编中，扩大意定监护的适用范围，增加规定：经卫生机构认定，对于能够清楚表达个人意愿的部分限制民事行为能力人，也可参照适用《民法总则》第33条之规定。

由于疾病等原因，子女成年后仍不能独立生活且不能独立表达个人意愿的情形（如严重精神障碍），父母是他们的法定代理人。对于父母希望通过意定监护制度为自己的成年子女寻找合适的监护人，且双方达成了合意的情形，这并不违背被监护人利益，符合意思自治的基本原则，且事前征得监护人的同意，也能较好地避免现实生活中遗嘱指定的监护人拒绝监护的不利局面。因此，我们认为，由父母这样的法定代理人代理成年子女与受托人订立意定监护协议，也应为法律肯认，建议婚姻家庭法编在编制成年监护制度时，增加规定：由于疾病等原因，子女成年后不能独立生活且不能独立表达个人意愿的，父母可代成年子女订立意定监护协议。

2. 监护人资格。《民法总则》第28条规定了无民事行为能力或者限制民事行为能力的成年人法定监护人的范围和顺序，自然人或组织均可担任监护人，但对监护人资格未作规定。1988年《民通意见》[③] 第11条规定，监护人监护能力的认定，应根据监护人的身体健康状况、经济条件以及与被监护人在生活上的联系状况等因素确定。在意定监护监护人资格判断上，这一法条虽有一定的参考价值，但由于意定监护强调尊重被监护人的“自我决定权”，而被监护人在丧失或部分丧失民事行为能力后，势必成为监护关系中的弱势方。[④] 且治疗被监护人的医护人员及相关医药行业人员等，有可能与被监护人存在利益冲突，因此，禁止这类人担任监护人，符合被监护人的利益。综上，为降低或避免被监

---

① 梁慧星：《民法总论（第四版）》，法律出版社2010年版，第107页。夏吟兰：《民法典体系下婚姻家庭法之基本架构与逻辑体例》，载《政法论坛》2014年第5期。

② 我们认为，应将弱势成年人分为限制特定法律行为人（如限制房屋抵押购买理财产品等，这可以在一定程度上减少媒体报道的针对老年人的诈骗行为），限制部分法律行为人（如限制缔约、赠与、财产管理等），限制大部分法律行为人，分别适用不同司法保护机制。参见李霞：《论我国成年人民事行为能力欠缺法律制度重构》，载《政治与法律》2008年第9期，第71页。

③ 全称为：《最高人民法院关于贯彻执行〈中华人民共和国民法通则〉若干问题的意见（试行）》。

④ 胡淑芳、魏树发：《试述英国新持续性代理权制度及其对我国构建意定监护制度的启示》，载《大庆师范学院学报》2009年第2期，第82页。

护人选人不当导致的监护人滥用代理权侵害被监护人利益情况的发生，应借鉴法国法，在法律中明文规定监护人资格的消极条件。

对自然人担任意定监护人的，应综合考虑监护人的年龄、身体状况、经济能力、道德品格、职业等因素的情况下，我们认为，以下人员不得担任监护人：①（1）不具有完全民事行为能力的人；（2）欠缺一定经济能力的人；（3）因受刑事处罚被拘禁等丧失人身自由的人；（4）治疗被监护人的医护人员、相关医药行业人员或其他与被监护人存在利益冲突之人；（5）法院认为不宜担任监护人的其他情形。

对于其他组织担任监护人的，我国现有规定没有明确是否应审查该组织的资质。我们认为，履行监护职责需要相关组织具有一定的资质，考虑到我国地区之间发展不平衡的问题，法国法采用登记制的管理办法在我国推行存在一定困难，因此，建议在意定监护中增加规定：对于组织担任意定监护人的，应符合成年人法定监护人的任职条件，也即须征得被监护人住所地村民委员会、居民委员会或民政部门的同意，但如该组织与被监护人存在利益冲突，不得担任监护人。

3. 意定监护的形式要件。《民法总则》规定意定监护须以书面形式订立。法国法上则采用了私署文书和公证文书双轨制。国内也有学者认为，仅要求以书面形式订立意定监护并不足以确保监护合同的效力不受质疑，应要求意定监护必须以公证形式做出。② 从我国国情出发，参斟法国法，我们认为，我国国情复杂，各地发展不平衡的状况比较突出，且意定监护制度的目的在于肯定被监护人的自我决定权，法国法的立法经验也说明，采用双轨制更有利于实现该制度的目的。因此，我国对成年人意定监护的形式要件规定也应采用双轨制。考虑到公证机构能核实协议订立时监护人是否适格并证明意定监护协议的真实性，因此，对于不同形式订立的意定监护协议的效力上，法律应有所区别，公证的意定监护协议具有优先性。建议未来制定婚姻家庭法编时，针对意定监护，可以增设规定，允许当事人通过公证的方式订立意定监护，且公证文书的效力优于私署文书。

4. 监护人职责。《民法总则》在第34、35条对监护人职责做了规定，在第35条确立了最有利于被监护人（第1款）和最大程度尊重被监护人意愿（第3款）两项原则，并通过规定监护人不履行监护职责或者侵害被监护人的合法权益时，应承担法律责任，甚至撤销监护人资格等，从反面敦促监护人认真、负责任地履职。较之《民法通则》的规定，《民法总则》的上述规定有了较大进步。但现有规定仍缺乏可操作性，不能完全满足成年人监护的特殊需要。相较而言，法国法专门针对成年人意定监护规定了意定监护监护人的职责，更为具体明确。

我们认为，值得我们学习借鉴的具体制度主要有：在人身保护方面，法律应明确规定人身监护职责的具体内容，注重被监护人的精神需要和心理需求，保护被监护人的社会交往权。在被监护人患有严重疾病不能救治时，其可在意定监护协议中约定，监护人可代为行使放弃无意义的治疗的权利。至于哪些属于患有严重疾病不能救治的情形，应交由卫生机构决定，由医院开具相关证明。在财产保护方面，法律应当区分情况作出相应规定。根

① 另可参见：《德国民法典》第1780~1784条，《日本民法典》第846条。余延满：《亲属法原论》，法律出版社2007年版，第497页。吴国平：《婚姻家庭立法问题研究》，吉林大学出版社2008年版，第303页。

② 李国强：《我国成年监护制度运行中的问题及其立法修改趋向》，载《当代法学》2014年第6期，第72~79页。

据监护人行为后果的严重程度法律作出不同程度的限制较为合理。对一些重大财产处分行为（如监护人代理被监护人购买、处分不动产、抵押房屋购买巨额理财产品等）、处分涉及人身利益的财产（如被监护人一直居住的旧房）需经过监护监督机关的批准后方可实施。财产的日常管理和保全行为可由当事人自由约定，法律无须过多干涉，除非法律另有规定。

5. 监护人报酬。我国法律对意定监护人的报酬未作规定，从事代理事务之费用补偿亦无规定。如果被监护人选择的监护人愿意担任监护人且不属于被监护人的近亲属，在照顾被监护人过程中有许多花费却不给予补偿，这会挫败其担任监护人的积极性，导致成年人指定的监护人拒绝监护的情形，不利于对弱势成年人的保护。即使法国法严格规定了意定监护的无偿性，但也认可当事人就监护人报酬有约定的，监护法官会综合考虑监护人管理的财产及履行监护职责的困难程度，准许支付补偿。

我们认为，如果意定监护的监护人有法定的抚养、赡养或扶养义务，或者基于公共职能履行监护义务，当然不必支付报酬。但如果没有此类义务，也非基于公共职能履行监护义务，就应当适当支付给监护人必要的报酬。这样才能激励监护人履行监护职责。如果被监护人的财产不足以支付报酬或者补偿费，国家民政部门可考虑设立专项资金用以适当支付监护人该笔费用，为解决弱势成年人的养老问题提供资金支持。对于当事人私下约定监护人报酬的，只要不是利用被监护人的弱势地位，没有违背公平原则从而严重损害被监护人利益的，法院应予以认可。

6. 监护的变更和撤销。我国《民法总则》中只对意定监护做了原则性规定，并未规定意定监护的变更和撤销。考察法国法，不难看出，监护的变更和撤销理应由法律做出规定。由于订立意定监护协议是双方当事人意思表示一致的结果，只要意定监护协议尚未生效，就应赋予当事人变更或撤销意定监护的权利。建议未来婚姻家庭法编在制定意定监护制度时，增加规定，在以书面订立的意定监护协议生效前，被监护人可以书面方式变更该协议，并通知原监护人；监护人也可以书面方式撤回对意定监护的同意，并通知被监护人。通过公证方式订立意定监护协议的，那么变更和撤销原订立的意定监护协议也须通过公证的方式办理。但因违背诚信原则，给善意相对人带来实际损失的，应负损害赔偿责任。

7. 成年人意定监护的监督。我国《民法总则》第 36 条和 1988 年《民通意见》第 20 条规定了在监护人未能履职或履职不力，存在法定情形时，相关单位和个人有权向人民法院申请撤销监护人资格。这是我国现行法上的监护监督制度。现有规定主要存在以下不足：一是监护监督职责分配不清，监督工作的开展主要依靠相关单位和个人发挥主动，直接影响监护监督工作的效果，不能充分发挥其本应具有的监督作用。二是现有规定多为事后监督，在监护人未能履职或履职不力，严重损害被监护人身心健康及合法利益、导致被监护人处于危困状态时，追究监护人的法律责任。对事前和事中的监护监督没有详细规定。[①] 与我国不同，法国法的监护监督制度对监护监督的工作及职责规定明确具体，便于操作。既有一般监督，又有特殊监督；既注重事前事中监督，又有事后监督，监护监督体

① 李欣：《〈民法总则（草案）〉第 34 条和第 29 条评析——以成年监护监督制度为中心》，载《安徽大学学报（哲学社会科学版）》2016 年第 6 期，第 124~130 页。

制较健全。

在监护监督工作中，法国公证机关扮演了重要角色。这与法国发达的公证制度有关。首先，法国公证人的遴选条件较高。法科毕业生须先到公证人培训中心学习1年，参加法国公证人高等理事会组织的考试，再到公证事务所实习2年，合格者就意味取得了公证人资格，因为有限额限制，这时他只能候任，待有空缺时，报请司法部长任命。其次，法国的公证书与法院判决有同等效力，可以请求强制执行。最后，法律明确规定部分民商事活动必须公证。① 在我国，自2006年颁布《公证法》之后，虽然对公证员的准入做了条件限制，但公证书的效力尚不能等同于法院判决，而且法律中要求必须公证的事项远不及法国法的要求。因此，我们在论及未来意定监护的形式要求时，并不建议必须以公证形式为要件。法国的监护监督立法例也不适合我国国情。但其强调事前和事中监督的理念值得学习。在具体制度方面，法国法通过查验被监护人的年度管理账目的方式也可参考借鉴。

鉴于我国意定监护的监护人的选任存在差异，建议根据选任的监护人的不同，建立不同的监护监督人选任机制，建立以私力救济为主，公力救济为辅的监护监督制度，这更符合我国国情。如果当事人愿意在意定监护协议中约定监护监督人的，只要监护监督人能够胜任监护监督工作的，应尊重当事人意愿，由协议中约定的监护监督人担任监护监督人。如果当事人没有约定监护监督人或约定的监护监督人不能胜任该职，且被监护人尚有其他法定继承人、遗嘱继承人、近亲属等利害关系人的，可由利害关系人选定一人或数人担任监护监督人。在自然人担任监护人时，如果被监护人没有其他利害关系人，鉴于基层群众组织居委会或村委会贴近民众生活，便于掌握这部分家庭的实际情况，建议由居委会或村委会担任监护监督人。在组织机构担任监护人时，如果被监护人没有其他利害关系人，可由民政部门担任监护监督人，但如果监护人为民政部门的，可由法院担任监护监督人。

针对监护监督人的职责，建议《民法典·婚姻家庭法编》成年监护制度部分增加规定，监护监督人的职责主要有：一是对监护人的人身保护职责进行监督，一旦发现监护人的行为违背了“最有利于被监护人原则”和“最大程度尊重被监护人意愿原则”，严重损害了被监护人的合法权益，监护监督人可予以制止并要求监护人予以改正。二是对监护人的财产保护职责进行监督，意定监护开始时，监护人应先向被监护监督人提交被监护人的财产清单目录，随后每年向监护监督人提交年度管理账目直至监护终止。并在完成监护职责的五年内，保留被监护人的财产清单目录和最后五年的财产管理账目，备查。对无偿的财产处分行为及被监护人房屋等含有人身利益财产的处理等特定事项，须经监护监督人批准后实施。利害关系人对监护人的财产处分行为有异议的，可申请法院介入，对监护人的财产处分行为进行监督，审查批准。三是对于符合《民法总则》第36条规定的撤销监护人资格的情形，可诉请法院适用该规定，判令撤销该监护人资格，由法院另行指定监护人。

---

① 包括：(1) 有关不动产的买卖、分割、转让、抵押、拍卖、租赁等事务都在公证人的参与下进行，并向不动产登记处办理有关登记手续。(2) 赠与行为。《法国民法典》规定，一切生前赠与行为，应以通常契约方式，在公证人前作成，并应将契约原本留存公证人处，否则赠与契约无效。(3) 有关继承事务。如遗嘱公证，密封遗嘱的保存，遗产的清点、保管、分割、拍卖、继承权的接受与放弃等。(4) 共有财产的设立、变更、转让事务。例如，夫妻间的财产契约，合伙财产的抵押、担保，共有财产的分割等。(5) 转让、分割债权或设立变更抵押权、质权的行为。(6) 关于亲属关系的确认事务。例如，亲子关系、收养关系的确认，未成年人婚姻关系的确认，夫妻分居的确认等。(7) 与股份公司有关的事务，如公司章程、公司会议纪要、股份的转让等。参见林广华：《法国、意大利的公证法律制度与启示》，载《中国发展观察》2010年第6期，第45页。

对离婚冷静期的反思与重新定位

邬　砚*

目　次

自“第八次全国法院民事商事审判工作会议”提出“推进家事审判方式和工作机制改革”以来，各地法院积极试点、广泛探索，提出来若干具有建设性的新制度，如诉前共同财产申报制度、家事案件不公开审理制度、当事人亲自到庭制度、亲情弥合八步法等，其中热度最高的当属离婚冷静期制度。该制度主要针对“原告要求离婚而被告坚决不同意的离婚案件”①，一般设置1~6个月长度不等的期间，要求双方在期间内冷静下来，认真思考离婚一事，以便作出理性的决定。设置冷静期的目的在于防止冲动性离婚，维护婚姻关系稳定。② 在最高人民法院的推动下③，该制度受到广东④、江苏⑤、河南⑥、四川等各地法院的积极响应。追根溯源，离婚冷静期制度是舶来品⑦，而法律作为地方性知识，在进行制度移植时必须考虑与本土资源的融合问题。基于此，本文立足于我国现行法

* 作者简介：邬砚，重庆市石柱土家族自治县人民法院党组书记、院长。

① 杜万华：《积极探索家事审判工作体制机制改革，切实维护婚姻家庭稳定与社会和谐——在部分法院家事判改革工作座谈会上的讲话（2015年12月3日）》，载《民事审判指导与参考》2015年第4辑，第91页。

② 沈德咏：《在部分法院家事审判方式和工作机制改革试点工作视频会议上的讲话（2016年5月11日）》，载《民事审判指导与参考》2016年第2辑，第66页；杜万华：《在第八次全国法院民事商事审判工作会议上的专题讲话（2015年12月24日）》，载《民事审判指导与参考》2015年第4辑，第50页。

③ 程新文、张颖新、沈丹丹：《关于构建中国特色家事诉讼程序若干问题的思考》，载《民事审判指导与参考》2016年第2辑，第107页。

④ 广东省高级人民法院《家事案件审理规程（试行）》第30条规定，“试点法院审理离婚案件，经当事人同意可以设置三个月的冷静期。根据案件需要，冷静期可予适当延长，但不应超过六个月。冷静期不计入审限。”

⑤ 江苏省高级人民法院要求，设置审理程序中的“感情冷静期”，“婚姻家庭纠纷一次调解不成的，给予双方一段时间的矛盾缓和期和跟踪调解期，给予当事人郑重重新决定的权利。”江苏省高级人民法院民一庭：《江苏法院家事审判工作改革的探索与实践》，载《民事审判指导与参考》2015年第4辑，第110、112页。

⑥ 参见河南省高级人民法院：《家事案件心理疏导工作指引（试行）》第1条。

⑦ 域外法早有类似冷静期制度。例如，根据英国家事审判制度，“对于解除民事伴侣关系诉讼，在判决之前的任何时间，法院认为民事伴侣双方仍存在和解可能的，应当合理延长诉讼，促使双方和解。”参见蒋月：《构建婚姻家庭诉讼司法调解制度》，载《甘肃社会科学》2008年第1期。

律制度，并考察各地法院尤其是笔者所在石柱土家族自治县人民法院离婚审判的司法实践，对在诉讼程序中设置离婚冷静期的必要性、合理性进行反思与检讨，在此基础上，考察离婚冷静期与现行制度、现实需求的契合问题。

一、离婚冷静期制度与诉讼离婚程序中的既有制度功能重合

“奥卡姆剃刀原理”提出，“如无必要，勿增实体”。因此，如果离婚冷静期制度与既有制度功能相同或相近，则属画蛇添足，徒增累赘。

（一）两次离婚诉讼之间的六个月等待期，相当于离婚冷静期

《婚姻法》规定，判决离婚的概括条件是“感情确已破裂”。而感情是否破裂，在判断上较为主观，实践中，对第一次起诉离婚的案件，把握的标准通常限于《婚姻法》第32条第3、4项，《最高人民法院关于人民法院审理离婚案件如何认定夫妻感情确已破裂的若干具体意见》（法民发〔1989〕38号）规定的十几种情形。这些情形或较为严格，或难以证明，导致原告第一次起诉离婚得到判决支持的比例极低。北京市某法院与中华女子学院家事法研究中心的联合统计表明，“首次提起离婚诉讼的案件，法院判决准予离婚的，只占全部案件的5%。”① 最高人民法院的统计进一步表明，从离婚案件当事人的起诉次数和一审结案方式来看，仍有近三分之一的离婚诉讼需要通过两次以上诉讼得以解决。主要原因在于婚姻法本身的规定，即在第一次离婚诉讼中，如果被告坚决不同意离婚，原告很难证明存在法定离婚情形。②

与此同时，《民事诉讼法》第124条第7项规定：“判决不准离婚和调解和好的离婚案件，判决、调解维持收养关系的案件，没有新情况、新理由，原告在六个月内又起诉的，不予受理。”这也就意味着，第一次起诉离婚被驳回后，在六个月内不得再次起诉离婚。如林建军教授所言：“首次离婚法院不判离，等于就是给双方当事人6个月的一个冷静期和考虑期。”③ 而且站在司法者的角度，法官也是希望通过驳回离婚诉请的方式给予双方更多的冷静期。④

也许有观点会认为，这是因为实务界对第一次起诉离婚掌握的标准过于机械、严格，不能成为否定离婚冷静期的理由。但是，如果实务界应当放宽第一次起诉离婚的标准，也就意味着那些婚姻因感情确已破裂应当准予离婚的，离婚冷静期制度更无存在的价值与必要了。

（二）离婚诉讼强制调解制度，与离婚冷静期功能重合

在冷静期内，配偶之间的激烈情绪会因为时间的推移有所缓解，而且多数法院在冷静期内辅之以家事调解员介入调解制度，因此，离婚冷静期的制度功能，除防止冲动性离婚以外，在婚姻无法避免走向破裂的情况下，还可以缓和双方之间的矛盾，起到“好合好散”的作用。

---

① 朱宁宁：《增加法律规定给离婚一个冷静期》，载《法制日报》2015年6月13日，第3版。

② 最高人民法院民一庭第二合议庭：《关于2012~2014年离婚案件相关情况的调查分析报告》，载《民事审判指导与参考》2015年第4辑，第97页。

③ 朱宁宁：《增加法律规定给离婚一个冷静期》，载《法制日报》2015年6月13日，第3版。

④ 最高人民法院民一庭第二合议庭：《关于2012~2014年离婚案件相关情况的调查分析报告》，载《民事审判指导与参考》2015年第4辑，第97页。

但是，调解制度也可以起到消除当事人之间对立情绪的作用。为帮助婚姻当事人恢复情感、消除对立，在家事审判中，当前世界各国均强调发挥调解的作用。美国加利福尼亚州设立了调解法院，韩国家事法院设有家事案件调解委员会，我国台湾地区建立了家事案件的诉前调解制度，新加坡对家事纠纷的处理首选和解①，德国法院开展了“和解法官模式”的改革。② 我国《婚姻法》第 32 条第 2 款规定，“人民法院审理离婚案件，应当进行调解”。而且，从实际效果来看，“根据各高院的抽样统计结果，一审离婚案件调解、撤诉的比例保持较高水平。”③

对比以下两个法院的数据可知，离婚冷静期并不比离婚诉讼中的调解更具制度优势。在上海市静安区人民法院，自 2016 年 6 月至 10 月的 5 个月期间，有 67 起离婚案件进入了“冷静期”。从数据可以看出，上海市静安区人民法院对进入“冷静期”的案件进行了筛选。经过法庭的努力，最终挽回了 27 个濒临破碎的婚姻家庭，约占进入“冷静期”离婚案件的 40%。④ 在石柱县法院，2015 年审结离婚案件 572 件，调解结案 205 件，占 35.84%，调解结案中调解和好的 20 件，占 3.5%，撤诉 99 件，占 17.31%；2016 年审结离婚案件 519 件，调解结案 187 件，占 36.03%，调解结案中调解和好的 18 件，占 3.5%，撤诉 88 件，占 16.96%；2017 年一季度审结离婚案件 134 件，调解结案 51 件，占 38.06%，调解结案中调解和好的 6 件，占 4.5%，撤诉 24 件，占 17.91%。

二、在诉讼离婚程序中设置离婚冷静期缺乏现实需求

除与既有制度功能重合以外，离婚冷静期还缺乏现实需求，无法与司法实践有机契合。

（一）“冲动离婚”具有较高识别性，无须冷静期即可甄别、处理

通过与家事审判法官座谈发现，实践中，冲动离婚的案件极少，且识别度较高。“冲动离婚”案件具有以下特征：一是在审判过程中，当事人之间爱说赌气话、使小性子，在法官劝和时，基本都会耐心听取法官的意见；二是夫妻双方所争持的往往是鸡毛蒜皮的小事，一般不会提及《婚姻法》第 32 条第 3、4 项，《最高人民法院关于人民法院审理离婚案件如何认定夫妻感情确已破裂的若干具体意见》（法民发〔1989〕38 号）规定的情形，更不可能证明上述情形的存在。⑤ 此外，本次家事审判改革要求：“选拔任用熟悉婚姻家庭审判业务，具有一定社会阅历，掌握相应社会心理学知识，热爱家事审判工作的法官成为家事审判主审法官。”⑥ 有理由相信，对具有明显特征的“冲动离婚”，符合条件的家事审判法官能够有效甄别、辨认。

---

① 程新文、张颖新、沈丹丹：《关于构建中国特色家事诉讼程序若干问题的思考》，载《民事审判指导与参考》2016 年第 2 辑，第 103～104 页。

② 《关于德国家事审判、多元纠纷解决机制专题报告》，载《民事审判指导与参考》2015 年第 4 辑，第 97 页。

③ 最高人民法院民一庭第二合议庭：《关于 2012～2014 年离婚案件相关情况的调查分析报告》，载《民事审判指导与参考》2015 年第 4 辑，第 97 页。

④ http：//www.chinacourt.org/article/detail/2016/11/id/2349268.shtml，最后访问日期 2017 年 4 月 17 日。

⑤ 以上结论来源于与石柱土家族自治县人民法院 6 名家事审判法官的座谈。

⑥ 最高人民法院常务副院长沈德咏：《在部分法院家事审判方式和工作机制改革试点工作视频会议上的讲话》（2016 年 5 月 11 日），载《民事法律文件解读》2016 年第 10 辑，第 16 页。

（二）步入诉讼的离婚案件，普遍难以有效挽救

婚姻是人生大事，除冲动性离婚以外，夫妻双方在离婚前都经历了反复的思想斗争，提出离婚往往是深思熟虑的结果，并非“偶然为之”或“意气用事”。在一方萌生离婚念头后，夫妻双方通常已经寻求过缓解矛盾的方案，大多经过父母、子女、亲戚朋友的劝阻，甚至经过村社基层组织、妇联等部门调解。之所以踏进法院的大门，乃是不得已的选择。企图通过设置“冷静期”等相关制度缓和矛盾，让双方和好，往往只能收获事与愿违的效果。江苏省高级人民法院的统计表明，“判决驳回诉请效果不好，6个月期满再次起诉离婚的比率高达80%以上。”[①] 石柱土家族自治县人民法院的统计数据也印证了这一点，在2014年审结的557件离婚案件中，判决和调解离婚253件，占比45.42%；在2015年审结的572件离婚案件中，判决和调解离婚271件，占比47.38%；在2016年审结的519件离婚案件中，判决和调解离婚251件，占比48.36%；在2017年第一季度审结的134件离婚案件中，判决和调解离婚66件，占比49.25%。

也许有观点认为，正是因为冷静期制度的缺失，才导致了较高的诉讼离婚率。但如前述，这一离婚率是在第一次起诉离婚受到严格限制、第二次起诉离婚需经历六个月的等待期、离婚案件实行强制调解制度的背景下所导致，认为再增加一个功能重合的离婚冷静期，就能有效降低离婚率，恐怕效果难尽人意。尤为重要的是，维护婚姻家庭稳定，并不等于不准离婚。伴随着越来越自由的离婚法，婚姻当事人任何一方均能够单方面决定婚姻的前途和命运，离婚已经变成快速、便捷和单方的行为，各国离婚率持续攀升。我国婚姻法的修订，也是进一步放宽离婚条件，使离婚成本更低，离婚更加自由。[②] “近年来，人民法院每年审理的家事案件达到170万件，其中离婚案件达到130万件。”[③]

（三）离婚冷静期制度背离了外出务工人员“速战速决”的诉求

由于我国区域经济发展不平衡，经济欠发达地区人员到珠三角、长三角和北京等大城市务工，就成为农民增加收入、脱贫致富的一条重要渠道。在这种情况下，夫妻一方常年在外务工，另一方在家留守，或双方在不同的地方打工，两地分居，生活环境差异较大，加之聚少离多，感情空虚，容易对夫妻感情不忠，进而诱发离婚。石柱土家族自治县的统计数据表明，外出务工人群在离婚案件中占比极大。2014年，在县民政局和县法院办理离婚1858件，其中涉及外出务工人员1040件，占比约56%；2015年，在县民政局和县法院办理离婚1842件，其中涉及外出务工人员1013件，占比约55%；2016年，在县民政局和县法院办理离婚1897件，其中涉及外出务工人员1081件，占比约57%；2017年第一季度，在县民政局和县法院办理离婚633件，其中涉及外出务工人员378件，占比约60%。

一般情况下，离婚案件由被告住所地人民法院管辖。考虑到时间成本与交通成本，借

---

① 江苏省高级人民法院民一庭：《江苏法院家事审判工作改革的探索与实践》，载《民事审判指导与参考》2015年第4辑，第113页。

② 蒋月：《人权视野下婚姻家庭法最近六十年的变迁及其对我国的启示》，载《厦门大学法律评论》第17辑，厦门大学出版社2009年版，第109~110、122页。

③ 杜万华：《在广西法院推进家事、少年审判改革暨法院妇联深化妇女儿童维权岗工作现场会上的讲话》（2016年6月17日），载《民事审判指导与参考》2016年第2辑，第96页。这也导致法官的办案压力与日俱增，如果再增加类似冷静期之内的制度，无疑会导致法官的工作量进一步加大。

春节回家过年期间离婚，就成为外出务工人员最为经济的选择，也是他（她）们对离婚诉讼的迫切愿望。[①] 外出务工人员回家过年的期间，短则十余天，长则一月左右，这就要求对外出务工人员的离婚诉讼在春节期间“速战速决”。在石柱土家族自治县，2014 年全年受理离婚案件 519 件，第一季度受理 231 件，占全年 45%；2015 年全年受理离婚案件 590 件，第一季度受理 244 件，占全年 41%；2016 全年受理离婚案件 539 件，第一季度受理 233 件，占全年 43%；2017 年第一季度受理离婚案件 227 件。考虑到传统节庆习俗中的和谐文化，非外出务工人员普遍不愿选择在春节期间“妻离子散”，可以推知，外出务工人员是这一高离婚率期间的主力军。如果对这类案件设置 1~6 个月的冷静期，导致外出务工人员多次往返于务工地与诉讼地（一般为户籍地），既增加了交通成本，也影响打工期间的收入，甚至危及工作岗位，难谓合理。

毋庸讳言，外出务工人员“速战速决”的诉求，仅限于特定群体——外出务工人员、特定时间段——主要是春节期间，对冷静期制度只构成局部性障碍。以石柱土家族自治县作为样本，更具有特殊性。但是，外出务工人员的这一诉求具有合理性，不应忽视。而且所有的省份都有外出务工人员，只不过经济发达地区人数较少，经济欠发达地区人数较多而已。

三、离婚冷静期与登记离婚程序具有较高契合性

我国现有离婚制度分为登记离婚与诉讼离婚，考察登记离婚程序的制度设计与显示运作可知，登记离婚程序才是离婚冷静期的最佳归属。

（一）登记离婚程序的便捷性打开了“冲动离婚”的通道

对于登记离婚，《婚姻登记管理条例》（2003 年国务院令第 387 号）第 13 条规定：“婚姻登记机关应当对离婚登记当事人出具的证件、证明材料进行审查并询问相关情况。对当事人确属自愿离婚，并已对子女抚养、财产、债务等问题达成一致处理意见的，应当当场予以登记，发给离婚证。”由此可见，我国的登记离婚程序相当简便，只要双方就离婚、子女抚养、财产、债务等问题达成一致意见，民政部门就可以当场发给离婚证，宣告婚姻终结。

统计数据表明，登记离婚的数量远大于诉讼离婚的数量。在石柱土家族自治县，2014 年民政部门办理登记离婚 1605 件，法院受理离婚案件 597 件，其中判决和调解离婚 253 件；2015 年民政部门办理登记离婚 1571 件，法院受理离婚案件 594 件，其中判决和调解离婚 271 件；2016 年民政部门办理登记离婚 1646 件，法院受理离婚案件 539 件，其中判决和调解离婚 251 件；2017 年第一季度民政部门办理登记离婚 567 件，法院受理离婚案件收案 226 件，其中判决和调解离婚 66 件。可见大量的婚姻是在登记离婚程序中破灭的，由于缺乏严格的离婚条件、强制调解制度等，这里面不乏大量的草率离婚、冲动离婚。

（二）对“双方冲动型”离婚，离婚冷静期大有可为

站在当事人的角度，冲动型离婚可以分为两种情形：一是“单方冲动型”。也就是说，一方因冲动要求离婚，而对方反对。如前所述，当前推行的冷静期制度主要针对这一

---

① 而且错过春节期间，如被告也是外出务工人员，诉讼就会面临送达障碍，如果采取公告送达，庭审质证、辩论环节缺失，被告的一些权利又难以得到有效保障。所以，人民法院也愿意对这类诉讼“速战速决”。

情形，即“原告要求离婚而被告坚决不同意的离婚案件”①。然而事实上，无论是在诉讼离婚中还是登记离婚中，“单方冲动型”离婚均无须冷静期。在登记离婚中，因双方不能达成协议，也就无法登记离婚；在诉讼离婚中，因不符合法定离婚情形，原告的离婚请求会被判决驳回，从而进入六个月的离婚等待期，设置冷静期不具实益。二是“双方冲动型”，即夫妻双方均一时冲动同意离婚。在此情形下，如果采取诉讼离婚，因具有较高识别度，可通过强制调解制度、借助家事审判法官的专业技能予以解决；如果采取登记离婚，则缺乏有效手段，因此有必要引入冷静期制度，对夫妻双方冲动之下的过激行为——要求离婚——给予一定的缓冲区，以平复情绪、恢复冷静，理性对待婚姻。因此，在离婚诉讼中设置冷静期，无异于越俎代庖，两相比较，不如将冷静期制度位移到登记离婚程序。

结　语

综上所述，在第一次起诉离婚受到严格限制、第二次起诉离婚需经历六个月的等待期、离婚案件实行强制调解的制度背景下，在诉讼程序中增设离婚冷静期制度，与既有制度功能重合，从而缺乏必要性；在“冲动离婚”具有较高识别性、步入诉讼的离婚案件普遍难以有效挽救、外出务工人员希望离婚诉讼“速战速决”的需求面前，离婚冷静期制度缺乏现实合理性。因此，不应叠床架屋，在诉讼离婚程序中增设离婚冷静期。在诉讼离婚与登记离婚二元并行的情况下，鉴于登记离婚制度数量大、手续简便，其“协商一致”的要求与“双方冲动型”离婚正好契合，导致“双方冲动型”离婚得以在登记离婚程序中畅通无阻。因此，在登记离婚程序中嵌入离婚冷静期制度，才是离婚冷静期制度的最好归属。需要强调的是，在登记离婚程序中的离婚冷静期制度，其作用是避免“双方冲动型”离婚，并非制度设计之初所指向的“单方冲动型”离婚。

---

① 杜万华：《积极探索家事审判工作体制机制改革，切实维护婚姻家庭稳定与社会和谐——在部分法院家事审判改革工作座谈会上的讲话》（2015 年 12 月 3 日），载《民事审判指导与参考》2015 年第 4 辑，第 91 页。

离婚时“6个月感情冷静期”的思考①

李富文*

目　次

一、家事审判改革的先行先试

2016年5月11日，最高人民法院召开视频会议，在全国范围内确定108个中基层法院，自2016年6月1日起开展为期两年的家事审判方式和工作机制改革试点工作。

(一) 提高对家事审判改革工作的认识

1. 思想理念转变。家事纠纷相对复杂，思想理念的转变非常重要。不同于一般的民事纠纷，家事纠纷更加注重人伦道德，更应注重修复关系、治愈情感，而传统家事审判往往更注重解决人身和财产关系，并未考虑区别死亡婚姻与危机婚姻，一刀切，往往导致矛盾激化而引发更大的社会问题。

2. 审判职能改革。家事审判案件由侧重财产权利保护转变为全面关注当事人身份利益、人格利益、情感利益和财产权利，彰显家事审判专业化、人性化特点。依法保障未成年人、妇女、老年人的合法权益，培育和践行社会主义核心价值观，促进社会和谐健康发展。

3. 多元化解纠纷。依托多元化解纠纷机制改革，建立社会广泛参与的家事纠纷多元调解机制；依托以审判为中心的诉讼制度改革，探索符合家事审判特点的家事审判程序改革；依托人员分类管理制度改革，探索家事审判机构和队伍专业化改革。

(二) 积极探索创新家事审判工作机制

1. 探索建立婚姻“冷静期”制度。通过给予离婚纠纷当事人冷静期，推迟开庭时间，使当事人冷静对待双方感情问题，降低离婚率，同时，探索扩大冷静期适用范围，以平静心态，缓和心情，减少对抗，促进纠纷化解。

---

① 本文载于《重庆法学》2018年6月，总第72期。
* 作者简介：李富文，重庆市万州区人民法院办公室。

2. 探索建立心理疏导制度。对家事纠纷中存在偏激、阴暗、自卑、暴力倾向等负面心理的当事人及其家属，利用心理疏导师的专业知识加以引导梳理，促进纠纷的彻底化解。

3. 探索建立司法关怀延伸制度。加强家事纠纷案件回访，及时了解当事人的生活和感情修复情况，对存在的问题和困难，积极开展感情修复工作给予生活上的帮助，延伸司法人员人文关怀。

（三）积极推动多元纠纷解决机制改革

1. 争取得到党委的领导和社会各界的支持。做好家事审判工作，党委的领导和支持至关重要，同时也离不开政府部门和社会各界的支持参与。加强与相关部门的沟通联系，充分发挥社会各方力量共同参与家事纠纷化解。

2. 推动建立反家庭暴力整体防治网络。根据反家庭暴力法的规定，防治家庭暴力是社会的共同责任，需要各部门加强协作、联合推进。通过改革家事审判工作，加强与公安、民政、妇联、村委会、居委会等建立更加顺畅的协作关系。

3. 探索引入专业人员和依托专业机构协助家事案件审理。借助专业力量开展调解、调查等工作，并及时为当事人提供心理疏导和治疗等服务。配置家事调解室、心理辅导室、单面镜观察室等，不断完善符合家事审判特点的硬件设施，为家事审判改革提供了有力的物质保障。

二、传统判决不准离婚的原因分析

关于离与不离的问题，我国《婚姻法》第32条及《最高人民法院关于人民法院审理离婚案件如何认定夫妻感情确已破裂的若干具体意见》实际上有明确的答案，实践中为什么一审法院偏向于判决不准离婚？而引起了律师、学者的普遍质疑。笔者经过调研有如下几个方面的反思。

（一）习惯沉默因素

1. 感情是否破裂，就法院而言，事实判断很棘手，再加上流传千古的乡土风俗“宁拆十座庙、不破一桩婚”①，第一次起诉原则上判决不准离婚，使矛盾激化能够控制在一定范围内，留下6个月时间让双方当事人冷静思考，让受伤的心态预期修复，符合婚姻法反对草率离婚的基本精神，第二次起诉还可作为认定夫妻感情确已破裂的证据使用。

2. 判决不准离婚，就当事人而言，即便对第一次判决不情愿接受，上诉要求改判的概率也很小，大多数当事人对第一次判决不准离婚，已经在一种心理预期之内，均为接受。如是上诉，还对第二次起诉时间有影响，所以选择服从一审判决，双向习惯相互影响，加固第二次、第三次提出离婚习惯的深度，第一次起诉不准许离婚形成了自然习惯。

3. 双向习惯本源，就当事人习惯而言，处于派生、次要和从属地位；就法院习惯而言，起到关键和主导作用。从挽救一部分婚姻层面来讲有一定的合理性，问题是存在明显已经达到了判决离婚的标准，如有的夫妻感情难以改善或不能和好如初的客观现实，维持婚姻实质上只会给双方当事人带来痛苦，情理、法理和道德难以维系；无过错方、弱势方、被家暴方等作为原告在第一次提起诉讼离婚时，如判决不准离婚后双方不能再相互面

① 苏力：《冷眼看婚姻》，载李银河、马忆南主编：《婚姻法修改论争》，光明日报出版社1999年版，第44~48页。

对，一方会采取离家出走、下落不明等方式迫使另一方提出离婚之诉，或默默忍受，对生活失去信心，身心健康受到伤害，如此有违法裁判之嫌。

（二）改革庭审方式

在全国范围内确定108个中基层法院，自2016年6月1日起开展为期两年的家事审判方式和工作机制改革试点工作，每天都有大量的离婚案件处于审理之中。庭审方式改革规程究竟是个什么样子的？从以下几个方面可以找到答案：

1. 诉讼法“版本”。《民事诉讼法》关于庭审程序的规定，集中在该法第十二章第三节即“开庭审理”一节中。该节并没有明确规定开庭审理具体分为几个阶段，而是分别在条文中规定了宣布开庭、法庭调查、法庭辩论、调解、宣判等几个环节的具体规范，其中规定最为具体的是法庭调查和法庭辩论的顺序。

2. 家事庭审“版本”。家事诉讼特别程序和审理规程主要包括：调解优先、加大审判人员职权干预力度、不公开审理原则、当事人亲自到庭原则、未成年人利益最大化原则、适当放宽家事案件审限等①。最高人民法院以6个高院名义制定下发的6项程序规定，就是试点工作的指引。试点法院探索成功经验的做法，将通过司法解释、司法政策、规范性文件等形式固定下来，用以指导全国法院家事审判改革工作。在此基础上，最高人民法院将积极推动立法机关制定家事诉讼特别程序法。

3. 庭审简单“版本”。对于法官存在心理预期判决不准离婚的案件，主要表现在庭审时间短，重书面证据，不重视当事人陈述。需要倾诉的事实和理由当事人不能在庭上充分展示，判断夫妻感情是否破裂，当事人陈述是最重要的证据，审理查明确定的案件事实，不足以反映子女抚养及财产和夫妻情感状况，造成诉讼代理人的作用不能得到有效发挥。

（三）裁判质量现状

判决不准离婚判决书，通过对2016年6月后的一审判决不准离婚判决书中选取的60篇样本进行研究分析，笔者发现当前主要存在三个方面的问题：

1. 说理及结构滞后。诉称和辩称重点认识或者强调不够，审理查明动态性和过程性不足100字或200字，根本反映不出夫妻的感情状况，说理部分动态社会、历史、风俗、人文、情感表述官话和套话多，没有针对案件的具体特点等，充分反映出法官办案依然程式化的一面，使当事人看了认同度和接受裁判结果信服指数低。

2. 体现司法关怀不够。判决不准离婚的裁判文书，只见法律条款表述，不顾情理唤起弥补心理冷静期，原告要求离婚的不能口服心服，被告不知道是否应改正错误，应该如何改进，不敢给予肯定和否定性评价，集中表现为情、理、法不能融为一体，冰冷的逻辑推理，在复杂的婚姻和家庭生活面前，失于简单性、滞后性。

3. 公正性展示不清晰。本轮司法文书改革在认识“解纷论”和“维稳论”的利弊时推崇正义论，即将“让人民群众在每一个司法案件中都感受到公平正义”确定为核心价值和终极目标；裁判文书还存在填充式的裁判文书，疑案文书有时基于“言多必失”的现象，使当事人感受不到公平正义。

上述问题的存在，损害了当事人的利益，对司法各界人士提出的质疑应予以尊重，如何改变此现状，为实践探索责任所在。

---

① 范愉：《诉讼调解：审判经验与法学原理》，载《中国法学》2011年第6期。

三、适用"6个月感情冷静期"的做法

（一）对离与不离的工作方式

1. 全面启动心理疏导程序。每一对夫妻都希望婚姻和谐、子女和顺、家庭幸福。一方当事人要求离婚，而另一方当事人坚决不同意离婚，情绪非常激动的，影响其思想、改变其行为、调整其身心、适应其环境，疏导心理健康状况和人身危险性程序，对一方坚持离婚、另一方坚持不离婚的情况进行心理预期评估①，形成心理评估报告，作为家事审判团队或家事案件法官处理案件时的参考依据。

2. 选拔热爱家事审判的法官。专门的家事审判团队，是做好家事审判工作的前提和保障。择优选拔任用熟悉婚姻家庭审判业务、具有一定社会阅历、掌握相应心理学知识、热爱家事审判工作的法官担任家事法官；引入社会团体工作人员和向社会购买服务等方式，充实家事审判辅助人员，家事审判工作必须向专业化与群众路线相结合的方向迈进。

3. 加强调解与自行和解。充分发挥调解离婚纠纷案件中化解矛盾的正面作用，强化运用一定的方法和手段，积极引导当事人在反省和领悟中自行寻找化解纠纷或自行和解的为最佳途径。在案件审理过程中，为当事人缓解对立情绪，可把情感建立、发展、变化作为审理重心，为改善关系提供心理支持，倾听诉讼代理人在离婚案件中维护当事人利益的重要作用。

（二）对离与不离的工作方法

1. 坚持"调审分离"。从法官调解影响当事人自愿的角度考虑，实现"调审分离"无疑是最直接的解决方法。而具体操作如针对原告因偶然事件、一时冲突提出离婚的，属于对离婚自由理解上的误差，按照反对草率离婚的原则，着重调解和好往往能够便利、高效地促成和解。

2. 坚持道德唤醒。对于原告属过错方提出离婚，明显达不到夫妻感情确已破裂程度的，应当正确适用《婚姻法》第4条"夫妻应当互相忠实，互相尊重……维持平等、和睦、文明的婚姻家庭关系"的原则，也应多动用感情唤醒、道德教化等方法，引导当事人关注精神方面的谅解，发挥道德教化的最大效用。

3. 坚持风险评估。对于原告属于"无过错方"、被告属于"过错方"引起离婚的，出现一定的夫妻感情裂痕，但尚未达到《婚姻法》及其司法解释规定的离婚标准的，引导双方当事人预测、评估及风险告知，采用"原、被告6个月感情冷静期内不要求离婚"的调解方法进行心理疏导，感情修复，遵循缓解双方对抗情绪，促进双方理性交流并调解结案。

（三）对离与不离的具体操作

1. 家事法官调解与自行和好鉴别。调解"原、被告6个月内不再要求离婚"与调解和好有着不同的区别，对原告冷静期或对被告考验期，因现行法律没有设定此期间，双方当事人反映出的矛盾冲突程度及当事人婚姻走向的心态不同，不论原告冷静期或被告考验期，都是在法院依法干预下能否改变的再思考。

2. 家事法官调和过程的注意事项。开庭过程全面展示当事人婚姻基础、婚后感情、

---

① 林崇德等主编：《心理学大辞典（上）》，上海教育出版社2013年版，第14页。

矛盾纠纷的发生及家庭生活状态，为调解打下基础；全面贯彻公平正义、全身心审理、高度负责、追求“原、被告6个月内不再要求离婚”的最佳效果的理念。

3. 家事法官心理疏导贯穿调解始终。即法官要通过与当事人反复思想交流，及时发现当事人的思想偏差，并予以心理疏导实现有效纠正。引导和协助“过错方”主动改过的动机和勇气，也让“无过错方”重振共建和谐婚姻、幸福家庭的信心，同时，促进“过错方”拿出具体方案与行动进行改过并取得“无过错方”的谅解。只要工作方法到位，双方自然达成“6个月感情冷静期内不再提出离婚”的调解协议。

结　语

家事审判法官从道德、伦理、法律的角度，合情、合理、合法地进行审判改革，加强调解，巧断、善断、明断家务事，将得益于家事审判改革试点工作，真正做到让人民群众在司法关怀下在每一个家事案件中都能感受到公平正义。

代孕有限开放和合法性证成及相关各方的法律关系探讨

艾志花*

目　次

代孕行为，在我国虽为部门规章所禁止，但现实中大量存在，屡禁不止，而缺乏法律规制的代孕市场必将更加混乱无序。禁止代孕虽简单，但因代孕产生的代孕所生子女的亲子关系认定、代孕过程中产生的侵权问题、代孕协议履行中产生的纠纷，各类纠纷都亟须法律规范。2014年6月3日，习近平总书记在“让工程科技造福人类、创造未来——在2014年国际工程科技大会上的主旨演讲”中，指出：“对幸福生活的追求是推动人类文明进步最持久的力量。享有更好的教育、更稳定的工作、更满意的收入、更可靠的社会保障、更优美的生活环境，是中国人民和世界人民的共同梦想。”可见，发挥现代科技水平优势，通过现代人工辅助生殖技术帮助不孕不育、失独群体实现生育的梦想，是这类群体追求幸福生活的权利保证。合理开放代孕是必要的，但应建立规范的代孕法律制度，以有效指引代孕，避免纠纷发生，还可在纠纷发生时，提供法律规范解决纠纷。

一、代孕相关问题法律规定的缺位与司法纠纷频发的矛盾凸显

（一）对代孕相关问题的立法缺位

中华人民共和国卫生部于2001年2月20日发布《人类辅助生殖技术管理办法》，该办法第3条规定：“人类辅助生殖技术的应用应当在医疗机构中进行，以医疗为目的，并符合国家计划生育政策、伦理原则和有关法律规定。禁止以任何形式买卖配子、合子、胚胎。医疗机构和医务人员不得实施任何形式的代孕技术。”第22条规定：“开展人类辅助生殖技术的医疗机构违反本办法，有下列行为之一的，由省、自治区、直辖市人民政府卫

* 作者简介：艾志花，重庆市渝中区人民法院民一庭。

生行政部门给予警告、3 万元以下罚款，并给予有关责任人行政处分；构成犯罪的，依法追究刑事责任：（一）买卖配子、合子、胚胎的；（二）实施代孕技术的……”上述部门规章仅对禁止代孕、违规实施代孕的医疗机构的行政处罚措施进行了规定。我国现行法律、法规、规章对代孕所生子女的亲子关系、代孕协议效力、委托方与代孕者之间的法律关系等问题均未作出规定。

（二）代孕相关纠纷的司法裁判困境

尽管代孕行为因为部门规章的规定在我国尚不合法，但由于潜在的社会需求，代孕在现实中大量存在，因为代孕而引发的相关法律纠纷也频频诉诸法院。截至 2017 年 7 月 6 日，在中国裁判文书网上输入检索词“代孕”，共有 109 个结果，涉及因代孕协议履行过程中发生争议而产生的纠纷、因代孕所生子女监护权发生的纠纷、因以“代孕”为由进行的诈骗、因所谓的“代孕”而导致夫妻离婚的纠纷等。

案例一：罗某与陈某监护权纠纷案、孙某与来某甲婚姻家庭纠纷案——代孕所生子女监护权争议案

罗某与陈某系再婚，因陈某患有不育不孕症，婚后罗某与陈某通过购买他人卵子、罗某提供精子，通过体外授精联合胚胎移植技术，出资委托其他女性代孕，生育一对异卵双胞胎。罗某与陈某将两名孩子接回家中抚养，并为孩子申办了户籍登记，孩子的出生医学证明上所记载的父母为罗某、陈某。罗某去世后由陈某携两名孩子共同生活。罗某父母罗某某、谢某某提起监护权之诉，认为陈某与两名孩子无血缘关系，故要求两名孩子的监护权由祖父母行使。一审法院经审理认为，《人类辅助生殖技术管理办法》明确规定，严禁以任何形式买卖配子、合子和胚胎，医疗机构和医务人员不得实施任何形式的代孕技术等。罗某与陈某在婚姻关系存续期间通过买卖卵子、委托第三方代孕的方式生育子女，不合法，陈某与两名孩子既不存在自然血亲关系，亦不存在拟制血亲关系，故判决孩子由其祖父母罗某某、谢某某抚养，其祖父母为其法定监护人。二审法院经审理认为，代孕虽不合法，但基于保护未成年子女合法权益的角度出发，认为陈某与两个孩子形成有抚养关系的继父母子女关系，故从儿童最大利益原则考虑，判决由陈某取得监护权。

孙某与来某乙结婚后，来某甲出生，孙某认为其与来某甲不存在亲子关系，来某乙认为来某甲系其与孙某双方协商一致雇人试管代孕所生，即使与原告没有血缘关系，也存在法定的亲子关系，应视为孙某的婚生子女。法院经审理认为，来某甲据以出生的卵子不是来源于孙某，即使来某甲系孙某与来某乙雇人代孕所生，但雇人代孕产子违反伦理道德，为法律所禁止，进而认定孙某与来某甲之间不存在亲子关系。

案例二：“阮工华与王家红所有权纠纷案”“刘晗与李田田、赵利刚合同纠纷案”——代孕协议效力争议案

2015 年 5 月，阮工华委托王家红帮其找人代孕生子，王家红先后收取了阮工华 5 万元，后该事项因故未继续。法院经审理后认为，阮工华与王家红所涉的委托代孕是目前法律禁止的事项，有悖公序良俗，故阮工华与王家红之间的委托合同无效，无效合同自始无效，王家红因无效合同而收取阮工华的 5 万元，应当返还阮工华。

2015 年 3 月 29 日，刘晗与李田田、赵利刚签订了一份《标准代孕协议》，由刘晗负责指定精子和卵子的供应方并支付相关费用，由李田田、赵利刚提供且全权委托管理代孕方并获取费用、报酬。上述协议签订以后，刘晗向李田田支付费用 93200 元。但被告未按

协议约定进行代孕。法院经审理后认为，《标准代孕协议》有违我国民法的公序良俗原则，有损社会公共利益，根据《中华人民共和国合同法》第52条第4项之规定，上述《标准代孕协议》为无效合同。被告李田田、赵利刚因该协议取得的财产，应当予以返还。产生的交通费、住宿费等损失由双方根据过错程度各负担50%。

上述案例中关于代孕所生子女的亲子关系的认定、代孕协议的效力问题，均无法律的明文规定，而法官不得拒绝裁判，故根据法律原则、法律理论作出裁判，导致各司法机关裁判不统一。还有一个不可忽略的问题，由于目前代孕在我国被部门规章认定为不合法，因代孕产生的大量纠纷并未诉诸司法机关，大量潜在的因代孕而产生的社会矛盾并未得到切实有效的解决。因此研究代孕相关问题具有重要意义。

二、外国及港澳台代孕相关问题的立法规制

对代孕的强烈需求是世界性问题。社会发展到今天，由于严重的空气质量恶化、严峻的食品安全、重大的工作压力以及疾病高发等原因，在世界范围内，不孕不育夫妇在育龄夫妇中的比例逐年增高。在当今世界范围内，每7对夫妇就有1对夫妇有生殖障碍。[①] 在这种严峻形势下，代孕技术应运而生，使不孕不育夫妇为血缘传承和繁衍后代的梦想成为了现实。代孕在世界范围内存在，由于各国传统的伦理道德观念以及固有的法律体系不同，各国对代孕的立法态度也存有差异，有明确承认代孕合法的，有仅承认无偿代孕合法的，有明确禁止代孕的，也有法律未对代孕进行规定的。

（一）完全承认代孕合法

俄罗斯和美国部分州，完全承认代孕，并且没有禁止有偿代孕。1995年《俄罗斯联邦家庭法典》规定，承认人工授精、胚胎植入和代孕等人工生育的方法。其第52条第3款规定，处于婚姻状态的并且自己以书面形式同意将胚胎植入另一名妇女体内以使胚胎足月的男女双方，只有经生育婴儿的妇女（代孕母亲）的同意才能登记为婴儿的父母。同意给另一名妇女植入胚胎的夫妇以及代孕母亲在出生登记簿上进行登记后，也不能对生父母身份向法院提出争议。[②]

（二）完全禁止代孕

德国、法国、日本、美国部分州，我国台湾地区、我国澳门地区均禁止一切类型的代孕。1989年，德国颁布了《收养介绍法》《胚胎保护法》，不仅禁止一切形式的代孕，且对以商业为目的的代孕规定了严厉的处罚措施。法国于1989年出台的《生命科学与人权关系草案》和1992年出台的《生物伦理法草案》均贯彻了其完全禁止代孕的态度。日本发布的《人工生殖原则的报告书》，介绍了关于人工生殖的六大原则，虽未明文禁止代孕，但在执法上严格地禁止任何形式的代孕。[③] 美国路易斯安那州规定代孕违法。《澳门民法典》第1726条规定，“任何为第三人生育或妊娠之协议均属无效”。且在不承认代孕合同有效的前提下，规定生育子女的妇女是子女的母亲。[④] 我国台湾地区“人工生殖法”第2条要求，能够接受人工生殖技术的只能是夫妻双方，而且手术夫妻必须有一方具有正

---

① 杨遂全、钟凯：《从特殊群体生育权看代孕部分合法化》，载《社会科学研究》2010年第3期。

② 陈苇主编：《外国婚姻家庭法比较研究》，群众出版社2006年版，第299~300页。

③ 陈琴：《我国完全代孕的法律规制》，重庆大学2015年硕士学位论文。

④ 陈苇主编：《当代中国内地与港、澳、台婚姻家庭法比较研究》，群众出版社2012年版，第342页。

常生殖细胞，且妻子能以自身子宫孕育。由此可知我国台湾地区“人工生殖法”是禁止医疗机构实施代孕技术的。①

（三）承认限定条件的代孕

英国承认无偿代孕，规定有偿代孕系违法。英国1985年的《代孕协议法》规定，为参与商业目的的代孕协议的协商以及签订商业目的代孕协议的行为是违法的，同时禁止发布代孕服务的广告。违法者将可能面临3个月的监禁或者不超过2000英镑的罚款。②

香港地区是我国四法域中唯一承认特定条件下的代孕活动合法，并立法规范代孕所生子女如何确定亲子关系的法域。根据香港《父母与子女条例》和《人类生子科技条例》，代孕作为治疗不育症的手段，在符合如下条件时其合法性得到认可：第一，代孕母亲只能使用夫妻双方的配子；第二，提供配子的夫妻必须已经与代孕母亲达成“代母安排”——由代孕母亲通过生殖科技程序怀孕，所生育的子女交与该夫妻，由该夫妻行使作为父母的权利。但法律不认可代母安排的强制执行效力。根据《父母与子女条例》，代母安排中提供配子的夫妻，可以在代孕母亲依据代母安排生育子女后的六个月内向法院提出申请，法院可根据法定条件发出“供应配子的人获判定为父母的命令”，判该子女在法律上被视为该夫妻双方的子女。

三、代孕有限开放的合法性证成及相关问题的法律规制

代孕，是指具有完全民事行为能力的女性，接受委托人的委托，通过人工生殖技术为委托方生育具有遗传基因的子女的行为，代孕关系涉及三方，即委托方、代孕者、代孕子女。根据不同的标准，代孕分为以下几种类型。根据代孕者与胎儿之间是否具有血缘关系，分为局部代孕和完全代孕，局部代孕指代孕者提供卵子，委托方中的父亲提供精子，通过体外受精，将受精卵或胚胎植入代孕者体内；完全代孕是指，由委托夫妻提供精子和卵子，或委托夫妻中一方提供精子，由他人捐赠卵子，或妻提供卵子，由他人捐赠精子，形成受精卵植入代孕者体内，胎儿与代孕者之间无血缘关系；根据是否以商业为目的，分为利他代孕和商业代孕，利他代孕是指不以获取报酬为目的，代孕者出于自愿帮助委托夫妻实现生育梦想，商业代孕是指以获取一定报酬为目的的代孕。本文仅支持开放利他性完全代孕。

（一）我国有限开放代孕的必要性

我国的不孕症占已婚夫妇人数的10%，目前这个数字还在增加。特别是在严重自然灾害中，大量灾民的生育能力受到伤害，独生子女在灾害中丧生，失独群体急切盼望通过代孕生育子女，适度放开禁止代孕有其必要性。

（二）代孕有限开放的合法性证成

1. 允许代孕是保障公民生育权的应有之义。在宪法角度，生育权是公民的一项重要权利。我国宪法虽然没有明文规定生育权是公民的基本权利，但明确了公民生育权背后的计划生育义务，因而可以认为生育权应当是公民理所当然所享有的权利，这也是人类繁衍的自然法正义的基本结论。作为《宪法》条文具体化的《妇女权益保障法》《人口和计划

---

① 陈苇主编：《当代中国内地与港、澳、台婚姻家庭法比较研究》，群众出版社2012年版，第351~352页。

② 陈苇主编：《外国婚姻家庭法比较研究》，群众出版社2006年版，第303~305页。

生育保护法》，明确规定了妇女和公民的生育权，从而侧面昭示了生育权作为公民宪法性权利的解释结论。美国新泽西州高等法院法官哈尔维·索尔科法官在审理“婴儿M”案时指出，“如果人有权以性交方式生育，那么他就有权利以人工方式生育。如果生育是受到保护的，那么生育的方式也应受到保护，本法庭认为这种受保护的方式可以扩展至用代孕生孩子”。[①] 允许特定条件的代孕是保障公民生育权的应有之义。

2. 允许代孕有助于维护婚姻家庭关系的和谐。我国是一个传统的国家，非常重视血脉的传承。古语有云，“不孝有三，无后为大”，充分体现了中国传统文化中对繁衍子嗣的高度重视。古代法律制度中规定，不孕不育是“七出”之首，丈夫对不能生育子女的妻子可以随意休掉。从现代社会学与医学的角度来看，这无疑是践踏妇女尊严与地位的行为。然而，现代社会，生育依然是大部分夫妻婚后必经的阶段。对结婚新人的祝福语仍然是“早生贵子”。若双方均为不孕不育患者，双方还可能比较融洽，但若一方不孕，则该段婚姻极为不稳定，离婚率相对较高。孩子是家庭关系的重要纽带，不育家庭少了孩子这一纽带，冲突通常高于一般家庭，极容易因琐事发生争吵甚至离婚。若因女方患有不孕不育症，允许代孕者的介入，帮助圆家庭的天伦之梦，有助于促进家庭和谐。[②]

3. 允许代孕是代孕者行使身体权的体现。反对代孕合法的重要理论依据之一是“子宫工具论”，认为代孕使女性子宫成了生育的容器和机器，无异于以冷酷的人性和冰冷的科技贬低了人性的价值。[③] 但这样的理解显然是片面的。子宫是人体的器官，是人身体的一部分，是身体权的范畴。《人体器官移植条例》规定，人体器官捐献应当遵循自愿、无偿的原则。将女性的身体或者子宫作为商品出租或者借用，显然是对女性人格尊严的侵犯，也是对女性身体权的侵犯，这是非法代孕活动的典型特征，但是，自愿为他人捐助肾脏等身体器官的行为是高尚行为，女性为他人的需求而捐助自己的子宫进行代孕，同样也是高尚行为，当然地阻却违法。[④] 委托方夫妇有生育权的自由，代孕母有行使身体权的自由。

4. 允许代孕符合法无明文禁止即自由的私法精神。全面禁止代孕的行政规制缺乏法律授权。目前没有法律和法规层面的规定禁止代孕。我国《立法法》第8条规定了法律保留原则，对于公民基本权利的限制应当获得法律的明确授权。卫生部颁布的《人类辅助生殖技术管理办法》只是部门规章，不具有限制人们权利的效力，不能作为禁止代孕的法律依据。禁止医院开展代孕服务的政策，只能约束医疗机构和医务人员的行为，不能依此规章限制人们行使权利。根据法无禁止即自由的私法精神，也应允许代孕合法。

（三）严格限定代孕合法的范围

我国代孕乱象丛生，尽管开放代孕合法有其必要性及合理性，但若完全放开代孕，则会出现很多法律问题，不仅亲属关系的认定不易处理，而且会出现大量的非法商业性代孕，不法商人借人体牟利，导致伦理混乱，孕母的人格尊严也会受到损害。故应有限制地开放代孕，不能全面放开代孕。首先，应明确界定代孕概念、限定代孕条件；其次，应加强国家相关部门的行政审批及监管。

---

① 廖雅慈：《人工生育及其法律道德问题研究》，中国法制出版社1995年版，第41页。
② 邓栩明、刘俊荣：《为无偿性代孕的立法辩护》，载《法制博览》2016年第5期。
③ 韩玮：《妊娠代理孕母的伦理问题研究》，中国协和医科大学2007年硕士学位论文，第9页。
④ 邓栩明、刘俊荣：《为无偿性代孕的立法辩护》，载《法制博览》2016年第5期。

1. 严格界定代孕的概念。应将代孕的概念限定为完全代孕，即代孕应由委托方提供精子、卵子，在体外受精后将受精卵植入代母体内。禁止其他任何形式的所谓的“代孕”。代孕原本是一个医学概念，是指将受精卵或者胚胎植入代孕母亲的子宫，由孕母替他人完成孕育子女的过程，即借腹不借卵而实现现代性代孕目的。① 其关键技术是为代孕母亲植入他人的受精卵或者胚胎，精子与卵子在体外结合时须实施的人类辅助生殖技术。委托方夫妇提供精子和卵子或至少有一方的精子或卵子，以保证委托方夫妇与代孕所生子女有血缘关系，且卵子提供者与代孕者不能是同一人，代孕所生子女与代孕者不产生亲属关系。故而那种认为妻子同意，丈夫与孕母发生性行为或者不发生性行为，用孕母的卵子受孕并生产的，并不是严格意义上的代孕。

2. 限定代孕对象及条件。委托方必须是合法夫妻，不能是单身人士或同性恋者。虽然单身人士和同性恋者同样有借助代孕生子的需求，但目前不适宜开放。鉴于亲属传承的实际需求和社会的实际情况，对于代孕应适当放开并逐步进行。目前，应首先放开对代孕有切实需求的合法夫妻，且妻子患有不孕不育症，由医疗机构提供医学上的诊断证明，保证代孕动机合乎法律及情理。对于因工作忙、怕生育后身材走形等其他动机的代孕一律禁止。另外代孕需夫妻双方一致同意，以书面形式表达，杜绝单方私自行为。

3. 严格审查代孕者的资格。代孕者必须是具有完全民事行为能力且具有生殖条件的妇女。年龄应控制在22周岁以上，保证孕母对代孕的相关风险有充分的认知，因高龄怀孕生子具有巨大的风险，故应控制在45周岁以下；孕母在接受代孕前应进行全面的身体检查，确保身体健康，有生殖能力；孕母应与委托方不存在近代血亲关系，避免冲突现有的伦理；代孕者必须是出于自愿同意无偿帮助委托夫妇，不能以获取商业利益为目的，当然无偿并不排除合理范围的补偿，因怀孕、生产是有一个周期的，且对孕母的身体造成了一定的损耗，故因怀孕、生产而产生的医疗费、营养费、误工费应由委托方承担。

4. 加强行政部门的监管。在适当开放代孕政策后，政府有关部门应加强对代孕的监管。首先，应当制定代孕标准化合同文本，规范代孕协议，代孕双方签订协议后须由行政部门进行审查，行政部门应重点审查是否符合上述条件，经卫生行政部门审批符合代孕合法的条件后方可发生法律效力，且代孕协议须在行政部门备案，以期更好地保护各方的利益，在最大范围内预防争议的发生。其次，卫生行政部门应指定实施代孕的医疗机构。代孕所依赖的人工辅助生殖技术目前在我国仍属于难度较高的一项技术，对医疗条件及医疗水平的要求很高，为提高代孕的成功率，降低手术失败的损害风险，卫生行政部门应指定有相应医疗技术条件的医疗机构进行代孕。该医疗机构内部应设立医学伦理委员会，有需求的家庭提出代孕的申请后还应由该医学委员会进行审查，审查是否符合代孕的条件，孕母是否自愿，是否存在违法的内容。若发现有违法的代孕，应依法制止，保证代孕活动在法律准许的范围内进行。

四、明晰代孕相关各方的法律关系

（一）委托夫妻和代孕者之间的法律关系

委托合同，又称委任合同，是指一方委托他方处理事务，他方允诺处理事务的合同。

① 王贵松：《中国代孕规制的模式选择》，载《法制与社会发展》2009年第4期。

委托他方处理事务的，为委托人，允诺为他方处理事务的，为受托人。委托合同是以为他人处理事务为目的的合同，以当事人特定的社会技能提供劳务以完成一定任务，目的是处理或管理委托人的事务。合同订立后，受托人在委托的权限内所实施的行为，等同于委托人自己的行为；委托合同是无偿合同，当事人对受托人处理委托事务的报酬可以进行约定，也可以约定不支付报酬。[①] 笔者认为，在代孕法律关系中，委托夫妻与代孕者之间的法律关系符合委托合同的定义和特征，应属委托关系。双方的主要权利义务有：

1. 委托夫妻的主要权利与义务。委托夫妻的主要权利是对代孕所生子女享有亲权和监护权。主要义务：（1）支付因代孕所产生的费用，包括医疗费、代孕者合理的营养费；（2）由于怀孕生产是一个充满风险的过程，有可能出现大出血、子宫破裂、感染、难产致死亡等意外情形，当代孕者主观上出于无偿帮助，客观上无故意或重大过失，则应由委托夫妻对代孕者承担赔偿责任；（3）为保障代孕者的权利，也减轻委托夫妻的责任，委托夫妻负有为代孕者购买意外伤害险的义务，当代孕者在怀孕生产过程中发生意外导致生命健康权受到损害时，可通过意外伤害险得到及时的救济，超出意外伤害险的由委托夫妻承担；（4）不得遗弃代孕子女，对委托夫妻来说，代孕所生子女不论其男女性别及健康与否，均与之形成父母子女关系，当代孕所生子女患有先天疾病或出现因生产过程缺氧导致胎儿脑瘫等意外情形时，委托夫妻对子女仍应承担监护抚养职责，不得遗弃子女，即使委托夫妻离婚，双方对未成年的代孕子女也应作出妥善安排，双方仍负有抚养责任；（5）不得随意要求代孕者终止妊娠，若代孕者一旦通过人工辅助生殖技术怀孕成功，则委托夫妻不得要求代孕者终止妊娠，仅可在检出医学上建议终止妊娠的情形下方可要求终止妊娠。

2. 代孕者的权利与义务。代孕者的主要权利是获得合理的补偿、在危及自身生命健康的情况下可以自行选择终止妊娠。主要义务：（1）代孕者在孕期负有保证胎儿健康发育的义务，在怀孕期间应保持良好的心理状态和行为习惯，不得吸烟、喝酒、吸毒等，如果因代孕母亲这些行为造成胎儿流产或者代孕子女先天缺陷，应由代孕者承担赔偿责任；（2）孕期不得擅自终止妊娠，否则应承担赔偿委托夫妻因代孕已经支付的费用；（3）分娩后负有交付代孕子女给委托夫妻的义务，根据代孕协议约定，代孕所生子女的亲权归属于委托夫妻。

（二）代孕子女亲权关系的确立

代孕子女的亲权认定是代孕行为引发伦理争议的焦点，如何认定代孕子女的亲子关系是至关重要的。关于如何确定代孕子女的亲权归属，国际上存在如下五种学说：基因说，认为卵子的提供者为亲权归属者；分娩说，即子女亲权归属于分娩者；契约说，根据代孕契约来确定身份；收养关系说，通过收养确认婴儿的身份，这种确认方法多数为不完全代孕，即由代孕母亲提供卵子的代孕，委托夫妻中的妻子需要以收养的方式获得对孩子的亲权；以子女最大利益确定身份说，以孩子的利益为最高利益判断孩子的亲权归属，作为其他方式的补充。然而，以上学说都不够谨慎和完善，当出现代孕的孩子有畸形、残疾，委托夫妻不愿要孩子，或者代孕者在孩子出生后不愿意将孩子交给委托夫妻等意外情形时，以上学说无法解决问题。故我国法律应明确规定代孕子女是委托夫妻的婚生子女，以保障

① 崔建远主编：《合同法》，法律出版社 2007 年版，第 487~491 页。

代孕子女的利益，避免争抢或遗弃子女的情形。

如前文论述，我国目前仅应限定完全代孕为合法的代孕，其他代孕类型一律禁止。在完全代孕中，代孕者与代孕子女没有基因联系，而委托夫妻双方或一方与代孕子女有基因联系。代孕辅助生育在科学意义上只是人工生殖中的一个阶段，其并没有创造代孕子女的生命，而只是代孕子女生命的辅助孕育者。从代孕双方主体追求的代孕后果而言，委托夫妻理应成为代孕子女的法律父母。代孕者的初衷是自愿帮助不孕不育的女性成为母亲，委托夫妻的初衷是借助代孕实现做父母亲的愿望，立法应尊重代孕双方最初实施代孕的意愿。无论从血缘或合同约定的角度，由代孕子女的亲权归委托夫妻应是对子女最有利的。故我国在允许部分代孕的同时，法律应明确规定代孕子女与委托夫妻亲权关系，代孕者与代孕子女不产生亲属法律关系。当出现代孕子女有先天疾病或因生产过程中出现意外而导致脑瘫等疾病的情形，委托夫妻根据法律规定成为代孕子女的父母，不得遗弃子女；当出现代孕者不愿交出子女的情形时，委托夫妻可以根据法律规定通过司法程序要求确认其对子女的亲权。

第三部分
中国民法典继承编立法研究

当代中国民营企业主的法定继承观念与遗产处理习惯实证调查及其立法启示①

陈　苇　石　雷*

目　次

财产继承，涉及千家万户的切身利益，也涉及第三人的利益和交易安全。在我国，民营企业包括个体经营户（以下统称民营企业）已经成为经济建设的一支重要力量。随着我国经济的发展和民众财富的日益增多，民营企业主群体往往拥有更多的财富，他们较一般的被继承人群体具有更强烈的继承利益表达，其共同继承人之间也往往更容易发生继承纠纷。值此我国“民法典继承编”正在编纂之际。2017年1月至2月，我们采取发放调查问卷的方式，对中国民营企业主的财产观念和遗产处理习惯开展了专项调查，回收有效问卷共计179份。② 由于篇幅的限制，我们仅选取法定继承制度问卷的实证调查统计数据进行研究，分析被调查民营企业主的法定继承观念与遗产处理习惯，总结其特点并分析主要原因，考察评析域外立法经验，汲取我国学者建议稿的相关观点，以期从我国实际出发，提出对我国“民法典继承编”法定继承制度的修改完善建议。

---

① 本文为司法部2016年度国家法治与理论研究课题“我国遗产处理制度系统化构建研究”（编号16SFB2036）的阶段性成果之一，载《私法研究》第24卷，法律出版社2019年版。在此我们衷心地感谢西南政法大学民商法学院占泸霞同学参与本文初稿部分内容的撰写；感谢郑静文、张林玉、潘娅、邢美玲、李说、普思佳、蒋忻如、丁婷婷、邓孟娇、王瑞寒、占泸霞、姜丽媛、许欣、汪鹏、肖雅兰、王可、周佳城、刘雨浓、刘媛等同学对本文调查数据的统计工作。

* 作者简介：陈苇，西南政法大学民商法学院教授、西南政法大学外国家庭法及妇女理论研究中心主任；石雷，法学博士，西南政法大学民商法学院讲师。

② 本次被调查中国民营企业主的基本情况，从总体上看，在居住地域上，覆盖了我国的十三个省市，包括东北部的黑龙江省，北部的陕西省、山西省、甘肃省和河南省，中部的安徽省和江西省，东部的福建省，东南部的广东省，西南部的云南省、重庆市和四川省；在性别结构上，男性的比例占六成，女性的比例占四成；在年龄结构上，从20岁至70岁以上各年龄段均有，其中50岁以下的中青年人合计占近八成；在文化程度上，在国家九年制义务教育文化程度以上的（高中或中专至大学以上文化程度的）合计占近六成。因此，本次被调查对象的法定继承观念与遗产处理习惯具有一定的代表性。

一、中国民营企业主被调查者的法定继承观念及相应的遗产处理习惯之实证调查分析

（一）法定继承人的范围和顺序

1. 法定继承人范围的民众观念情况统计。问卷问题【四、（一）1.】“下列亲属，您认为哪些应当作为法定继承人？他们各自的继承顺序如何？请根据您认为适当的先后顺序填写数字：（1）（2）（3）……例如，父母（1）；子女（2）；祖父母、外祖父母（3）。如果您认为应当在同一顺序的人，可以填写相同的数字，例如，配偶（1）；父母（1）；子女（1）；祖父母、外祖父母（1）。（多选）”

表1　法定继承人范围的民众观念情况统计（多选）

亲属名称	第一顺序		第二顺序		第三顺序		第四顺序		第四顺序以上		其他（备注：亲属称谓等）			
	人数	比例（%）	人数	比例（%）	人数	比例（%）	人数	比例（%）	人数	比例（%）	人数	比例（%）	人数	比例（%）
配偶	159	88.83	8	4.47	4	1.68	0	0	0	0	0	0	0	0
父母	120	67.04	44	24.58	18	10.06	3	1.68	0	0	0	0	0	0
子女	116	64.80	46	25.70	16	8.94	0	0	0	0	0	0	0	0
孙子女	3	1.68	90	50.28	40	22.35	15	8.38	0	0	0	0	0	0
外孙子女	0	0	85	47.49	39	21.79	19	10.61	0	0	0	0	0	0
祖父母	1	0.56	89	49.72	29	16.20	14	7.82	17	9.49	0	0	0	0
外祖父母	1	0.56	81	45.25	31	17.32	19	10.61	17	9.49	0	0	0	0
兄弟姐妹	0	0	54	30.17	36	20.11	21	11.73	18	10.06	0	0	0	0
侄子女	0	0	0	0	53	29.61	16	8.94	24	13.41	0	0	0	0
外甥子女	0	0	0	0	49	27.37	18	10.06	26	14.53	0	0	0	0
伯叔姑	0	0	0	0	43	24.02	15	98.38	26	14.53	0	0	0	0
舅姨	0	0	0	0	24	13.41	12	6.7	26	14.53	0	0	0	0
堂兄弟	0	0	0	0	46	25.70	20	11.17	26	14.53	0	0	0	0
堂姐妹	0	0	0	0	46	25.70	20	11.17	26	14.53	0	0	0	0
表兄弟	0	0	0	0	26	14.53	27	15.08	36	20.11	0	0	0	0
表姐妹	0	0	0	0	26	14.53	27	15.08	36	20.11	0	0	0	0
其他亲属	0	0	0	0	0	0	0	0	0	0	0	0	0	0

在179名被调查者中，对于第一顺位继承人，排在前三位的分别是：（1）选择“配偶”的，占88.83%；（2）选择“父母”的，占67.04%；（3）选择“子女”的，占64.80%。

对于第二顺位继承人，排在前三位的分别是：（1）选择“孙子女”的，占50.28%；选择“外孙子女”的，占47.49%；（2）选择“祖父母”的，占49.72%；选择“外祖父母”的占45.25%；（3）选择“兄弟姐妹”的占30.17%。即被调查者倾向于将孙子女、外孙子女；祖父母、外祖父母；兄弟姐妹作为第二顺位继承人。

对于第三顺位继承人，排在前三位的分别是：（1）选择“侄子女”的占29.61%；选择“外甥子女”的占27.37%；（2）选择“伯叔姑”的占24.02%；选择“舅姨”的占13.41%；（3）选择“堂兄弟”和“堂姐妹”的各占25.70%；选择“表兄弟”和“表姐妹”的各占14.53%。可见，被调查者对于第三顺位继承人的范围有较大分歧，但有两成以上的被调查者认为，孙子女、外孙子女、兄弟姐妹、侄子女、外甥子女、伯叔姑、堂兄弟姐妹应纳入第三顺位继承人。此外，选择母系亲（舅姨、表兄弟姐妹等）的占比低于父系亲（伯叔姑、堂兄弟姐妹）的占比10个左右的百分点。

对于第四顺位以上继承人，无人选择配偶、父母、子女、孙子女、外孙子女。选择“祖父母”的占9.49%；选择“外祖父母”的占9.49%；选择“兄弟姐妹”的占10.06%；选择“侄子女”的占13.41%；选择“外甥子女”的占14.53%；选择“伯叔姑”的占14.53%；选择“舅姨”的占14.53%；选择“堂兄弟”和“堂姐妹”的各占14.53%；选择“表兄弟”和“表姐妹”的各占20.11%。可见，选择母系亲（表兄弟姐妹）的占比高于父系亲（堂兄弟姐妹）的占比5个左右的百分点。

2. 法定继承人顺序的民众观念情况统计。问卷问题【四、（一）2.】“以下三种法定继承人的范围和顺序，您认为哪一个更为适当？（单选）”

A	B	C
第一顺序：子女	第一顺序：子女	第一顺序：配偶、子女、父母
第二顺序：父母	第二顺序：父母	第二顺序：兄弟姐妹、祖父母、外祖父母
第三顺序：兄弟姐妹、祖父母、外祖父母 兄弟姐妹的子女（侄子女、外甥子女为代位继承人）	第三顺序：兄弟姐妹、祖父母、外祖父母 兄弟姐妹的子女（侄子女、外甥子女为代位继承人）	第三顺序：侄子女、外甥子女
配偶无固定顺序，能够参与第一顺序、第二顺序、第三顺序的继承	配偶无固定顺序，能够参与第一顺序、第二顺序的继承	配偶有固定顺序，只能参与第一顺序的继承

法定继承人顺序的民众观念情况统计：

表2　法定继承人顺序的民众观念情况统计（单选）

选项	人数	比例
A	30	16.76%
B	22	12.29%
C	127	70.95%
合计	179	100.00%

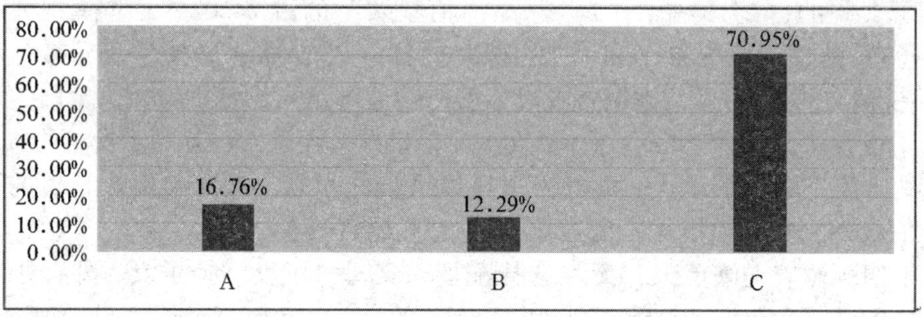

图1　法定继承人顺序的民众观念情况统计（单选）

在179名被调查者中，选择配偶作为无固定顺位继承人的A选项和B选项的各占16.76%和12.29%，合计占近三成；而选择C选项的占70.95%。由此可知，超过七成的被调查者认可我国《继承法》的现行规定，主张配偶、子女、父母同时作为第一顺位继承人，而被调查者中认可配偶作为无固定顺位继承人的占比较低。

（二）配偶与血亲继承人的法定应继份

问卷问题【四、（二）】"生存配偶与血亲继承人共同继承各取得遗产的份额，您认为以下哪一项更为适当？（单选）"

A. 生存配偶无固定继承顺序	B. 生存配偶无固定继承顺序	C. 生存配偶有固定继承顺序	D. 其他（您认为适当的生存配偶继承份额）
生存配偶与第一顺序的子女共同继承时，其取得遗产的一半。另一半由子女按人数平均继承	生存配偶与第一顺序的子女共同继承时，其取得遗产的一半，另一半由子女按人数平均继承	第一顺序继承人为配偶、子女、父母，共同继承时按人数均分遗产	
生存配偶与第二顺序的父母共同继承时，其取得遗产的三分之二，另外三分之一由父母平均继承	生存配偶与第二顺序的父母共同继承时，其取得遗产的三分之二，另外三分之一由父母平均继承	无第一顺序血亲继承人时，生存配偶继承全部遗产	

续表

A. 生存配偶无固定继承顺序	B. 生存配偶无固定继承顺序	C. 生存配偶有固定继承顺序	D. 其他（您认为适当的生存配偶继承份额）
生存配偶与第三顺序的兄弟姐妹、祖父母和外祖父母共同继承时，其取得遗产的四分之三，另外四分之一由兄弟姐妹、祖父母、外祖父，按人数平均继承	无第一、第二顺序血亲继承人时，生存配偶继承全部遗产		
无上述三个顺序血亲继承人时，生存配偶取得全部遗产			

配偶与血亲继承人的法定应继份民众观念统计情况：

表 3　配偶与血亲继承人的法定应继份民众观念统计情况（单选）

选项	人数	比例
A	60	33. 52%
B	31	17. 32%
C	87	48. 60%
D	1	0. 56%
合计	179	100. 00%

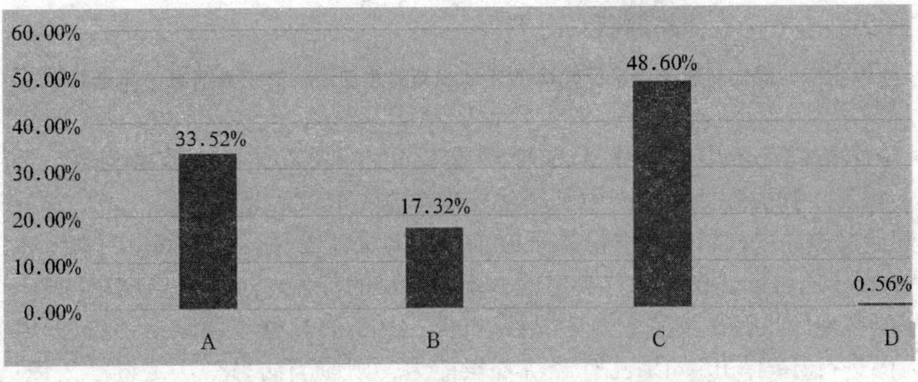

图 2　配偶与血亲继承人的法定应继份民众观念统计情况（单选）

在 179 名被调查者中，选择生存配偶无固定继承顺序可与不同顺序血亲继承人共同继承的 A 选项的占 33. 52%和 B 选项的占 17. 32%，两者合计占 50. 84%；选择生存配偶有固定继承顺序的 C 选项的占 48. 60%；选择 D 选项的只占 0. 56%。

可见，在被调查者中，主张配偶不固定继承顺序并随不同顺序取得不同份额的A选项和B选项合计超过五成（50.84%），而支持我国《继承法》现行规定的占四成半以上。也就是说，被调查者中赞同配偶不固定继承顺序并随不同顺序取得不同份额的占比，稍高于支持《继承法》现行规定的占比，即在被调查者中，对于遗产实际分配的份额，主张配偶不固定继承顺序并随不同顺序取得不同份额的合计超过五成。

（三）配偶对遗产中家庭住房的先取权与终生使用权

1. 配偶对遗产中家庭住房的先取权与终生使用权的统计情况。问卷问题【四、（三）1.】“甲乙是夫妻，育有一子丙。甲因病去世时留下的遗产包括：价值50万元住房一套（原由甲乙夫妻共同居住，丙已结婚分家另过）；价值10万元小汽车一辆和20万元存款。如果上述情况发生在您所在地区，被继承人甲的妻子乙是否可以优先继承这套房屋（配偶先取权）？A. 是；B. 否。（单选）”

表4　配偶对遗产中家庭住房的先取权与终生使用权的统计情况（单选）

选项	人数	比例
A. 是	150	83.80%
B. 否	29	16.20%
合计	179	100.00%

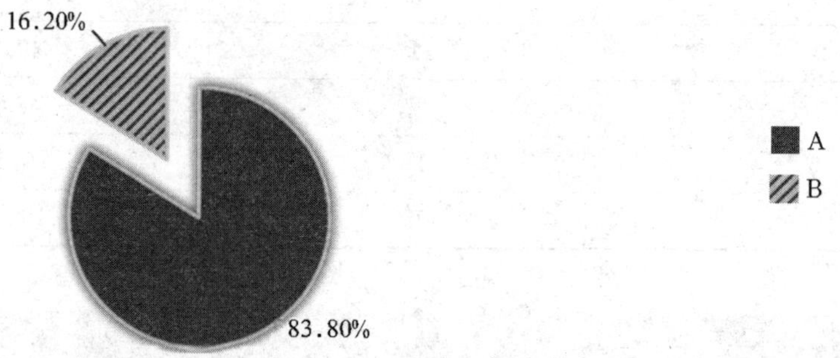

图3　配偶对遗产中家庭住房的先取权与终生使用权的统计情况（单选）

在179名被调查者中，选择A选项“是”的占83.80%；选择B选项“否”的占16.20%。可见，赞成配偶对遗产中其居住住房享有先取权的超过八成。

2. 配偶遗产先取权超过应继份是否应予补偿的统计情况。问卷问题【四、（三）2.】“如果甲的妻子乙可以优先继承这套房屋，但该住房的价值超过其应当继承的遗产份额40万元，您所在地区是否是按照下列情况处理的？A. 乙有权继承该住房，且无须向另一法定继承人丙进行补偿；B. 如果乙有经济补偿能力，则应当向另一法定继承人丙适当进行补偿；C. 其他。（单选）”

表 5 配偶遗产先取权超过应继份是否应予补偿的统计情况（单选）

选项	人数	比例
A. 乙有权继承该住房，且无须向另一法定继承人丙进行补偿	82	45.81%
B. 如乙有经济补偿能力，则应当向另一法定继承人丙进行适当补偿	93	51.96%
C. 其他（无理由）	4	2.23%
合计	179	100.00%

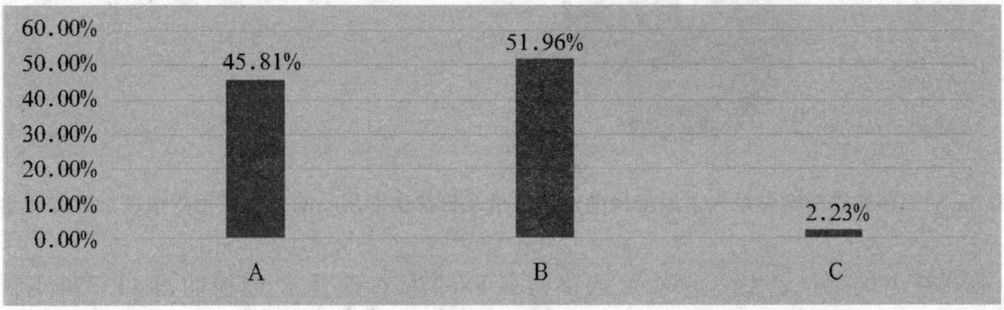

图 4 配偶遗产先取权超过应继份是否应予补偿的统计情况（单选）

在 179 名被调查者中，选择 A 选项的占 45.81%；选择 B 选项的占 51.96%；选择 C 选项的占 2.23%。可见，占五成的被调查者认为如妻子乙有经补偿能力，则应当向另一法定继承人丙进行适当补偿；占四成半的被调查者认可妻子乙有权继承该住房，且无须向另一法定继承人丙进行补偿。近三成的被调查者写明其理由是："首先保证乙有居住之所，同时，丙是乙的儿子，将来乙的遗产也会由丙来继承，所以，乙无须向丙进行补偿。"

（四）后顺序特殊法定继承人对原使用的遗产住房及日常生活用品的终生使用权

1. 后顺序特殊法定继承人对原使用的遗产住房及日常生活用品的终生使用权的统计情况。问卷问题【四、（四）1.】"某甲死亡时留下若干遗产，其中包括一套三室一厅的住房（其中的一间房屋一直由某甲的祖父居住）。由于某甲的祖父属于后顺序继承人而不能参加继承，遗产全部由甲的第一顺序继承人其配偶及其子女等继承。问：在您所在地区，如果发生了上述情况，有哪些处理方式？甲的祖父对该供其居住的房屋，是否可以继续居住？A. 是；B. 否。（单选）"

后顺序特殊法定继承人对原使用的遗产住房及日常生活用品的终生使用权的情况统计：

表6　后顺序特殊法定继承人对原使用的遗产住房及日常生活用品的终生使用权情况统计（单选）

选项	人数	比例
A	158	88.27%
B	21	11.73%
合计	179	100.00%

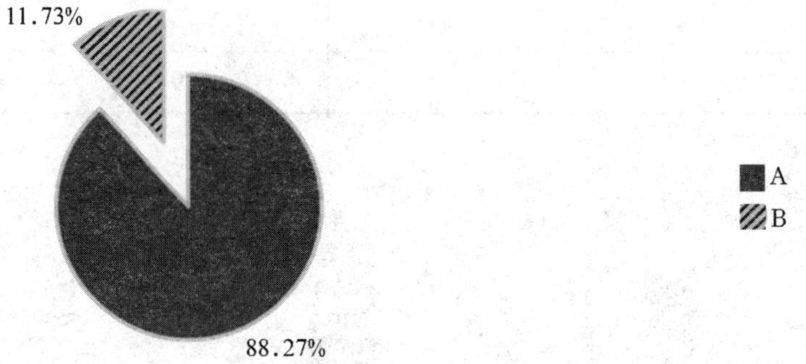

图5　后顺序特殊法定继承人对原使用的遗产住房及日常生活用品的终生使用权情况统计（单选）

在179名被调查者中，选择A选项的占88.27%；选择B选项的占11.73%，可见，近九成的被调查者支持后顺位继承人对自己居住的但无所有权的房屋享有居住权。

2. 后顺序特殊法定继承人对原使用的遗产住房及日常生活用品的终生使用权的费用的统计情况。问卷问题【四、(四) 2.】"如果甲的祖父可以继续居住，是否其可以不交租金？A. 是；B. 否。(单选)"

后顺序特殊法定继承人对原使用的遗产住房及日常生活用品的终生使用权统计情况：

表7　后顺序特殊法定继承人对原使用的遗产住房及日常生活用品的终生使用权统计情况（单选）

选项	人数	比例
A	132	73.74%
B	47	26.26%
合计	179	100.00%

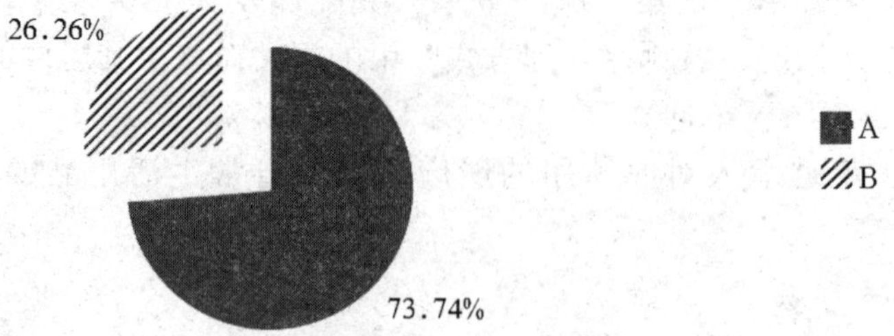

图6　后顺序特殊法定继承人对原使用的遗产住房及日常生活用品的终生使用权统计情况（单选）

在179名被调查者中，选择A选项的占73.74%；选择B选项的占26.26%。可见，认可“如果甲的祖父可以继续居住，其可以不交租金的”占七成以上。

（五）尽了主要赡养义务的丧偶儿媳或女婿的遗产分配方式

问卷问题【四、（五）】“村民某甲，老伴因病早年去世，膝下有两个儿子乙和丙。2003年乙与丁结婚后与某甲共同生活。2012年1月乙因交通事故死亡，但乙的妻子丁仍然一直照料公公某甲的晚年生活，直至2015年1月某甲去世。请问：在您所在地区，如发生上述情况，因乙的妻子丁对公公某甲尽了主要赡养义务，如何处理某甲的遗产分配问题？A. 丁可以与某甲的二儿子丙共同继承，并且平均分配遗产；B. 丁不能与某甲的二儿子丙共同继承，但其可分得适当的遗产；C. 其他。（单选）”

尽了主要赡养义务的丧偶儿媳或女婿的遗产分配情况统计：

表8　尽了主要赡养义务的丧偶儿媳或女婿的遗产分配情况统计（单选）

选项	人数	比例
A. 丁可以与某甲的二儿子丙共同继承，并且平分配遗产	131	73.18%
B. 丁不能与某甲的二儿子丙共同继承，但其可分得适当的遗产	48	26.82%
C. 其他	0	0%
合计	179	100.00%

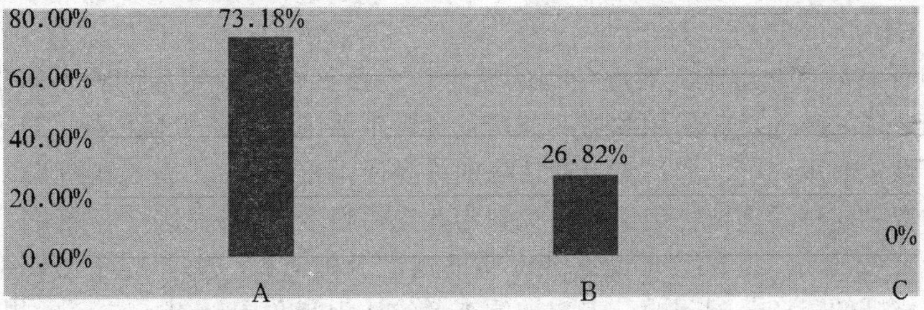

图7　尽了主要赡养义务的丧偶儿媳或女婿的遗产分配情况统计（单选）

在179名被调查者中，选择A选项的占73.18%；选择B选项的占26.82%；没有人选择C选项。可见，超过七成的被调查者认为尽了主要赡养义务的丧偶儿媳和女婿可作为第一顺序继承人，即赞成我国《继承法》的现行规定。

二、中国民营企业主的法定继承观念与遗产处理习惯的特点及其原因分析

（一）中国民营企业主的法定继承观念与遗产处理习惯的特点

1. 法定继承人的范围与顺序。关于法定继承人的范围，被调查者认可的法定继承人的范围比我国《继承法》规定的范围广泛。被调查者认可的法定继承人的范围包括：配偶、父母、子女、兄弟姐妹、堂兄弟姐妹、表兄弟姐妹、（外）孙子女、（外）祖父母、

伯叔姑、舅姨、侄子女、外甥子女等。(参见表1) 其中他们认为的法定继承顺序是：第一顺位的法定继承人认可度最高的有配偶、父母、子女，占比超过六成；第二顺位的法定继承人认可度最高的包括：(外) 孙子女、(外) 祖父母、兄弟姐妹，占比超过三成。第三顺位的法定继承人认可度最高的包括：侄子女和外甥子女，占比接近三成，堂兄弟姐妹，占比超过二成半；第四顺位的法定继承人认可度最高的是表兄弟姐妹，其占比超两成。

关于法定继承人的顺序，超过七成的被调查者赞同我国现行《继承法》的规定，即配偶、父母、子女应同时作为第一顺位的固定法定继承人（参见表2和图1)。即大多数被调查者的观念上对配偶作为“无固定顺序继承人”的认可度较低。

2. 配偶与血亲继承人的法定应继份。关于配偶与血亲继承人的法定应继份额，五成以上的被调查者认可配偶无固定继承顺序可以与不同顺序的血亲继承人共同继承，并且其中认同配偶与第一、二、三顺序血亲继承人共同继承的占比高于认同配偶与第一、二顺序血亲继承人共同继承的占比。而支持《继承法》现行配偶固定为第一法定顺序继承的也占四成半（参见表3和图2)。在被调查者中，女性支持配偶不固定顺序的应继份方案的人数略多于男性（女性的占比比男性占比多一成)。也就是说，在被调查者中，对于遗产实际分配的份额，主张配偶不固定继承顺序与不同顺序血亲继承人共同继承取得不同份额的占五成以上，其略高于支持《继承法》现行规定的人数之四成半的占比。

3. 配偶对遗产中家庭住房的先取权与终生使用权。关于配偶对遗产中家庭住房的先取权与终生使用权，超八成的被调查者认可生存配偶享有对遗产住房的先取权。(参见表4和图3) 但是配偶因先取权继承该房屋后是否需要向其他法定继承人进行补偿，被调查者对此存有分歧，主张有经济能力者应当予以适当补偿的占五成，不认可给予补偿的只占四成半。

4. 后顺序特殊法定继承人对原使用的遗产住房及日常生活用品的终生使用权。关于后顺序特殊法定继承人对原使用的遗产住房及日常生活用品的终生使用权，近九成的被调查者认为后顺位继承人可以取得对遗产住房的终身使用权。(参见表6和图5)，并且七成以上的被调查者支持后顺位特定继承人无须为此支付租金。(参见表7和图6)

5. 尽了主要赡养义务的丧偶儿媳或女婿的遗产分配方式。关于尽了主要赡养义务的丧偶儿媳或女婿的遗产分配问题，多数被调查者的认识与我国《继承法》的规定相一致，超过七成的被调查者认为尽了主要赡养义务的丧偶儿媳或女婿可以作为法定继承人与被继承人的其他子女共同参与继承（参见表8和图7)。

（二）中国民营企业主的法定继承观念及相应的遗产处理习惯之特点的原因分析

1. 法定继承人的范围与顺序。

(1) 法定继承人的范围与血亲继承人的顺序。我国《继承法》依据血缘与婚姻关系确定的法定继承人包括配偶、父母、子女、兄弟姐妹、祖父母和外祖父母。被调查者认为此范围较窄，并且继承顺序较少。

根据本次对民营企业主的调查统计数据，我们发现被调查者认可的法定继承人的范围比我国《继承法》规定的范围更广。对此，我们认为主要有以下原因：第一，扩大法定继承人的范围，对防止遗产因无人继承而被收归公有和扩大家庭养老育幼者的范围具有重要作用。自我国20世纪80年代施行计划生育政策以来，目前我国人口结构和家庭结构都发生了变化。随着我国家庭人口规模的减少和家庭结构的缩小，法定继承人的人数在减少，其范围事实上也在逐渐缩小。[①] 如果遗产因为无法定继承人而被收归国家所有或集体组织所有，这会削弱遗产对近亲属范围外的其他亲属的扶养职能。为避免遗产因无人继承而收归国有，应当适当扩大继承人的范围。第二，我国社会经济的发展，民众收入的增加，使民众的遗产继承观念发生变化。在20世纪80年代，我国的经济不够发达，绝大多数民众的经济收入不多，并且主要是生活消费资料。[②] 人们保留遗产的主要目的是满足家庭成员基本生存的生活需要。所以，1985年实施的我国《继承法》第10条的法定继承人范围仅限于前述近亲属，并且法定继承顺位只有二个。目前，随着我国市场经济的发展，民营企业包括个体经营户已经成为国家经济建设的一支重要力量。大批民营企业主的主要遗产不再是生活资料而是生产资料，其被继承之后的用途是被用于发展生产以获得更多的财富，在此情况下，他们需要重新考虑遗产的最终归属问题。[③] 第三，我国已经进入老龄社会。[④] 由于目前我国的社会保障供给还不健全，老年人的赡养对法定继承中的遗产分配产生了新的需求。这反映在对法定继承人的应继承份分配上，占五成的被调查者选择配偶作为不固定顺序继承人与后面不同顺序血亲继承人共同继承，以保证后继承顺序中的老年人能够适当取得遗产。值得注意的有以下两个问题。其一，如前所述，除大多数被调查者认可的第一顺序的法定继承人范围与我国立法一致外，其中，第二顺位的法定继承人认可度最高的包括：（外）孙子女、（外）祖父母、兄弟姐妹；第三顺位的法定继承人认可度最高的包括：堂兄弟姐妹、侄子女和外甥子女；第四顺位的法定继承人认可度最高的是表兄弟姐妹。其二，我们从社会性别视角分析，堂兄弟姐妹与表兄弟姐妹虽然与被继承人的血缘关系远近相同，但被调查者对其法定继承顺序的认识却有先后之别，这反映了有少部分被调查者仍然受传统的“重男轻女”观念的残余影响，认为父系亲高于母系亲。我国《继承法》应当继续坚持“男女继承权平等”的规定，以引导这部分民众改变“重男轻女”这一陈旧观念。

从域外立法看，为尽可能保证遗产由被继承人的血亲继承，许多国家的法定血亲继承人的范围虽然不一，但都比我国《继承法》规定的范围广泛。例如，在当今世界上，德国的法定血亲继承人范围最宽，其范围与顺序包括：第一顺序晚辈直系血亲、第二顺序父母及其晚辈直系血亲；第三顺序祖父母（含父系、母系，以下同）及其晚辈直系血亲；第四顺序曾祖父母及其晚辈直系血亲；第五顺序高祖父母和更远顺序的祖先及其晚辈直系血亲。以上同一顺序的血亲继承人以亲等近者为先。[⑤] 即其将与死者高祖父母和更远顺序的祖先有血缘关系的一切亲属都纳入法定继承人的范围。日本的法定血亲继承人的范围较窄，其范围与顺序包括：第一顺序子女（子女的晚辈直系血亲为代位继承人）；第二顺序长辈直系血亲（以亲等近者为先）；第三顺序兄弟姐妹（其子女为代位继承人）。[⑥]

---

① 陈苇、杜江涌：《我国法定继承制度的立法构想》，载《现代法学》2002年第3期，第98页。

② 陈苇、杜江涌：《我国法定继承制度的立法构想》，载《现代法学》2002年第3期，第101页。

③ 杜江涌：《对法定继承顺序的几点思考》，载《理论探索》2004年第5期，第107页。

④ 据报道，截至2016年年底，我国60岁及以上老年人口有23086万人，占总人口的16.7%，其中65岁及以上人口15003万人，占总人口的10.8%。载我国民政部“2016年社会服务发展统计公报”，发布时间：2017-08-03。http：//www.mca.gov.cn/article/sj/tjgb/201708/20170800005382.shtml，最后访问日期2017年11月23日。

⑤ 陈卫佐译注：《德国民法典》第1924~1930条，法律出版社2015年版，第567~569页。

⑥ 王爱群译：《日本民法典》第887、889、890条，法律出版社2014年版，第142页。

从我国学者提出的继承法建议稿看，他们都主张扩大我国法定继承人的范围与血亲继承人的顺序。例如，王利明教授主持的学者建议稿的法定继承人范围，在我国《继承法》的法定继承人范围基础上增加了“其他四亲等以内的亲属”，在现有两个继承顺序基础上，将这一类增加为第三顺序。[①] 梁慧星教授主持的学者建议稿的法定继承人范围，与“王稿”的观点一致。[②] 也就是说，“王稿”和“梁稿”的法定继承人的范围相同，在继承顺序上，将其他四亲等内的亲属增加作为第三顺序。张玉敏教授主持的学者建议稿和陈苇教授主持的学者建议稿，都将兄弟姐妹的子女纳入法定继承人的范围，并且都主张设立如下四个继承顺序：第一顺序为子女及其晚辈直系血亲；第二顺序为父母；第三顺序为兄弟姐妹及其子女；第四顺序为父系祖父母、母系祖父母。也就是说，“张稿”和“陈稿”在我国现有法定继承人范围的基础上，只增加了兄弟姐妹的子女。但对于法定继承的顺序已调整为四个继承顺序。[③]

综上，我们认为，我国确定法定继承人范围的宽窄与继承顺序的先后，需要考虑三个因素，即与被继承人血缘关系的远近、继承遗产的流向与发挥遗产的经济效用。首先，从血缘关系的远近看，侄子女和外甥子女都是与被继承人血缘关系最近的旁系血亲兄弟姐妹的子女，属于三亲等的旁系血亲；堂兄弟姐妹和表兄弟姐妹与被继承人的血缘关系相对较远，属于四亲等的旁系血亲，因此，两者不宜被放在同一继承顺序。其次，从继承遗产的流向与发挥遗产的经济效用看，侄子女和外甥子女继承遗产后财产被保留在兄弟姐妹的子女家庭里，遗产的流向是向下且较为集中，有利于充分发挥遗产的经济效用；相对侄子女和外甥子女而言，堂兄弟姐妹和表兄弟姐妹的人数相对较多，他们分别继承遗产后财产进入各自的家庭里，遗产的流向呈向下且较为分散，不利于充分发挥遗产的经济效用。同样，将兄弟姐妹及其子女放在祖父母、外祖父母之前，兄弟姐妹及其子女分别继承遗产后，财产进入各自家庭，财产流向向下且较为集中，而祖父母、外祖父母继承遗产后，如其死亡，则由伯叔姑舅姨继承遗产。遗产流向更为分散，同样不利于发挥遗产的经济效用。

因此，基于以上三个因素的考虑，即与被继承人血缘关系的远近、继承遗产的流向与发挥遗产的经济效用出发，我们赞同“张稿”和“陈稿”提出的立法建议，即在我国现有法定继承人范围的基础上，只增加兄弟姐妹的子女，并且对法定继承的顺序调整为前述四个继承顺序。这样使兄弟姐妹及其子女优先于祖父母、外祖父母继承，以便于能够保证继承遗产的流向向下集中，从而充分发挥遗产的经济效用。至于祖父母、外祖父母需要利用遗产满足赡养的问题，建议设立后顺序特殊继承人的遗产终生使用权制度予以解决(详见后述)。

（2）配偶继承人的顺序。在我国，1985 年《继承法》制定时的立法者认为，配偶是

---

① 王利明：《中国民法典学者建议稿及立法理由》（人格权编·婚姻家庭编·继承编）（以下简称“王稿”）第 564 条，法律出版社 2013 年版，第 469 页。

② 梁慧星：《中国民法典草案建议稿附理由·继承编》（以下简称“梁稿”）第 1946 条，法律出版社 2013 年版，第 36 页。

③ 张玉敏课题负责人：《中国继承法立法建议稿及立法理由》，第一部分“中国继承法立法建议稿”（以下简称“张稿”）第 28 条，人民出版社 2006 年版，第 9 页。陈苇：《〈中华人民共和国继承法〉修正案（学者建议稿）》（以下简称“陈稿”）第 45 条，载陈苇主编：《中国继承法修改热点难点问题研究》，群众出版社 2013 年版，第 561 页。

被继承人家庭的重要成员，经济上的联系比其他人更为密切，假如不固定在一个顺序，易产生被继承人死亡后在没有父母、子女时，所遗留下来的财产便由配偶与被继承人经济联系不是很密切的兄弟姐妹共同继承。[①] 所以，《继承法》第10条规定，“遗产按照下列顺序继承：第一顺序：配偶、子女、父母。第二顺序：兄弟姐妹、祖父母、外祖父母”，即将配偶与被继承人的父母、子女一起设置为第一顺位继承人。在此法律推行的过程中，我国民众对这一继承顺序的设置已然接受，故在本次调查统计中，被调查的民营企业主对配偶作为“无固定顺序继承人”的顺序之认可度较低。但值得注意的是，从遗产实际分配中对配偶的法定应继份的选项看，却有占五成的被调查者主张配偶应当作为“无固定顺序继承人”，承认他们应当与不同顺序的血亲继承人共同继承，并且配偶在与不同顺序的血亲继承人共同继承时应当随着参与继承顺序的不同而取得不同的继承份额。这就表明，被调查的民营企业主中实际有占五成的人是赞同配偶作为“无固定顺序继承人”的，以防止在第一顺序的血亲继承人父母、子女均没有的情况下，由配偶一人取得全部遗产。这会导致后顺序的血亲继承人不能参与继承取得遗产，不能实现兼顾保护血亲继承人的继承权和配偶继承人的继承权之目的。

从域外法看，法国、德国、瑞士、日本、意大利及英国、美国等均采用配偶不固定继承顺序，以期“兼顾保护血亲继承人的继承权和配偶的继承权”。[②]

在我国学者的继承法建议稿中，“张稿”和“陈稿”基于兼顾保护血亲继承人的继承权和配偶的继承权，均提出建议将配偶设置为无固定顺序继承人。[③] 我们赞同将配偶设置为无固定顺序继承人，既符合半数以上被调查者的意愿，也能兼顾保护配偶继承人与血亲继承人的利益。

2. 配偶与血亲继承人的法定应继份。根据统计数据的分析，我们发现，占五成的被调查者赞同将配偶作为无固定继承顺序的继承人可以与不同顺序的血亲继承人共同继承遗产。也就是说，有半数被调查者对于配偶与血亲继承人的应继份的认识，与我国《继承法》的现行规定并不相符合（参见表3和图2）。这说明，我国《继承法》的规定应当考虑进行适当的修改。其主要原因是，如果配偶作为固定的第一顺序继承人，在没有子女、父母的情况下，就由配偶一人继承全部遗产，而处于第二顺序的血亲继承人包括祖父母、外祖父母和兄弟姐妹就不能继承遗产。这不能实现法律“兼顾保护血亲继承人的继承权和配偶的继承权”之公平价值取向。

从域外法看，如法国、德国、日本、英国、美国、澳大利亚等国均采用配偶不固定继承顺序。配偶在与不同顺序的血亲继承人共同继承时其可以继承不同份额遗产。[④]

从我国《继承法》的学者建议稿看，有些学者建议稿已提出应当将配偶作为无固定顺序的法定继承人，配偶在与不同顺序的血亲继承人共同继承时其取得遗产份额有所不

---

① 郭明瑞：《完善法定继承制度三题》，载《法学家》2013年第4期，第114页。

② 陈苇主编：《外国继承法比较与中国民法典继承编制定研究》，北京大学出版社2011年版，第375、379、381、383、385、390、394、407~408页。

③ “张稿”第28条。

④ 陈苇、冉启玉：《外国无遗嘱继承人范围与顺序制度比较研究》，载陈苇主编：《家事法研究》2007年卷，群众出版社2008年版，第170~189页。

同，配偶参与共同继承的血亲继承人顺序越远，其取得的遗产份额越多。[①] 对此建议，我们表示赞同。

3. 配偶对遗产中家庭住房的先取权与终生使用权。本次调查中，有八成以上的被调查者认可生存配偶对遗产中的家庭住房有先取权和终生使用权。但我国《继承法》对生存配偶的遗产先取权和终生使用权没有做出规定。对于被调查者大多数赞同生存配偶享有对遗产住房的先取权之原因，我们认为主要如下：首先，在我国民众的遗产结构当中，住房往往是价值最大的遗产物，是主要的遗产分割对象，然而对于生存配偶一方来说，住房不仅仅是维持其生活需要的简单物，更是蕴藏着其对先逝伴侣情感寄托的场所。[②] 其次，如果遗产中的住房为夫妻唯一的家庭居住用房时，在被继承人死亡即被要求分割会影响配偶的生存质量。承认生存配偶对遗产的优先继承权，不但能够保证其维持原有的生活方式[③]，对生存配偶予以精神慰藉，同时也体现了对在世父或母的尊重，还有助于实现遗产的养老职能的立法功能。

从域外法看，一些国家的立法赋予生存配偶享有遗产先取权，以保证其能够维持其一贯的生活方式。例如，法国设立有生存配偶的遗产用益权制度，而德国、英国、美国、澳大利亚等国立法都设立有生存配偶的遗产先取权制度。[④]

从我国学者提出的建议及学者建议稿看，有学者指出，一些国家或地区的立法赋予生存配偶遗产先取权，其立法目的在于保障生存配偶能够维持其一贯的生活方式[⑤]，以保护其生存权和发展权。在学者建议稿中，“王稿”规定生存配偶无自己的住房且遗产分配后没有继承遗产房屋的，对遗产房屋享有先取权，但应当向其他继承人支付租金。[⑥]“陈稿”亦有此相同的建议，但未提及租金的问题。[⑦] 我们认为，由于生存配偶与血亲继承人往往有亲密的血缘关系，并且在我国民间习惯中，父母双方都去世后，其子女才能实际分割该被实际居住的房屋，故不宜规定租金支付。

4. 后顺序特殊法定继承人对原使用的遗产住房及日常生活用品的终生使用权。我国《继承法》对此项内容未做规定。我们认为，近九成的大多数被调查者都赞同后顺位依靠被继承人扶养的法定继承人可以取得对遗产住房的终身使用权。其主要原因在于，一是我国现在仍主要由家庭承担养老育幼职能，而我国《继承法》规定的后顺序法定继承人包括祖父母和外祖父母，为保证其生活质量，他们的生活习惯和生活环境一般不能改变。二是在遗产分配时，继承人之间通常会考虑尊老爱幼的传统美德以及血浓于水的亲情联系。如果第一顺序法定继承人分割全部遗产，作为后顺序依靠被继承人扶养的法定继承人中的祖父母与外祖父母则会面临“老无所居”的境地。如果立法规定后顺位依靠被继承人扶养的特殊继承人对遗产住房的终身使用权，这不仅体现了对老年人安度晚年的人道主义关

① “张稿”第31条。“陈稿”第45、47条。

② 李俊：《论法定继承中配偶的顺序及应继份的确认》，载陈苇主编：《中国继承法修改热点难点问题研究》，群众出版社2013年版。

③ 李欣：《中外配偶法定继承权之考察评析》，载《学术界》2011年第3期，第218~228页。

④ 陈苇主编：《外国继承法比较与中国民法典继承编制定研究》，北京大学出版社2011年版，第375~376、382、391、394~395、400~441页。

⑤ 陈苇、杜江涌：《我国法定继承制度的立法构想》，载《现代法学》2002年第3期，第101页。

⑥ “王稿”第580条。

⑦ “陈稿”第48条。

怀，而且并不影响先顺位继承人对遗产享有的所有权，故绝大多数的被调查者赞同后顺位继承人可以取得对遗产住房的终身使用权。此被调查民众的财产继承观念应当得到我国未来立法的认可，而且我国部分学者早已提出此项立法建议。①

5. 尽了主要赡养义务的丧偶儿媳或女婿的遗产分配。我国《继承法》规定，对公婆或岳父母尽了主要赡养义务的丧偶儿媳或女婿作为第一顺序法定继承人参与继承。本次超过七成的被调查者也认为尽了主要赡养义务的丧偶儿媳和女婿可作为第一顺序继承人，他们赞同我国《继承法》的现行规定。对于被调查者民营企业主的态度，我们认为其原因可能有：首先，他们的这一观念可能受到了法律规定的影响。其次，承认对岳父母或公婆尽了主要赡养义务的丧偶儿媳或女婿的继承地位，有利于鼓励他们赡养老人，保障失去子女的老人的晚年生活，同时也与《继承法》所规定的“权利与义务相一致”原则相契合。

在域外立法中，没有对岳父母或公婆尽了主要赡养义务的丧偶儿媳或女婿的遗产分配问题的专门规定。从我国学者的建议稿看，“王稿”② 坚持我国《继承法》的现行规定。而“张稿”和“陈稿”均指出，当第一顺位继承人只有丧偶儿媳或女婿时，会出现对被继承人的后顺位血亲继承人不公平的问题；而且若其带产再婚又会造成被继承人财产向家族外部流失。所以，我们认为，他们作为第一顺序法定继承人的地位虽有民意基础，但从继承制度应当尽可能防止家庭财产外流的目的看，将对岳父母或公婆尽了主要赡养义务的丧偶儿媳或女婿列为酌分遗产请求权人更为适当。③

三、中国民营企业主的法定继承观念与遗产处理习惯对我国立法的启示

我国《继承法》自 1985 年实施至今已有 30 余年时间。随着时代的变迁，新的继承法律问题也不断涌现，为应对这些问题，需要在立法层面上予以补充完善。通过本次对我国民营企业主的法定继承观念与遗产处理习惯实证调查统计数据的分析，研究揭示其主要原因，考察和借鉴域外立法经验，汲取我国学者的立法建议，我们提出我国法定继承制度的修改完善建议，以供我国立法机关编纂“民法典继承法编”时参考：

第一，扩大法定继承人的范围和增加继承顺序。首先，适当扩大血亲法定继承人的范围，将兄弟姐妹的子女即侄子女、外甥子女纳入其中。其次，配偶作为不固定顺序的法定继承人，对血亲继承人的顺序采取前述“张稿”和“陈稿”的立法建议设立四个继承顺序。④

第二，调整配偶的法定应继份。配偶可以与第一、二、三、四顺序的法定继承人共同继承，并在各顺序取得不同的继承份额。⑤

第三，增设规定生存配偶享有对遗产中原供其居住房屋的先取权和终身使用权。

---

① 陈苇、杜江涌：《我国法定继承制度的立法构想》，载《现代法学》2002 年第 3 期，第 101 页。陈苇主编：《外国继承法比较与中国民法典继承编制定研究》，北京大学出版社 2011 年版，第 424~425 页。

② “梁稿”第 569 条。

③ 张玉敏课题负责人：《中国继承法立法建议稿及立法理由》，参见“说明”第 5 页；第一部分“中国继承法立法建议稿”第 61 条，人民出版社 2006 年版，第 18 页。“陈稿”第 50 条。

④ 即第一顺序为子女及其晚辈直系血亲；第二顺序为父母；第三顺序为兄弟姐妹及其子女；第四顺序为祖父母、外祖父母。同一顺序血亲继承人，以亲等近者为先。

⑤ 即配偶参加不同顺序与血亲继承人共同继承时，第一顺序遗产按人数均分；第二顺序取得遗产的二分之一；第三顺序取得遗产的三分之二；第四顺序取得遗产的四分之三，如无血亲继承人，由配偶取得全部遗产。

第四，增设后顺位与被继承人共同生活的非应召继承人对遗产中供其居住的房屋和日常生活用品享有终身使用权。

第五，删除我国《继承法》中，丧偶儿媳或女婿对岳父、岳母或公、婆尽了主要赡养义务的，作为第一顺序继承人的规定。同时增加规定对岳父母或公婆尽了主要赡养义务的丧偶儿媳或女婿作为酌分遗产请求权人。[①]

---

① 即在遗产分割时，对岳父、岳母或公、婆尽了主要赡养义务的丧偶儿媳或女婿，有权请求根据其尽扶养义务的具体情况，酌情分配适当的遗产。

吉林省民众遗嘱继承习惯调查及其对“民法典继承编”的立法启示①

李洪祥*

目　次

本次调查主要采取学生调查员入户发放调查问卷，由调查员讲解调查问卷的问题，然后被调查者本人亲自填写（或调查员代为填写）调查问卷，辅以个人访谈记录的方式。调查共发放609份调查问卷，收回的有效问卷共600份。2017年3月，由21位研究生，试图采取人工统计的方式进行数据录入工作，经过讨论，最后确定利用SPSS软件进行数据录入与统计，并对所得的统计数据进行分析和研究，于2017年4月中旬完成了“吉林省民众继承习惯调查统计数据汇总表”。调查数据表明，吉林省被调查民众遗嘱继承习惯具有一定特点，这些特点构成对遗嘱继承立法的影响因素，将为遗嘱继承习惯研究提供必要的一手数据支持，对《民法典继承编》遗嘱继承立法具有启示意义。

一、吉林省被调查民众的遗嘱继承观念及处理习惯的调查数据统计与分析

（一）公证遗嘱与其他形式遗嘱的效力之数据统计及民众习惯归纳分析

“退休职工甲有一套个人住房，他于2011年2月立了一份遗嘱，写明由其妻乙一人继承该住房，并将该遗嘱进行了公证。后来，甲改变了主意，重新写了一份遗嘱，写明其妻乙和儿子丙共同继承该房屋。2016年3月，甲住院病危期间，其当着二位医生面当场立下口头遗嘱，指定其个人住房由儿子丙继承，两个小时后其被抢救无效死亡。请问：您认为，甲的个人住房应该由谁继承？A. 乙；B. 乙和丙；C. 丙。”（单选）

① 本文为司法部2016年度国家法治与理论研究课题“我国遗产处理制度系统化构建研究”（编号16SFB2036）的阶段性成果之一，载《私法研究》第24卷，法律出版社2019年版。本文调查数据和数据的统计由苗艺璇、高岩、马旭、张远、吴天宜、刘冬卉、程籍瑶等120余名吉林大学教师、研究生、本科生共同完成，在此表示衷心感谢，由于篇幅所限以及在调研报告中所有参与人员已经列出，故本文不再重复列出。

* 作者简介：李洪祥，法学博士，吉林大学法学院教授。

1. 公证遗嘱与其他形式遗嘱的效力之民众观念的总体情况统计。在吉林省全部被调查者中，选择 A 选项的为 195 人（占 32.50%）；选择 B 选项的为 182 人（占 30.33%）；选择 C 选项的为 223 人（占 37.17%）。通过统计数据得知三个选项的占比非常接近：均在 30%左右，但选择 C 选项的民众还是略高于 A、B 两个选项，可以看出民众还是倾向于认为被继承人死亡前做出的最后一份遗嘱更能代表其真意，应当被执行。从上述数据分析，可以得知，在被继承人死亡前先后设有数份遗嘱的情况下，民众较为认同最后一份遗嘱的效力。

2. 公证遗嘱与其他形式遗嘱的效力之民众观念的理由情况统计。调查结果显示，在被继承人首先设有公证遗嘱，后又立有书面遗嘱且变更其遗嘱内容，最后又留有口头遗嘱的情况下，有 234 名被调查者（占 39%）认为“公证遗嘱的程序规范，具有较强的公示效力和证明效力”，应认可公证遗嘱的效力；有 210 名被调查者（占 35%）认为“口头遗嘱形式灵活，且有证人作证，能够反映被继承人的真实意愿”；有 72 名被调查者（占 12%）认为“书面遗嘱（即第二份遗嘱）比较正式，取证容易，且在订立公证遗嘱之后，反映了被继承人的真实意愿”；有 11 名被调查者（占 1.83%）认为“口头遗嘱形式不固定，很难准确、完全地反映被继承人的真实意愿，且有被篡改或修改的可能性”；此外，还有 73 名被调查者（占 12.17%）给出了其他不同的理由，因比例过低，在此不做概述。

3. 吉林省民众更加认可被继承人最后作出的遗嘱的效力。根据调查统计结果可知，在被继承人设有数份遗嘱的情况下，吉林省被调查者更加认可最后一份遗嘱的效力。即使被继承人的数份遗嘱中存在公证遗嘱，且其后未办理变更或撤销程序，吉林省被调查者并不将公证遗嘱视为被继承人数份遗嘱中效力最高的遗嘱。对于遗嘱的形式而言，吉林省被调查者认为口头遗嘱的形式灵活，且有证人作证，能够反映被继承人的真实意愿。同时有不到二成的被调查者认为书面遗嘱比较正式，取证容易，且在订立公证遗嘱之后，反映了被继承人的真实意愿。遗嘱的形式虽有不同，但追其根本，吉林省被调查者认为，最后设立的一份遗嘱更能代表被继承人的真实意愿。

（二）以遗嘱将个人遗产全部赠给他人之数据统计及民众习惯归纳分析

“甲生前立了一份遗嘱，将自己死后遗留下的财产全部赠给他的一个好朋友乙，而他的配偶和子女不能取得甲的任何遗产。请问：您认为甲的这一做法是否适当？A. 适当；B. 不适当；C. 其他。”（单选）

1. 以遗嘱将个人遗产全部赠给他人之民众观念的总体情况统计。在吉林省全部被调查者中，选择 A 选项的为 158 人（占 26.33%）；选择 B 选项的为 427 人（占 71.17%）；选择 C 选项的为 15 人（占 2.50%）。可以看出，超过七成（71.17%）的被调查民众对于被继承人将其遗产全部赠与他人而未留给其配偶和子女的做法持异议。民众普遍认为在被继承人存在近亲属的情况下，遗产应当由其近亲属全部或者部分继承。

2. 以遗嘱将个人遗产全部赠给他人之民众观念的分性别情况统计。在吉林省全部男性被调查者（共计 279 人）中，选择 A 选项的为 78 人（占男性被调查者的 27.96%）；选择 B 选项的为 194 人（占男性被调查者的 69.53%）；选择 C 选项的为 7 人（占男性被调查者的 2.51%）。在吉林省全部女性被调查者（共计 321 人）中，选择 A 选项的为 80 人（占女性被调查者的 24.92%）；选择 B 选项的为 233 人（占女性被调查者的 72.59%）；选择 C 选项的为 8 人（占女性被调查者的 2.49%）。可以看出在这一问题上男女双方的看法趋向一致，并未形成较大差异。

3. 以遗嘱将个人遗产全部赠给他人之民众观念的分年龄情况统计。在吉林省被调查者分年龄情况统计中，各个年龄层的分布比例为：选择 A 选项的人中，20～30 岁的为 104 人（占该年龄段的 36.36%）；31～40 岁的为 27 人（占该年龄段的 30.30%）；41～50 岁的为 15 人（占该年龄段的 9.80%）；51～60 岁的为 8 人（占该年龄段的 18.60%）；61～70 岁的 2 人（占该年龄段的 9.09%）；71 岁以上的 2 人（占该年龄段的 33.33%）。选择 B 选项的人中，20～30 岁的为 174 人（占该年龄段的 60.84%）；31～40 岁的为 63 人（占该年龄段的 70.00%）；41～50 岁的为 135 人（占该年龄段的 88.24%）；51～60 岁的为 33 人（占该年龄段的 76.74%）；61～70 岁的为 18 人（占该年龄段的 81.82%）；71 岁以上的 4 人（占该年龄段的 66.67%）。选择 C 选项的人中，20～30 岁的为 8 人（占该年龄段的 2.80%）；31～40 岁的无；41～50 岁的为 3 人（占该年龄段的 1.96%）；51～60 岁的为 2 人（占该年龄段的 4.65%）；61～70 岁的 2 人（占该年龄段的 9.09%）；71 岁以上的无。根据数据结果可知，在吉林省全部被调查者中，选择“不适当”的，在各个年龄阶段中的比例明显比选择“适当”的高，在各个年龄阶段中占绝对多数。换言之，无论哪个年龄段的民众，普遍认为被继承人立遗嘱将个人遗产全部赠与他人的做法不适当。

4. 以遗嘱将个人遗产全部赠给他人之民众观念的理由情况统计。在吉林省全部被调查者中，有 311 位被调查者（占 51.83%）认为“甲对自己的财产，享有自由处分的权利，其他人无权干涉”；有 212 名被调查者（占 35.33%）认为遗赠全部遗产“造成家庭财产外流，不利于保障甲的配偶及其子女的生活，同时也不符合风俗习惯，为常人所难以接受”；选择“其他理由”的被调查者有 77 名（占 12.83%），其中认为“不适当”的为 18 人（占 3.00%）；并未给出理由的有 59 人（占 9.83%）。

5. 民众对将个人财产全部遗赠的行为存有矛盾心理。通过上述调查结果分析可以得知，七成以上的民众对于以遗嘱将个人财产全部赠予他人的行为持否定态度，但有五成以上的民众同时认为被继承人对于自己的财产，享有自由处分的权利，其他人无权干涉。可见，大部分被调查者对以遗嘱将个人遗产全部赠与他人这一问题存在较大的矛盾心理。

（三）夫妻共同遗嘱问题之数据统计及民众习惯归纳分析

“甲乙是夫妻，双方在生前共同设立一份遗嘱，对死后的遗产处理进行安排。甲乙双方在遗嘱中约定，不管谁先去世，另一方都不得改变此遗嘱对遗产的处理安排。请问：您是否认同甲乙夫妻双方共同设立遗嘱的此约定？A. 赞同；B. 不赞同。”“在您所在地区，有无夫妻共同设立遗嘱的情况发生？”（单选）

1. 夫妻共同遗嘱之民众观念的总体情况统计。在吉林省全部被调查者中，选择 A 选项的为 465 人（占 77.50%）；选择 B 选项的为 135 人（占 22.50%）。由此可见，认同夫妻双方设立共同遗嘱的民众接近八成，呈现压倒性的多数。

在吉林省全部被调查者中，有 435 名被调查者（占 72.50%）认为吉林省有设立夫妻共同遗嘱的情况；而有 165 名被调查者（占 27.50%）认为吉林省不存在设立夫妻共同遗嘱的情况。

2. 夫妻共同遗嘱之民众观念情况的理由统计。在吉林省全部被调查者中，有 62 名被调查者（占 10.33%）认为“夫妻共同遗嘱为甲乙双方共同设立，反映了双方的共同意愿，理应为双方所遵守”；有 500 名被调查者（占 83.33%）认为“夫妻共同遗嘱无法应对出现的新情况和新问题，限制了双方对自己财产的处分权”；有38名被调查者（占6.33%）有其他理由，但因比例过低，在此不做概述。

3. 吉林省民众普遍认可夫妻共同遗嘱的效力。由前述统计结果可知，吉林省七成以上的被调查者认可夫妻双方共同设立遗嘱，但是有八成以上的人认为夫妻共同遗嘱的设立在一定程度上限制了双方对自己财产的处分权，显示出民众在这一问题上存在的矛盾心态。可见，吉林省被调查者在夫妻共同遗嘱的效力问题上，大部分被调查者认可其效力，但对夫妻共同遗嘱可能存在的缺点与不足，仍有担忧。虽然对夫妻共同遗嘱效力存在矛盾心态，但大多数被调查者仍然认为在所在地区夫妻共同设立遗嘱是常见现象。

（四）遗嘱中限制遗产分割问题之数据统计及民众习惯归纳分析

“甲乙是夫妻，育有一子丙。甲生前立了一份遗嘱，指定由乙和丙共同继承遗产。甲死亡时留下一套家庭住房（价值50万元）、存款20万元以及小汽车一辆（价值10万元）。您认为，甲是否可以在遗嘱中写明在其死后上述房屋在一定期间内不能进行分割？A. 可以；B. 不可以。”“在上题中，如果您选择A选项，那么该期限多久合适？A. 5年；B. 10年；C. 15年；D. 其他。”“在您所在地区，如果乙和丙一致同意分割上述财产，那么，他们是否可以不遵守甲的遗嘱在一定期间内禁止分割该房屋的规定而进行分割？A. 可以；B. 不可以。”（单选）

1. 被继承人可否立遗嘱限制遗产分割之民众观念的总体情况统计。在吉林省全部被调查者中，在被继承人可否立遗嘱限制遗产分割问题上，选择A选项“可以”的为475人（占79.17%），即认为被继承人可以在遗嘱中限定遗产一段时间内不可分割；选择B选项“不可以”的为119人（占19.83%），即认为遗嘱中不可以限定遗产分割时间。

在吉林省全部被调查者中，在限制遗产分割的具体期限问题上，选择A选项“5年”的为168人（占28.00%）；选择B选项“10年”的为166人（占27.67%）；选择C选项“15年”的为55人（占9.17%）；选择D选项“其他”的为196人（占32.67%）。由上可知，A与B这两个选项的数据非常接近，再结合占比最高的D“其他”选项，可推测民众对这一时间限制的认知及作用并不是很清楚，对5年还是10年的敏感度并不高，但仅有9.17%的被调查者选择了15年，可以认为被调查者不太认同遗嘱中设定太长的时间限制遗产分割。

在是否可以突破被继承人对遗产分割时间限制问题上，选择A选项的为271人（占45.17%），认为继承人可以协商一致后突破被继承人遗嘱中对遗产分割设立的时间限制；选择B选项的为324人（占54.00%），认为应当以遵守被继承人的遗嘱为先，遗嘱人限定的时间不能够因继承人合意而更改。

2. 是否能在遗嘱中限定房屋期限内不可分割之民众观念的理由情况统计。在吉林省全部被调查者中，有302名被调查者（占50.33%）认为“系甲生前个人财产”，认为被继承人在遗嘱中有权要求继承人在一定期限内不能分割遗产，被继承人生前的意愿应当被满足；有19名被调查者（占3.17%）认为“不利于发挥物的效用及价值”；有279名被调查者（占46.50%）选择了其他理由，其中选择“风俗习惯”的为3人（占0.50%），选择“法律规定”的为1人（占0.17%），选择“夫妻共同决定”的为2人（占0.33%），有273名被调查者（占45.50%）虽然选择了被继承人是否能够在遗嘱中限定遗产分割，但是并未给出具体的理由。

3. 被继承人可立遗嘱限制遗产分割。经过对调查统计结果的分析可以得知，吉林省被调查者对被继承人立遗嘱限制财产分割等问题的行为持肯定态度，认为遗嘱只要是被继承人的真实意思表示，其意愿就应当得到各继承人的尊重与遵守。但是对遗嘱人设定的限制遗产分割时间以及能否在继承人合意的情况下突破该遗嘱人的限制遗产分割时间，吉林省调查者尚不能清楚认知和判断，还需要在立法过程中进一步的商讨和规定。

二、吉林省民众遗嘱继承习惯形成的原因分析

（一）民众把尊重被继承人的真实意思放在首位

遗嘱，是民法意思自治原则在继承法领域的重要体现。《继承法》规定了五种遗嘱形式，其中，公证遗嘱的证明力最高，效力最为强大。吉林省被调查者对公证遗嘱强大效力的认定，与我国长期的普法教育及公民对行政机关权利与法律正当程序的认可有关。但在被继承人生前设有公证遗嘱而未变更或撤销公证遗嘱即设有数份其他形式遗嘱的情况下，吉林省被调查者更认可最后所立遗嘱的效力。这主要是由于在遗嘱订立后直至被继承人死亡这段期间仍可能出现新情况或者新理由，被继承人对于遗产分配的意图仍有可能发生重大变化，因此民众更认可最后所立遗嘱的效力，显然这是符合情理的。而且，相较于变更、撤销程序复杂的公证遗嘱而言，民众更改遗嘱时趋向于选择形式灵活、易变动的口头或书面遗嘱，显然我国法律更加注重公证遗嘱的权威性，忽视了民众的便利性需求。在立法过程中不仅要考虑民众对公证遗嘱的认可度，更需要考虑广大民众更倾向认同的遗嘱，即最后所立遗嘱，应当考量公证遗嘱是否需要维持原本的优先效力。

（二）民众在家产不外移的传统与意思自由之间存在矛盾

遗赠是指被继承人通过遗嘱的方式，将其一部分或者全部遗产赠与法定继承人之外的人的一种民事法律行为。吉林省七成以上的被调查者对于被继承人将财产全部遗赠他人的行为持否定态度，这主要是由于以下几点原因：

1. 这主要是由于我国自古具有家产不外移的传统观念。中国古代社会深受家族本位思想的影响，强调家族成员共构家族共同体，共同发挥职能，财富只在家族共同体内部流动，由家庭成员共同创造，共同分享，这是我国的历史传统与民族文化的一种体现。我国民众非常注重家族成员之间的血缘关系与脉络传承，将家族财富一代代传承下去被视为家族成员的基本义务。中国古代法律无疑都赋予四等亲以内的亲属以继承权，避免家族财产旁落他人，这种观念影响是很重要的因素。早在古代社会，父子无异财，父母的财富就是子女的财富这一观念早已深入我国民众的骨髓，而把家族财富让与他人的行为被看做无德、无慈的做法。

2. 养老育幼、相互继承是亲属间的基本伦理关系。养老育幼、相互继承是亲属间的基本伦理关系。[①] 法定继承人与被继承人之间经济扶养关系密切，一旦被继承人死亡，则被继承人与继承人之间的经济链条断裂，法定继承人的生活可能因此变得困难。遗赠这一行为不仅损害了继承人的期待利益，有可能会造成社会负担（如养老问题、子女问题等）加重，至少要引起思想上的不一致。此外，从传统道义上讲，继承人与被继承人之间存在密切的亲属关系，继承人如果不将遗产的一部分留给最亲密的人而尽予他人，则与传统道

---

① 夏吟兰：《特留份制度之伦理价值分析》，载《现代法学》2012年第5期，第43页。

义和公序良俗相悖，为社会公众所谴责。

3. 权利人有权自由处分财产。随着社会经济的发展与西方个人本位思想的冲击，公民思想逐步开放，权利意识不断提高，更加注重个人权利的自由与保护，认为每个公民有权依照自己的真实意思自由地处分财产，其他人无权干涉。因此，被调查者一方面反对被继承人遗赠全部遗产的行为，另一方面又矛盾地认为被继承人自由地处分自己的财产是固有的权利。

4. 我国立法没有设立特留份制度。当然，《继承法》中没有设立特留份制度，这对一个自视重视传统伦理，自视极端重视家庭传统道德，努力健全法制，意图把保护公民利益放在首位的国家来说，不能不说是一种重大的缺憾，① 这也是遗嘱继承立法中亟须重视和解决的难题之一。

（三）现代家庭结构与夫妻财产形式对遗嘱具有影响作用

吉林省被调查者普遍认同夫妻共同遗嘱的效力，主要原因是随着社会经济的发展与现代家庭结构的变化，夫妻双方作为家庭的核心，对于家庭事务的管理、家庭财产的处分等问题具有共同的话语权。我国大多数夫妻的财产形式均为法定财产制，共同劳动，收入归家庭共同所有，采用约定财产制的情况不多。而夫或妻一方设立遗嘱时，难以区分是个人财产还是夫妻共同财产，往往将夫妻共同财产作为个人的财产进行处分与分配，侵害另一方的合法权利。但如果设立夫妻共同遗嘱，夫或妻一方对于夫妻共同财产的处理往往达成一致意见，对夫妻共同遗产的处理是双方合意的结果，在分配遗产时，既可以减少继承人之间的争议，避免多次分家析产引发的纠纷，同时也可以减少被继承人与继承人之间的矛盾。夫妻共同遗嘱必然是夫妻双方意思表示一致的结果，否则便不存在设立夫妻共同遗嘱的情形，因此双方对于自己财产的处分权并不因另一方与自己的合意受到限制而受到侵害。

（四）民众的继承观念受尊崇祖先遗志的传统思想影响

调查显示，有八成的吉林省被调查者认为被继承人可以在遗嘱中限定一定时间内遗产不可分割。随着法制建设的发展，公民的权利意识不断加强，被继承人用遗嘱来限制财产分割逐渐成为常态，再者，我国自古以来家族观念浓厚，有尊崇祖先遗志的传统思想，继承人往往会遵循被继承人的生前意志。因此，民众普遍认为被继承人对于自己的遗产有权利作出一定的限制，只要被继承人在遗嘱中对遗产分割时间作出限制的即应当认为是其真实意思，其权利应当受到尊重，各继承人请求分割遗产的时间应当与遗嘱规定的时间吻合。对于遗嘱可以限定的遗产不得分割的期限，调查结果显示其期间较为分散，这可能是由于被调查者对时间的概念认识不同，所处的环境、条件不同，所以没有形成统一的意见。

三、吉林省民众遗嘱继承习惯对我国“民法典继承编”的启示

（一）遗嘱应当反映立遗嘱人的真实意思

《继承法》规定了五种法定遗嘱形式，即公证遗嘱、自书遗嘱、代书遗嘱、录音遗嘱

---

① 杨立新、和丽军：《对我国继承法特留份制度的再思考》，载《国家检察官学院学报》2013 年第 4 期，第 147 页。

与特殊情况下的口头遗嘱。其中，公证遗嘱的形式最为严格，其设立、变更、撤销等必须遵循严格的公证程序办理，其真实性最强。在大陆法系，各国《继承法》都普遍规定了公证遗嘱形式。[①] 但我国《继承法》仅在第17条第1款规定："公证遗嘱由遗嘱人经公证机关办理。"在《继承法》中并没有规定公证的程序、公证员的资格等问题，而是全部交给《公证法》或公证管理部门去处理。而《公证法》中也并没有对遗嘱公证的专门性规定，而是在公证管理部门的部门规章中对具体的操作进行规定。对此问题，梁慧星教授在其建议稿中对公证遗嘱的设立方式进行了完善，其还特别强调了关于公证遗嘱的审查问题。公证机关办理公证遗嘱时应当只进行形式审查而不应审查遗嘱的具体内容，审查遗嘱的内容既无必要也不合理。[②]

1. 立遗嘱人享有遗嘱自由权。立遗嘱人享有自由处分遗产的权利，只要不违反法律、法规的强制性规定，不违反社会善良风俗即为有效，即使遗嘱人设立的遗嘱内容与法律规定相抵触，根据《继承法》的规定也可直接认定遗嘱部分无效，而无须由公证机关事先审查其是否有效，公证机关既无此种权利也无此种义务。再者，就整体而言，遗嘱有效要件的要素可分为实质要件和形式要件两方面。现代民法理论认为，遗嘱是要式行为，未按照法律规定的形式订立的遗嘱无效。换言之，形式要件合法是遗嘱有效的第一前提。我国同样对形式要件要求十分严格，《继承法》实施后订立的遗嘱，如果形式稍有欠缺，即使内容合法，且有充分证据证明确为遗嘱人真实意思表示的，也不能认定为有效。公证相当于对遗嘱进行"安检"，形式要件的审查是必须通过的第一道"安检"。形式审查需要审查遗嘱参与人、遗嘱内容的表达程序、将遗嘱内容固定下来的方式、对遗嘱载体的要求等，内容复杂，对公证机关要求非常严格。如果要求公证机关进行第二道"安检"——实质审查，则审查要求更为严苛，要求公证机关所要具备的能力和承担的责任将更大。故将形式要件的审查和实质要件的审查同时加诸在公证机关身上，不仅有失公平，甚至有些不切实际。并且，各国继承法上关于公证遗嘱的立法例也表明，不审查遗嘱的内容乃是各国立法的通例。[③] 综上，公证遗嘱设立时公证机关只需要审查遗嘱的形式要件即可。

2. 遗嘱人真实意思可能会因订立遗嘱后情况变化而改变。对于公证遗嘱而言，《继承法》第20条[④]赋予了公证遗嘱在适用上的优先性，而遗嘱在被继承人死亡时才生效，而在公证遗嘱设立后直至被继承人死亡这段期间，主观与客观情况都可能发生变化，遗嘱人的真实意思可能会因订立遗嘱后情况变化而改变，有可能使遗嘱人最终的意愿不能够实现，导致遗嘱人以遗嘱处分自由财产及其他事务的能力并没有受到法律的保障，这既不符合遗嘱自由之立法原则，也有悖法律的效率价值。[⑤] 根据上述调查，吉林省被调查者更加认可被继承人生前作出的最后一份遗嘱的效力，实际上非常具有合理性。法律的制定必须以法律的价值取向为重要的关注点，在现代社会，对法律价值的追求应放在首位。确定我

---

① 梁慧星：《中国民法典草案建议稿附理由》，法律出版社2004年版，第188页。

② 梁慧星：《中国民法典草案建议稿附理由》，法律出版社2004年版，第188页。

③ 梁慧星：《中国民法典草案建议稿附理由》，法律出版社2004年版，第188页。

④ 参见《中华人民共和国继承法》第20条第2款："立有数份遗嘱，内容相抵触的，以最后的遗嘱为准。"第20条第3款："自书、代书、录音、口头遗嘱，不得撤销、变更公证遗嘱。"

⑤ 陈苇、曹贤余：《中国继承法修改热点难点问题研讨会综述》，载《西南政法大学学报》2012年第5期，第134页。

国公证遗嘱适用效力的位阶，应当以现代私法所追求的“正义、自由、效率、人权保护”等价值观和“以人为本”的目标为引领。[①] 因此立法应适当降低公证遗嘱的效力地位，使其符合现实需要。

3. 公证遗嘱的复杂程序阻碍立遗嘱人更改或撤销遗嘱。《继承法》赋予了公证遗嘱强大的效力与地位，其一旦设立，之后的变更与撤销都必须通过公证程序办理，程序十分复杂烦琐，增加了变更遗嘱的成本。此外，公证遗嘱也不利于保护遗嘱人对财产自由处分的权利。在现实生活中，公证遗嘱的设立、变更、撤销等在公证管理部门的部门规章中设立行政性规定，公证机构更加注重操作程序，具有浓厚的行政性色彩，而轻当事人利益。在被继承人设立公证遗嘱而后由于新情况出现而希望变更遗嘱内容时，公证遗嘱的变更及撤销程序明显阻碍了被继承人对于遗产处分的自由，不符合民众传统的继承观念与社会伦理道德。另外，《继承法》所确立的遗嘱类型的效力及遗嘱变更、撤销规则，并不是以确定遗嘱为立遗嘱人的真实意愿为基准。[②] 遗嘱只是遗嘱内容的载体，设立遗嘱的形式不同，并不能因为存在公权力介入的公证遗嘱而否认后以其他形式设立的遗嘱内容的真实性。故而最后生效的遗嘱，应当是最符合遗嘱人最终真实意思表示的遗嘱，即经过遗嘱人反复更改、适应当时情况、符合内心真意的最后订立的遗嘱，更能够体现出遗嘱自由的继承法原则、意思自治的民法原则。

4. 录音遗嘱不应成为一种有效的遗嘱形式。录音遗嘱是科技发展的产物，对其认可是历史的选择。但是，现代技术飞速发展，已经可以不留痕迹地篡改录音遗嘱的内容，且在出现技术故障后容易出现遗嘱内容的遗失，导致无法查明录音遗嘱的真实内容，因此其不应单独作为遗嘱的一种有效形式。但可以参照我国台湾地区[③]的做法，使其成为记录口头遗嘱的一种方式。

（二）构建特留份制度应当重视民众的继承习惯

特留份是指法定继承人不得被侵害的法定应继份，是对遗嘱自由的限制。[④] 特留份制度起源于罗马法的“义务份”制度。在罗马法的早期实行绝对的遗嘱自由，但至共和国末期，因遗嘱人常常不按传统风俗行事，而把遗产全部遗赠给他人，不对父母、子女尽抚养的义务。为了防止遗嘱自由的滥用，罗马法开始设立“必继份”制度，限制遗嘱自由。[⑤] 后来必继份制度被西方大多数国家沿用或效仿，如《德国民法典》第 2303 条规定：“被继承人的晚辈直系血亲因死因处分而被排除在继承之外的，该晚辈直系血亲可以向继承人请求特留份。特留份为法定应继份的价额的一半。被继承人的父母或配偶因死因处分而被排除在继承之外的，他们享有同一权利。”[⑥]《意大利民法典》第 536 条规定：“特留份继承人是那些由法律规定为其利益保留一部分遗产或者其他权利的人。他们是：配偶、

---

① 陈法：《论我国公证遗嘱适用的效力位阶——以法律的价值理论与民众继承习惯的现实为视角》，载《现代法学》2012 年第 5 期，第 63 页。

② 郭明瑞：《民法典编纂中继承法的修订原则》，载《比较法研究》2015 年第 3 期，第 90 页。

③ 参见我国台湾地区“台湾民法典”第 1195 条第 2 款：“由遗嘱人制定二人以上之见证人，并口述遗嘱意旨、遗嘱人姓名及年、月、日，由见证人全体口述遗嘱为真正及见证人姓名，全部予以录音，将录音带当场密封，并记明年、月、日，由见证人全体在封缝处同行签名。”

④ 王利明：《中国民法典草案建议稿及说明》，中国法制出版社 2004 年版，第 387 页。

⑤ 梁慧星：《中国民法典草案建议稿附理由》，法律出版社 2004 年版，第 179 页。

⑥ 陈卫佐译：《德国民法典》，法律出版社 2015 年版，第 638 页。

婚生子女、非婚生子女以及直系尊亲属。”① 可见，尽管大多数国家都将遗嘱自由作为一项基本原则，遗嘱人可以通过遗嘱处分自己的财产，但其自由并非绝对的自由，大陆法系国家通过在立法上设立“特留份制度”来实现对遗嘱自由的限制。《继承法》也承认了遗嘱自由原则，但对于特留份制度却缺乏相关规定，这使得法定继承人的特定份额被遗嘱人通过遗嘱限制或剥夺时法定继承人无法通过法律来保护自己的期待利益。

继承法具有强烈的身份性色彩，是一种身份财产法，其立法就是在血缘关系、血脉联络等亲属之间身份关系的基础上建立起来的，其法律规定不能脱离于立法基础与立法背景。对与自己最亲近的人不留一物，难免为道义上所不容许。被继承人将自己全部财产遗赠给他人，极有可能因此使其亲属如配偶、父母、子女等陷入生活极度困难的状态，且生计无法维持，而又无法从被继承人处得到帮助，其身心健康都会遭受危害，同时也会给国家和社会带来负担。为了使遗嘱合乎公序良俗、公平正义，需要在合理限度内限制遗嘱人的自由意志，引导遗嘱人实施理性行为，防止出现临终乱命的遗嘱。② 特留份制度的设立，可以有效地维护亲属之间的亲密关系与我国的传统继承习惯，适当地限制遗嘱自由，有效地降低甚至避免遗嘱人滥用遗嘱自由，可以平衡个人自由与公平正义、公共利益之间的冲突，从而达到淳化社会善良风俗、维护社会稳定的目的。

《继承法》并无对特留份制度的规定，仅在第19条③规定了必留份制度，《最高人民法院关于贯彻执行〈中华人民共和国继承法〉若干问题的意见》第37、45条规定④则对必留份制度在司法审判实践中的适用及其法律后果做出了进一步的规定。但《继承法》规定的必留份制度较之大多数国家通行的特留份制度仍有局限性。首先，从权利主体的角度来看，立法规定的必留份主体的范围过窄。立法仅规定缺乏劳动能力又没有生活来源的继承人和胎儿为必留份权利人，而且不要求其在法定继承人中的顺序，忽视了《继承法》赖以生存的伦理与身份这两个价值基础。而特留份权利人的范围较之更为扩大，考虑其与被继承人之间的亲疏远近，相比必留份制度而言，更加符合我国传统的继承观念与对血缘等身份关系而产生的伦理价值的需求。其次，当下立法对必留份仅做了原则性的规定，操作困难。《继承法》没有对何为缺乏劳动能力且没有生活来源的法定继承人作出明确规定，且为其留下的继承份额具体怎么计算也没有作出规定，在现实生活中，这种模糊的原则性规定极易引起纠纷，给法官的自由裁量权过大，既不利于维护法律的权威与公正，也不利于对必留份权利人的保护。而对于特留份来说，无论是以被继承人的遗产总额为参照，还是以特留份权利人的应继份为参照数额，世界各国都规定了具体确定的比例，英美法系国家有的甚至规定了具体数额。⑤ 因此，相较而言，无论从权利主体还是份额上来看，特留份的规定都更加明确具体，更加具有可操作性。此外，王利明教授认为《继承

① 费安玲、丁玫、张宓译：《意大利民法典》，中国政法大学出版社2004年版，第138页。

② 蒋月：《论遗嘱自由之限制：立法干预的正当性及其路径》，载《现代法学》2012年第5期，第48页。

③ 参见《中华人民共和国继承法》第19条规定：“遗嘱应当对缺乏劳动能力又没有生活来源的继承人保留必要的遗产份额。”

④ 参见《最高人民法院关于贯彻执行〈中华人民共和国继承法〉若干问题的意见》第37条规定：“遗嘱人未保留缺乏劳动能力又没有生活来源的继承人的遗产份额，遗产处理时，应当为该继承人留下必要的遗产，所剩余的部分，才可参照遗嘱确定的分配原则处理。继承人是否缺乏劳动能力又没有生活来源，应按遗嘱生效时该继承人的具体情况确定。”第45条第1款规定：“应当为胎儿保留的遗产份额没有保留的应从继承人所继承的遗产中扣回。”

⑤ 杨立新：《继承法修订入典之重点问题》，中国法制出版社2016年版，第112页。

法》规定的法定继承人的范围本来就窄，如将特留份范围再加限制，恐影响到特留份功能的发挥。所以，其将生活中民众普遍视为家庭内部成员的人都视为特留份权利人，并在其建议稿第585条规定，“第一顺序法定继承人的特留份为其应继份的二分之一；第二顺序法定继承人的特留份为其应继份的三分之一”。[①] 我国家庭成员结构多为父母与未成年子女组成的核心家庭，而且特留份制度主要价值在于其抚养和照顾父母子女的功能，故王利明教授所支持的特留份比例有一定道理。

《继承法》的立法基础是在保护个人利益的同时兼顾保护社会利益，二者缺一不可，虽一方面承认遗嘱自由，但另一方面对于遗嘱作出必要的限制也无可非议。目前很多国家都设立了特留份制度作为限制遗嘱自由的主要措施，如果我国不作出相应规定，则在涉外继承关系中，一旦出现我国公民完全被遗嘱人剥夺继承权的情况，我们便无法可依。[②] 纵观我国传统文化与继承习惯，对遗嘱自由加以一定程度的限制符合我国继承法的立法目的与长远发展，同时也符合我国民众朴素的继承观念。另外，特留份制度可以与必留份制度双轨并行，特留份制度是对意思自治的限制，其基础是公序良俗，而必留份制度对被继承人意思自治的补充，实质上是为了保护弱势群体，二者不能互相替代。[③] 实行并轨制不仅能保护既缺乏劳动能力又无生活来源的法定继承人的权利，还对其他法定继承人的利益予以维护，有利于达到分配公平的目的，实现实质正义。[④] 但二者双轨并行并非毫无差别的，应当区别对待。

然而，必留份制度并不能解决父母健在时，通过分家等方式把财产先行给予部分子女，而与父母在一起共同生活的子女往往在先行分配财产时得不到相应部分，待到父母去世、继承开始时，先行得到财产的子女与之前没有得到财产的子女共同平等继承的不公平分配问题。[⑤] 此时需要遗产归扣制度的介入，目前我国尚无此规定，为了顺应与国际接轨，不至于在出现问题时无法可依，应制定出与特留份制度相衔接的遗产归扣制度，推动实质正义的终极实现。

（三）反映夫妻共同意思的夫妻共同遗嘱应当得到承认

夫妻共同遗嘱是一种特殊的遗嘱形式，是指夫妻双方基于合意共同订立一份遗嘱，对夫或妻一方或夫妻双方的财产作出处分，将其财产指定继承人继承的一种遗产继承方式。共同遗嘱起源于西方国家立法，偏重实践的英美国家承认共同遗嘱，偏重理论的法国日本等国家禁止共同遗嘱。[⑥] 例如，《德国继承法》只承认夫妻共同遗嘱，第2265条规定：“共同遗嘱只能由配偶双方做成。”第2269条规定：“（1）配偶双方已在其据以相互指定为继承人的共同遗嘱中，规定生存配偶死亡后，双方的遗产应归属于第三人的，有疑义时，必须认为：该第三人系就全部遗产而被指定为最后死亡配偶的继承人的。（2）配偶双方已在此种遗嘱中指示在生存配偶死亡后始应履行的遗赠的，有疑义时，必须认为：该

---

① 王利明：《中国民法典草案建议稿及说明》，中国法制出版社2004年版，第388页。

② 史浩明：《我国应建立特留份制度》，载《政法论丛》2003年第3期，第13页。

③ 李静：《我国特留份制度之建构研究——基于比较法视角》，载《兰州文理学院学报（社会科学版）》2015年第6期，第47页。

④ 张贤为：《我国遗嘱继承制度的缺陷与完善》，载《理论前沿》2014年第6期，第134页。

⑤ 李洪祥：《遗产归扣制度的理论、制度构建及其本土化》，载《现代法学》2012年第5期，第61页。

⑥ 刘春茂：《中国民法学·财产继承法》，人民法院出版社2008年版，第390页。

遗赠应在生存配偶死亡时才归属于受益人。”①

之所以国外立法对共同遗嘱采取不同态度，与共同遗嘱的特殊性有关，其缺点与优点都十分明显，主要在于立法的取舍、国家的继承传统、社会习惯和民众意识的差异。共同遗嘱的优点在于其代表了双方的合意，尤其是对夫妻共同财产处分的合意避免了在夫或妻一方死亡后，生存配偶对于夫妻共同财产继承时的分割问题与继承人与生存配偶之间的纠纷，其代表了夫妻双方的真实意思，其证明力较为强大。共同遗嘱的缺点在于其限制了当事人处分自己财产的自由，其所作出的意思表示必须受到另一方意思表示的限制，单独一方不能依据自己的意思变更或撤销。但对于夫妻共同遗嘱在我国的设立而言，其利大于弊。我国目前的家庭结构以夫妻双方为核心，夫妻双方作为家庭事务与家庭财产的共同管理者，其对于遗产处分的合意一经作出，继承人对其的质疑较少，对遗嘱较为认同，可以减少继承人之间纠纷的发生。我国自古就有父母去世后才分家析产的传统，父或母在世往往不分割遗产，因此通过设立夫妻共同遗嘱保护在世配偶的生活条件与稳定，符合我国传统的继承习惯与分家析产的传统观念。我国家庭财产现阶段往往由家族成员共同取得，家庭财物除部分个人生活必需物品外，往往形成共有关系，一般情况下共同使用，不予分割，只有在分家析产时才予以分割。因此，设立夫妻共同遗嘱，也有利于对家庭共有财产的确认与处分，维护家庭的和睦与稳定。同时，其缺点也不容小觑，根据《继承法》规定，在数份内容相抵触的遗嘱共同存在的情况下，以最后立的遗嘱为准。而夫或妻一方死亡后，生存配偶即使面对重大情势的变化，也无法在另一方死亡的情况下变动双方合意设立的遗嘱，不利于对在世配偶权益的保护。目前，我国法律未对夫妻共同遗嘱作出规定，也未明令禁止设立夫妻共同遗嘱，但在现实生活中存在夫妻共同遗嘱，在司法实践上也对共同遗嘱有所承认。鉴于以上调查结果与立法背景，我国立法应将夫妻共同遗嘱作为一种特殊的遗嘱形式，有限度地承认其效力，只要夫妻共同遗嘱不违反法律、行政法规的强制性规定，不损害社会公共利益，不违反社会善良风俗即为有效，并应出台相应细则对其形式、程序等方面作出翔实的规定。

（四）订立遗嘱可以对遗产分割作出限制

继承人享有分割遗产的自由，继承人可以随时请求分割遗产，但其自由可以受到一定的限制，比如在分割遗产之前，遗产债务需得到清偿，否则不能请求分割遗产。因此，对遗产分割的时间作出一定的限制不违反法律、行政法规的强制性规定，同时也尊重被继承人的权利和意思，维护社会善良风俗。遗嘱自由是我国遗嘱继承的一项基本原则。遗嘱继承制度对自有价值的尊崇和满足，不仅体现在立遗嘱人生前实施遗嘱法律行为规划自己遗产的去向，更在于遗嘱人死后承载其个人意志的遗嘱内容得以实现。② 在域外立法中，大部分国家均规定继承开始以后可随时请求分割遗产，但同时均给这一普遍原则做出了一定的限制性规定。例如，《意大利民法典》第 713 条第 3 款规定：“遗嘱人还可以决定在遗嘱人死亡后不超过 5 年的期间内不得对遗产或者某些遗产进行分割。”③ 梁慧星教授在其建议稿第 1916 条第 1 款第 2 项规定：“遗嘱指定遗产于一定期间内不得分割，但此期间不

---

① 陈卫佐译：《德国民法典》，法律出版社 2015 年版，第 630 页。

② 郑倩：《自由价值在我国遗嘱继承制度中的定位与落实》，载《法商研究》2016 年第 2 期，第 145 页。

③ 费安玲、丁玫、张宓译：《意大利民法典》，中国政法大学出版社 2004 年版，第 179 页。

得超过五年；超过五年的，缩短为五年。”[①] 立遗嘱人在遗嘱中指定遗产于一定期限内不予分割，是遗嘱人权利自由的体现，理应得到尊重，继承人应按照遗嘱人的指定请求分割遗产。但其不得分割遗产的期限应受到一定的限制，否则会损害物之效用与价值的发挥，浪费社会资源，也可能会使继承人陷入生活困顿的状态，因此建议其期限应以5年或者略长为益。

① 梁慧星：《中国民法典草案建议稿附理由》，法律出版社2004年版，第256页。

海南省民众继承习惯调查之遗产债务清偿习惯及启示①

胡明玉　叶英萍*

目　　次

一、调查研究背景

为了解我国民众的财产继承观念和遗产处理习惯，为我国《民法典·继承编》的编纂提供实证资料，陈苇教授在中国十省市组织开展了“当代中国民众的财产继承观念与遗产处理习惯实证调查”，笔者参与组织开展了“海南民众的财产继承观念与遗产处理习惯实证调查”。本次调查采取问卷调查和个人访谈的方式，共发放问卷600份，回收有效问卷421份。该问卷共涉及继承领域的十个重要问题，本文仅就其中的遗产债务清偿部分进行分析与论述。

二、海南省遗产债务清偿习惯之统计数据情况

（一）遗产的债务范围

问题：“对于‘继承遗产，应当清偿被继承人的债务’，您是怎么理解的？A. 对被继承人的生前所有债务，继承人都应予以偿还；B. 对被继承人的生前所有债务，继承人应

① 本文为司法部2016年度国家法治与理论研究课题“我国遗产处理制度系统化构建研究”（编号16SFB2036）的阶段性成果之一，载《私法研究》第24卷，法律出版社2019年版。鸣谢：参与本次问卷调查、数据统计与分析的有海南师范大学法学院唐欣瑜老师，海南大学硕士研究生王彦翔、文灿、张烜东，海南大学本科生陈群、梁菁、羊香慧、黄润凡、王敏、林琤、陈积雪，海南师范大学本科生黄冠宇等，在此，特向他们表示感谢。同时，感谢陈苇教授对海南省调研报告的修改与完善，本文是在海南省调研报告的基础上修改而成的。

* 作者简介：胡明玉，海南大学法学院讲师，海南省妇女理论研究基地主要成员；叶英萍，法学博士，海南大学法学院教授，海南省妇女理论研究基地主要成员。

先用所有遗产偿还债务，不足部分由继承人自己的个人财产偿还；C. 对被继承人的生前所有债务，继承人只以继承的遗产为限予以偿还；D. 对被继承人的生前所有债务，继承人如果存在转移遗产、隐瞒遗产的情形，则其应当负责以遗产和其自己的个人财产偿还所有的债务。（多选）”

表 1 继承人清偿遗产债务的责任范围的民众观念情况统计（多选）

人数及比例 选项	人数（人）	比例（%）
A. 全部偿还	178	42.28
B. 不足部分以个人财产偿还	160	38.00
C. 以遗产为限偿还	247	58.67
D. 继承人转移隐瞒遗产的，以遗产和个人财产偿还	180	42.76

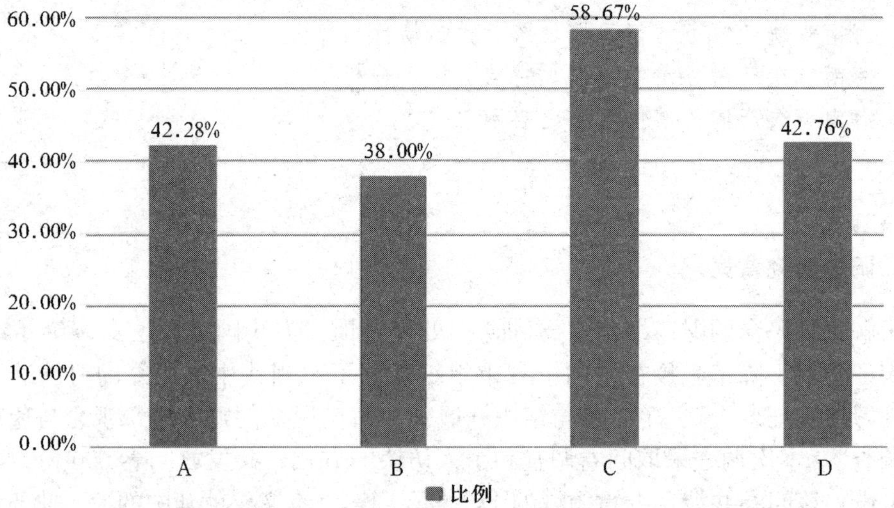

图 1 继承人清偿遗产债务的责任范围的民众观念情况统计（多选）

根据以上图表的统计结果显示，就继承人清偿遗产债务的责任范围，在被调查者中，有 178 个被调查者（占 42.28%）选择了 A 选项“全部偿还”；有 160 个被调查者（占 38%）选择 B 选项，即“不足部分以个人财产偿还”；有 247 个被调查者（占 58.67%）选择了 C 选项，认为遗产债务的责任范围应当以继承的遗产为限；有 180 个被调查者（占 42.76%）选择了 D 选项，认为其如有转移遗产、隐瞒遗产的违法行为的，应当强制其承担无限清偿责任。

从这些数据分析可知，近六成的海南省被调查者认为继承人对被继承人的债务承担有限清偿责任。有超四成的被调查者认可 A 选项“对被继承人的生前所有债务，应全部偿还”，有近四成的被调查者认可 B 选项，“对被继承人的生前所有债务，继承人应先用所有遗产偿还债务，对于不足部分以个人财产偿还”。注意，AB 这两个选项存在重合交叉的地方，后一选项是对前一选项的补充和延伸，可以理解为总体上有四成左右的被调查者认为对被继承人的生前所有债务，继承人都应予以偿还，即承担无限清偿责任。另超四成的被调查者认为当继承人有转移遗产、隐瞒遗产的违法行为的，则应当强制其承担无限清偿责任。可见，对于被继承人遗留的债务，海南省被调查者对我国继承法规定的继承人的有限清偿责任大体是认同的，但主张对恶意继承人予以惩戒，当继承人转移遗产、隐瞒遗产时，民众更倾向于惩戒此继承人，由其承担被继承人全部债务。

（二）被继承人丧葬费的民间支付习惯情况

问题："在您所在地区，死者的丧葬费用一般是如何支付的？A. 由全体继承人共同支付；B. 从被继承人的遗产中支付；C. 其他。（单选）"

表 2　被继承人丧葬费的民间支付习惯情况（单选）

选项＼人数及比例	人数（人）	比例（%）
A. 全体继承人共同支付	280	66.51
B. 从被继承人的遗产中支付	106	25.18
C. 其他	35	8.31
总计	421	100

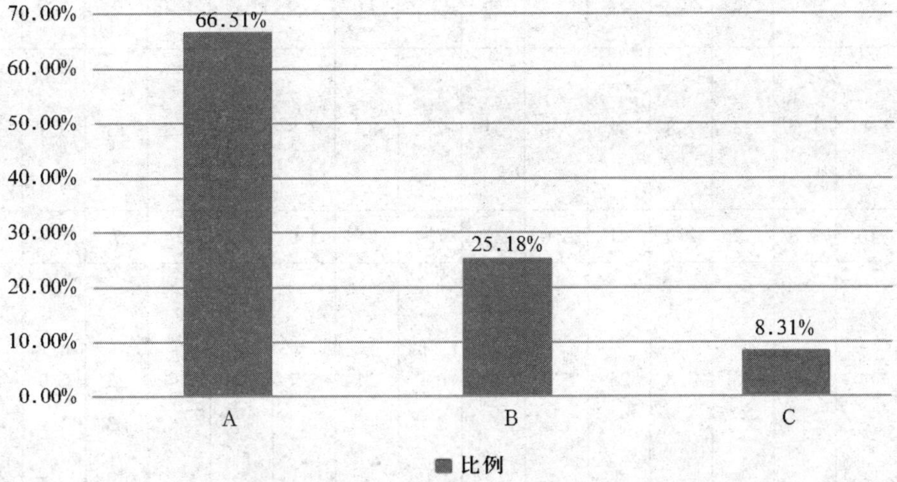

图 2　被继承人丧葬费的民间支付习惯情况（单选）

就被继承人丧葬费的民间支付习惯，在被调查者中，选择 A 项"由全体继承人共同支付"的，有 280 人，占 66.51%；选择 B 项"从被继承人的遗产中支付"的有 106 人，占 25.18%；选择 C 项"其他"的有 35 人，占 8.31%，认为应由被继承人子女支付丧葬费用或者协商决定。可见，超过六成半的被调查者认为死者的丧葬费应由全体继承人共同支付，有两成半的被调查者认为应"从被继承人的遗产中支付"；有不到一成的被调查者（8.31%）认为应由被继承人子女支付丧葬费用或者协商决定。总体上，近七成的被调查者认为死者的丧葬费应由继承人共同支付。

（三）遗产债务的清偿顺序

问题："在您所在地区，对被继承人死亡后遗留的以下费用，一般是按照哪种先后次序进行清偿的：A. 丧葬费用；B. 遗产管理等费用；C. 欠债；D. 欠付的工资；E. 受被继承人扶养人的生活费；F. 税款；G. 对被继承人扶养较多的人之酌情分配遗产份额；H. 遗赠扶养协议写明遗赠的遗产。（1）按民间的处理方式；（2）您认为，按照哪种先后次序进行清偿才比较合理。（多选）"

1. 遗产债务清偿顺序的民间习惯情况统计

表 3-1　遗产债务清偿顺序的民间习惯情况统计（多选）

费用	第一顺序		第二顺序		第三顺序		第四顺序		第五顺序		第六顺序		第七顺序		第八顺序	
	人数	%	人数	%	人数	%	人数	%	人数	%	人数	%	人数	%	人数	%
A. 丧葬费用	267	63.4	14	3.3	8	1.9	15	3.6	6	1.4	3	0.7	1	0.2	5	1.2
B. 遗产管理等费用	10	2.4	94	22.3	20	4.8	20	4.8	21	5.0	11	2.6	12	2.9	8	1.9
C. 欠债	42	10.0	66	15.7	91	21.6	28	6.7	22	5.2	12	2.9	6	1.4	1	0.2
D. 欠付的工资	17	4.0	95	22.6	57	13.5	66	15.7	11	2.6	7	1.7	4	1.0	2	0.5
E. 受被继承人扶养人的生活费	7	1.7	33	7.8	32	7.6	31	7.4	33	7.8	26	6.2	13	3.1	11	2.6
F. 税款	16	3.8	12	2.9	21	5.0	31	7.4	25	5.9	6	1.4	7	1.7	14	3.3
G. 对被继承人扶养较多的人之酌情分配遗产份额	11	2.6	16	3.8	24	5.7	26	6.2	24	5.7	31	7.4	25	5.9	32	7.6
H. 遗赠扶养协议中写明遗赠的遗产	4	1.0	21	5.0	24	5.7	15	3.6	25	5.9	25	5.9	26	6.2	19	4.5

调查数据显示，在海南省 421 名被调查者中，对于丧葬费用的清偿顺序，从第一顺序到第八顺序均有人选择，其中，有 267 人所在地区将其作为第一顺序进行清偿（占 63.4%）；有 15 人所在地区将其作为第四顺序进行清偿（占 3.6%）；有 14 人所在地区将其作为第二顺序进行清偿（占 3.3%）；可见，超过六成的被调查者所在地区将丧葬费用

作为第一顺序进行清偿，人数最多，占比最高①。对于遗产管理等费用的清偿顺序，有 94 人所在地区将其作为第二顺序进行清偿（占 22.3%）；有 21 人所在地区将其作为第五顺序进行清偿（占 5.0%）；分别有 20 人所在地区将其作为第三和第四顺序进行清偿（分别占 4.8%）；可见，超过两成的被调查者所在地区将遗产管理等费用作为第二顺序进行清偿，相对占比较高。对于欠债，有 91 人所在地区将其作为第三顺序进行清偿（占 21.6%）；有 66 人所在地区将其作为第二顺序进行清偿（占 15.7%）；有 42 人所在地区将其作为第一顺序进行清偿（占 10.0%）；可见，有超过两成的被调查者所在地区将欠债作为第三顺序进行清偿，有超过一成半的被调查者将其作为第二顺序进行清偿。对于欠付的工资，有 95 人所在地区将其作为第二顺序进行清偿（占 22.6%）；有 66 人所在地区将其作为第四顺序进行清偿（占 15.7%）；有 57 人所在地区将其作为第三顺序进行清偿（占 13.5%）；可见，对于欠付的工资，有超两成的被调查者所在地区将其作为第二顺序进行清偿，分别有一成半左右的被调查者所在地区将其作为第四顺序或第三顺序进行清偿。对于受被继承人扶养人的生活费，分别有 33 人所在的地区将其作为第二顺序和第五顺序进行清偿（分别占 7.8%）；有 32 人所在地区将其作为第三顺序进行清偿（占 7.6%）；有 31 人所在地区将其作为第四顺序进行清偿（占 7.4%）；可见，分别有不到一成的被调查者所在地区将受被继承人扶养人的生活费作为第二顺序或者第五顺序进行清偿。对于税款，有 31 人所在地区将其作为第四顺序进行清偿（占 7.4%）；有 25 人所在地区将其作为第五顺序进行清偿（占 5.9%）；有 21 人所在地区将其作为第三顺序进行清偿（占 5.0%）；可见，分别有不到一成的被调查者所在地区将税款作为第四顺序或第五顺序进行清偿。对于对被继承人扶养较多的人之酌情分配遗产份额，有 32 人所在地区将其作为第八顺序进行清偿（占 7.6%）；有 31 人所在地区将其作为第六顺序进行清偿（占 7.4%）；有 26 人所在地区将其作为第四顺序进行清偿（占 6.2%）；可见分别有不到一成的被调查者所在地区将对被继承人扶养较多的人之酌情分配遗产份额作为第八顺序或第六顺序进行清偿。对遗赠扶养协议中写明遗赠的遗产，有 26 人所在地区将其作为第七顺序进行清偿（占 6.2%）；分别有 25 人所在地区将其作为第五和第六顺序进行清偿（分别占 5.9%）；有 24 人将其作为第三顺序进行清偿（占 5.7%）；可见，分别有不到一成的被调查者所在地区将遗赠扶养协议中写明遗赠的遗产作为第七顺序或第五、六顺序或者第三顺序进行清偿。

总体上，海南省被调查者所在地区最为常见的遗产债务清偿顺序如下：第一顺序：丧葬费用；第二顺序：遗产管理等费用或欠付的工资；第三顺序：欠债；第四顺序：欠付的工资、税款或受被继承人扶养人的生活费；第五顺序：受被继承人扶养人的生活费；第六顺序：对被继承人扶养较多的人之酌情分配遗产份额、受被继承人扶养人的生活费；第七顺序：遗赠扶养协议中遗赠的遗产、对被继承人扶养较多的人之酌情分配遗产份额；第八顺序：对被继承人扶养较多的人之酌情分配遗产份额。值得注意的是，对被继承人扶养较多的人之酌情分配遗产份额，将其作为第六顺序和第八顺序的被调查者所在地区占比几乎一样，说明对此问题，分歧较大。

---

① 因丧葬费用有第一至第八顺序的支持者，在此仅介绍支持者数量排在前三位的清偿顺序，其余顺序的支持人数和占比参见表 3-1，之后每一项费用亦如此。

2. 遗产债务清偿顺序的民众观念情况统计

表 3-2　遗产债务清偿顺序的民众观念情况统计（多选）

费用	第一顺序		第二顺序		第三顺序		第四顺序		第五顺序		第六顺序		第七顺序		第八顺序	
	人数	%	人数	%	人数	%	人数	%	人数	%	人数	%	人数	%	人数	%
A. 丧葬费用	230	54.6	22	5.2	24	5.7	45	10.7	15	3.6	7	1.7	11	2.6	4	1.0
B. 遗产管理等费用	18	4.3	91	21.6	35	8.3	46	10.9	77	18.3	31	5.3	17	4.0	13	3.1
C. 欠债	43	10.2	56	13.3	93	22.1	77	18.3	45	10.7	22	5.2	7	1.7	2	0.5
D. 欠付的工资	23	5.5	95	22.6	67	15.9	75	17.8	39	9.3	18	4.3	11	2.6	4	1.0
E. 受被继承人扶养人的生活费	12	2.9	27	6.4	45	10.7	60	14.3	78	18.5	60	14.3	10	2.4	8	1.9
F. 税款	40	9.5	35	8.3	56	13.3	46	10.9	30	7.1	35	8.3	12	2.9	23	5.5
G. 对被继承人扶养较多的人之酌情分配遗产份额	11	2.6	22	5.2	19	4.5	24	5.7	40	9.5	56	13.3	55	13.1	34	8.1
H. 遗赠扶养协议中写明遗赠的遗产	14	3.3	16	3.8	23	5.5	30	7.1	40	9.5	56	13.3	70	16.6	52	12.4

调查数据显示，在海南省421名被调查者中，对于丧葬费用的清偿顺序，有230人认为应将其作为第一顺序进行清偿（占54.6%）；有45人认为应将其作为第四顺序进行清偿（占10.7%）；有24人认为应将其作为第三顺序进行清偿（占5.7%）；可见，超过五成的被调查者认为，应将丧葬费用作为第一顺序进行清偿，人数最多，占比最高。① 对于遗产管理等费用，有91人认为应将其作为第二顺序进行清偿（占21.6%）；有77人认为应将其作为第五顺序进行清偿（占18.3%）；有46人认为应将其作为第四顺序进行清偿（占10.9%）；可见，有超两成的被调查者认为应将遗产管理等费用作为第二顺序进行清偿，相对占比较高。对于欠债，有93人认为应将其作为第三顺序进行清偿（占22.1%）；

① 因丧葬费用有第一至第八顺序的支持者，在此仅介绍支持者数量排在前三位的清偿顺序，其余顺序的支持人数及占比参见表3-2，之后每一项费用亦如此。

有 56 人认为应将其作为第二顺序进行清偿（占 13.3%）；有 77 人认为应将其作为第四顺序进行清偿（占 18.3%）；可见，超过二成的被调查者认为，应将欠债作为第三顺序进行清偿，相对占比较高；另有将近两成的被调查者认为应将其作为第四顺序进行清偿。对于欠付的工资，有 95 人认为应将其作为第二顺序进行清偿（占 22.6%）；有 75 人认为应将其作为第四顺序进行清偿（占 17.8%）；有 67 人认为应将其作为第三顺序进行清偿（占 15.9%）；可见，有超过两成的被调查者认为应将其作为第二顺序进行清偿，相对占比较高，另分别有超过一成半的被调查者认为应将其作为第三顺序或第四顺序进行清偿。对于受被继承人扶养人的生活费，有 78 人认为应将其作为第五顺序进行清偿（占 18.5%）；分别有 60 人认为应将其作为第四顺序或第六顺序进行清偿（分别占 14.3%）；有 45 人认为应将其作为第三顺序进行清偿（占 10.7%）；可见，有近两成的被调查者认为应将受被继承人扶养人的生活费作为第五顺序进行清偿，相对占比较高，有将近一成半的被调查者认为应将受被继承人扶养人的生活费作为第六顺序进行清偿。对于税款，有 56 人认为应将其作为第三顺序进行清偿（占 13.3%）；有 46 人认为应将其作为第四顺序进行清偿（占 10.9%），有 40 人认为应将其作为第一顺序进行清偿（占 9.5%）；可见，对于税款，有近一成半的被调查者认为应将其作为第三顺序进行清偿，相对占比较高；另有超一成的被调查者认为应将税款作为第四顺序进行清偿。对于对被继承人扶养较多的人之酌情分配遗产份额，有 56 人认为应将其作为第六顺序进行清偿（占 13.3%）；有 55 人认为应将其作为第七顺序进行清偿（占 13.1%）；有 40 人认为，应将其作为第五顺序进行清偿（占 9.5%）；可见，分别有超过一成的被调查者认为，应将对被继承人扶养较多的人之酌情分配遗产份额作为第六、第七顺序进行清偿。对于遗赠扶养协议中写明遗赠的遗产，有 70 人认为应将其作为第七顺序进行清偿（占 16.6%）；有 56 人认为应将其作为第六顺序进行清偿（占 13.3%）；有 52 人认为应将其作为第八顺序进行清偿（占 12.4%）；可见，有超一成半的被调查者认为应将遗赠扶养协议中写明遗赠的遗产作为第七顺序进行清偿，相对占比较高；另分别有超过一成的被调查者认为应将其作为第六顺序、第八顺序进行清偿。

总体上，在被调查者观念中，最受认可的遗产债务清偿顺序如下：第一顺序常用于清偿丧葬费用；第二顺序常用于清偿遗产管理等费用或欠付的工资；第三顺序、第四顺序常用于清偿欠付的工资、欠债、税款；第五顺序常用于清偿受被继承人扶养人的生活费；第六顺序常用于清偿受被继承人扶养人的生活费、遗赠扶养协议中写明遗赠的遗产、对被继承人扶养较多的人之酌情分配遗产份额；第七顺序常用于清偿遗赠扶养协议中写明遗赠的遗产；第八顺序常用于清偿遗赠扶养协议写明遗赠的遗产、对被继承人扶养较多的人之酌情分配遗产份额。这与被调查者所在地区遗产债务清偿的习惯大致一致。

三、海南省遗产债务清偿习惯之特点与原因分析

（一）遗产债务的清偿责任——朴素的遗产债务清偿观

首先，有四成左右的被调查者认为对被继承人的生前所有债务，继承人都应予以偿还，即承担无限清偿责任。被调查者之所以作出这种选择，主要是受到了传统的“父债子还”观念的影响，也体现了民众的朴素的遗产债务清偿观。在封建社会，继承法奉行强制继承原则，即继承人（尤其是被继承人的男性直系卑亲属）无继承选择权，他必须

继承被继承人的法律地位，为被继承人清偿全部债务。即使被继承人未留下任何财产，而只有债务，继承人也不能拒绝继承。时至今日，仍有一些民众认同这一观点。在被继承人死亡后，尽管其生前所欠的个人债务与继承人没有法律上的关联，但无论是债权人还是社会舆论，往往都倾向于认为继承人应偿还被继承人之全部债务，有的继承人自身也愿意承担被继承人之全部债务，而无论该债务价值是否超出其所继承的遗产价值。

其次，对被继承人的生前所有债务，有将近六成的被调查者（占58.67%）认为继承人只以继承的遗产为限予以偿还，即继承人承担有限的清偿责任。这与我国《继承法》的规定相一致，该规定大大减轻了继承人的债务负担，有利于维护继承人的权益，为多数民众所接受。但更深层次的原因，应该是家庭观念的日渐淡薄和家庭成员个体地位的确立，以及“个人本位”的思想和理念的影响。越来越多的民众认识到，继承人与被继承人之间虽然存在着天然的身份联系和法定的权利义务关系，但彼此也是相互独立的个体，有着不同的利益诉求。继承人对被继承人所遗留的个人债务没有必要也不应该承担全部偿还责任。

最后，有超四成的被调查者（42.76%）认为继承人如有转移遗产、隐瞒遗产的违法行为的，则应当强制其承担无限清偿责任，这是因为被调查者认为继承人的行为损害了债权人的利益，且主观恶性较大，让其承担无限清偿责任，以示惩戒，体现了海南省被调查者惩恶扬善的法律理念和朴素的遗产债务清偿观（参见表1、图1）。对于被继承人所遗留的个人债务，我国《继承法》允许继承人以继承的遗产为限负有限清偿责任，也允许继承人放弃继承从而免除其遗产债务的清偿责任，这已经是对继承人利益的极大维护了。继承人擅自转移遗产、隐匿遗产的行为，损害了债权人的利益，违背了诚实信用原则，此时若不要求继承人承担无限清偿责任，则是对债权人的不公，是对违法行为的放纵。

（二）丧葬费用的支付方式——继承人共同承担

对于丧葬费用的支付方式，有超过六成半的被调查者（66.51%）认为“由全体继承人共同支付”；有超过两成半的被调查者（25.18%）认为应“从被继承人的遗产中支付”；有不到一成的被调查者（8.31%）认为应由被继承人子女支付丧葬费用或者协商决定。总体上，超过七成的被调查者认为死者的丧葬费应由继承人共同支付（参见表2、图2）。

海南省地处偏远，市场经济不是很发达，再加上语言的不通①，海南的传统文化受到的冲击比较小，传统文化保存得比较好，传统孝道文化在这里依然很盛行。就本问题，多数被调查者就是受到了中国传统文化的影响，认为被继承人去世后，死者的丧葬费应由继承人共同支付。“父养子小，子养父老”，在多数国人的观念意识里，子女赡养父母，为父母养老送终，生养死葬，是天经地义的，是子女应尽的义务。当被继承人死亡时，让他“入土为安”，是继承人最后的责任。

（三）遗产债务的清偿顺序——公益费用优先

就遗产债务的清偿顺序，海南省被调查者所在地区的常见做法和被调查者对此问题的认识大体一致，具体如下：第一顺序：丧葬费用；第二顺序：清偿遗产管理等费用或欠付的工资；第三顺序：欠付的工资、欠债；第四顺序：欠债、税款；第五顺序：受被继承人

① 海南省虽小，但却有自己独特的语言，通称“海南话”，且很多市县的海南话也存在不同之处。

扶养人的生活费；第六顺序：对被继承人扶养较多的人之酌情分配遗产份额、遗赠扶养协议中写明遗赠的遗产；第七顺序：遗赠扶养协议中写明遗赠的遗产；第八顺序：对被继承人扶养较多的人之酌情分配遗产份额（参见表3-1、表3-2）。

海南省被调查者将遗产管理等继承费用和欠付的工资放在优先受偿的位置，主要是考虑到继承费用的支出是为了所有利益相关人的利益，属于公益费用，应该优先清偿；而工资关系着劳动者及其家人的基本生活保障，也应该优先清偿。被调查者将欠债和税款放在受被继承人扶养人的生活费、对被继承人扶养较多的人之酌情分配遗产份额、遗赠扶养协议中写明遗赠的遗产之前，这主要是被调查者认为“税款”是公法上的义务，公共利益高于私人利益，应该优先清偿；私人之间的借贷基于诚实信用原则，应该“有借必还”，这也反映了海南民众朴素的法律观。

关于丧葬费用。在海南，有超过六成的被调查者（占63.4%）所在地区将丧葬费用作为第一顺序进行清偿，同时，有超过五成的被调查者（占54.6%）认为应将丧葬费用作为第一顺序进行清偿。这与我们前述关于丧葬费用的支付方式[①]的调研结果似乎存在矛盾。但细加分析，发现两者其实并不矛盾。原因是两个问题的着重点不同，关于丧葬费用支付方式的调查着重的是支付主体的问题，即由谁来支付、谁来承担的问题；而关于清偿顺序的调查着重的是各项费用的清偿顺序，且未指明用于清偿的财产的来源[②]。被调查者根据问卷题目“就事论事”地作出了各自的选择。关于丧葬费用的支付方式，本文认为应该以表2和图2调研数据为准，因为这是关于丧葬费用的专项调研。

四、海南省遗产债务清偿习惯之启示

（一）遗产债务的清偿责任

我国《继承法》第33条第1款规定：“继承遗产应当清偿被继承人依法应当缴纳的税款和债务，缴纳税款和清偿债务以他的遗产实际价值为限。超过遗产实际价值部分，继承人自愿偿还的不在此限。”这说明我国《继承法》就继承人在被继承人债务的清偿问题上，采用的是有限清偿原则。就遗产债务的清偿责任，海南省有将近六成的被调查者（占58.67%）认为继承人应以继承的遗产为限负有限偿还责任，有超四成的被调查者（42.76%）认为继承人如有转移遗产、隐瞒遗产的违法行为的，则应当强制其承担无限清偿责任。这说明海南省被调查人对此问题的认识与我国现行法存在一定出入。

就域外立法来看，遗产债务之清偿责任，罗马法起初实行的是无限责任原则，但是至优士丁尼时期开始变为有限责任原则，规定继承人在财产目录之利益的范围内对遗产债务承担有限清偿责任。[③] 大陆法系的德国、法国、瑞士、日本、意大利等国均规定了有条件的遗产债务清偿的有限责任，如德国的遗产管理制度和遗产破产程序、法国的遗产清册制度、瑞士的主管官厅清算制度、日本的财产目录制度和财产分离制度、意大利的遗产清册制度和财产分离制度等[④]。同时，关于继承人转移遗产、隐瞒遗产时的债务责任，前述各

---

① 根据表2、图2显示，超过七成的被调查者认为死者的丧葬费应由继承人共同支付。

② 该题题干为“在您所在地区，对被继承人死亡后遗留的以下费用，一般是按照哪种先后次序进行清偿的：A. 丧葬费用；B. 遗产管理等费用……”该题干问的是上述费用的清偿顺序，对用于清偿的财产来源未指明。

③ 周枏：《罗马法原论（下册）》，商务印书馆1994年版，第472页。

④ 陈苇：《外国继承法比较与中国民法典继承编制定研究》，北京大学出版社2011年版，第492页。

国立法基本都在意定的无限责任之外还规定了法定的无限责任，继承人制作遗产清册等行为不符合法定条件时需承担无限的债务清偿责任[①]。

纵观国内学者的立法建议稿，主要有三种立法例，第一种主张沿用现行法的做法，适用限定清偿责任，如梁慧星教授主编的《中国民法典草案建议稿附理由·继承编（第三版）》（以下简称“梁稿”）和王利明教授主编的《中国民法典学者建议稿及立法理由　人格权编·婚姻家庭编·继承编》（下文简称“王稿”）之规定[②]。第二种主张将承担有限清偿责任还是无限清偿责任的选择权赋予继承人，继承人自愿选择实行无条件概括继承的，如果遗产的实际价值不足以清偿债务的，应以继承人的个人财产承担无限清偿责任，同时还列举了强制承担无限清偿责任的法定情形，如陈苇教授《〈中华人民共和国继承法〉修正案建议稿》（以下简称“陈稿”）之规定[③]。第三种主张适用有条件的限定继承，同时规定排除限定继承适用的情形，如继承人隐匿重要遗产的、在遗产清单中故意漏记重要遗产或者计入不存在的债务的、或者处分遗产损害遗产债权人权利的，继承人仍应对全部遗产债务承担责任，如杨立新教授、杨震教授等主编的《〈中华人民共和国继承法〉修正草案建议稿》[④]（以下简称“杨稿”）。综上，关于遗产债务的清偿责任，到底沿用现行做法，还是改采有条件的限定继承，学者间存在一定的分歧。

我国《继承法》出台时，市场经济不发达，民众的财产关系比较简单，遗产债务纠纷比较少。随着市场经济的发展，民众的财产关系日益复杂，遗产债务纠纷增多，遗产债权的保护显得越发重要，如何平衡继承人和债权人的利益关系，成为继承法律制度修改完善的重要任务之一。就遗产债务的清偿责任，现行法实行单一的有限清偿责任，虽然有利于减轻继承人的债务负担，改变传统的“父债子还”的民众观念，但这种做法不利于对债权人利益的保护，对继承人损害债权人利益的行为，也缺乏相应的救济措施。结合海南省的调研和上述分析，笔者认为，就遗产债务的清偿，建议我国未来的《民法典·继承编》改采有条件的限定继承，实行有限清偿责任与无限清偿责任双轨制，即原则上适用有限清偿责任，当继承人存在转移遗产、隐瞒遗产，违规处分遗产的，处分遗产损害遗产债权人权利的，则应令其对全部遗产债务承担无限清偿责任。这样既有利于降低继承人的债务负担，又有利于保护债权人的利益，能很好地平衡继承人和债权人之间的利益关系，这也与我们在海南省的调研数据相吻合。

（二）遗产债务的范围

我国《继承法》第33条规定：“继承遗产应当清偿被继承人依法应当缴纳的税款和债务，缴纳税款和清偿债务以他的遗产实际价值为限。超过遗产实际价值部分，继承人自愿偿还的不在此限。继承人放弃继承的，对被继承人依法应当缴纳的税款和债务可以不负偿还责任。”从中可以看出，我国《继承法》承认的遗产债务包括“被继承人依法应当缴

---

① 陈苇：《外国继承法比较与中国民法典继承编制定研究》，北京大学出版社2011年版，第492页。

② 梁慧星：《中国民法典草案建议稿附理由·继承编（第三版）》，法律出版社2013年版，第1909条。以下简称“梁稿”。王利明：《中国民法典学者建议稿及立法理由　人格权编·婚姻家庭编·继承编》，法律出版社2005年版，第658条。以下简称“王稿”。

③ 陈苇：《〈中华人民共和国继承法〉修正案建议稿》，载《私法》2012年第2期，第69条。以下简称“陈稿”。

④ 杨立新、杨震等：《〈中华人民共和国继承法〉修正草案建议稿》，载《河南财经政法大学学报》2012年第5期，第77、80条。以下简称“杨稿”。

纳的税款和债务”。除此之外，还有继承费用、遗赠财产、必留份、酌情分配遗产等，这些虽然并未明确被规定为遗产债务，但同样需要从遗产中支付或清偿。对此，《德国民法典》第1967条第2款规定：除由被继承人招致的债务以外，涉及继承人本人的债务，特别是因特留份权利、遗赠和负担而发生的债务，也属于遗产债务。[①]

就国内学者的立法建议稿来看，“王稿”认为遗产债务包括：（1）继承费用；（2）遗产税；（3）被继承人生前欠下的债务；（4）遗产酌给债务；（五）因特留份扣减权、遗赠等产生的债务[②]。“陈稿”认为，遗产债务包括：（1）继承费用；（2）继承人生前所欠个人债务；（3）必遗份以及确为维持生存所需要的酌分遗产之债；（4）特留份与必遗份之债；（5）遗赠之债[③]。“杨稿”和“梁稿”沿用现行法的做法认为遗产债务为“被继承人依法应当缴纳的税款和债务”[④]。可见，学者对遗产债务的范围存在一定分歧。

笔者认为，遗产债务分为狭义上的遗产债务和广义上的遗产债务。狭义上的遗产债务，是指被继承人生前产生死后遗留的债务，也就是“被继承人招致的债务”，应仅限于“被继承人依法应当缴纳的税款和债务”。广义上的遗产债务，是指一切需要从遗产中支付或清偿的债务、费用和财产负担，除了狭义上的遗产债务，还包括继承费用、遗赠之债、酌情分配遗产之债，以及必留份和必要生活费等负担。

债的概念来自罗马法。优帝《法学阶梯》称：“债是依法使他人为一定给付的法锁。”[⑤] 在优帝《学说汇编》中，法学家保罗将债解释为：“债的本质不在于我们取得某物的所有权或者获得役权，而在于其他人必须给我们某物或者做或者履行某事。”[⑥] 债是一种请求他人为一定行为或不为一定行为的权利，属于相对权。

继承费用等遗产管理费用是为了清点、管理、分割遗产，实现继承，了结债务等所产生的费用，需要从遗产中支付。遗赠扶养协议的扶养人和遗赠的受遗赠人有获得受遗赠遗产的权利，其可以向继承人或遗产管理人主张权利，要求其依协议或遗嘱给付。必留份，遗嘱应当为无劳动能力又无生活来源的继承人保留必要的遗产份额，必留份是必留份权利人享有的取得必留份遗产的权利，也是遗产的负担。对继承人以外的依靠被继承人扶养的缺乏劳动能力又没有生活来源的人，或者继承人以外的对被继承人扶养较多的人，可以分给他们适当的遗产，即上述人员可以向继承人或遗产管理人主张行使酌分遗产请求权。上述费用、债务或负担虽非被继承人所遗留，但均需要从遗产中支付或清偿，通常由权利人向继承人或遗产管理人请求支付或交付。这些要素符合债的本质和特征。笔者认为继承费用、遗赠之债、酌情分配遗产之债以及必留份和必要生活费等负担属于广义上的遗产债务。但丧葬费用例外，不宜列入遗产债务，以下是关于丧葬费用的分析：

关于丧葬费用支付方式，在海南省，有超过七成的被调查者认为死者的丧葬费应由全体继承人共同支付。我国继承法对丧葬费用由谁承担并未明确规定。依照《德国民法典》

---

① 台湾大学法学院、台大法学基金会译：《德国民法典》，北京大学出版社2017年版，第1415页。

② 参见“王稿”第650条。

③ 参见“陈稿”第68条。

④ 参见“杨稿”第77条、参见“梁稿”第1908条。

⑤ 转引自周枏：《罗马法原论》，商务印书馆1994年版，第628页。

⑥ 转引自［意］彼德罗·彭梵得：《罗马法教科书》，黄风译，中国政法大学出版社1992年版，第283页。

第 1968 条规定："被继承人的、与其社会地位相称的丧葬费用，由继承人负担。"[①] 就国内的学者建议稿来看，"陈稿"主张丧葬费用列入继承费用，继承费用列入遗产债务[②]；"杨稿"主张丧葬费用列入继承费用[③]；有的则对此没有规定，如"梁稿"。可见，对于丧葬费用的性质，学者间分歧较大。笔者认为，丧葬费用既不宜列入继承费用，也不宜列入遗产债务，应由继承人承担。倘若将丧葬费用列入继承费用，或者列入遗产债务，都存在丧葬费用需要从遗产中支付的问题。如此一来，又会产生以下问题。一是不利于对债权人利益的保护，对债权人来说，这意味着用于清偿遗产债务的总资产减少了，其债权不能完全实现的风险提高了。二是倘若被继承人所遗留的遗产尚不足以支付丧葬费用，不足部分由谁来承担？理论上应该由继承人以个人财产来承担。如此一来，又会导致该做法与继承法所规定的继承人的有限清偿责任相悖。三是倘若继承人放弃继承，是否也如免除遗产债务一样免除其丧葬费用的承担义务？从继承权放弃的基本原理来看，继承人放弃继承的，应该免除其遗产债务的清偿责任，照此推论，继承人放弃继承的，就无须承担丧葬费用。这种做法与传统的孝道相悖，因为无论从法律上来说，还是从伦理道德上讲，继承人都有殡葬已故的被继承人的义务，这是"养老送终""生养死葬"的应有之义，也是中国几千年以来的传统和道德文化所要求的。故笔者认为，丧葬费用不属于遗产债务的范围，应由继承人承担，不管其是否继承了遗产都应当承担，即便继承人放弃继承的，仍应当承担其丧葬费用。至于实践中出现的部分继承人将丧葬费用从遗产中支付的现象，可以将其视为是对拟继承财产的预支。如果债权人提出异议的，应该由继承人以个人财产予以返还。

综上，本文认为，遗产债务包括继承人生前所欠债务、继承费用、遗赠财产、必留份、酌分遗产等债务、费用和负担。

（三）遗产债务的清偿顺序

如上文所述，遗产债务包括继承人生前所欠债务、继承费用、遗赠财产、必留份、酌情分配遗产请求权等债务、费用和负担。当上述债务、费用和负担并存冲突时，如何配置它们的先后顺序，关乎着继承人、债权人和利益相关人权利的实现。就上述债务、费用和负担，除去丧葬费用[④]，海南省被调研者将遗产管理等继承费用、欠付的工资放在普通债务之前，处于优先受偿的位置；将受被继承人扶养人的生活费、对被继承人扶养较多的人之酌情分配遗产份额、遗赠扶养协议中遗赠的遗产放在了欠债和税款之后。

关于遗产债务的清偿顺序我国现行法没有作出明确的规定。我国《继承法》第 34 条规定："执行遗赠不得妨碍清偿遗赠人依法应当缴纳的税款和债务。"我国 1985 年《最高人民法院关于贯彻执行〈中华人民共和国继承法〉若干问题的意见》第 61 条规定：继承人中有缺乏劳动能力又没有生活来源的人（以下简称"双无继承人"），即使遗产不足以清偿债务，也应为其保留适当遗产，然后再按《继承法》第 33 条和《民事诉讼法》第 180 条的规定清偿债务。《民事诉讼法（试行）》（1982 年）第 180 条规定"被执行人被

---

① 台湾大学法学院、台大法学基金会译：《德国民法典》，北京大学出版社 2017 年版，第 1415 页。

② 参见"陈稿"第 68 条。

③ 参见"杨稿"第 83、77 条。

④ 关于丧葬费用，前文已经论述，不宜列入遗产债务。

执行的财产，不能满足所有申请人要求的，按下列顺序清偿：（一）工资、生活费；（二）国家税收；（三）国家银行和信用合作社贷款；（四）其他债务。不足清偿同一顺序的申请人要求的，按比例分配。”依据上述规定，遗产的清偿或支付顺序如下：“双无继承人”的必要生活费、工资和生活费、税收、债务、遗赠等。从中可以看出，上述立法遵循弱者权益保护原则和生存利益原则。然而，1982 年《民事诉讼法（试行）》已经废止了，但其传递的信息依然具有参考价值。自然人死亡之后的遗产清算制度与企业破产清算程序有许多相似之处，故在一些实行个人破产主义的国家直接将遗产清算制度纳入破产法，如德国、日本等①。我国虽不承认个人具有破产能力，但从我国企业破产财产清算规则中也可以窥探出我国立法者对各种权利实现顺序的态度。根据我国《企业破产法》第 43、109 条和第 113 条的规定，企业破产财产的清算程序如下：破产费用和共益债务，有担保权的债权，工资社保等，税款，普通债权②。从中可以看出，公益费用应该优先支付，有担保的债权优先于无担保的债权，工资等优先于税款和普通债权，这些可以作为我们遗产清偿顺序设计时的有益参考。

从国外立法来看，大陆法系国家遗产债务一般按以下顺序清偿：第一顺序：继承费用；第二顺序：被继承人的个人债务；第三顺序：继承开始时产生的债务。其中，临时扶养费优先于特留份债务，特留份债务又优先于遗赠债务③。《日本民法典》规定：涉及公共利益、劳动者工资、为继承人办理丧事以及基本必要生活用品保证的遗产债务可以获得优先清偿权。④《德国破产法》规定：继承费用属于破产费用的范畴，财团债权清偿位于其他债权清偿的前位。⑤ 德国立法将继承开始后形成的债务放到清偿顺序的首位。

对于遗产的清偿或支付顺序，国内学界存在很多种观点，分别可以归纳为“三顺序学说”“四顺序学说”“五顺序学说”“八顺序学说”等。“三顺序学说”认为遗产的清偿顺序按照继承费用、有担保的被继承人生前债务和普通债务三个层次进行清偿⑥；“四顺序学说”则认为遗产债务的清偿顺序应当按照继承费用、被继承人生前所欠的债务、酌给遗产债务和遗赠债务四个顺序清偿⑦；“五顺序学说”又有几种，一种学说认为，优先债权为第一顺序，交付国家的税款为第二顺序，普通债权为第三清偿顺序，交付遗赠为第四顺序，酌给债权为第五顺序⑧；“王稿”认为遗产债务清偿顺序为：（1）继承费用；（2）遗产税；（3）被继承人生前欠下的债务；（4）遗产酌给债务；（5）因特留份扣减权、遗赠等产生的债务。对遗产享有担保物权的债权人可以申请就担保物优先受偿⑨。

---

① 林嘉：《外国民商法（第三版）》，中国人民大学出版社 2011 年版，第 237 页。

② 《企业破产法》第 43 条规定：破产费用和共益债务由债务人财产随时清偿。第 109 条规定：对破产人的特定财产享有担保权的权利人，对该特定财产享有优先受偿的权利。第 113 条规定：破产财产在优先清偿破产费用和共益债务后，依照下列顺序清偿：（1）破产人所欠职工的工资和医疗、伤残补助、抚恤费用，所欠的应当划入职工个人账户的基本养老保险、基本医疗保险费用以及法律、行政法规规定应当支付给职工的补偿金；（2）破产人欠缴的除前项规定以外的社会保险费用和破产人所欠税款；（3）普通破产债权。

③ 陈苇：《外国继承法比较与中国民法典继承编制定研究》，北京大学出版社 2011 年版，第 551 页。

④ 渠涛译：《最新日本民法》，法律出版社 2006 年版，第 199 页。

⑤ 波克：《德国破产法概论》，北京大学出版社 2014 年版，第 164 页。

⑥ 梁慧星：《中国民法典草案建议稿附理由 · 继承编》，法律出版社 2004 年版，第 252、254、262 页。

⑦ 杨立新、朱呈义：《继承法专论》，高等教育出版社 2006 年版，第 255~256 页。

⑧ 刘春茂：《中国民法学 · 财产继承》，高等教育出版社 2006 年版，第 568~570 页。

⑨ 参见“王稿”第 650 条。

"杨稿"认为遗产的清偿顺序为：继承费用为第一顺序，税款为第二顺序，被继承人生前所负债务为第三顺序，遗赠扶养协议与继承扶养协议中扶养人取得遗产的权利为第四顺序，受遗赠人取得遗赠的权利为第五顺序。① "八顺序说"，如"陈稿"认为遗产债务应按如下顺序清偿：第一顺序为继承费用；第二顺序为有优先权的债务；第三顺序为必遗份、确为维持生存所需要的酌分遗产；第四顺序为劳动工资等债务；第五顺序为死者生前所欠的税款及第二、三顺序以外的普通债务；第六顺序为遗赠扶养协议之债；第七顺序为特留份之债；第八顺序为遗赠之债②。

这些学说争议的焦点有，一是家庭成员扶养费用和继承费用的先后清偿顺序；二是有担保的债务之先后清偿顺序；三是普通债务与遗赠扶养协议的先后清偿顺序；四是工资之债与税款、普通债务的清偿顺序等。笔者认为，第一，继承费用应优先清偿，继承费用类似于财团债权，属于共益费用，对其先行清偿，这既是大部分学者的共识，也符合国际惯例。第二，"双无继承人"的必留份或必要生活费用以及受被继承人扶养的人的生活费用应优先于其他债务，这既是人文关怀和社会伦理道德的要求，也是为了减轻国家和社会负担的需要。第三，有担保的债务，这里主要是指有物权担保的债务，基于物权的支配性和优先性，应该允许享有担保物权的债权人就担保物优先受偿，故有担保的债务不必列入清偿顺序。但超出担保物价值的债务部分应按普通债务对待。第四，工资之债涉及工人的基本生活，关乎着劳动者权益的保障，应该优先于税款和普通债务。第五，税款属于公法上的债务，涉及国家利益和社会公共利益，应该优先于遗赠抚养协议之遗赠和普通债务。第六，遗赠扶养协议之遗赠支付应该优先于普通债务，因为扶养人对遗赠人尽的是生养死葬的义务，从伦理道德上讲，应该优先保障扶养人的权利，须注意的是，如果遗赠抚养协议指定的财产是遗赠人的全部财产的话，则需按比例清偿。

综上，结合海南省的调研和上述分析，笔者认为遗产债务的清偿顺序如下：第一顺序：继承费用；第二顺序："双无继承人"的必留份、受被继承人扶养人的必要生活费用；第三顺序：劳务工资等债务；第四顺序：税款；第五顺序：遗赠扶养协议中写明遗赠的遗产；第六顺序：普通债务；第七顺序：对被继承人扶养较多的人之酌情分配遗产份额；第八顺序：遗赠。对遗产享有担保物权的债权人可以申请就担保物优先受偿。

结　语

我国《继承法》关于遗产债务清偿的规定，存在明显不足：一是单一的有限清偿原则不足以保护债权人的合法权益；二是未科学设置遗产的清偿顺序。鉴于此，结合海南省的调研，笔者提出以下修改完善的建议：一是改采有条件的限定继承，实行有限清偿责任与无限清偿责任双轨制，即原则上适用有限清偿责任，当继承人存在转移遗产、隐瞒遗产，违规处分遗产的，处分遗产损害遗产债权人权利的，则应对全部遗产债务承担无限清偿责任。二是科学设置遗产的清偿顺序。

---

① 参见"杨稿"第83条。
② 参见"陈稿"第71条。

湖北省民众的遗产分割观念与处理习惯调查及其立法启示①

孟令志　卢亚娟*

目　次

我国《继承法》颁布已三十余载，过去的三十多年，我国实行改革开放，大力发展经济，从而使民众财富增加。然人有生有死，为此，财产在死亡后的归属问题引起关注。值继承法修订之际，将现行立法进行逐条梳理，就遗产分割问题加以重新审视至关重要。

一、现行法评述及司法实务之现状

（一）现行继承法就遗产分割规定简述

1.《继承法》条文偏少

现行《继承法》全文仅37条，去除附则的3个条文，仅余下34个条文。反观《德国民法典》的继承编，从第1922条到第2385条，有460多个条文；《日本民法典》的继承编，也有160余条；其他国家和地区的相关条文也有近几百条。② 我国《继承法》仅以34个条文之篇幅，很难涵盖纷繁复杂的继承制度。

2. 涉及遗产分割仅几条而已

其中，涉及遗产分割的法条仅有6条，分别为第13~15、26、28条以及第29条。第13条和第14条，确立了遗产分配的基本思路；第15条规定了继承纠纷的三种解决途径；第26条明确了遗产分割不得侵害他人的财产权益；第28条规定了胎儿预留份；第29条

---

① 本文为司法部2016年度国家法治与理论研究课题“我国遗产处理制度系统化构建研究”（编号16SFB2036）的阶段性成果之一，载《私法研究》第24卷，法律出版社2019年版。

* 作者简介：孟令志，中南财经政法大学法学院民商法系副教授；卢亚娟，中南财经政法大学民商法硕士研究生。

② 例如，《奥地利普通民法典》虽然未设继承编，而是将其并入财产法编之下的物权分编，但其相关条文也有近300条；《意大利民法典》的继承编也有310多个条文。

则为遗产分割的规则和方法，但也只是抽象强调遗产分割不得损害遗产的效用。这些条文散见在《继承法》的各章节当中，内容上分散凌乱。同时，从这6个法条来看，有关遗产分割方式的规定十分抽象笼统，缺乏遗产分割提起时间、遗产分割之前的遗产损益分配以及归扣制度的有关规定。此外，当遗嘱继承人与法定继承人重合时，遗产的具体分割也存有疑问。

（二）审判实务有关遗产分割的纠纷少

1. 纠纷多为继承权之确认、遗产范围之界定

从北大法宝、无讼、中国裁判文书网上公布的遗产纠纷案件来看，主要涉及的是继承权确权以及遗产范围确定之纠纷，鲜少就遗产分割问题产生争议。

2. 遗产分割纠纷主要由协商解决

《继承法》第15条规定遗产分割的具体问题由当事人协商确立。因而，当继承权人和遗产范围确定之后，当事人一般协商确定具体分割的问题。

二、湖北省被调查民众的遗产分割观念及处理习惯的统计与分析

为了解当代民众的财产继承观念和遗产处理习惯，为《中华人民共和国民法典》之民法分则继承编的编纂提供民意土壤，中南财经政法大学法学院师生组成调查小组在湖北省展开实地调研。本次实地调研，主要采取问卷调查的方式，共计向居住地为湖北的民众发放调查问卷672份，回收659份，回收问卷有效率达98.07%。

（一）遗产分割的原则

为了解湖北地区所习惯的遗产分割原则，问卷设置了一道不定项选择题：按您当地的民间习惯，对遗产一般如何开始分割的？该问题设如下选项：A. 由各继承人共同协商后进行分割；B. 只要有继承人要求分割遗产，就得进行分割；C. 对于被继承人以遗嘱禁止分割的遗产，不得进行分割；D. 其他。86.8%的被调查者选择了A选项，选择C的占69.95%。从调查数据来看，在湖北地区，近九成的被调查者认为遗产须由所有继承人协商同意后才可开始分割。

（二）遗产分割的提起时间

1. 父母一方死亡另一方健在时，不会立即分割遗产

为了解在湖北地区分割遗产的提出时间是否有特殊限制，问卷设置的题目是："老王死亡时留有一套家庭居住的房屋（价值50万元）、存款20万元以及小汽车一辆（价值10万元）。老王去世时，其配偶和其唯一的儿子小王均在世。"并询问："如果在您所在地区，老王死亡后，其儿子小王是否会马上向其母亲提出分割遗产的请求。"所列选项为：A. 会；B. 不会；C. 会提出分割其他遗产，但对其母正在居住房屋的分割需等其母去世后进行；D. 其他。74.39%的被调查者选择B选项。据此，当父母一方死亡另一方尚健在时，大多数民众认为不应立即要求分割遗产。

2. 被继承人有权限制遗产分割的时间，但应以5年为限

为了解湖北民众是否认为遗产分割的时间可由被继承人决定，问卷设置的题目为："甲、乙是夫妻，育有一子丙。甲生前立了一份遗嘱，指定由乙和丙共同继承遗产。甲死亡时留下一套家庭住房（价值50万元）、存款20万元以及小汽车一辆（价值10万元）。"并询问："甲是否可以在遗嘱中写明在其死后上述房屋在一定期间内不能进行分割。"所

列选项为：A. 可以；B. 不可以。83.02%的被调查者选择了A选项，这表明绝大多数民众认为被继承人有权限制遗产分割的时间。

为进一步了解民众对被继承人限制遗产分割起始时间的情形下，起始时间的具体时点的观念，问卷继续询问选择A选项的538位被调查者，“该期限多久合适”，并列出几个时间点供选择：A. 5年；B. 10年；C. 15年；D. 其他。34.39%的人选择了5年期限，该选项占比最大。因此，更多民众认为被继承人限制遗产分割的时间不得超过5年。

（三）被继承人生前特种赠与财产的归扣

关于湖北民众对遗产归扣的接受程度，问卷设置的题目为：“张老汉有三个儿子，在10年前大儿子甲结婚时，张老汉给其资助购买婚房现金20万元；二儿子乙一直未结婚，但5年前在其开办豆腐坊时，张老汉资助其营业资金10万元。在两年前小儿子丙结婚时，张老汉为其购买一套价值30万元的房屋（产权登记在小儿子丙名下）；2016年1月张老汉去世时遗留有个人所有的住房一套和50万元存款。”据此，问卷列出了几种可能的遗产供选择：A. 张老汉生前给三个儿子不同资助的财产，均应当合并计算为遗产；B. 张老汉去世时遗留的个人所有的住房和50万元存款，才可以计算为遗产；C. 其他。统计结果显示，74.05%的被调查者选择了选项B。由此可见，七成以上的人在观念上尚未形成遗产归扣概念，需要法律加以引导。

三、完善遗产分割立法之管见

前文所述，现行《继承法》就遗产分割问题规定得过于简略。就司法实务的情况来看，有关遗产分割的纠纷尚不突出。然而，中国经济的发展、家庭结构以及财产观念的变化，或许会使情况发生变化，诸多遗产分割的问题将逐渐显现，细化遗产分割的具体规范十分必要。具体的内容如下：

（一）遗产分割的提起时间

通说认为，被继承人死亡时，继承权由期待权转化为既得权，即尚未分割的遗产由继承人共有。[①] 最高人民法院1987年《关于继承开始时继承人未表示放弃继承遗产又未分割的可按析产案件处理问题的批复》印证了这一观点。因而，此后继承人提起的遗产分割诉讼应属于析产诉讼，而非继承权纠纷诉讼，不适用诉讼时效。[②] 所以，这里所称的遗产分割的提起时间，实际上是指分割共同财产。

1. 由继承人协商确定

现行《继承法》第15条规定遗产分割的时间由当事人协商确定，从湖北省调研结果来看，该规定符合遗产分割的现实需要。随着遗产形式的丰富与发展，有些遗产诸如公司股权、期权、投资基金等也不适宜立即分割。就公司股权而言，如果立即进行现实分割可能不利于公司的稳定经营。因此，在被继承人没有明确作出相反的表示时，此时法律无法

---

① 参见杨立新：《民法分则继承编立法研究》，载《中国法学》2017年第2期；孙毅：《继承法修正中的理论变革与制度创新——对〈继承法修正草案建议稿〉的展开》，载《北方法学》2012年第5期；李国强：《论共同继承遗产的分割规则——以〈物权法〉的解释和〈继承法〉的修改为视角》，载《法学论坛》2013年第2期；马新彦、卢冠男：《民法典编纂中继承法编几个问题的探讨》，载《当代法学》2017年第3期。

② 有学者提出反对意见，坚持法定继承遗产分割纠纷的时效限制，参见杜志红：《法定继承中遗产分割纠纷的时效限制》，载《河北法学》2016年第6期。

规定确切的遗产分割时间，可交由继承人协商确定。

2. 允许被继承人设定禁止遗产分割的期限

如被继承人明确表示在其死后的一段期间内不能分割遗产时，继承人是否应当无条件遵从被继承人的该项限制，现行《继承法》尚未予以明确。基于对被继承人自由意志的尊重，各继承人应受该期限的约束。但出于促进遗产有效流转的考虑，该期限也不宜太长。[①]《德国民法典》第2044条规定了被继承人的该项处分30年之后失效；[②]《日本民法典》和《意大利民法典》均确立了5年的最长期间。[③] 从前文所述的湖北省民众遗产分割习惯实证调查研究结果来看，更多的人接受5年的禁止分割时间。因而，从现实需求和比较法的经验来看，将被继承人禁止遗产分割的最长期间限制为5年，具有合理性。

3. 明确不得分割的情形

此外，当遗产分割遭遇现实障碍时，法律也应禁止各继承人进行遗产分割。例如，存在有关确认继承人身份或者剥夺继承权的未决诉讼等情况。此时，继承份尚不确定，不宜进行遗产分割。《德国民法典》第2043条也确立了相类似的规则。[④]

（二）遗产分割前所生损益的分配规则

在被继承人死亡至遗产实际分割之间可能存在相当长的时间，此时遗产由各继承人共有。当继承人之间未确定遗产管理人时，存在一方继承人擅自处分共有遗产导致遗产损益的可能。现行《继承法》第24条规定了存有遗产的人应当妥善保管遗产，但尚未对其损益分配规则做出规定。

根据《物权法》第96条的规定，共有人可以协商确定共有物的管理方式，没有协商或者协商不成的，所有共有人都负有管理的权利和义务。因此，如果是出于各继承人的共同的意思表示而进行的遗产处分，由此造成的遗产损益，由各继承人共同分担；如果继承人之间没有就遗产管理达成合意，继承人中的一方擅自处分遗产，由此形成的遗产增值部分，应纳入遗产范畴，按照遗产分配规则在继承人之间进行分配；由此造成的遗产损失，应当由行为人自己承担。这样能有效地规范各继承人对遗产的管理行为，防止遗产由于个别继承人的不当行为而减值，以致损害其他继承人的合法财产权益。

（三）被继承人生前特种赠与财产的归扣

归扣制度起源于罗马法，[⑤] 基本上成为各国立法的通例。[⑥]《德国民法典》第2050条、《法国民法典》第843条、《日本民法典》第903条、《奥地利普通民法典》第787~794条以及《瑞士民法典》第626条等均规定了归扣制度，而我国《继承法》尚未确立这一

---

① 李国强：《论共同继承遗产的分割规则——以〈物权法〉的解释和〈继承法〉的修改为视角》，载《法学论坛》2013年第2期。

② 《德国民法典》，陈卫佐译，法律出版社2004年版，第521页。

③ 《日本民法典》，王书江译，中国法制出版社2000年版，第165页；《意大利民法典》，费安玲等译，中国政法大学出版社2004年版，第179页。

④ 《德国民法典》，陈卫佐译，法律出版社2004年版，第521页。

⑤ 郭明瑞、房绍坤著：《继承法（第二版）》，法律出版社2012年版，第121页。

⑥ 王歌雅：《论继承法的修正》，载《中国法学》2013年第6期。

项制度。学界主流观点认为，基于公平分配原则，应当在民法分则继承编中规定遗产归扣问题。①

1. 归扣的主体

归扣的主体包括归扣的权利人与义务人。出于对被继承人生前意愿的推定，即推定其对各继承人一视同仁，应当认为只要继承人中有人已经接受了被继承人的特种赠与，其他继承人无论是否接受过特种赠与，皆可以成为归扣的权利人。然而，归扣的主体不包括放弃或丧失继承权的继承人以及受遗赠人。

2. 归扣的客体

归扣的客体是指被继承人生前对继承人所为的具有应继份预付性质的赠与，大陆法系国家称之为“特种赠与”，英美法系国家称之为“世间支付”。我国学界普遍接受依据赠与物的用途判断是否为特种赠与。② 学界归纳的特种赠与的种类主要包括：婚姻、营业、另居、为继承人支付保险费、偿还债务支出的费用以及超出正常范围的教育费用。③ 就教育费而言，不应规定得过于僵化，避免将被继承人的法定教育义务架空。如何理解超出正常范围，则属于司法自由裁量权的范畴，法官应结合实际情况综合判断。

3. 归扣的适用范围

归扣应为法定继承中的一项特殊制度，在遗嘱继承和遗赠中不适用。因为在后两种情形之下，被继承人已经就遗产安排做出了意思表示，无须法律进行意思推定。此外，当被继承人以明示或者默示的方式反对归扣时，不宜适用归扣制度。

4. 归扣的适用方法

适用归扣时，应先将继承人所受特种赠与的赠与物的现实价额合并计算入可分配遗产范围内，然后再进行遗产分配。若继承人所受特种赠与的数额超过其应继份额时，该继承人不负返还义务。此时，可以理解为被继承人生前对该继承人存在特殊偏爱，法律应予以尊重。

（四）遗嘱继承人与法定继承人重合之协调

现行《继承法》规定了法定继承与遗嘱继承两种形式，并规定遗嘱人将遗产留给法定继承人的，是遗嘱继承，留给法定继承人以外的则是遗赠。将继承人区分为法定继承人和遗嘱继承人，两者存在着重合的可能。例如，被继承人生前仅就部分遗产指定了继承人，那么剩余遗产应按照法定继承处理。遗嘱已经指定的继承人之份额，如少于平均份额，其是否还可以参与分配。如结论是肯定的，那么就会出现遗嘱继承人与法定继承人之重和；如结论是否定的，继承人间份额就会不均等，这违反了《继承法》第 13 条第 1 款的规定，使得继承人之间的利益失衡。④

---

① 参见房绍坤、朱呈义：《论遗产分割中的归扣制度》，载《法制与社会发展》2003 年第 6 期；张平华、刘耀东：《遗产分割中归扣法律制度研究》，载《法学论坛》2009 年第 1 期；孙毅：《继承法修正中的理论变革与制度创新——对〈继承法修正草案建议稿〉的展开》，载《北方法学》2012 年第 5 期；龙翼飞、窦冬辰：《遗产归扣制度在我国的适用》，载《法律适用》2016 年第 5 期；杨立新：《对修正继承法十个问题的意见》，载《法律适用》2012 年第 8 期。梁慧星教授的《民法典草案建议稿继承编》第 1843 条规定了“赠与与冲抵”；王利明教授的《民法典草案建议稿继承编》第 13 条规定了“归扣”。

② 龙翼飞、窦冬辰：《遗产归扣制度在我国的适用》，载《法律适用》2016 年第 5 期。

③ 杨立新：《对修正继承法十个问题的意见》，载《法律适用》2012 年第 8 期。

④ 《继承法》第 13 条第 1 款规定：“同一顺序继承人继承遗产的份额，一般应当均等。”

处理这一问题，首先，应当坚持被继承人意志优先原则，即被继承人生前若表示遗嘱继承人可以参与剩余财产分配，该表示可以明示或者默示的方式作出，则法律不宜横加干涉；其次，坚持继承人之间平等分配原则。若无法探究被继承人生前真实的意思表示，则可推定被继承人对各继承人一视同仁，被继承人遗产应当在各继承人之间公平地进行分配。

结　语

现行《继承法》就遗产分割问题的规定过于简单笼统，缺乏对遗产分割提起的时间、遗产现实分割之前遗产损益分配、是否应确立遗产归扣制度以及遗嘱继承人与法定继承人重合时如何协调继承人之间的利益冲突等问题的规定。从湖北省民众遗产分割态度来看，被调查者的遗产分割习惯大多与现行《继承法》相契合，这正是此次民法分则继承编编纂面临巨大阻碍的原因。然而，法律应预设行为规范而非消极地依附于当下现实社会的需要，如此才能更好地增强法律的稳定性，凸显法律之权威。因此，此次继承编编纂应在充分考虑现实情况的基础上迎难而上，对遗产分割的具体问题做出前瞻性的规定。

具体而言，体现为如下几点：第一，明确遗产分割的提起时间。原则上，由各继承人之间协商确定遗产分割时间，但被继承人禁止继承人在其死后不超过 5 年的时间内分割遗产的除外。此外，当继承份尚不确定时，继承人也不得分割遗产。第二，各继承人之间可以协商确定遗产实际分割前遗产损益的归属，协商不成的，若基于各继承人共同的意思表示所形成的遗产损益，由继承人共同分担。若个别继承人擅自处分遗产，其形成的遗产收益由各继承人共同分配，但损失仅由行为人自己承担。第三，将遗产归扣制度确立为法定继承中的一项特殊制度。除放弃或者丧失继承权的继承人之外，其他继承人，无论是否接受过特殊赠与，均为归扣主体。是否属于特殊赠与财产应以赠与物的用途作为判断标准，其中涉及的教育费用应审慎认定。适用归扣时，继承人仅需将所受特殊赠与物的现实价额合并归入被继承人的遗产中即可，而无须现实返还该赠与物。该价额超过应继份的部分，该继承人不负返还义务。第四，当遗嘱继承人与法定继承人发生重合时，应坚持被继承人意志优先原则，只有在无法探究被继承人生前真实意愿的情形下，才可基于公平分配原则处理。

价值判断与立法选择：遗嘱继承法定规则的反思与完善

曾亚妮[*]

目　次

继承制度承担着维系家庭家族和谐、实现养老育幼、减轻社会负担等重要职能。伴随老龄化社会来临和市场经济发展，人们的财产继承观念逐渐增强，除法定继承外，通过设立遗嘱预先安排其身后相关事宜的现象已更加普遍，但我国《继承法》实施已30余年，其中关于遗嘱继承的部分立法规定已不能适应诸多新情况、新问题，重新审视该制度进而完善其缺憾之处，乃是对时代多元需求的理性回应。

一、现实之维：遗嘱制度运行的实务困境

（一）新型遗嘱的效力认定

案例一：重庆一被继承人赵某以手机录像的形式立下遗嘱，一审法院认为，该遗嘱系具有利害关系的继承人单独录制，没有两个以上的见证人在场见证，对该录像遗嘱的效力不予认定。

案例二：深圳罗湖一龙姓女子留下一份打印遗嘱，在“遗嘱人”栏有其签名，遗嘱内容为其所有的房产由两个女儿共同所有，但在处理遗产时，相关部门均不予认可遗嘱效力。故其二女分别作为原、被告，请求法院确认其对于房产每人50%的所有权。法院经审理后认为，该遗嘱不符合自书遗嘱或代书遗嘱的形式要件，不具备法律效力。

评析：根据《继承法》，被继承人可选择公证遗嘱、自书遗嘱、代书遗嘱、录音遗嘱、口头遗嘱5种法定形式订立遗嘱，而今遗嘱形式有了录像遗嘱、打印遗嘱等许多衍生

* 作者简介：曾亚妮，重庆市渝中区人民法院政策研究室。

品。对于上述新型遗嘱，实务中主要参照代书遗嘱、录音遗嘱等其他法定形式来判定，但司法中无统一认定标准，部分裁判结果争议性较大。法定遗嘱形式已无法满足公民的多元需求，一定程度上制约了遗嘱人真实意思的表达。

（二）实质和形式要件瑕疵

案例三：广州市一位离休干部去世后留下两套房产，三年后保姆手持3份手书遗嘱要求继承其中一套。广州市中级人民法院作出终审判决，认定老人当时有痴呆表现，不具备书写能力，或具有抄写能力，属于限制民事行为能力人，签署这些遗嘱的行为无效，驳回保姆的全部诉求。

案例四：重庆一被继承人罗某立下代书遗嘱，指定房产归孙子所有，但因罗某不会写字，故遗嘱上仅有其捺印而无签名，该遗嘱符合代书遗嘱的其他形式要件（见证人、注明年月日等）。一审法院认为尽管代书遗嘱存在形式瑕疵，但仍认定该遗嘱有效。

案例五：重庆人解某签署遗嘱一份，该遗嘱由见证人郭某现场予以宣读，并由解某在该遗嘱左下角“立嘱人”处签名、捺印并注明日期。遗嘱右下角“见证人”处有“罗某”“郭某”签名。除上述签名外，遗嘱上其他内容并非由解某、罗某、郭某三人书写。上述宣读、签字过程均通过录像方式予以记载。一审法院认为，根据举示的视频资料显示，解某在签署遗嘱过程中始终未亲自口述遗嘱内容，故该遗嘱并不符合自书、代书以及录音遗嘱的形式，系无效遗嘱。

评析：《继承法》第22条第1款①对不符合实质要件的遗嘱明确规定为无效。但对于形式要件瑕疵，继承法并未规定其效力，司法实务中存在个案差异性，较为通行的做法是只要存在形式瑕疵即认定遗嘱无效，但遗嘱的形式要件本意是确保遗嘱人的真实意思表示，但现实中对该要件如此严苛，甚至可以越过遗嘱人的真实意思表示，显然严重妨碍了设立遗嘱的初衷。

（三）法定遗嘱的效力等级

案例六：重庆人赵某立有公证遗嘱一份，载明房产中归其所有的那部分产权，由其与前妻生下的女儿赵小某一人所有。后来，赵某与现任妻子龚某共同向房屋权属登记中心申请办理房屋所有权变更登记，权属登记申请书载明申请事由为：“申请夫妻更名，经夫妻双方协商，以龚某一人名字登记。”随后，赵某自书《遗书》一份，内容为：“将名下的房屋所有权全部归我妻子龚某所有，至于房屋后期的一切事务由龚某处理。”赵某去世前，龚某领取了房屋房地产权证，权利人为龚某一人。一审法院认为，《遗书》不能单独发生撤销公证遗嘱的效力，但被继承人赵某生前已完成的行为与公证遗嘱的意思表示完全相反，而使公证遗嘱所处分的财产在继承开始前即已发生所有权转移，从而导致公证遗嘱被撤销。至此，赵某死亡时，涉案房产已不再属于其与龚某的夫妻共同财产，而是属于龚某一方所有的个人财产，从而不再构成赵某的遗产。

评析：《最高人民法院关于贯彻执行〈中华人民共和国继承法〉若干问题的意见》第39条规定：“遗嘱人生前的行为与遗嘱的意思表示相反，而使遗嘱处分的财产在继承开始前灭失，部分灭失或所有权转移、部分转移的，遗嘱视为被撤销或部分被撤销。”上述案例公证遗嘱即被撤销。但若非存在此情况，和其他法定形式的遗嘱相比，公证遗嘱仍拥有

---

① 《继承法》第22条第1款规定，无行为能力人或者限制行为能力人所立的遗嘱无效。

绝对的最高效力，体现在：其他四种形式的遗嘱不得撤销、变更公证遗嘱，若被继承人作出公证遗嘱后，没有能力或条件再通过公证“废旧立新”，从而撤销、变更之前的公证遗嘱时，意味着遗嘱人在遗嘱公证后改变的内心真意无法通过其他遗嘱形式重新表达，剥夺了遗嘱人陈述处分财产最终意愿的自由与可能。从实质上来说，相较于其他形式，公证遗嘱拥有高证据证明力，但这是否等同于高遗嘱效力，这一点值得探究。

（四）对遗嘱自由的限制

案例七：重庆男子谢某生前立有遗嘱，载明其死后房产及家中所有一切由其二婚妻子彭某所有，后彭某起诉来院，因谢某与前妻所生的两个子女谢小某和龚某强占房屋导致其无家可归。龚某辩称自己系精神病人，其父亲的遗嘱没有留给她适当的份额，应当无效。一审法院判决，龚某取得涉案房产30%的所有权份额。

案例八：2013年，四川泸州人黄某在婚姻存续期间与张某同居，黄某立公证遗嘱将其住房补贴金、公积金等财产赠与张某，后张某诉至法院，要求继承遗嘱中所涉财产。一、二审法院均认定遗嘱无效，理由主要是遗嘱违反公序良俗原则。

评析：法律在充分尊重和保障遗嘱人意思自治的同时对遗嘱内容施加一定限制。依据在于：（1）实现社会公平正义。遗嘱不应当剥夺共同利益人合理的遗产利益期待。当遗嘱丝毫未考虑部分甚至全部法定继承人的利益时，法律应予以限制，为法定继承人保留一定的遗产份额。（2）保护弱者的权益。《继承法》第19条和第28条①的必留份（学界提法）制度即体现了这点。但必留份也存在缺陷，对应予保留的具体遗产份额不明确，既影响遗嘱人依意思自治处分财产，也为继承人间的财产争执留下隐患，且仅对“双无”人员进行保护是否忽视了其他法定继承人的合法权益。（3）维护社会公序良俗。《民法总则》第10条和第153条②进一步弘扬了公序良俗原则，但某种程度上为维护公序良俗就应牺牲私人自治性质的遗嘱自由，且法律原则是否能直接适用于裁判个案，这值得商榷。

二、价值取向：遗嘱之自由与限制的衡平

遗嘱一词源于testatio mentis，意指确定意思的证明。③ 英文中遗嘱为will或testament（亦有圣约的意思），均蕴含了明确的意愿之意，立法应保障遗嘱自由这一核心价值，但自由是有限制的自由，遗嘱内容、形式均应受到一定程度的限制，需在自由与安全、公平等价值的天平上取舍权衡。

（一）遗嘱安全

遗嘱方式强制主要包括遗嘱类型法定和遗嘱形式的要式主义。④ 前者是指遗嘱人如果不按法律规定的类型设立遗嘱就不产生效力，后者是指法律对不同类型的遗嘱规定了相应的形式条件，如果遗嘱不符合形式要求则不生效力。遗嘱方式强制可以说是国家意志干预

---

① 《继承法》第19条规定，遗嘱应当对缺乏劳动能力又没有生活来源的继承人保留必要的遗产份额。第28条规定，遗产分割时，应当保留胎儿的继承份额。

② 《民法总则》第10条规定，处理民事纠纷，应当依照法律；法律没有规定的，可以适用习惯，但是不得违背公序良俗。第153条规定，违背公序良俗的民事法律行为无效。

③ 赵毅：《论错误与继承法——以罗马法为中心》，载《甘肃政法学院学报》2013年总第128期，第14页。

④ 孙毅：《论遗嘱方式的缓和主义进路——以继承法修改的相关理念变革为中心》，载《求是学刊》2012年第39卷第4期，第75页。

私法自治的产物，体现的是对安全价值的考量。依照法定形式制定遗嘱可以最大程度确保遗嘱意思表达真实，比如当发生遗嘱继承纠纷时便于举证及查明事实。遗嘱方式强制是以保护私法主体利益安全为首要目的，其所涉及公共利益的部分仅限于降低纠纷解决的社会财富损耗，①但显而易见的，并非遗嘱继承都会引发纠纷，即使出现争议，主要的纠纷解决成本也应由当事人负担，与公共利益相关的社会损耗并没有想象中那么大。通过遗嘱方式强制要求所有遗嘱人为可能并不会发生的纠纷预先付出较高的防范成本，该制度合理性需进一步检讨。

（二）相对的遗嘱自由

遗嘱自由包括遗嘱内容确定的自由、遗嘱形式选择自由和遗嘱变更撤回自由。②遗嘱自由是私法自治在继承法律关系中的体现，是遗嘱人财产处分自由与行为自由在继承领域的延伸。若遗嘱类型单一或遗嘱形式过于苛刻，必然限制了遗嘱人自由选择和表达的权利。应当说，遗嘱自由是最终目的，方式强制仅仅是手段。但法治对自由的保障并非无限度，无节制的自由只会对他人的自由和利益造成妨碍，因而应受到一定程度的制约。正如前文案例暴露出的问题，现行《继承法》存在的弊端有：应当给予遗嘱自由限制的方面未能必要限制，而相反应该自由的领域却无充分自由，需要适当放松的领域包括遗嘱方式方面应增加遗嘱法定类型等，笔者将在后文论述。需要限制遗嘱自由的领域体现在遗嘱处分的内容方面，主要基于以下几方面的考虑。

1. 平等原则。现实中，仍存在遗嘱人重男轻女、因歧视而剥夺妇女继承权的现象。最常见的情形有两种，即剥夺出嫁女儿或妻子的继承权。继承法明确规定了继承权男女平等，但实际却缺乏有效杜绝这类现象的条款，遗嘱人完全可以以遗嘱自由为借口而剥夺部分女性的继承权。

2. 公序良俗原则。公序良俗是民法基本原则之一，是对私人意思自治划定的底线。遗嘱并非无一例外地表达最后的理性意思，继承法应当针对可能出现的损害社会公序良俗的遗嘱处分，进行预防性立法，以阻却临终乱命的遗嘱。③

3. 公平原则。遗嘱人与利益相关者共同身处在互相承诺、照顾的亲属网络中，遗嘱人在制定遗嘱时，是否充分考虑了应照顾之人日后的生活所需，他人一般无从知晓。为防止遗嘱人因过分强调自由而不顾婚姻家庭亲属间忠诚团结友爱等基本价值，立法有必要采取相应的阻却行动，以更好地维护社会公平正义。各国较为普遍的特留份制度④即是对遗嘱自由设定的一定边界，既体现了社会基本道义，发挥了家庭养老育幼的功能，从减轻社会负担的角度来看，又体现了社会公平，其立法目的是实现遗嘱自由主义与家族协同主

---

① 孙毅：《论遗嘱方式的缓和主义进路——以继承法修改的相关理念变革为中心》，载《求是学刊》2012年第39卷第4期，第78页。

② 孙毅：《论遗嘱方式的缓和主义进路——以继承法修改的相关理念变革为中心》，载《求是学刊》2012年第39卷第4期，第77页。

③ 蒋月：《论遗嘱自由之限制：立法干预的正当性及其路径》，载《现代法学》2012年第34卷第5期，第48页。

④ 特留份是指依法必须留给一定范围的法定继承人而遗嘱人不得用遗嘱处分的部分财产。

义[①]两者的平衡。[②]

三、经验借鉴：遗嘱继承规范的比较考察

（一）遗嘱有效要求

1. 关于遗嘱能力与民事行为能力。英国、瑞士等规定遗嘱能力和民事行为能力的年龄是一致的。德国规定满 18 周岁为成年，但未成年人在年满 16 周岁之后可以订立遗嘱，未成年人只能以口述或以递交不封闭的书面文件的方式订立遗嘱。《香港遗嘱条例》规定，遗嘱人必须是年满 18 周岁的成年人，但已婚者、实际服役于海军、陆军或者空军的人员及海上的船员或海员即使未届成年，也均可订立有效的遗嘱。“台湾民法典”规定，无民事行为能力人（未满 7 岁）不具有遗嘱能力；限制民事行为能力人（满 7 岁以上）须年满 16 岁才具有遗嘱能力，但若未成年人已结婚则为有民事行为能力人。

2. 关于无民事行为能力者所定遗嘱的效力。大多数人认为，无民事行为能力人所立遗嘱当然无效，而少数人则采宣告无效说，如在瑞士，遗嘱若系被继承人在无处分能力时订立的，可申请法院宣告遗嘱无效。有诉权者须在自知悉遗嘱或其无效事由之时起的一年内提出无效之诉；且须在继承开始时起算的 10 年内提出，否则因时效而消灭；对于恶意的继承人或受赠人，因被继承人无处分能力，或因遗嘱违法、违反善良风俗而提出的无效之诉，经过 30 年，因时效而消灭；对遗嘱之无效，可随时提出抗告。[③]

3. 关于立遗嘱人的精神健康状态。在德国，凡因病态精神错乱、精神耗弱或意识障碍而不能够认识其所作意思表示的意义并按此认识行事者，不得立遗嘱。禁治产人[④]不具备遗嘱能力，即使未被宣告禁治产而在精神错乱中所立的遗嘱也无效。法国亦规定禁治产人所立遗嘱当然无效。香港、我国台湾地区均要求遗嘱是遗嘱人的真实意思表示。在英国，间歇性精神病患者在其处于精神正常的间歇期内可以设立有效的遗嘱，该遗嘱不因以后遗嘱人的精神不正常而无效。若遗嘱的有效性因立遗嘱人的心智在立遗嘱时是否正常引起争议的，则立遗嘱人精神正常的证明责任由提出进行遗嘱检验的人负担，但酗酒者、吸毒者这类心智不健全的人，不能订立有效遗嘱。

（二）遗嘱形式

1. 关于遗嘱的法定形式。我国台湾地区遗嘱的法定形式较多，包括自书遗嘱、公证遗嘱、密封遗嘱、代笔遗嘱、口授遗嘱。其中，自书遗嘱和大陆区别不大。公证遗嘱除公证人外，还要求指定二人以上之见证人。密封遗嘱，应在遗嘱上签名后，将其密封，在封缝处签名，指定二人以上之见证人，向公证人提出，陈述其为自己之遗嘱，如非本人自写，并陈述缮写人之姓名、住所，由公证人于封面记明该遗嘱提出之年、月、日及遗嘱人所为之陈述，与遗嘱人及见证人同行签名。代笔遗嘱，由遗嘱人指定三人以上之见证人，

---

① 家族协同主义强调，继承是由于家族协同生活而发生的，没有一体的协同生活或协同感者不应继承，反映继承制度的本质在于保证家族的延续性。

② 李宏：《遗嘱继承与衡平理念》，载《河南师范大学学报（哲学社会科学版）》2009 年第 36 卷第 6 期，第 162 页。

③ 殷生根、王燕译：《瑞士民法典》，中国政法大学出版社 1999 年版，第 129、141 页。

④ “台湾民法典”第 14 条对于禁治产的规定可帮助理解，即对于心神丧失或精神耗弱致不能处理自己事务者，法院得因本人、配偶、最近亲属二人或检察官之声请，宣告禁治产。第 15 条规定：禁治产人，无民事行为能力。

遗嘱人不能签名者，应按指印代之。口授遗嘱由见证人之一根据遗嘱意旨据实作成笔记或全部予以录音，并将录音当场密封，笔记或录音这两种方式都需有二人以上见证人，要求记明年、月、日，见证人均需签名，值得注意的是，自遗嘱人能依其他方式为遗嘱之时起，经过3个月而丧失效力。其应由见证人中之一人或利害关系人，于为遗嘱人死亡后3个月内，提经亲属会议认定其真伪，对于亲属会议之认定如有异议，可以向法院申请法院裁判。此外，一些国家还规定了危险情形遗嘱、海上遗嘱等。

2. 关于见证人资格。各地对见证人资格限制的严格程度不一。德国要求较严，即遗嘱人的配偶或前配偶、遗嘱人的直系血亲及姻亲及在二亲等以内的旁系血亲及姻亲不得见证遗嘱的作成，另外如果受益人或与受益人有利害关系之人参与作成遗嘱者，遗嘱中关于对受益人所为遗赠部分无效，且与遗嘱的公证人有利害关系之人，不得以第二公证人或证人资格参与遗嘱的作成。我国台湾地区规定，未成年人、禁治产人、继承人及其配偶或其直系血亲、受遗赠人及其配偶或其直系血亲、公证人或代行公证职务人的同居人、助理人或受雇人不得为遗嘱见证人。相较之下，香港给予了稍大的自由，即部分利益相关人可作为见证人：受赠人及其配偶可以担任见证人（但遗嘱对见证人及其配偶的馈赠无效）；获得以遗产抵押债务的债权人或其配偶可以担任见证人；遗嘱执行人可以担任见证人。另外，遗嘱不因见证人没有资格而无效。①

（三）特留份

香港没有明确的特留份概念，而是在《财产继承（供养遗属及受养人）条例》中规定了合理经济给养②，只要认为自己依照死者遗嘱、关于无遗嘱继承的法律或综合死者遗嘱与法律而作出的遗产处置，没有获得合理经济给养，即可自最初取得死者遗产的承办之日起6个月内向法院提出拨付申请。法院综合考量死者遗产的性质和数额、申请人的需求和经济来源、申请人维持生活的能力等因素，拨出死者遗产以供养死者的某些遗属及死者的受养人，申请人不限于法定继承人，包括：（1）配偶；（2）主要依靠死者生前赡养的父母、成年子女、兄弟姐妹、仍未再婚的前夫或前妻、死者认为属于其曾经建立过的婚姻家庭中的子女、其他人；（3）夫妾关系中的妾侍或男方；（4）幼年子女及因精神或身体不健全而无能力维持生活的子女。在我国台湾地区，遗嘱人在不违反关于特留份规定的范围内，可以以遗嘱自由处分遗产。特留份数额采个别特留主义③确定，特留份继承人的范围及数额为：（1）直系血亲卑亲属之特留份，为其应继份1/2。（2）父母之特留份，为其应继份1/2。（3）配偶之特留份，为其应继份1/2。（4）兄弟姐妹之特留份，为其应继份1/3。（5）祖父母之特留份，为其应继份1/3。

相较起来，我国遗嘱能力和民事行为能力的年龄是一致的，没有赋予一部分限制民事行为能力人享有遗嘱能力。遗嘱形式丰富，但规则简单而笼统，可操作性较差，适用时需援引其他法律条款，如公证遗嘱程序继承法没有规定，遗嘱人设立公证遗嘱时须从公证法

① 《香港遗嘱条例》第9条规定：见证遗嘱签订的人，如于签立时或其后任何时间，没有资格获接受为可证明该项签立的见证人，该遗嘱并不因此而无效。

② 合理经济给养是指对该个案的整体情况而言，申请人应合理地获取的经济给养，而不论该经济给养是否申请人所需以维持其生活的。

③ 特留份制度有个别特留主义和全体特留主义之分，前者特留份系为特留份权人个别保留，特留份数额以其应继份一定比例计算，后者特留份数额以全部遗产的一定比例计算。

中找根据。[①] 没有严格意义上的特留份制度，只有必继份规定，但数额难以确定，司法自由裁量权较大。

四、亟待弥补：遗嘱继承法律规则的完善

如前文所述，遗嘱继承法律关系中综合衡量个人、家庭与社会利益等因素，必然应融入立法者和裁判者的价值判断，需在自由、安全、公平等价值间寻求平衡。修法过程中需尊重我国的国情和传统，并借鉴优秀且适宜的做法。

（一）丰富遗嘱法定方式

1. 增加录像遗嘱。当前，智能手机已非常普遍，利用手机录像实则比录音更形象直观，二者本质上类似，建议将录像遗嘱与录音遗嘱合并在同一法条中。为避免录音录像遗嘱被剪辑、被篡改，可增加一款，即录音录像遗嘱作成后，应当当场密封并由两个以上遗嘱人见证人在密封处签名注明年、月、日。

2. 增加打印遗嘱。就打印遗嘱，目前主要有三种司法观点：一是根据遗嘱人真实意思形成（或立遗嘱人本人打印）且确能证明被继承人真实意思表示的打印遗嘱，按自书遗嘱对待。二是打印遗嘱视为代书遗嘱，需打印人作为见证人之一，两名见证人不仅见证签字捺印过程，还需见证打印全过程。若有充分证据证明该遗嘱是当事人真实意思的表示，即使不满足“两名见证人”的条件也可能确认遗嘱效力。三是不符合遗嘱的法定形式要件，一般认定遗嘱无效。相较于传统的手写方式，如今越来越多的人喜欢甚至依赖于电脑打字，鉴于其实用性，将打印遗嘱纳入遗嘱法定形式适应了现实的需要。结合现行实务中出现的分歧和问题，可要求遗嘱需有两个以上见证人，且见证人和遗嘱人需在每页及骑缝处签名或捺印，并于每页及文末注明日期。

3. 增加电子数据遗嘱。网络聊天、博客微博、朋友圈、电子邮件这些已然成为当代人生活的重要部分，因而电子数据遗嘱形式也是适应网络时代需求的产物。电子数据遗嘱可能是以文档或者以电子邮件的形式呈现，但由于电子证据易被伪造和篡改，因此对于电子数据遗嘱的形式要件应加强，比如应当有可靠的电子签名并有两个以上见证人见证，见证人应当记录电子数据遗嘱所在的电子系统和制作日期，并保存公钥以备日后对遗嘱加以验证，若在紧急情况下对于利用视频网络聊天工具在博客或微博上写遗嘱不能采用电子签名的，只要有两名以上的证人或者有其他证据足以证明意思表示真实性的，也应当承认遗嘱效力，[②] 这是因为网络聊天工具均设置了密码，这在一定程度上可防止他人冒名盗用，且电子签名不同于亲笔签名捺印的亲为性，其证明力还可以通过其他证据来补强。

4. 取消公证遗嘱最高效力。公证遗嘱的优势在于及时通过了公证机关的严格审查，其在证据法上的证明效力是较高的，但实体法一刀切地规定了公证遗嘱绝对的最高效力，某种程度上反映出对司法的不信任，减轻了证据审查的压力。公证遗嘱独大的弊端明显，其在某种程度上也损害了遗嘱的自由价值。而法定遗嘱形式的审查完全可以通过分配举证

---

① 谭恩惠、李玲芳：《我国港澳台地区与大陆遗嘱继承制度之比较及大陆的借鉴》，载《法学杂志》2009 年第 9 期，第 83 页。

② 孙毅：《论遗嘱方式的缓和主义进路——以继承法修改的相关理念变革为中心》，载《求是学刊》2012 年第 39 卷第 4 期，第 79 页。

责任、严格证据等方式解决，不能为了便利即限制遗嘱人撤销、变更遗嘱的权利。国际上普遍通用的是后遗嘱效力优先于前遗嘱，建议取消公证遗嘱的绝对优先性，而采用从新的原则。

此外，很多学者还建议增加密封遗嘱形式，但笔者认为鉴于其实质上与自书或者代书遗嘱等法定遗嘱形式并无区别，且公证员只做形式公证，实无增加之必要。

（二）赋予限制民事行为能力人立遗嘱权

制定遗嘱与一般法律行为不同，后者通常是一种交易行为，而遗嘱本质上说是情感的表达，“交易”需要行为人具备民事行为能力，而情感表达理应不受到年龄、智力的约束。每个自然人都有自由表达情感的权利，限制这种权利与自由是不人性的。且年龄要求纯粹是一个生理要求，其目的在于确保只要具有成熟判断力的人就能订立遗嘱，立遗嘱人的智力水平可以高于或低于一般人。因而，赋予限制民事行为能力人（仍有必要限制无民事行为能力人的遗嘱自由，因其意志自由有太大不确定性）通过遗嘱来表达真实情感的权利，并非“一刀切”地规定民事行为能力欠缺者所立遗嘱绝对无效，而是规定例外情形，比如法定代理人或监护人有证据证明其是在他人的诱使或威胁下制定遗嘱的，该遗嘱无效。

（三）适当放宽对遗嘱形式要件的要求

遗嘱之所以是要式行为，原因在于遗嘱是单方民事行为，且是在遗嘱人死亡后方生效的意思表示，故对遗嘱形式予以严格规定是为了保证遗嘱的内容确为遗嘱人的真实意思表示。遗嘱形式的要素可以分为本体要素和证据要素两类，前者是遗嘱的构成性要素，如果缺乏则属于绝对无效事项，比如遗嘱人亲笔签名捺印。[①] 证据要素是增加遗嘱形式作为证据的证明效果的要素，如果缺乏一般允许以遗嘱外部的证据证明，不必然影响遗嘱效力，属于相对无效事项，比如年月日的注明。若本体要素不充分，对证据要素的要求就会增强，反之，当本体要素较齐备时对证据要素的要求则会相应降低。过于强调形式，因形式不完整进而否定遗嘱人的意思，为了法的形式而牺牲法的实质正义，未免有反客为主之嫌，在立法修改或司法实践中应注意区分不同的形式要件瑕疵。

本文对各要素不作过多讨论，仅对见证人这一实践中存在较多争议的要素进行论述。在逻辑上见证人属于证据要素，但其所起的作用是补充不充分的或不存在的遗嘱本体要素，其可能还是唯一可靠的方式，因此对见证人的人数和身份通常要求是较严格的，但相关方面的规则也可以缓和，体现在：其一，见证人中有不具备有效资格的，去除该见证人后，若仍有符合最低人数的具备资格的见证人，那么遗嘱依然有效。其二，见证人或其配偶是遗嘱受益人的，则其受益的遗嘱部分无效，但遗嘱其他部分依然可以有效。其三，见证人虽未在遗嘱上签名但能够作证证明遗嘱属实的。其四，紧急情况下遗嘱形式可以没有见证人，不论是通过短信、网络视频，还是社交媒体文字所立遗嘱，只要能证明是遗嘱人真实意思表示都应当承认，但这种情况下对其他补证证据要求较高。

（四）引入特留份制度

和我国现有的“必留份”相比，特留份制度一般包括遗嘱人的配偶、父母和子女，

---

① 捺指印属于遗嘱人人格痕迹，由于我国二代身份证增加了指纹信息的内容，克服了遗嘱人死亡后无法确认指印真伪的问题，捺指印可以具有与亲笔签名相同的法律效力。

没有“双无”条件的限制，其侧重维系亲情伦理，对需要保留的遗产有明确份额上的规定，建议在必留份的基础上，增设该制度，既能够保护遗嘱人的意思自由和对个人财产的自由处分权，又可以满足其法定继承人对遗产继承的合理期待，适应公平原则的要求。前文我国台湾地区的规定可作为借鉴，即将第一顺序的配偶、父母、子女列为特留份的权利人。而不同权利人的特留份额存在差异，如配偶和直系卑亲属的特留份为其法定继承份额的 1/2，直系尊亲属和其他继承人的特留份为其法定继承份额的 1/3。在此基础上，必留份制度作为补充，可限定为第二顺序继承人中符合“双无”条件的人员。

结　语

我国正处于一个多元主体并存、利益要求多元化的全新历史时期，相应地，遗嘱继承问题也更为复杂，很难说清其间情感与理性的成分。法律虽不是衡量情感的天秤，但过时、缺憾的法律势必有碍情感的实现，因而现行遗嘱继承法律规则亟须完善，在这过程中应考量遗嘱继承关系的根本，即其兼具私人性质和家庭、社会功能，保障人类对自由意志的追求，也需平衡当事人的利益、家庭成员的利益与社会公共利益。

附　录

西南政法大学外国家庭法及妇女理论研究中心简介
(中英文对照)

学术顾问（以姓氏笔画为序）：万相兰、王建华、李春茹、陈　彬、谢晓曦
主　　任：陈　苇
副 主 任：张华贵、朱　凡
秘 书 长：石　婷

2003年12月至2004年12月，西南政法大学民商法学院博士生导师陈苇教授受国家留学基金资助，由国家教育部公派出国留学，作为访问学者到澳大利亚悉尼大学法学院进修家庭法一年。她回国后于2005年1月向学校提出了建立“西南政法大学外国家庭法及妇女理论研究中心”的书面申请。2005年4月1日，西南政法大学校长办公会议批准同意该研究中心成立。

本“研究中心”的工作宗旨是：通过整合本校婚姻家庭法及妇女理论方面的科研与教学资源，联合校内外其他单位与部门的相关人员，以西南政法大学为依托，开展中外学术交流，着力研究现阶段中外婚姻家庭继承法及妇女领域的重大理论和实践课题，为我国婚姻家庭继承法的完善及妇女理论的发展提供有益的借鉴经验，为我国立法机关提出相关建议，为司法部门提供法律咨询服务，争取多出科研成果，出精品科研成果，为创建国内一流、国际知名的西南政法大学而努力。

本“研究中心”的主要任务包括：1. 开展中外学术交流；2. 提供专业咨询服务；3. 进行学术前沿理论和司法实务问题研究；4. 培养婚姻家庭继承法及妇女理论的学术人才；5. 组织开展学术讲座等，以期造就一批在本学科领域有一定影响的学术骨干和后备学术带头人。

本“研究中心”的学术研究平台，为促进学术研究和学术交流，研究中心主任陈苇教授自2005年起先后创办、主编出版《家事法研究》学术论文集刊和《家事法研究学术文库》丛书，到2018年年底为止的14年期间，已出版《家事法研究》（2005年卷至2010年卷）学术论文集刊6卷和《家事法研究学术文库》丛书著作19部。这些论文集和著作，着力研究婚姻家庭继承法领域的前沿理论和司法实务的热点难点问题，在我国学术界和实务界已产生了良好的社会影响。需要说明的是，为进一步扩大《家事法研究》的学术影响，在2009年中国婚姻家庭法学研究会常务理事会上，经陈苇教授提出申请，该研究会常务理事一致同意，夏吟兰会长宣布自2010年起《家事法研究》改由学会主办。但由于2010年该学会将出版“2009年中国婚姻家庭法学研究会年会论文集”，故夏会长委托陈苇教授继续主编出版《家事法研究》（2010年卷），即从2011年起《家事法研究》改由中国婚姻家庭法学研究会主办，它成为该学会的会刊。为继续推进婚姻家庭继承法领域前沿理论和司法实务问题的研究，本“研究中心”决定打造新的学术研究和交流的平台，自2012年起陈苇教授担任主编，负责遴选出版《家事法研究学术文库》丛书，每年

计划出版2~3本，由国家级出版社出版。同时，本“研究中心”继续与杨晓林律师组建的家事法律师团队合作，在“西南政法大学外国家庭法及妇女理论研究中心”网页——学习园地之“学术前沿”栏，发表婚姻家庭继承法领域的前沿理论和司法实务热点难点问题的最新研究成果，以期实现学术研究与立法、司法的良性互动，促进中外学术研究和学术交流。

本“研究中心”的团队成员，以西南政法大学民商法学院婚姻家庭继承法和妇女理论研究所的人员为主，并聘请校内外的专家、学者担任学术顾问和特约研究员。

Appendix:

Introduction of the Research Center on Foreign Family Law and Women's Theory of Southwest University of Political Science and Law, China

Academic Consultants: WAN Xianglan, WANG Jianhua, LI Chunru, CHEN Bin, XIE Xiaoxi
Director: CHEN Wei
Deputy Director: ZHANG Huagui, ZHU Fan
Academic Secretary: SHI Ting

Introduction

Professor CHEN Wei, the doctor tutor of the Civil and Business Law School of Southwest University of Political Science and Law, China [hereinafter refers to SWUPL], studied family law in the Law School of Sydney University, Australia from Dec. 2003 to Dec. 2004 with the sustentation of "STATE SCHOLARSHIP FUND AWARD". In Jan. 2005, some days after came back to China, she presented the application for establishing "Research Center on Foreign Family Law and Women's Theory of SWUPL, China". On Apr. 1st 2005, the President's Working Office of SWUPL approved her application.

The aim of the Research Center is to develop academic exchange between China and foreign countries, put emphasis on grand important theory and practice problems of family law and women's theory by associating the researching and teaching resources of SWUPL with relevant personnel of other units and departments. All of that we have done and will do have some important meaning: first of all, we may provide the valuable experiences for the perfection of the laws of family and succession in China and the development of women's theory; the second, we may provide relevant suggestions to Chinese legislature, and may provide legal advices to judicial practice departments. We hope that SWUPL will be top ranking internally and famous internationally with our efforts.

The assignments of the Research Center including: (1) developing academic exchange between China and foreign countries in relevant fields; (2) providing professional consultation service; (3) strengthen academic research; (4) training some academic adepts of family law and women's theory; (5) giving academic lectures. We hope that some adepts and reserve academic leaders with certain influence in family law field would be brought up.

The academic research platforms of the Research Center: In order to promote the academic research and exchanges, Professor CHEN Wei, director of the Research Center, has founded and edited the publication of the Periodical of Research on Family Law and the Works of Researches on Family Law early or late since 2005. By the end of 2018, 6 volumes of the Periodical of Research on Family Law (Volumes 2005 to 2010) and 19 Works of Researches on Family Law have been published during the fourteen years. These papers and books, focusing on the frontier theory research on Marriage, Family and Inheritance Law and the judicial practice issues, have had good social affluence in the academic circle and practice circle of China. It is noteworthy that, in order to further expand the academic influence of the Periodical, in the Executive Council of Society of Marriage and Family Law of China (SMFLC) in 2009, upon Professor CHEN Wei's proposal, the Executive Council agreed and President XIA Yinlan announced that the Periodical of Research on Family Law was edited by SMFLC after 2010. As SMFLC would publish the papers submitted to the Annual Meeting of SMFLC in 2009, President XIA Yinlan authorized Professor CHEN Wei to edit the publication of the Periodical of Research on Family Law (Volume 2010) in 2010. The Periodical was edited by SMFLC and became its Society Journal from 2011. In order to continue to advance the theoretical research and judicial practice in the field of Marriage, Family and Inheritance Law, the "Research Center" decided to build a new platform for academic research. 2-3 of the Works of Researches on Family Law which will be selected and edited by Professor CHEN Wei for publication each year by the national publishing press since 2012. At the same time, the "Research Center" continues to cooperate with the Family Law Lawyer Team built by Lawyer YANG Xiaolin. On the webpage of "Foreign Family Law and Women's Theory Research Center of SWUPL"——"Academic Frontier" of Study Column, the latest research achievements on the frontier theory of Marriage, Family and Inheritance Law and judicial practice issues are published to realize the benign interaction between academic research, legislation and justice and promote the academic research and exchanges between China and foreign countries.

The personnel of the Research Center is mainly composed of scholars from the Marriage, Family and Succession Law and Women's Theory Research Institute of the Civil and Business Law School of SWUPL, China. We also invite some famous experts and scholars around the whole country to be the consultants and special research fellows. They are the members of the Research Center too.

西南政法大学外国家庭法及妇女理论研究中心
2006~2012年已出版书目

《外国婚姻家庭法比较研究》(2006年出版)

《中国大陆与港、澳、台继承法比较研究》(2007年出版)

《当代中国民众继承习惯调查实证研究》(2008年出版)

《改革开放三十年(1978~2008)中国婚姻家庭继承法研究之回顾与展望》(2010年出版)

《中国婚姻家庭法立法研究(第二版)》(2010年出版)

《外国继承法比较与中国民法典继承编制定研究》(2011年出版)

《当代中国内地与港、澳、台婚姻家庭法比较研究》(2012年出版)

《加拿大家庭法汇编》(2006年出版)

《澳大利亚家庭法(2008年修正)》(2009年出版)

《美国家庭法精要(第五版)》(2010年出版)

《澳大利亚法律的传统与发展(第三版)》(2011年出版)

《家事法研究》2005年卷(2006年出版)

《家事法研究》2006年卷(2007年出版)

《家事法研究》2007年卷(2008年出版)

《家事法研究》2008年卷(2009年出版)

《家事法研究》2009年卷(2010年出版)

《家事法研究》2010年卷(2011年出版)

图书在版编目（CIP）数据

中国民法典编纂视野下家事审判改革暨家事法修改研究 / 陈苇，王中伟主编 .—北京：中国人民公安大学出版社，2019. 5

ISBN 978-7-5653-3551-8

Ⅰ.①中… Ⅱ.①陈…②王… Ⅲ.①婚姻法—研究—中国②继承法—研究—中国 Ⅳ.①D923.04

中国版本图书馆 CIP 数据核字（2019）第 071849 号

中国民法典编纂视野下家事审判改革暨家事法修改研究

陈 苇 王中伟 主编

出版发行：中国人民公安大学出版社
地　　址：北京市西城区木樨地南里
邮政编码：100038
经　　销：新华书店
印　　刷：北京市泰锐印刷有限责任公司

版　　次：2019 年 5 月第 1 版
印　　次：2019 年 5 月第 1 次
印　　张：18
开　　本：787 毫米×1092 毫米 1/16
字　　数：438 千字

书　　号：ISBN 978-7-5653-3551-8
定　　价：60. 00 元

网　　址：www. cppsup. com. cn www. porclub. com. cn
电子邮箱：zbs@ cppsup. com zbs@ cppsu. edu. cn

营销中心电话：010-83903254
读者服务部电话（门市）：010-83903257
警官读者俱乐部电话（网购、邮购）：010-83903253
法律分社电话：010-83905745